13 Pierwotnych Matek Klanowych

*Dla Aidy Hinojosy,
która zachęcała mnie do pisania,
gdyż w moich słowach słyszała pieśń mej duszy,
oraz dla upamiętnienia moich przodków
z Klanu Długich Włosów,
Mary Ross Sams i jej ojca Johna Rossa z plemienia Czirokezów.*

13 Pierwotnych Matek Klanowych

Twoja Święta Ścieżka
prowadząca przez pradawne
nauki o Siostrzeństwie
do odkrycia darów, zdolności
i talentów kobiecego pierwiastka

Jamie Sams

przełożyła Maria Elżbieta Ziemkiewicz

cojanato?

Tytuł oryginału: THE 13 ORIGINAL CLAN MOTHERS

Copyright © 1993 by Jamie Sams. All rights reserved.

Copyright © 2022 for Polish edition by CoJaNaTo Blanka Łyszkowska

Wszystkie prawa zastrzeżone. Książka ani żadna jej część nie może być przedrukowywana ani w żaden inny sposób reprodukowana lub odczytywana w środkach masowego przekazu bez pisemnej zgody CoJaNaTo Blanka Łyszkowska.

Autorka tłumaczenia: Maria Elżbieta Ziemkiewicz
Redakcja językowa I wydania: Agnieszka Weseli
Redakcja językowa II wydania: Magdalena Stonawska
Korekta: Agnieszka Szmatoła
Projekt okładki i opracowanie graficzne: Agnieszka Kraska
Skład: Raster studio (www.rasterstudio.pl)

Wydanie II

ISBN: 978-83-63860-79-0

CoJaNaTo Blanka Łyszkowska
ul. Pustelnicka 48/4
04-138 Warszawa
biuro@cojanato.pl
tel: +48 728 898 892
www.cojanato.pl

Spis ilustracji
● ● ● ● ●

Przedmowa do pierwszego polskiego wydania 7
Przedmowa do drugiego polskiego wydania 11
Do czytelniczek i czytelników 13
Nocny wiatr 15
Koło Uzdrawiającej Mocy Trzynastu Matek Klanowych 17
Wstęp 23
Moje Uzdrawiające Poszukiwanie Wizji Tarcz Trzynastu
Matek Klanowych 30

Rozmawiająca Z Krewnymi
Matka Klanowa Pierwszego Cyklu Księżycowego 48

Strażniczka Mądrości
Matka Klanowa Drugiego Cyklu Księżycowego 65

Ważąca Prawdę
Matka Klanowa Trzeciego Cyklu Księżycowego 78

Widząca Daleko
Matka Klanowa Czwartego Cyklu Księżycowego 92

Kobieta Słuchająca
Matka Klanowa Piątego Cyklu Księżycowego 106

Bajarka
Matka Klanowa Szóstego Cyklu Księżycowego 120

Kochająca Wszystkie Istoty
Matka Klanowa Siódmego Cyklu Księżycowego 132

Ta Która Uzdrawia
Matka Klanowa Ósmego Cyklu Księżycowego 146

Kobieta Zachodzącego Słońca
Matka Klanowa Dziewiątego Cyklu Księżycowego 160

Tkająca Wątki
Matka Klanowa Dziesiątego Cyklu Księżycowego 172

Krocząca Z Podniesioną Głową
Matka Klanowa Jedenastego Cyklu Księżycowego 186

Dzięki Czyniąca
Matka Klanowa Dwunastego Cyklu Księżycowego 200

Stająca Się Swoją Wizją
Matka Klanowa Trzynastego Cyklu Księżycowego 214

Zakończenie. Gromadzenie kobiecych darów 227
Historia Żółwiego Domu Rady 234
Wejście do Domu Rady Trzynastu Pierwotnych Matek Klanowych 242
Podziękowania 251
Lista terminów objaśnionych w przypisach 253

Przedmowa do pierwszego polskiego wydania

Jamie Sams w *13 Pierwotnych Matkach Klanowych* przekazuje nauki o kobiecości i kobiecym aspekcie każdej istoty ludzkiej, zarówno kobiety, jak i mężczyzny. Używa bardzo bogatego i poetyckiego języka, aby przekazać głęboką mądrość swoich przodkiń, gromadzoną przez liczne pokolenia i przekazywaną w tradycji ustnej w formie opowieści.

W obecnych czasach wielkich przemian, kiedy odchodzi Era Ryb, a zaczyna się Era Wodnika, co Rdzenne[1] przekazy nazywają przejściem z Czwartego Świata

---

[1] Rdzenni, czyli *Native Americans*, rdzenni mieszkańcy Ameryki. Ponieważ w tej książce mowa jest jedynie o rdzennych mieszkańcach Ameryki, w zdecydowanej większości przypadków – Ameryki Północnej, zdecydowałam się skrócić tłumaczenie do słów Rdzenni, Rdzenne. Słowo to występuje tu jako nazwa własna i zapisuję je wielką literą zgodnie z intencją Jamie Sams, która w rozdziale „Do czytelników i czytelniczek" tłumaczy, dlaczego w tekście niektóre wyrazy są napisane wielką literą.

Podzielenia do Piątego Świata Oświecenia i Pokoju, sprawą najwyższej wagi jest uzdrowienie pierwiastka kobiecego na Ziemi. Po tysiącleciach panowania patriarchatu, a przedtem matriarchatu, świat oraz my wszystkie i wszyscy potrzebujemy powrotu do równowagi. Aby to było możliwe, najpierw musimy przywrócić swoją wewnętrzną równowagę, uzdrowić ośmieszaną, zawstydzaną, zranioną i wypartą kobiecą stronę swojej natury – swoją wewnętrzną kobietę (animę), która potrafi kierować się intuicją i przeczuciami, jest delikatna, wrażliwa i współczująca, wie, jak się troszczyć i opiekować, odżywiać, wspierać i uzdrawiać; uszanować ją i przyjąć, że taka jest, dać jej godne miejsce w sobie. Potrzebujemy przyjąć i pokochać wrażliwą część siebie, aby móc działać z otwartym sercem i używając męskiej strony swojej natury (animusa), tworzyć świat pełen miłości i piękna, pokoju i harmonijnych związków.

Książka Jamie Sams pojawiła się w moim życiu w odpowiedzi na wołanie mojego serca i duszy. Od razu stała się moją codzienną towarzyszką. Pomagała w trudnych chwilach „czarnej nocy duszy", poruszając zapomniane, delikatne struny w moim sercu. Prowadzi mnie już od ponad dziesięciu lat, jest dla mnie niewyczerpaną skarbnicą wiedzy, wskazówek życiowych i mądrości. Uwzniośla i porusza, a także inspiruje do działania. Ukazuje czysto kobiecą drogę rozwoju duchowego i jest na niej przewodniczką. Stała się więc nauczycielką na mojej osobistej ścieżce rozwoju.

Praca nad tłumaczeniem tej książki uwrażliwiła mnie na znaczenia używanych słów. Czasami więc słowa, których znaczenie ma obecnie zabarwienie negatywne, albo zmieniam, albo pozostawiam, by przywrócić pozytywne przesłania, jakie pierwotnie niosły. W paru przypadkach użyłam nazw wywodzących się z tradycji słowiańskiej, gdyż uznałam, że najlepiej oddają ducha, a jednocześnie stanowią międzykulturowy łącznik. Starałam się też zachować klimat, który wynika z innego sposobu myślenia i widzenia świata w odległych od siebie kulturach, a który przejawia się w języku. W kulturze Rdzennych mieszkańców Ameryki życie widzi się jako ciągły ruch (w myśleniu i mowie używane są głównie czasowniki), podczas gdy ludzie Zachodu skupiają uwagę na przedmiotach i rzeczach (w myśleniu i mowie używane są przede wszystkim rzeczowniki). To nowe widzenie świata jest bliższe mojemu obecnemu rozumieniu i wniosło w moje życie więcej harmonii, spokoju i ufności.

Jednym z nich jest słowo „Rdzenni" lub „Rdzenni mieszkańcy Ameryki". Honoruję tę jej decyzję, stosując w polskim tekście tę samą zasadę. (Wszystkie przypisy w książce pochodzą od tłumaczki).

•••• **Przedmowa do pierwszego polskiego wydania**

Zostałam podpisana jako tłumaczka *13 Pierwotnych Matek Klanowych*, ale tak naprawdę polskie wydanie tej książki jest efektem wspólnej pracy bardzo wielu kobiet. Dziękuję Małgosi Danickiej, Dorocie Banytce i Kasi Emilii Bogdan za pomoc w przekładzie. Składam wyrazy wdzięczności Małgosi Kacperek, Basi Zakrzewskiej, Marii Rutkowskiej, Ani Rutkowskiej oraz Blance Łyszkowskiej i Wojtkowi Zacharkowi, a także Agnieszce Weseli za liczne poprawki. Podarowałyście i podarowaliście swój czas, energię, wiedzę, aby przysłużyć się dobrej sprawie, postępując tym samym zgodnie z naukami Klanowych Matek.

Bardzo dziękuję kobietom z kręgu za nieustające wsparcie, wiarę we mnie oraz cierpliwość. Spotykałyśmy się przez kilka lat i wspólnie podróżowałyśmy po kole prawdy, doświadczając kolejnych Matek Klanowych. Nasze dyskusje nad znaczeniami i sensem nauk zawartych w opowieściach umożliwiły powstanie polskiej wersji książki. Dziękuję tym, które były w kręgu najdłużej: Darii Jaremie, Agnieszce Ważyńskiej, Patrycji Kowalskiej, Emilii Bałakier, Bożenie Ratajskiej, Kasi Kuniewicz, Izabeli Kasi Zalewskiej-Kantek, Annie Stasiak, Izoldzie Gruchal, Alinie Jadwidze Bieńkowskiej, Dagmarze Kamińskiej, Agnieszce Krasce i Ewie Bury. Dziękuję także tym, które były z Klanowymi Matkami przez cały roczny cykl nauk: Joli Sokół, Kasi Rzuczkowskiej, Ani Piotrowskiej, Małgosi Smetaniuk, Ilonie Kondrat, Joli Wolskiej, Margo Boratyńskiej, Magdzie Śliwińskiej, Agnieszce Olszewskiej, Joannie Stypczyńskiej, Justynie Kaczmarek i Iwonie Nowowiejskiej.

Dziękuję również wielu kobietom, które dołączyły do kręgu na krócej w Warszawie, Wrocławiu i Sopocie. Moje serce podpowiada, że wszystkie włożyłyście w to dzieło swój duży wkład. Dziękuję wam. Czuję jeszcze wewnętrzną potrzebę wyrażenia wdzięczności kobietom, siostrom, które pokochały Klanowe Matki i wspierały mnie przez te lata – Patrycji Art, Wioli Ostasiewicz i Patrycji Kowalskiej. Szczególnie przytulam do serca Kasię Emilię, ukochaną siostrę, która jest nie tylko wspaniałą tłumaczką, ale także spadkobierczynią Rdzennej wiedzy, mądrości i rytuałów. Składam specjalne podziękowanie redaktorce Agnieszce Weseli za wspólne godziny spędzone nad każdym niemal słowem, w czasie których zgłębiałyśmy niuanse języka angielskiego i polskiego, poszukując znaczenia słów użytych przez Jamie Sams. Nauczyłam się wiele o sztuce kompromisu, który pozwala zachować poetykę i głębię oryginału i przekazać je ładną polszczyzną; mam nadzieję, że udało nam się to osiągnąć. Dziękuję wydawnictwu CoJaNaTo, czyli osobiście Blance Łyszkowskiej, za współpracę na miarę nowego świata, w którym nauki Klanowych Matek po prostu przejawia się własnym życiem; dziękuję za wspólne tworzenie.

Po kilku latach głębokiego obcowania z tą książką w swoim zaciszu domowym w trakcie jej tłumaczenia i po kilku latach dzielenia się jej mądrością z kobietami w kręgach z radosnym sercem przekazuję *13 Pierwotnych Matek Klanowych* w ręce wydawczyni, aby mogły trafić do wielu kobiet i mężczyzn w Polsce, do ich serc i umysłów.

Moim córkom,
Marii-Magdalenie i Annie Marii,
z miłością

Maria Ela Lewańska
10 stycznia 2012

Przedmowa do drugiego polskiego wydania

Od pierwszego wydania *13 Pierwotnych Matek Klanowych* w języku polskim minęło właśnie dziesięć lat.

Przez ten czas dużo się dowiedziałam o naszym języku i znaczeniu, jakie niosą słowa. Starałam się więc uwzględnić tę wiedzę, przygotowując tekst do drugiego wydania. Pragnę wyjaśnić, że wszystkie zamieszczone w książce przypisy pochodzą ode mnie, gdyż zauważyłam, że niektóre występujące w książce zwroty lub pojęcia mogą być niezrozumiałe dla kogoś, kto nie miał nigdy do czynienia z kulturą Rdzennych i ich widzeniem świata. Jest także w tekście kilka zmian wynikłych z głębszego zrozumienia sensu niektórych zdań czy sformułowań.

Przez te lata prowadziłam dla kobiet warsztaty, podczas których zgłębiałyśmy przekazywane przez Jamie Sams nauki o kobiecości i boskich prawach, według których działa świat, w którym żyjemy. Obserwowałam ze wzruszeniem, jak wiele dobra te nauki wnosiły do życia każdej z uczestniczek. Widziałam uwrażliwienie na świat przyrody (roślin i zwierząt); większą świadomość siebie, swojego ciała i swoich potrzeb i radosne ich zaspokajanie; głębszy kontakt z samą sobą, uznawanie siebie i docenianie, a w końcu pokochanie; uzdrawianie relacji z kobietami przez radosne doświadczanie siostrzeństwa. W wyniku stania z miłością przy sobie stopniowo uzdrawiały się trudne relacje z najbliższymi, przynosząc prawdziwą bliskość. Czuję głęboką siostrzaną więź z każdą z kobiet i wiem, że zawsze możemy na siebie liczyć, niezależnie od tego, jak rzadko przychodzi nam mieć ze sobą kontakt. Głęboko czuję całą sobą prawdziwość słów Jamie Sams, że na świecie jest tylko jedna kobieta i jeden mężczyzna.

A od tego roku moje serce podskakuje z radości, gdyż z nauk Klanowych Matek chcą także czerpać mężczyźni, by poznawać i uzdrawiać swoją kobiecą stronę. Tak więc wyruszam w nową podróż, tym razem z mężczyznami, bo wiem, że nowy świat, o którym marzą nasze serca i za którym tęsknią nasze dusze, możemy stworzyć razem – kobiety i mężczyźni.

Dedykuję te słowa i książkę także następnym pokoleniom –
mojej wnuczce Irenie
i wnuczkowi Jackowi
z miłością
Maria Ela Ziemkiewicz

Do czytelniczek i czytelników

Pragnę wyjaśnić wszystkim osobom czytającym tę książkę, dlaczego napotkają w niej tak dużo nazw pisanych wielką literą. Dla Rdzennych mieszkańców Ameryki pewne słowa są święte lub uświęcone, niezależnie od tego, czy pochodzą z języka plemienia Seneka, czy jakiegokolwiek innego. Słowa te zapisywane są wielką literą.

Jeszcze do niedawna niewielu Rdzennych pisarzy wydawało swoje teksty, a ci, których dzieła publikowano, nie mieli wpływu na ich kształt. Wydawnictwo HarperCollins okazało szacunek mojej pracy, publikując ją w preferowanej przez Rdzennych mieszkańców Ameryki formie. Jestem mu za to głęboko wdzięczna.

W kulturze Rdzennych wszystko jest postrzegane jako żywe. Każda istota ma określoną rolę jako nauczyciel lub nauczycielka, krewny lub krewna. Wszystko na Ziemi – kamień, drzewo, każde stworzenie, chmura, słońce, księżyc, każda istota ludzka – jest jednym z naszych krewnych. Wielką literą zapisujemy słowa określające każdą z części naszej Planetarnej Rodziny, ponieważ każda przedstawia sobą święte przedłużenie Wielkiej Tajemnicy[2] i jest tu po to, aby pomóc ludzkości rozwijać się duchowo. Zapisujemy wielką literą słowa „Tradycje" i „Nauki", ponieważ są dla nas odpowiednikami świętych ksiąg innych religii.

W Tradycjach Plemiennych nie uznajemy Dziadka Słońce za bóstwo. Nie czcimy drzew ani kamieni. Widzimy jednakże Wieczny Płomień Miłości, który Wielka Tajemnica umieściła w całym Stworzeniu, i szanujemy tę duchową istotę. W języku plemienia Seneka nazywamy ją *Orenda*. Jest to duchowa esencja lub twórcza podstawa, nazywana Wiecznym Płomieniem Miłości, która znajduje się wewnątrz wszystkich form życia. Istnieje tylko jedno Pierwotne, Twórcze Źródło: nazywamy je Wielką Tajemnicą.

„Wódz Grzmot, *Hinoh*" (czyt. hino) piszemy wielką literą ze względu na rolę, jaką pełni, dostarczając życiodajnych wód, bez których nikt by nie przetrwał. „Dziadek Słońce" i „Babcia Księżyc" piszemy wielkimi literami, ponieważ postrzegamy je jako żywe istoty. Wielka Tajemnica dała im misję rozdzielenia dnia od nocy, dostarczenia światła i ciepła naszemu światu. Pojęciom czy istotom, których nazwy pisane są wielką literą, okazuje się szacunek ze względu na świętą misję, którą pełnią, oraz ze względu na miłość Wielkiej Tajemnicy, którą w sobie zawierają i którą reprezentują. Nauczamy, że każde życie ma znaczenie i szanujemy Uzdrawiającą Moc każdej żywej formy stanowiącej rozszerzenie pełnego miłości planu Wielkiej Tajemnicy.

Jamie Sams

---

[2] W tradycji *Southern Seers*, czyli Jasnośniących z Południa, wszechświat rozumie się jako ciało Wielkiej Tajemnicy, które nie może być ograniczone ani odkryte do końca. Wszystko jest żywe i stworzone z energii. Niektóre części połączone są z materią – mają ciała i substancję. Wszystko we wszechświecie jest komórką ciała Wielkiej Tajemnicy i wszystkie doświadczenia każdego człowieka, rośliny, zwierzęcia, kamienia, planetoidy, planety, systemu słonecznego, galaktyki i kosmosu są zapisane wewnątrz tej ogromnej, wszechmogącej świadomości (Jamie Sams, *Dancing the Dream. The Seven Sacred Paths of Human Transformation*, HarperCollins, Nowy Jork 1998, s. 38–41 i 77, tłum. Maria Elżbieta Ziemkiewicz). Wielka Tajemnica jest wszędzie. Nie posiada szczególnej formy czy wyrazu. Nie ma kryteriów czy reguł, które by ją ograniczały bądź definiowały. Jest obecna we wszystkim i jest poza materią. Jest duchową energią, duchową inteligencją, źródłem i twórcą wszystkich form życia. Jest esencją wszystkiego. Ludzie Seneka nazywają ją Swennio, hindusi Brahmą, buddyści Jednym Umysłem, chrześcijanie Królestwem Niebieskim (*Wywiad z Babcią Twylah Nitsch, imię Seneka Ya-weh-node, czyli Ta, Której Głos Podróżuje na Czterech Wiatrach, przewodniczką Starszyzny ludu Seneka* [1913–2007], przeprowadzony przez Margaret Wolff w 2005 roku, www.feminist.com/ourinnerlives/features_nitsch.html, tłum. Maria Elżbieta Ziemkiewicz).

Nocny wiatr
● ● ● ● ●

Nocny wiatr przybył, zawodząc,
do drzwi mych stukając,
przeciskając się
przez pęknięcie
w starożytnej budowli,
przynosząc duchy
powstałe z kości
Klanowych Matek.
Słuchałam.
Usłyszałam.
Mówiące bębny i pieśni
galopowały na wietrze.
Nadszedł czas.
Narzuciłam swój szal,
wykradłam się w noc,
by tańczyć,
by świętować,
gdyż biały bizon powrócił.

Jamie Sams
26 marca 1992

[3] Zgodnie z legendą Siuksów Lakota, dawno, dawno temu ludzie głodowali, ponieważ nie było zwierzyny do polowania. Pojawiła się wówczas między nimi bardzo młoda kobieta, która podarowała ludziom Świętą Fajkę, powiedziała, jak jej używać, i nauczyła o wartości i znaczeniu bizona. Zanim odeszła, obiecała, że powróci, a odchodząc, zmieniła się w białego młodego bizona. Powrót Białego Bizona oznacza nastanie nowej ery szacunku do Ziemi i pojednania pomiędzy rasami.

Koło Uzdrawiającej Mocy
Trzynastu Matek Klanowych
• • • • • • • • • •
dary, talenty i zdolności kobiecego pierwiastka

1
miesiąc: styczeń
kolor: pomarańczowy
pierwszy cykl księżycowy
Rozmawiająca Z Krewnymi

12
miesiąc: grudzień
kolor: purpurowy
dwunasty cykl księżycowy
Dzięki Czyniąca

2
miesiąc: luty
kolor: szary
drugi cykl księżycowy
Strażniczka Mądrości

11
miesiąc: listopad
kolor: biały
jedenasty cykl księżycowy
Krocząca Z Podniesioną Głową

3
miesiąc: marzec
kolor: brązowy
trzeci cykl księżycowy
Ważąca Prawdę

10
miesiąc: październik
kolor: różowy
dziesiąty cykl księżycowy
Tkająca Wątki

13
błękitny miesiąc przemiany
kolor: kryształ
trzynasty cykl księżycowy
Stająca Się Swoją Wizją

4
miesiąc: kwiecień
kolor: wszystkie pastelowe
czwarty cykl księżycowy
Widząca Daleko

9
miesiąc: wrzesień
kolor: zielony
dziewiąty cykl księżycowy
Kobieta Zachodzącego Słońca

5
miesiąc: maj
kolor: czarny
piąty cykl księżycowy
Kobieta Słuchająca

8
miesiąc: sierpień
kolor: niebieski
ósmy cykl księżycowy
Ta Która Uzdrawia

6
miesiąc: czerwiec
kolor: czerwony
szósty cykl księżycowy
Bajarka

7
miesiąc: lipiec
kolor: żółty
siódmy cykl księżycowy
Kochająca Wszystkie Istoty

1. ROZMAWIAJĄCA Z KREWNYMI

Matka Natury • Strażniczka Rytmów Pogody i Pór Roku • Opiekunka Mowy Drzew, Kamieni i wszelkich Stworzeń • Nawiązująca Relacje • Strażniczka Potrzeb Ziemi • Matka Planetarnej Rodziny

UCZY NAS...

Jak rozumieć niewypowiadalne słowami Języki Natury • Jak z szacunkiem wkraczać do Świętej Przestrzeni innych i jak tworzyć pokrewieństwo z wszystkimi formami życia • Jak szanować cykle, rytmy, zmiany pogody i pór roku • Jak stapiać się z siłą życiową i rytmami we wszystkich wymiarach, ucząc się prawdy każdego z nich

Jak UCZYĆ SIĘ PRAWDY

2. STRAŻNICZKA MĄDROŚCI

Obrończyni Świętych Tradycji • Opiekunka Bibliotek Kamieni i Dziejów Ziemi • Strażniczka Pamiętania i Twórczych Wspomnień • Matka Przyjaźni, Planetarnej Jedności i Wzajemnego Zrozumienia

UCZY NAS...

Umiejętności Rozwoju własnego Ja • Jak uzyskać dostęp do Planetarnej Pamięci, osobistych wspomnień oraz pradawnej mądrości i wiedzy • Jak rozumieć mądrość niesioną przez każdą formę życia oraz misję każdej z nich • Jak być przyjaciółką/ przyjacielem i odnawiać przyjaźń szanując punkt widzenia wszystkich form życia

Jak SZANOWAĆ PRAWDĘ

3. WAŻĄCA PRAWDĘ

Opiekunka Równości i Strażniczka Sprawiedliwości • Sprawiedliwa Sędzia Boskich Praw i Niszczycielka Oszustwa • Matka Prawdy i Opiekunka Pokrzywdzonych • Matka Samookreślenia i Odpowiedzialności

UCZY NAS...

Jak odnaleźć swój talent świadomego reagowania i jak być samookreśloną • Jak, stosując Boskie Prawo, karmić to, co pozytywne, a nie to, co negatywne • Jak sprawiedliwie stosować równouprawnienie, będąc odpowiedzialną za swoje czyny i słowa • Jak posługiwać się osobistą uczciwością, zasadami etycznymi i wartościami, aby znaleźć uzdrawiające rozwiązania

Jak PRZYJMOWAĆ PRAWDĘ

4. WIDZĄCA DALEKO

Jasnowidząca, Prorokini, Jasnośniąca, Wieszczka • Strażniczka Złotych Wierzei i Szczeliny we Wszechświecie • Matka Wizji, Marzeń, Snów i Wrażeń Metapsychicznych • Opiekunka Czasu Śnienia i Strażniczka Wewnętrznego Potencjału

UCZY NAS...

Jak rozumieć swoje wizje, sny, przeczucia i wrażenia • Jak wchodzić do Czasu Śnienia, podróżować do innych królestw oraz przechodzić przez Szczelinę we Wszechświecie • Jak właściwie używać swoich metapsychicznych zdolności i darów prorokowania dla dobra ludzkości • Jak posługiwać się psychiczną samoobroną, korzystać z duchowych granic i jak szanować te granice u innych • Jak korzystać ze swojego wewnętrznego potencjału, aby stać się uzdrowioną uzdrowicielką
Jak WIDZIEĆ PRAWDĘ

5. KOBIETA SŁUCHAJĄCA

Matka Tiyoweh, Bezruchu, Ciszy i Wewnętrznego Wiedzenia • Opiekunka Wnikliwości i Strażniczka Wglądu • Interpretatorka wiadomości ze Świata Duchowego • Adwokatka i Doradczyni, Opiekunka Słuchania
UCZY NAS...
Jak wkraczać w Ciszę i słyszeć wewnątrz spokojny, cichy głos swojego serca • Jak odnaleźć i rozumieć Wewnętrzne Wiedzenie pojawiające się w Duchowej Esencji • Jak słuchać opinii i dostrzegać punkty widzenia innych oraz słyszeć głosy Przodków • Jak rozumieć niewypowiedziane myśli oraz język ciała – słuchając sercem
Jak SŁYSZEĆ PRAWDĘ

6. BAJARKA

Strażniczka Opowieści Uzdrawiającej Mocy • Opiekunka Humoru oraz Uzdrawiającej Mocy Świętego Błazna • Nauczycielka, która uczy bez wskazywania palcem • Dbająca o wyrażanie Osobistego Doświadczenia i Osobistej Prawdy
UCZY NAS...
Jak uczyć, opowiadając historie niosące nauki • Jak równoważyć to, co święte i poważne z tym, co powszednie i niepoważne, • twórczo posługując się humorem • Jak mówić, wychodząc od własnego doświadczenia, bez upierania się przy swojej racji i bez osądzania • Jak być w życiu zarówno uczennicą, jak i nauczycielką, zachowując zdobytą mądrość
Jak MÓWIĆ PRAWDĘ

7. KOCHAJĄCA WSZYSTKIE ISTOTY

Matka Bezwarunkowej Miłości i Wszelkich Aktów Przyjemności • Opiekunka Seksualnej Mądrości i Poczucia Własnej Godności • Zmysłowa Kochanka, Matka-Karmicielka • Ciepła Kobieta, Strażniczka Potrzeb Rodziny
UCZY NAS...
Jak we wszystkich związkach za najważniejsze uważać szacunek, zaufanie i intymność • Jak kochać wszystkie aspekty swojego życia, życiowych lekcji, seksualności

oraz bycia istotą fizyczną • Jak być kochającą kobietą, troskliwą matką, zmysłową kochanką i zaufaną przyjaciółką • Jak wybaczać sobie i innym, rozwijając akceptację i wystrzegając się krytykanctwa
Jak KOCHAĆ PRAWDĘ

8. TA KTÓRA UZDRAWIA

Intuicyjna Uzdrowicielka, Położna, Zielarka • Strażniczka Sztuk Uzdrawiania • Strażniczka Tajemnic Życia i Śmierci • Śpiewająca Pieśń Śmierci • Opiekunka Leczniczych Korzeni i Uzdrawiających Ziół • Służka Rodzaju Ludzkiego, Matka Intuicji, Wszystkich Rytuałów Przejścia, Cykli Narodzin, Śmierci i Odrodzenia
UCZY NAS...
Jak ze szczęśliwym sercem służyć innym, posługując się zdolnością uzdrawiania • Jak rozumieć i szanować życiowe cykle narodzin, śmierci i odrodzenia • Jak wierzyć w cuda życia pojawiające się dzięki połączeniu z własną Esencją Duchową • Jak rozumieć Królestwo Roślin i poznać uzdrawiające właściwości wszystkich części roślin
Jak SŁUŻYĆ PRAWDZIE

9. KOBIETA ZACHODZĄCEGO SŁOŃCA

Opiekunka Przyszłych Celów i Marzeń o Przyszłości • Strażniczka Potrzeb Przyszłych Siedmiu Pokoleń • Matka właściwego użycia Woli, Woli Życia, Woli Przetrwania, Siły Woli • Opiekunka Zasobów Matki Ziemi i ich Obrończyni
UCZY NAS...
Jak chronić własne zasoby i korzystać z nich, niczego nie marnując • Jak, planując dzień dzisiejszy, przygotować się na przyszłość, stawiając cele i je realizując • Jak swoim życiem okazać troskę, współczucie i to, że można na nas polegać • Jak, kierując się intencjami, właściwie używać woli dla dobra przyszłych pokoleń
Jak ŻYĆ W PRAWDZIE

10. TKAJĄCA WĄTKI

Matka Twórczości, Muza, Artystka, Twórczyni • Przejawiająca Marzenia, Ta, Która Przynosi Wizje • Strażniczka Siły Życiowej, ucząca kobiety, jak dawać życie swoim marzeniom • Opiekunka Instynktu Przetrwania • Matka Twórczości i Zniszczenia
UCZY NAS...
Jak używać swojej pasji tworzenia i nadawać marzeniom namacalną formę • Jak czerpać siłę życiową, używając energii do budowania zmiany lub pokazywania swoich potrzeb • Jak wyrażać swoje wizje i dawać im życie poprzez działanie i talenty artystyczne • Jak tworzyć nowe ze starego i jak niszczyć ograniczenia blokujące twórczość
Jak PRACOWAĆ Z PRAWDĄ

11. KROCZĄCA Z PODNIESIONĄ GŁOWĄ

Strażniczka Przewodnictwa i Opiekunka Nowych Ścieżek • Matka Piękna i Wdzięku • Opiekunka Nowatorstwa i Wytrwałości • Wzorzec Zdrowia, Fizycznej Sprawności Wytrzymałości i Kierowania się Pragnieniami Serca • Strażniczka Wszystkich Form Wewnętrznej Siły • i Opiekunka Osobistej Nieskazitelności

UCZY NAS...

Jak odnosić sukces, pozostając ludzką i wrażliwą • Jak utrzymywać elastyczność i zdrowie ciała oraz umysłu poprzez aktywność i niedziałanie • Jak szukać nowych dróg rozwoju i uczenia się, stanowiących przykład dla innych • Jak rozwijać wewnętrzną siłę • Jak przyciągać i uwalniać

Jak KROCZYĆ W PRAWDZIE

12. DZIĘKI CZYNIĄCA

Matka Wszystkich Aktów Dziękczynienia i Opiekunka Obfitości • Strażniczka Ceremonii i Rytuału • Opiekunka Magii • Matka Zachęty i Strażniczka Uroczystości • Opiekunka Mądrości Sztuki Dawania i Otrzymywania

UCZY NAS...

Jak składać podziękowanie za obfitość, zanim ona do nas przyjdzie, stwarzając tym samym miejsce na jej przyjęcie • Jak z radością świętować każde zwycięstwo w życiu, zarówno osiągnięcia własne, jak i innych • Jak posługiwać się właściwym nastawieniem umysłu, by tworzyć magiczne zmiany w swoim Ja • Jak tworzyć obfitość poprzez dziękczynienie, dawanie i otrzymywanie

Jak być WDZIĘCZNĄ ZA PRAWDĘ

13. STAJĄCA SIĘ SWOJĄ WIZJĄ

Strażniczka Przemiany i Przeistoczenia • Opiekunka Wstępowania Ducha w Formę • Matka Alchemicznych Przemian i Rytuałów Przejścia prowadzących do Pełni • Strażniczka Osobistej Historii, Mitu i Stawania się

UCZY NAS...

Jak się stać własną wizją i własną pełnią • Jak uwalniać stare Ja i wejść do urzeczywistnionego marzenia • Jak uszanować proces, który przeprowadził nas przez zmiany i transformację • Jak celebrować Rytuał Przejścia prowadzący do Pełni i jak świętować Wizję, którą się stałyśmy

Jak BYĆ PRAWDĄ

Wstęp
• • •

Opowieść o Trzynastu Klanowych Matkach otrzymałam od dwóch Babć z plemienia Kiowa, które były moimi nauczycielkami na początku lat siedemdziesiątych XX wieku. Cisi Laughing Crow (Śmiejąca Się Wrona) i Berta Broken Bow (Pęknięty Łuk) przekazały mi dziedzictwo, na którym miałam zbudować swoje życie. Kiedy ja byłam młodą, dwudziestodwuletnią kobietą, Cisi – o ile dało się to obliczyć – miała sto dwadzieścia, a Berta sto dwadzieścia siedem lat. Obie Babcie urodziły się krótko po wydarzeniach zwanych Szlakiem Łez[4], do których doszło zimą 1838/39 roku. Ich rodziny, jak wiele innych, odmówiły zarejestrowania się i życia w rezerwatach; odbyły podróż na południe, gdzie mogły żyć w wolności w górach Meksy-

---

[4] Szlak Łez, Rzeki Łez, Szlak Łez i Śmierci, Droga Łez (ang. *Trail of Tears*) to określenie przymusowej deportacji Rdzennych z południowo-wschodnich stanów USA na Terytorium Indian w granicach obecnej Oklahomy (1831–1838). Nazwa „Szlak Łez" nawiązuje do tragicznej sytuacji wysiedlanych plemion. Wielu Rdzennych mieszkańców USA przypłaciło wędrówkę cierpieniem, chorobami i śmiercią. Zginęło między innymi około 4000 z 15 000 wysiedlonych Czirokezów.

ku. Biuro do Spraw Indian przy rządzie Stanów Zjednoczonych w ciągu ostatnich mniej więcej dwudziestu lat[5] upominało się o te rodziny, bez rezultatu próbując je zabrać z powrotem do rezerwatów w Stanach Zjednoczonych.

Podstawą opowieści są tradycje; pozostały one żywe dzięki tamtym ludziom, którzy nie zgodzili się na zerwanie połączenia z Matką Ziemią. Jestem szczerze wdzięczna mądrości Kobiecej Uzdrawiającej Mocy[6] oraz jej sile, która sprawiła, że rodziny Rdzennych zbudowały nowe życie na obcej ziemi. Dzięki ich wytrwałości Starożytne Nauki nadal są żywe.

Wdzięczna też jestem mojemu pierwszemu nauczycielowi, Joaquinowi Murielowi Espinosie, za to, że nie nalegał, bym podążała męską drogą Wojownika. Gdy tylko zorientował się, że potrzebuję nauk o Kobiecej Mocy, zabrał mnie do Cisi i Berty. Dzięki jego intuicji moje życie otworzyło się na nowe drogi, których w tamtym czasie nie rozumiałam. Jeśli kobieta nie została nauczona szacunku dla kobiecego źródła w sobie samej, a podąża ścieżką męskiej Mocy, może się zagubić lub pozwolić się wykorzystywać. Za każdym razem, gdy widzę taką kobietę, odczuwam szacunek dla mojego nauczyciela za jego wielką pokorę oraz to, że pragnął mojego największego dobra.

Wiele innych kobiet ze Starszyzny[7] mówiło mi o opowieściach Klanowych Matek dotyczących Kobiecej Uzdrawiającej Mocy. Smuciło je, że duża część tych historii zaginęła w poprzednich pokoleniach. Wielką radość przyniosły mi zarówno możliwość wskrzeszenia tej opowieści, która w przeciwnym razie byłaby stracona, jak i możliwość podzielenia się ze światem naszym Kobiecym Dziedzictwem. Kobiece Dziedzictwo oraz Matka Ziemia były i pozostaną zagrożone, dopóki nie zmienimy siebie od wewnątrz. Ponieważ wszystkie rzeczy rodzą się z pierwiastka kobiecego, wzorcem dla żeńskich i męskich ról w ludzkiej społeczności są postaci

---

[5] Pierwsze wydanie książki ukazało się w 1994 roku.

[6] W dosłownym tłumaczeniu z angielskiego *medicine* to środek uzdrawiający, leczący. Jednak rdzenni mieszkańcy Ameryki Północnej nadają temu określeniu głębsze znaczenie, obejmujące także ochronę oraz duchowy i uświęcony potencjał. Używane jest w sformułowaniach: *medicine people*, *medicine man/woman* – uzdrowiciel lub uzdrowicielka, człowiek mocy, człowiek uzdrawiającej mocy, duchowi przewodnicy-nauczyciele; *medicine wheel* – krąg uzdrawiającej mocy, krąg uzdrawiający, krąg uzdrawiania; *personal medicine* – osobista uzdrawiająca moc, która przejawia się, gdy rozwijamy swoje unikalne talenty i zdolności, z jakimi się urodziliśmy i jakimi mamy dzielić się ze światem.

[7] Starszyzna, Starsze, Starsi – to strażniczki i strażnicy mądrości, wybierani przez własnych ludzi, by utrzymywać starą wiedzę i tradycyjny sposób życia. Od tysiącleci niosą ustnie przekazywaną historię, mądrość uzdrawiania, duchowe praktyki, zgromadzoną mądrość i doświadczenia na temat naturalnego środowiska, wiedzę o zarządzaniu świętą ziemią i zadziwiającą wiedzę na temat kosmosu. Starsi (Starszyzna) mówią w ojczystym języku, przeprowadzają tradycyjne ceremonie i odpowiadają za utrzymanie nienaruszalności starożytnej wiedzy oraz przekazywanie jej następnym pokoleniom.

•••• **Wstęp**

Trzynastu Pierwotnych Klanowych Matek, które wyłoniły się jako aspekty Matki Ziemi i Babci Księżyc.

Uczono mnie, że aby stać się kobietą w pełni dojrzałą – a dojrzałość w Tradycji Rdzennych mieszkańców Ameryki osiąga się około pięćdziesiątego drugiego roku życia – mam pracować nad osobistą drogą przez rozwijanie talentów i darów, używając Trzynastu Pierwotnych Matek Klanowych jako wzorców przyjmowanych w życiu ról. Uczono mnie także, jak rozumieć Uzdrawiającą Moc tych starożytnych Babć i jak odnosić się do każdej z nich jako do swojej nauczycielki. Chociaż musiało minąć wiele lat, zanim osiągnęłam dojrzałość, pokochałam Klanowe Matki – moje Duchowe Nauczycielki – i mam zaufanie do sposobu, w jaki przemawiają do mojego serca. Przez całe wieki Klanowe Matki udzielały wielu duchowych lekcji w Kobiecych Szałasach Uzdrawiającej Mocy oraz były Duchowymi Nauczycielkami kobiet ze Starszyzny – moich bezpośrednich nauczycielek w Meksyku. Odkryłam, że Trzynaście Pierwotnych Matek Klanowych reprezentuje najpiękniejsze aspekty kobiety i źródła kobiecości.

Klanowe Matki nauczyły mnie dostrzegać piękno w moich siostrach i braciach wszystkich ras[8] i wszystkich wyznań. Pocieszały mnie, kiedy byłam zmęczona lub odczuwałam ból, i uczyły, jak uzdrawiać samą siebie. Babcie Cisi i Berta przekazały mi dar znajomości Pierwotnej Trzynastki i teraz dla mnie nadszedł czas przekazania tego daru Siostrzeństwu Ludzkości. Nie chcę przez to powiedzieć, że mężczyźni

---

[8] Zgodnie z Rdzenną historią stworzenia przekazaną przez Babcię Twylah jest pięć ras czy też kolorów człowieka i każda została wyposażona w pewne dary oraz odmienną misję istnienia na Ziemi. Czarna rasa została obdarzona darem poszukiwania prawdy Pustki pośród nieznanego. Ustanawiała rytuały służące poszukiwaniu wewnętrznego spokoju i dojrzewania. Czarni Dwunożni wykorzystywali rytm do tańca i połączenia się z rytmem serca Matki Ziemi. Byli w stanie znieść najsilniejsze promienie Dziadka Słońce i nieśli tę miłość w świat, dając świadectwo prawdy znalezionej w Pustce. Brązowi Dwunożni związani byli z księgami Ziemi i mieli zapewnić wiedzę o instynkcie przetrwania wszystkim Dzieciom Ziemi. Pracowali z glebą i szanowali jedność wspólnej pracy prowadzącej do osiągnięcia wspólnego celu. Ludzie rasy czerwonej byli Strażnikami ciała Matki Ziemi i jej stworzeń. Oddawali cześć matce za jej bezwarunkowe dawanie. Ustanowili pojęcie Świętej Przestrzeni, szacunku, uczciwego osądu i Świętych Punktów Widzenia. Mieli ułatwić zrozumienie Świętego Kręgu Rodziny Planetarnej, który obejmuje wszystkie stworzenia posiadające czerwoną krew i cały Lud Kamieni, Lud Roślin, Malutkich, jak również Wodzów Klanów Powietrza, Ziemi, Wody i Ognia. Żółta rasa ludzi miała oczyszczać prawdę i stworzyć nowy System Wiedzy, uczyć o Przodkach, więzach rodzinnych i zwyczajach towarzyskich. Biała rasa została sprowadzona, by poszukiwać prawdy, korzystając z kreatywności i magnetyzmu. Pierwotnie została obdarzona władzą, a jej misją było uczenie się korzystania z tych zdolności, by służyć prawdzie i uczciwości. (za: Jamie Sams, Twylah Nitsch, *The Other Council Fires Were Here Before Us. A Classic Native American Creation Story as Retold by Seneca Elder and Her Granddaughter*, HarperSanFrancisco, San Francisco 1991. Polskie wydanie: *Siedem Światów Ziemi. Proroctwo Kamienia Mocy*, CoJaNaTo 2012, tłum. Jerzy Pasisz).

naszej Ziemi nie mogą skorzystać z tych nauk – są przecież także dziećmi zrodzonymi z kobiety oraz mają kobiecą stronę. Teraz jednakże konieczne jest to, aby wszystkie kobiety Ziemi poznały przekazane im dziedzictwo, aby mogły uzdrowić siebie, zanim znowu sięgną po role polegające na uzdrawianiu innych i opiekowaniu się nimi. Wtedy uzdrowiony już kobiecy aspekt nie będzie przejawiał się poprzez złość, wrogość, oddzielenie i manipulację, które mają ukryć ból. Z tego pozytywnego miejsca kobiety będą mogły powrócić do uzdrowionego wzorca, czyli bycia przywódczynią, która własnym przykładem pokazuje innym drogę, zamiast podążać za męskim wzorem zdobywania i współzawodnictwa. Dzięki temu w świecie przywrócona zostanie równowaga między aspektem kobiecym i męskim.

Wiele lat po otrzymaniu opowieści Trzynastu Pierwotnych Matek Klanowych zorientowałam się, że Nauki w nich zawarte są wspólne dla licznych Plemion i że od setek lat różne fragmenty tego dziedzictwa przekazywane były w Czarnych Szałasach[9] oraz Kobiecych Kręgach Uzdrawiającej Mocy. Niektóre z nich dotarły do uszu ukochanych Kobiet plemienia Czirokezów, Klanowych Matek plemienia Irokezów, Babć lub Strażniczek Wiedzy plemion Kiowa, Czoktaw oraz wielu innych. Wtedy zaczęłam pełniej rozumieć, że dzięki dzieleniu się swoimi wizjami i snami kobiety z Kobiecych Śniących Kręgów utrzymują to dziedzictwo przy życiu.

Dziedzictwo to, chociaż otrzymałam je od moich dwóch nauczycielek, Babć plemienia Kiowa, nie wywodzi się z tradycji jednego konkretnego plemienia, lecz należy do wszystkich Dzieci Ziemi. Najpierw usłyszałam te opowieści po hiszpańsku, gdyż nie mówiłam w języku Kiowa. Cisi i Berta powiedziały, że moje zrozumienie pogłębi się, gdy nauczę się trzynastu kroków Kobiecego Koła. Rzeczywiście duchy Trzynastu Klanowych Matek przez osiemnaście lat prowadziły i kształtowały mój rozwój jako kobiety i dziś nadal korzystam z ich nauk.

Zauważyłam, że wszystkie historie o Ziemi są bardzo podobne, więc do niektórych opowieści dodałam kilka fragmentów, które w trakcie lat nauki usłyszałam od innych Plemiennych Babć. Indiańskie słowa, których używam w tekście, pochodzą z języka Seneka, gdyż są mi najbliższe, chociaż wiem, że opowieścią o Trzynastu

---

[9] Czarny Szałas, Księżycowy Szałas, Kobiecy Szałas Uzdrawiającej Mocy – to miejsce, w którym gromadzą się kobiety w czasie miesiączki, aby być ze sobą i wspólnie przechodzić zmiany zachodzące w ich ciałach. Spędzony w nim czas poświęcony był na odpoczynek, refleksję i doświadczanie siostrzeństwa. Gdy kobiety razem mieszkały, wspólnie gotowały, jadły i pracowały, ich rytmy synchronizowały się i miesiączka występowała u wszystkich w tym samym momencie. Tradycja czerwonego namiotu lub szałasu, księżycowej chaty czy wigwamu istniała w plemiennych kulturach na całym świecie. Podczas medytacji i śnienia miesiączkujące kobiety otwierały się na wizje i marzenia, dlatego miejsce to nazywano też Czarnym Szałasem.

•••• Wstęp

Pierwotnych Matkach Klanowych w jej ogólnym zarysie dzielono się w Kobiecych Czarnych Szałasach w całej Rdzennej Ameryce.

Zapytałam Trzynastu Pierwotnych Matek Klanowych, jak mogłabym najlepiej przedstawić ich Opowieści Uzdrawiającej Mocy. Otrzymałam odpowiedź, że kanwę lub strukturę, która pozwoli ludziom zobaczyć cały obraz, może mi dać Koło Uzdrawiającej Mocy[10] plemienia Seneka z Drogą do Pokoju oraz Dwunastoma Cyklami Prawdy.

Odkryłam, że prawdę znajdujemy w każdej Tradycji i że czasami większą przejrzystość daje ich połączenie. Tak więc pozwoliłam sobie umieścić opowieści każdej z Trzynastu Pierwotnych Matek Klanowych na Kole plemienia Seneka, aby ukazać znaczenie prawdy i pokoju w Uzdrawiającej Mocy Kobiet w każdym Plemieniu i każdym Szałasie Uzdrawiającej Mocy.

Dla uproszczenia *Dwanaście Cykli Prawdy* z Nauk Plemienia Seneka zostało przypisane dwunastu miesiącom. Aby Koło Uzdrawiającej Mocy Trzynastu Matek Klanowych było pełne, dodałam trzynasty Cykl Prawdy – *Być Prawdą*. W związku z różnicą pomiędzy cyklami księżycowymi a miesiącami w kalendarzach, jakich używamy we współczesnym świecie, kolejne cykle księżycowe przypisałam konkretnym miesiącom. Jak wiemy, pełen cykl księżycowy jest krótszy niż jeden miesiąc. Zdecydowałam jednak, by w możliwie najprostszy sposób przełożyć istotę każdej Klanowej Matki na nasz obecny sposób myślenia. Wolę, aby te osoby, które stosują się do kalendarza księżycowego, same przyjrzały się cyklom oraz datom i skorygowały cykl księżyca każdej Klanowej Matki.

Matka Ziemia dała nam pierwszy kalendarz księżycowy, który widzimy na skorupie Żółwia. Okrąg w centrum skorupy ma trzynaście części i symbolizuje Trzynaście

---

[10] Koło Uzdrawiającej Mocy, inaczej Święte Koło, Koło Mocy (ang. *Sacred Hoop, Medicine Wheel*) jest dla Rdzennych symbolem wszystkich cykli życia. To krąg lekcji życiowych, które każda osoba musi przejść, aby ukończyć swoją podróż przez życie – Dobrą Czerwoną Drogą fizycznego życia. Fizyczne życie zaczyna się od narodzin, które są na Południu świętego koła. Podróżujemy następnie z Południa na Północ do miejsca Starszyzny. Przodkowie, którzy zakończyli Ziemską Wędrówkę, opuszczają Koło na Północy i idą po obrzeżu Koła do Wschodu. Wchodzą na Niebieską Drogą Ducha, która przecina Koło ze Wschodu na Zachód. My powracamy do nowego życia przez Niebieską Drogą. Przechodzimy jako duch ponownie przez Złote Wierzeje na Wschodzie i podróżujemy po krawędzi Koła na Południe, gdzie nasz duch ponownie rodzi się do fizycznego życia (za: Jamie Sams, *Sacred Path Cards. The Discovery of Self Through Native Teachings*, HarperSanFrancisco, San Francisco 1990, s. 83–87, tłum. Maria Elżbieta Ziemkiewicz). Święte Koło składa się z siedmiu Kręgów: Kobieta jest Centrum Energetycznym (*Vibral Core*), Mężczyzna Głównym Opiekunem, Dzieci są przyszłością, Ciocie i Wujkowie innymi matkami i ojcami, Dziadkowie Głównymi Nauczycielami, Społeczność i Klan – wszyscy razem są pełnią (za: Mary Elizabeth Thunder, *Thunder's Grace. Walking the Road of Visions with My Lakota Grandmother*, Station Hill Press, Nowy Jork 1995, s. 87, tłum. Maria Elżbieta Ziemkiewicz).

13 Pierwotnych Matek Klanowych ••••

Pierwotnych Matek Klanowych opiekujących się trzynastoma cyklami księżycowymi. Święta Żółwica jest ucieleśnieniem Matki Ziemi; jak skorupa ochrania ciało Żółwicy, tak przedstawione na tej skorupie Klanowe Matki i ich cykle księżycowe ochraniają Matkę Planetę i wszystkie żyjące istoty. To właśnie dzięki połączeniu z tymi rytmami i cyklami ta opowieść nie może zostać uznana za tradycyjną legendę jednego Plemienia. Mogę was jednak zapewnić, że przekazuje ona Kobiecą Uzdrawiającą Moc zebraną w tych wszystkich miejscach, w których Babcie – Strażniczki Wiedzy – utrzymywały *Pamiętanie*[11]. Podstawowa opowieść pozostała niezmieniona. Jedynymi dodatkami z mojej strony są opisowe fragmenty oraz niektóre nazwy Totemów każdej Klanowej Matki. Cisi i Berta opisywały fizyczne cechy pewnych zwierząt, ale nie używały nazw, pod jakimi znamy je obecnie. Współczesne nazwy zwierząt przyszły do mnie za pośrednictwem Duchów Trzynastu Pierwotnych Matek Klanowych, które przemówiły do mojego serca i ukazały mi ich Uzdrawiające Moce.

Przypuszczam, że jeśli w jakiejś części świata pewne zwierzęta wymarły i rysunki naskalne stały się jedynym zapisanym świadectwem ich życia na ziemi – jak wizerunki wielbłądów i mamutów w Północnej i Południowej Ameryce – nadal krążą o nich ustne legendy, ale rzeczywiste zwierzę staje się stworzeniem mitycznym dla tych osób, które nigdy go nie widziały. Sądzę, że jest to jedyna przyczyna, dla której Cisi i Berta nazywały wielbłąda „niepotrzebującym wody pustynnym czworonogiem z garbem na plecach". Inny przykład tego zjawiska można znaleźć w tradycji plemienia Paiute, które uważa Owcę Wielkorogą[12] za świętą, mimo że większość tych stworzeń została, podobnie jak bizony, zabita po przybyciu europejskich osadników. Petroglify Bizona i Wielkorogiej Owcy nadal przemawiają do naszych Plemion, ponieważ zawierają Uzdrawiającą Moc naszych Przodków, która jest dla nas świętością.

Kryształowe Czaszki stanowią część Tradycji oraz pierwotnej opowieści, a mówiły o nich jeszcze cztery inne Babcie z różnych plemion. O ile wiem, na temat Trzynastu Kryształowych Czaszek dotąd nie napisano niczego w oparciu o ustną Tradycję czy historię Rdzennych. Informacje o Kryształowych Czaszkach, które

---

[11] Termin Pamiętanie oznacza przypominanie sobie (*re-membering*) i odtwarzanie fragmentów ludzkiej świadomości. Pamiętanie przynosi prawdziwą pełnię i budzi ducha, który zamieszkuje fizyczne ciało. Gdy sprowadzamy zapomniane części naszego ludzkiego potencjału z powrotem do siebie i rozwijamy te dary, talenty i zdolności, stajemy się w pełni świadome i świadomi jednocześnie świata namacalnego i nienamacalnego. Procesu pamiętania (przypominania) nie można wymuszać; zaczyna się on od uświadomienia sobie własnego wyboru, aby rozwijać się i ewoluować. Stając się bardziej obecne i obecni, lepiej zapamiętujemy codzienne zdarzenia i mamy żywe wspomnienia swoich snów (za: Jamie Sams, *Dancing the Dream*, op. cit., s. 30–31).

[12] Owca wielkoroga, owca gruboroga, owca kanadyjska (łac. *Ovis canadensis*).

otrzymałam w naukach Cisi, Berty i Joaquina, umieściłam w zakończeniu książki i zatytułowałam „Wkraczanie do Domu Zgromadzenia Trzynastu Pierwotnych Matek Klanowych".

Przez osiemnaście lat moje połączenie z Uzdrawiającą Mocą Trzynastu Pierwotnych Matek Klanowych rosło wewnątrz mnie. Każda nowa lekcja, jaką otrzymywałam od Trzynastu Klanowych Matek, powiększała moje zrozumienie i wykuwała szlak mojego osobistego rozwoju. Aby się podzielić otrzymaną mapą uzdrowienia, zdecydowałam się na udostępnienie zarówno tych nauk, jak i swoich osobistych wizji. Te Opowieści Uzdrawiającej Mocy i Tradycje są moim Darem dla ludzi na całym świecie, tak abyśmy mogli i mogły nadal śnić sen i tańczyć Taniec Stwarzania, które przynoszą wewnętrzny pokój, a przez to – pokój na świecie.

Moje Uzdrawiające Poszukiwanie Wizji
Tarcz Trzynastu Matek Klanowych

Tarcze Mocy Trzynastu Pierwotnych Matek Klanowych stanowią część starożytnej legendy, która dotyczy życiowych lekcji i darów, jakie rodzaj ludzki dostaje od Matek Klanowych. W obu Amerykach symbole Żółwia, znajdujące się na szałasach, pałacach i świątyniach, są przypomnieniem dla współczesnego świata, że dziedzictwo Siostrzeństwa nadal jest żywe. Symbol Żółwia reprezentuje nasz związek z Matką Ziemią i jej trzynastoma aspektami, Pierwotnymi Matkami Klanowymi, niezależnie od tego, czy został wyryty w kamieniu, jak w Żółwiej Świątyni Majów na Jukatanie, czy namalowany w postaci fresków w miejscach kultu Tolteków i Inków, czy też zapisany w formie petroglifów, jakie znajdują się w całej Północnej Ameryce.

Ustnie przekazywana opowieść głosi, że każda Klanowa Matka wykonała Tarczę Uzdrawiającej Mocy reprezentującą jej talenty, siły i zdolności. Może je przywoływać każda osoba, która postanowi rozwijać takie same dary wewnątrz

Orendy swojego Ja. Orenda w języku Seneka oznacza Duchową Istotę, która zawiera Wieczny Płomień Miłości, w którym – wewnątrz każdej istoty – żyje Wielka Tajemnica. Orenda mieści w sobie światło, które jest naszym przewodnikiem, oraz wewnętrzny głos, który uczy nas o naszym potencjale i naszej największej i najważniejszej zdolności – kochania i bycia kochaną lub kochanym.

W dawnych czasach, aby wezwać ducha jednej z Trzynastu Klanowych Matek – Opiekunek Wiedzy – należało skoncentrować się na wybranej Matce i jej zdolnościach. Aby połączyć się z duchową tożsamością jej Uzdrawiającej Mocy, należy Wkroczyć do *Tiyoweh*[13] (czyt. taj-jo-łej). To ćwiczenie jest indiańskim sposobem wyciszenia umysłu i siedzenia w Bezruchu, aby słuchać i otrzymywać. Ceremonię Wkraczania do Tiyoweh wykonuje się z dala od codziennej krzątaniny, w samotności i ciszy. Wtedy skupiamy się i pozwalamy, by nasze czyste serce wysłało bezsłowne zaproszenie i przywołało wybraną Matkę Klanową do urodzajnej ciszy naszej Świętej Przestrzeni[14]. Ponieważ nigdy nie opisano fizycznej postaci Klanowych Matek, ich Tarcze Uzdrawiającej Mocy, utrzymywane łagodnie przed okiem umysłu, często były używane jako punkt skupienia. Wzywana Matka odwiedzała rozbudzoną w ten sposób wrażliwość danej osoby. Matka nie przybywała ze Świata Duchowego, jak robią to Duchy Przodków, lecz to poszukująca osoba odbywała wewnętrzną podróż, w wyniku której na nowo rozpalał się ogień trzynastu aspektów kobiecej transformacji z wnętrza kobiecej strony ludzkiej natury.

Babcie Cisi i Berta były świetnymi nauczycielkami i powtarzały, że poszukującym rady Klanowe Matki nigdy nie ukazują się w ten sam sposób lub w takiej samej formie. Ponieważ Matki Klanowe potrafią przybierać każdą twarz kobiecego rodu, mogą w niepowtarzalny sposób poruszyć i nauczać każdą osobę. Ta płynność formy

---

[13] Tiyoweh – Bezruch, Cisza. „Wejść w Ciszę" oznacza bycie jednością ze swoją prawdziwą naturą w duchu, umyśle i ciele. „Kiedy wchodzisz w Ciszę, przechodzisz wewnętrzną bramę do jedności wszelkiego życia. Im więcej przebywasz w Ciszy, tym więcej uczysz się o swoim prawdziwym Ja i możliwościach działania w społeczeństwie. Wejście w Ciszę to słuchanie do wewnątrz. Podobieństwo do medytacji jest tylko w tym, że siedzę na krześle w wygodnej pozycji. Kiedy wchodzę w Ciszę, mam coś konkretnego do przedyskutowania z Wielką Tajemnicą, przyjaciółmi i krewnymi z wymiaru duchowego, którzy mnie prowadzą i uczą. Żeby wejść w Ciszę, trzeba znaleźć się w swojej Świętej Przestrzeni" (*Wywiad z Babcią Twylah Nitsch*, op. cit.).

[14] „Wyobraź sobie punkt w centrum kręgu umieszczonego na splocie słonecznym. Ten punkt reprezentuje coś, co nazywamy Centrum Energetycznym, w którym znajdują się twoja wewnętrzna mądrość, równowaga i stabilność. Pionowa linia, która zaczyna się tuż nad głową i kończy poniżej stóp, przecina Centrum. To twoja Linia Prawdy. Kolejna linia rozciąga się poziomo tak daleko, jak sięgają ramiona po obu stronach ciała i przecina Linię Prawdy w Centrum. To twoja Ziemska Ścieżka. Punkty końcowe Linii Prawdy i Ziemskiej Ścieżki leżą na obwodzie koła. Wewnątrz koła znajduje się Święta Przestrzeń". (*Wywiad z Babcią Twylah Nitsch*, op. cit.).

jest ważna, ponieważ równość to jedna z podstawowych nauk Matek. Gdyby wszystkim ukazywały się w tej samej postaci, to, na skutek naszych ludzkich ograniczeń, łatwo ulegałybyśmy lub ulegalibyśmy tendencji przechwalania się i przypisywania niektórych talentów Klanowych Matek jednej szczególnej rasie lub linii genetycznej.

Pierwotne Matki Klanowe przybyły, by kroczyć po Ziemi[15] w ludzkich dorosłych ciałach, które się nie starzały. Nigdy mi nie powiedziano, dlaczego Matka Ziemia zdecydowała, aby jej duchowe aspekty przyjęły formę w pełni dorosłych kobiet. Przypuszczam, że na jej decyzję mogło mieć wpływ to, iż podczas epoki lodowcowej dzieci były słabe, a współczynnik ich umieralności wysoki. Zdolność posiadania przez Matki Klanowe ciała, które nie choruje ani się nie starzeje, może być prawdą lub legendą – nie mnie oceniać. Nauki, które otrzymałam, mówią, że kiedy ich misja dobiegła końca, zniknęły z oblicza Matki Ziemi, a w ich miejsce pojawiło się Trzynaście Kryształowych Czaszek. Starałam się zrozumieć ich Uzdrawiające Moce sercem, a nie umysłem. Byłam w obecności kilku Kryształowych Czaszek i w najgłębszej części mojej istoty wiem, że zawierają one i utrzymują na naszej planecie nastawienie umysłu Matki Ziemi oraz pierwiastek kobiecy.

W trakcie osiemnastu lat życia z Uzdrawiającymi Mocami Klanowych Matek, wchodząc w relacje z każdą z nich, skupiałam się na rozwijaniu własnych zdolności. Dzielenie się otrzymanymi naukami poprzez tę książkę oraz użycie własnej intuicji i sił twórczych, by wykonać Tarcze Mocy Trzynastu Klanowych Matek, są dla mnie szczytowym punktem tego procesu.

Tarcze Uzdrawiającej Mocy to w rzeczywistości małe bębny, które wyrażają bicie serca Matki Ziemi. Z każdego bębna-tarczy wyłania są maska, jaką nosi Matka Klanowa, gdy mi się ukazuje. U dołu Tarcz Mocy znajdują się trzy pióra, zgodnie z moim rozumieniem symbolizujące to, że Świat Duchowy i Czerwona Droga Świata Natury[16] łączą się w sercu każdej żyjącej istoty. Trzy pióra oznaczają także równowagę męskiej i kobiecej strony – środkowe pióro niesie miłość Wielkiej Tajemnicy.

We wrześniu 1991 roku, w czasie równonocy jesiennej, wyruszyłam na siedemnaste Poszukiwanie Wizji, aby zakończyć pewne osobiste uzdrowienie. Ponieważ siedemnaście jest moją osobistą świętą liczbą, wiedziałam, że moja intencja *odzyskania miłości* zostanie uszanowana. Pracowałam ciężko, dobrze się przygotowałam i miałam prawo pójść naprzód. Jednak od nadmiaru pracy

---

[15] Kroczyć po Ziemi. Zwrotu tego używają Rdzenni mieszkańcy Ameryki Północnej zamiast określenia „żyć na Ziemi". „Kroczyć po Ziemi" oznacza: żyć w ciele fizycznym na Ziemi z szacunkiem i miłością do siebie i wszystkich istot, wiedzieć, kim się jest, po co się jest na Ziemi, żyć z godnością i pokorą, biorąc odpowiedzialność za swoje myśli, słowa i czyny.

[16] Czerwona Droga – patrz przypis 10.

i przeforsowania mój duch pokrył się rdzą. Byłam wyczerpana i przestałam odczuwać magię życia. Pomagając innym, angażowałam całą swoją miłość, czas i energię, siebie pozostawiając zawsze na końcu. Skutkiem tego w kwietniu 1991 zaraziłam się cholerą, a następnie, w maju, nabawiłam się obustronnego zapalenia płuc. Moje ciało krzyczało „dość!". Wtedy zrozumiałam, że nadeszła pora, abym zaczęła odzyskiwać miłość, spędzając swój Księżycowy Czas w milczeniu, jedynie z samą sobą, o czym, podekscytowana swoją aktywnością, zupełnie zapomniałam.

Podczas wypoczynku i przygotowań dostałam od Trzynastu Klanowych Matek jasny przekaz, że otrzymam wizje tarcz każdej z Klanowych Matek i mam się podzielić z innymi moim całym procesem odzyskiwania miłości. Zanim opowiem o robieniu Tarcz Uzdrawiającej Mocy Trzynastu Matek Klanowych, muszę wyjaśnić, w jaki sposób zostałam nauczona o Kobiecej Uzdrawiającej Mocy.

Tradycyjnie, w dawnych czasach, kobiety nie wyruszały na Poszukiwanie Wizji. Jednak kobiety z Czarnych Szałasów udawały się na Uzdrawiające Poszukiwania, które były częścią uroczystości Kobiecego Szałasu Mocy. Jako że kobiety utrzymują wizje w swoim wnętrzu, w łonie, ten sposób Poszukiwania Wizji jest inny niż Poszukiwanie Wizji na Drodze Wojownika. Mężczyźni, ponieważ mają naturę ekspansywną, muszą poszukiwać swoich wizji poprzez powstrzymanie się od wszelkiej aktywności, nieprzyjmowanie pokarmu ani wody lub inne działania – ograniczając swój intelekt, by nie przeszkadzał. Aby mężczyzna mógł wyjść poza ograniczenia, musi wyciszyć w sobie aktywny, męski pierwiastek. Wtedy, dzięki skontaktowaniu się z kobiecą stroną swojej natury, jest gotowy przyjąć wizję.

Moje Starsze nauczyły mnie, że kobiety dostatecznie cierpią podczas cykli Księżycowych, ciąży i porodu. Nie ma powodu, by jakakolwiek kobieta znosiła dalsze cierpienia, udowadniała, że potrafi współzawodniczyć z mężczyznami lub wystawiała na niebezpieczeństwo ten żywy skarb, jakim jest. Kobiety nie narażą swoich dzieci ani Matki Ziemi na ryzyko ani też nie będą się domagać, aby dziecko cierpiało, by udowodnić, że zasługuje na miłość. Wielka Tajemnica nie wymaga od żadnej kobiety dalszego cierpienia ani bólu. Kobiecy ród wypełnia już swoje obowiązki, zarówno dając życie dzieciom, jak też dając życie marzeniom ludzkości i podtrzymując wizje obfitości dla następnych siedmiu pokoleń.

W Tradycji Białej Bizonicy[17] Uzdrawiające Poszukiwanie wspiera i ochrania rolę kobiety jako Matki Twórczej Siły i wymaga rocznych przygotowań. W czasie

---

[17] Społeczność Białej Bizonicy (*The White Buffalo Cow Society*), najbardziej szanowana kobieca społeczność ludów Mandan i Hidatsa, podtrzymuje ustny przekaz o Białej Bizonicy, którą proszono o przywołanie bizonów przed zimowym polowaniem. Wśród Hidatsów do tej społeczności mogły należeć tylko kobiety po menopauzie, u Mandanów nie stawiano takiego ograniczenia, ale przywódczynią była starsza kobieta.

roku poprzedzającego Uzdrawiające Poszukiwanie kobieta spędza w milczeniu co najmniej trzy dni każdego miesiąca. Te trzy dni milczenia i samotności wypadają na Czas Księżyca[18], ale niekoniecznie zajmują cały ten okres, gdyż krwawienie czasami trwa dłużej. Jeżeli kobieta już nie miesiączkuje lub miała histerektomię, może wybrać i zdecydować, czy chce spędzić czas odosobnienia w okresie pełni czy w czasie nowiu, zależnie od tego, która faza księżyca jest odpowiedniejsza dla jej rytmów i odczuć.

Kobieta podczas comiesięcznych odosobnień wizualizuje, że jej łono otwiera się, by zapłodniła je miłość Wielkiej Tajemnicy, dająca siłę życiową nasionom jej marzeń. Sama otwiera się na siłę i opiekę Matki Ziemi, aby uzupełnić zasoby swojego ciała. Otwiera swoje serce i umysł, by otrzymać wizje oraz inwencję twórczą. Doświadczenie każdej jest inne, lecz te odosobnienia są często tak samo pełne mocy, jak każde Poszukiwanie Wizji. Jedyna aktywność odpowiednia w odosobnieniu Czasu Księżyca to robienie czegoś własnoręcznie. Nie czytamy, nie oglądamy telewizji, nie słuchamy nagrań i unikamy wszelkich sztucznych bodźców zewnętrznych. Dobrze jest śpiewać, bębnić, tańczyć, dziękować, pisać wiersze – tworzyć w dowolny sposób. Natomiast napełnianie się czymkolwiek, co nie jest samoekspresją, dziękczynieniem i otrzymywaniem, może tylko przeszkadzać.

W tym okresie oczyszczania i odosobnienia bardzo duże znaczenie mają pożywienie i woda. Wskazane są pokarmy lekkie i naturalne, aby ciało nie koncentrowało się na trawieniu. Głód i pragnienie mogą bardzo skutecznie zablokować zdolność kobiety do oczyszczenia łona i utrzymania skupienia, dzięki któremu umysł także opróżnia się z niepotrzebnej paplaniny. Czas Księżyca to dla kobiety okres, w którym napełnia się, karmi się, uzupełnia zasoby i czuje się otoczona opieką. Nie jest to czas, by poddawać ciało, umysł, serce czy duszę jakiemukolwiek przymusowi. Udajemy się na odosobnienie, aby otrzymywać, i wszystko, co nas od tego odciąga, to strata energii i czasu.

Po tym, jak kobieta przez cały rok wykorzystuje ten specjalny czas dla swojego Ja, jest dla niej jasne, że może sobie ufać, że potrafi podjąć się zobowiązania, otworzyć swoją przyjmującą stronę i dobrze się czuć sama ze sobą. Nagrodą za te przygotowania jest radość z połączenia ze swoją Orendą (Esencją Duchową), z rytmami swojego ciała, z Wielką Tajemnicą, ze swoimi Totemami, Światem Duchowym, Babcią Księżyc i Matką Ziemią.

---

[18] Czasem Księżyca lub Księżycowym Rdzenne ludy Ameryki Północnej nazywają czas miesiączki. Miesiączkujące kobiety mówią: „Jestem na Księżycu".

Nauczono mnie, że Poszukiwanie Wizji lub Uzdrawiające Poszukiwanie dla kobiety należy przeprowadzać w taki sposób, aby nigdy nie spowodować odłączenia jej od kobiecych żywiołów – wody i ziemi – ponieważ kobiety są w naturalny sposób otwarte. Rolą kobiety jest pielęgnować, otrzymywać oraz dawać życie. Przeto podczas Uzdrawiającego Poszukiwania musimy otoczyć opieką wszystkie części swojego Ja, otrzymać wizje i urodzić marzenia. Na obwodzie kobiecego kręgu z kamieni, który przez trzy dni będzie reprezentować Świętą Przestrzeń kobiety, wznosi się chatę, szałas lub jednoosobowy namiot. W centrum kręgu znajduje się mniejszy krąg kamieni, w którym kobieta rozpala ognisko. Ogień tego ogniska reprezentuje Wieczny Płomień Miłości, który Wielka Tajemnica umieściła wewnątrz jej Orendy. Każdej nocy będzie czuwała i karmiła ogień, karmiąc tym samym ogień Stwarzania wewnątrz siebie samej, by we dnie spać w swojej chacie i śnić.

Aby podczas Uzdrawiającego Poszukiwania kobieta mogła utrzymywać przepływ uczuć na wysokim poziomie, dostaje do picia mineralną albo świeżą, naturalną źródlaną wodę. Fale intensywnych uczuć uruchamiają przewodzącą właściwość jej intuicji oraz pomagają nawodnić łono, dzięki czemu kobieta może otrzymać wizje i dać im życie. Woda wspiera moc całego ciała, tak jak podczas kobiecego cyklu płodności, kiedy macica gromadzi tkankę i wodę, aby stworzyć właściwe środowisko dla zapłodnienia. Jeśli w kobiecym ciele brak jest wody, może dojść do przerwania połączenia z naturalnymi kobiecymi żywiołami. Odwodnienie może także wywoływać halucynacje, które nie służą wewnętrznym nasionom wizji i sprawiają, że te rodzą się suche. Wszystkie nasiona potrzebują wody i ziemi, by wykiełkować; tak samo nasiona marzeń ludzkości, aby uzyskać pełnię, potrzebują wewnątrz kobiecego ciała tych dwóch żywiołów.

Cisi i Berta nalegały także, aby przez te trzy dni jeść placki zbożowe. Każdego dnia odosobnienia kobiety jadły dwa płaskie placki o średnicy od siedmiu do dziesięciu centymetrów, ponieważ zboże w czasie nocy podtrzymuje ciepło w ciele, reprezentując w nim żywioł ziemi. Jeżeli placki zbożowe nie są dostępne, można jeść chleb, prażone ziarna albo małe, tłuste, domowej roboty podpłomyki. Woda i zboże nie odrywają kobiety od intencji Uzdrawiającego Poszukiwania, a wspierają jej organizm tak, aby wszyscy czterej Klanowi Wodzowie Powietrza, Ziemi, Wody i Ognia znajdowali się wewnątrz jej Świętej Przestrzeni. Aby wspomóc swoje poszukiwanie, kobieta, przebywając w kamiennym kręgu, oddycha powietrzem, karmi ogień, błogosławi swoje ciało wodą, siedzi na ziemi i je zboże, by karmić swoją płodność – sedno czy ziarno przyszłości.

Po trzech dniach i trzech nocach dziękczynienia, śpiewania, śnienia i otrzymywania wizji poszukująca kobieta, kończąc swoją podróż, otwiera Wschodni kamień kręgu, odmawia końcowe modlitwy dziękczynne i powraca do obozu. Dla osób, które zostały w obozie i modliły się za jej sukces, zaszczytem jest to, że mogą wrócić do świętego kręgu przyjaciółki i przynieść jej posłanie, bęben i inne przedmioty. W tym czasie Osoba Mocy, która utrzymywała energię dla kobiety przebywającej na wzgórzu, na powitanie okadza jej ciało szałwią i cedrem. Pozostała część procesu kończącego Uzdrawiające Poszukiwanie jest indywidualna i przebiega w zależności od upodobań i doświadczenia uczestniczącej Osoby Mocy oraz od Tradycji.

Cały proces, podczas którego przez rok spędzamy comiesięczny Czas Księżyca w milczeniu i kończymy go Uzdrawiającym Poszukiwaniem, to najważniejsza umowa, jaką zawieramy z własnym Ja. Przejście tego procesu umożliwia każdej kobiecie otrzymanie od Matki Ziemi takich samych zdolności uzdrawiania i opiekowania się innymi, jakie ona daje swoim dzieciom. Nie muszę mówić, że ten rodzaj Kobiecej Uzdrawiającej Mocy uczy kobiety szanowania i kochania siebie oraz swojej roli w życiu; uczy, jak odzyskać magię kobiecości. Odbyłam jedno Poszukiwanie Wizji na Drodze Wojownika, a następnie szesnaście Uzdrawiających Poszukiwań, i mogę zaświadczyć, jak ważną, odżywczą rolę pełni Kobieca Droga i jakie zmiany wniosła w moje życie. Czuję, że nadszedł czas, aby kobiety przestały niepotrzebnie cierpieć i ponownie połączyły się z Matką Ziemią, która jest źródłem wszelkich działań dających przyjemność.

Ponieważ podczas okresu przygotowań dbałam o siebie z wielką troską, bez najmniejszego wysiłku otrzymałam radosne wizje Tarcz Uzdrawiającej Mocy Trzynastu Matek Klanowych. Odzyskiwałam miłość do życia, do bycia człowiekiem, do bycia kobietą; ponownie odkrywałam magię i radość, których życie nigdy nie przestało mi podsuwać. Zmiana mojego postrzegania przywiodła mnie z powrotem na drogi Babć, pozwalając mi znowu poczuć je blisko.

„Pochodzimy z kości naszych Przodków", powiedział głos Babci Cisi w mojej głowie. Następnie przypomniałam sobie, jak Babcia Berta mówiła, że kości każdego zwierzęcia dają nam strukturę potrzebną do nauczenia się Uzdrawiającej Mocy, którą to właśnie zwierzę dla nas niesie.

Użyłam zwierzęcych kości do wykonania duchowych lalek, które są moimi własnymi, podobnymi do lalek *Kachina*[19] (czyt. kaczina) rzeźbami Przodkiń, które przyszły do mnie w wizjach. W dawnych czasach indiańskie dzieci bawiły się figurkami

---

[19] W wierzeniach i religijnych praktykach Rdzennych (Pueblo, Hopi, Zuni, Tewa) Kachina to istota duchowa, którą przedstawiano najczęściej w postaci lalki. Może reprezentować dowolną ideę lub istotę ze świata natury lub kosmosu: od czczonego przodka po żywioł, miejsce, cechę czy zjawisko przyrody. Kachina służą jako pośredniczki między światem ludzi i światem bogów. W kulturach Pueblo zidentyfikowano około czterystu różnych postaci duchów Kachina.

koni i bawołów zrobionymi z pozostałych po posiłku kości. Dlatego właśnie zdecydowałam się ożywić ponownie tę tradycyjną formę sztuki. Uświadomiłam sobie, że mogę pójść dalej tą drogą własnej twórczości, wykonując kościane lalki Trzynastu Klanowych Matek. Podnosiła mnie na duchu myśl, że podczas swojego procesu uzdrawiania będę miała blisko siebie ich lalki. Klanowe Matki przychodziły do mnie jedna po drugiej, gdy nadawałam im formę Kachiny. Wiele potrzebnych do tego kości znalazłam podczas wędrówek przez góry i doliny w północnej części Nowego Meksyku, a inne nabyłam drogą wymiany. Poszczególne kręgi kręgosłupa podpowiedziały mi kształty masek Klanowych Matek, dzięki czemu niepotrzebne stały się etykietki z imionami. Po tym, jak zrobiłam sześć czy siedem lalek, duchy Klanowych Matek przekazały mi, abym wykonała kościane maski i umieściła je na tarczach. Każda zrobiona przeze mnie tarcza wyraża Uzdrawiającą Moc określonej Matki Klanowej i ukazuje twarz, jaką ta Matka przybrała dla mnie, bym zrozumiała tajemnicę jej Uzdrawiającej Mocy. Te Tarcze Uzdrawiającej Mocy stały się moją osobistą mapą dla ponownego połączenia z Trzynastoma Pierwotnymi Matkami Klanowymi i punktem skupienia, dzięki któremu mogę je usłyszeć we własnym sercu. Za każdym razem, gdy Babcia Nisa (Księżyc) dochodziła do pełni, byłam obdarowywana kolejnym fragmentem piękna Kobiecego Rodu, co prowadziło mnie w mojej osobistej uzdrawiającej podróży.

Kiedy nauczymy się o istniejącym w nas pięknie i ukończymy wszystkie życiowe lekcje o kobiecości, będziemy posiadały Trzynaście Tarcz Siostrzeństwa jako swoją osobistą ochronę i siłę. Staniemy się wtedy swoimi wizjami. Następnym krokiem po dopełnieniu tych trzynastu cykli transformacji będzie stworzenie dla ludzkości nowych map, ukazujących, jak iść przez życie; będziemy nauczać, jak, będąc uzdrowioną uzdrowicielką, posługiwać się swoją kreatywnością, nie tracąc wewnętrznej Siły Twórczej na stare ograniczenia. Nie tylko będziemy tworzyć z wewnętrznej radości, ale będziemy także doświadczać tworzenia bez wysiłku, do czego mamy prawo. Kiedy trudy, cierpienie i ból ludzkiego życia zostaną uzdrowione i przemienione w planetarną pełnię, misje Trzynastu Pierwotnych Matek Klanowych zostaną wypełniona i ich wszystkie zjednoczone intencje staną się rzeczywistością.

Początek Kobiecego Dziedzictwa

Gdy ogień strawił Pierwszy Świat Miłości[20], do życia powołanych zostało Trzynaście Pierwotnych Matek Klanowych. Były to uzdrawiające aspekty Babci Księżyc i Matki Ziemi, które reprezentowały wszystko to, co jest w kobiecie piękne. Pierwotne Matki Klanowe, będące częścią Pierwotnego Marzenia, przyszły, by Kroczyć po Ziemi, tworząc Siostrzeństwo, które powiązało wszystkie kobiety jako śniące towarzyszki, aby Pierwotne Marzenie o Pełni przejawiło się na planie fizycznym. Nasiona wewnętrznego pokoju zostały zasiane w głębi kobiecej strony każdej ludzkiej istoty. Dzisiaj kobiety na całym świecie pielęgnują w sercach to Pierwotne Marzenie o Pełni, które rodzi się, kiedy dzielą się wizjami, otwierając swoje marzenia na światło miłości i nadając im namacalną formę.

Gdy powstawało Dziedzictwo Kobiecego Marzenia, uczucia, którymi kobiety miały potrzebę dzielić się między sobą, aby uzdrowić Ludzkie Plemię, zostały zapieczętowane we łzach Matki Ziemi. Te łzy są Uzdrawiającą Mocą, która przemieni ból, który powstał wtedy, gdy Pierwszy Świat Miłości został zniszczony przez żądze. Serca Istot Ludzkiego Plemienia zostały zranione i z tych głębokich, rozdartych ran zrodziły się lęk i oddzielenie. Dwunożne Dzieci Ziemi nie ufały już sobie nawzajem i bały się, że zostały porzucone przez Wielką Tajemnicę i Matkę Ziemię. To właśnie dlatego narodziły się kobieca miłość i kobiece współczucie.

Wtedy stało się konieczne, aby kobiece aspekty Matki Ziemi zostały wyjęte ze świata marzeń i aby pozwolono im przejawić się na planie fizycznym – by kobiety zajęły swoje miejsca jako opiekunki i Matki Twórczego Źródła. Pełnia kobiety, mająca swoje korzenie w Świecie Duchowym i połączona z Ziemią poprzez Śniące Kręgi kobiet, została zmaterializowana w świecie fizycznym, aby wypełnić obietnicę uzdrowienia. Uzdrowienie ran Plemion Ziemi będzie trwało, dopóki Pierwotne Marzenie Matki Ziemi nie zostanie przywrócone w fizycznym świecie. Doskonały spokój i harmonia, szacunek do wszystkich żyjących istot, miłość bez warunków, prawda jako podstawowa zasada oraz równość wszystkich – to tylko kilka elementów Pierwotnego Marzenia o Pełni.

---

[20] Klasyczna historia stworzenia według Rdzennych mieszkańców Ameryki Północnej została opisana przez Jamie Sams i Twylah Nitsch. Historia istnienia Ziemi podzielona jest na okresy, które są nazwane światami. Do tej pory istniały cztery światy: Pierwszy Świat Miłości, Drugi Świat Lodu, Trzeci Świat Wody i Czwarty Świat Podzielenia. Obecnie rozpoczyna się istnienie Piątego Świata Oświecenia i Pokoju (według innej nomenklatury – kończy się Era Ryb i zaczyna Era Wodnika). Przepowiednie Rdzennych mówią o kolejnych światach, które mają nastąpić: Szósty Świat Przepowiedni i Objawienia oraz Siódmy Świat Zakończenia (za: Jamie Sams, Twylah Nitsch, *The Other Council Fires…*, op. cit.).

Moje Uzdrawiające Poszukiwanie Wizji Tarcz Trzynastu Matek Klanowych

Uzdrowienie na naszej Planecie Matce zaczyna się od pierwotnego Zgromadzenia Kobiet, które, stwarzając Kobiece Dziedzictwo, umożliwiło wszystkim kobietom odnalezienie swoich ról w procesie uzdrawiania Dzieci Ziemi. To dzięki Trzynastu Klanowym Matkom została odkryta prawda o uzdrowieniu. *Kiedy uzdrawiamy siebie, inni zostają uzdrowieni. Kiedy karmimy swoje marzenia, umożliwiamy, aby narodziły się marzenia ludzkości. Kiedy kroczymy jako pełne miłości aspekty Matki Ziemi, stajemy się płodnymi, dającymi życie Matkami Twórczej Siły. Kiedy szanujemy swoje ciała, swoje zdrowie i swoje potrzeby emocjonalne, robimy przestrzeń dla urzeczywistnienia się naszych marzeń. Kiedy mówimy prawdę z naszych uzdrowionych serc, pozwalamy, aby bogactwo i obfitość życia były stale obecne na naszej Planecie Matce.*

Z każdym pełnym okrążeniem Matki Ziemi wokół Dziadka Słońce mija Trzynaście Miesięcy Księżycowych. Trzynaście jest liczbą transformacji (chociaż oczerniało ją wielu kierujących się strachem filozofów). Wraz z zakończeniem każdego roku dzieci Matki Ziemi przechodzą cykl przemiany w swoim procesie rozwoju i uzdrawiania. Za każdym razem, gdy Babcia Księżyc staje się pełna, cykle uzdrawiania i oświecenia przywołują na świat pełne mocy aspekty kobiecego pierwiastka.

Na samym początku, gdy formy życia zaczęły zamieszkiwać Ziemię, istniał tylko jeden masyw lądu. Pierwotnie nazywany był Żółwią Wyspą[21], ponieważ Żółwica była i jest najpłodniejszym stworzeniem na Ziemi. Istotom Dwunożnym została powierzona misja utrzymywania płodności Matki Ziemi, która z kolei zaspokajałaby wszystkie ich potrzeby, pod warunkiem, że szanowałyby one Świętą Przestrzeń wszystkich żyjących w fizycznym świecie istot. Ta misja została zlekceważona, kiedy żądze spowodowały, że ludzie Pierwszego Świata zaczęli gwałcić kobiety i rabować złoto z ciała Matki Ziemi – wtedy zbezczeszczona została kobiecość. Trzynaście Klanowych Matek jeszcze się nie ujawniło, ale przebywały w Świecie Duchowym jako Obrończynie, których zadaniem było chronić płodność Matki Ziemi.

To właśnie w czasie tego wielkiego bólu Klanowe Matki przekazały dziedzictwo dotyczące poszanowania kobiet i zachowania Matki Ziemi dla ludzkości. Gdy Klanowe Matki przyszły, by kroczyć na planie fizycznym, stworzyły Dom Rady

---

[21] Żółwia Wyspa jest nazwą obszaru Ziemi znanego dziś jako Ameryka Północna i Ameryka Południowa. Nazwa ta wiąże się z wierzeniami niektórych plemion Rdzennych zawartymi w historii stworzenia. W dużym uproszczeniu brzmi tak: Działo się to w czasach, kiedy ziemię pokrywały wody. Pewnego razu Niebiańska Kobieta (ang. *Sky Woman*, według Irokezów bogini-matka) spadła z Górnego Świata przez dziurę na Ziemię. Ptaki żyjące w tym wodnym świecie złapały ją, a zwierzęta zajęły się tworzeniem dla niej lądu. Różne zwierzęta nurkowały, aby z dna oceanu przynieść trochę błota, z którego można by stworzyć ląd. Udało się to w końcu piżmakowi. Niebiańska Kobieta umieściła tę odrobinę błota na skorupie żółwia. Grudka ziemi powiększała się i jednocześnie żółw stawał się coraz większy, aż powstał wielki obszar lądu, który nazwano Żółwią Wyspą.

13 Pierwotnych Matek Klanowych • • • •

w kształcie Żółwicy. Miał on wszystkim kobietom przypominać, że aby Dzieci Ziemi przetrwały, kobiety muszą szanować siebie same oraz swoją prawdziwą Matkę – Ziemię. Te Duchowe Przodkinie wszystkich kobiet przybyły na Ziemię, aby zrozumieć swoje Uzdrawiające Moce, rozwijając siły potrzebne do spotkania i przekroczenia wyzwań stojących przed istotami ludzkimi.

Pierwotne Klanowe Matki zdecydowały się ukuć więzi Siostrzeństwa jednoczącego wszystkie kobiety. Siostrzeństwo jest oparte na więzach krwi, która zaznacza kobiece cykle płodności. Oparte są one na dwudziestoośmiodniowych cyklach księżycowych pomiędzy kolejnymi krwawieniami. Do dzisiaj kobiety, które żyją, śnią i modlą się wspólnie, mają swój Czas Księżycowy (menstruację) w tym samym czasie. Ich łona otwierają się równocześnie, dzięki czemu marzenia ludzkości mogą zostać wewnątrz nich zasiane, a następnie wszystkie razem otoczone opieką.

Każda kobieta ma potencjał, aby urodzić marzenia Siostrzeństwa, niezależnie od tego, czy może rodzić dzieci, czy też nie. Przestrzeń łona jest środkiem ciężkości w ludzkiej formie i miejscem mocy królestwa fizycznego znajdującego się wewnątrz ciała. Kobiety, którym usunięto macicę, mogą dać życie swoim marzeniom i projektom, choć nie posiadają fizycznych organów. Siostrzeństwo wita każdą, która zgadza się jednakowo szanować wszystkie kobiety oraz wspierać wspólnotę swoimi talentami. Małe dziewczynki stają się kobietami, a także częścią Siostrzeństwa wraz z przypływem swojego pierwszego Księżycowego Czasu. Te młode kobiety zaznaczają swój Rytuał Przejścia[22] do Siostrzeństwa, stając się Matkami Twórczego Źródła. Innymi słowy, ponieważ młode kobiety są uczone, jaka jest ich rola w odniesieniu do kobiecego rodu, one także mają swój wkład w proces rodzenia marzeń, które ukształtują przyszłość naszej planety. Odpowiedzialnością Siostrzeństwa jest przekazanie nauk o Kobiecej Uzdrawiającej Mocy młodym kobietom, zanim wyjdą one za mąż i zanim urodzą własne dzieci.

Poprzez Rytuały Przejścia i edukację młodych kobiet Kobiece Dziedzictwo zostanie wprowadzone głęboko do serc i umysłów przyszłych pokoleń. Wtedy będą mogły zostać uzdrowione stare, błędne wzorce funkcjonowania rodzin i planety. To były pierwotne cele Siostrzeństwa, ukazane rodowi kobiecemu podczas Wieku Lodu,

---

[22] W społecznościach Rdzennych Rytuał Przejścia to ceremonia zaznaczająca kolejne stopnie rozwoju osobistego. Każdy rytuał przejścia wiązał się z wielką zmianą w postrzeganiu ścieżki własnego życia i przynosił jakieś przywileje związane z doświadczaniem piękna tej fazy życia, a każdy cykl życia, od narodzin do starości, dodawał nową mądrość i doświadczenie, służąc także całemu Plemieniu. Zaczynając od Rytuału Narodzin, podczas którego przyjmowano niemowlę do Plemiennej Rodziny, kończąc na Rytuale Śmierci, który oznaczał przejście ducha do nowego życia, każdy Rytuał Przejścia celebrowany był jako część świętego Koła lub Koła Uzdrawiającej Mocy Życia (za: Jamie Sams, *Sacred Path Cards*, op. cit. s. 173–177).

który nastąpił po zniszczeniu Pierwszego Świata przez ogień. Od tego pierwszego Domu Rady wzięły swój początek wszystkie kręgi, koła, społeczności oraz klany kobiet. Szałasy Uzdrawiającej Mocy, Śniące Kręgi, Klany Totemowe, Siostrzeństwo oraz wszelkie inne sposoby wyrażania szacunku do Matki Ziemi pochodzą od Trzynastu Klanowych Matek. Matki nie wywodziły się z żadnej szczególnej rasy ani nie posiadały jakiegoś szczególnego systemu wierzeń, które mógłby ograniczać kobiecy ród na Ziemi. Były Matkami wszystkich ras oraz uzdrawiającymi aspektami kobiecości. Dały życie uzdrawiającemu potencjałowi obecnemu teraz na naszej planecie, a przedstawiany przez nie System Przekonań jest Podstawą Prawdy, która pozwoli wszystkim kobietom stać się Opiekunkami marzeń ludzkości o osiągnięciu pełni.

Gdy moje dwie nauczycielki, Babcie plemienia Kiowa, przekazały mi te prawdy w dwudziestym drugim roku mojego życia, zapytałam Babcię Cisi, dlaczego historię Trzynastu Pierwotnych Matek Klanowych przekazuje rasa czerwona. Powiedziała mi, że czerwonej rasie została powierzona Opieka nad Uzdrawiającą Mocą Ziemi i nad tajemnicami Matki Ziemi. Babcia Berta wyjaśniła, że wiele fragmentów, jakie składają się na Siostrzeństwo, znajdowało się w posiadaniu mądrych kobiet wszystkich ras, ale w miarę jak zmieniały się Tradycje i przemijały eony, wiedza o tym, jak te prawdy urzeczywistnić, została niemal zapomniana. Plan pierwszego Koła Uzdrawiającej Mocy Siostrzeństwa przekazywano ustnie w Czarnych Szałasach, Księżycowych Szałasach i Kobiecych Wspólnotach Uzdrawiającej Mocy w Rdzennej Ameryce, aby Dziedzictwo Kobiet zdołało przetrwać. Pierwotny krąg Klanowych Matek odnosił się do trzynastu miesięcy księżycowych w ciągu roku i składał się z dwunastu miejsc rozmieszczonych na kole z trzynastym w centrum.

Podstawą Koła Uzdrawiającej Mocy Trzynastu Pierwotnych Klanowych Matek jest wiara w Życie, Jedność i Równość po Wieczność. Życie znajduje się na Wschodzie Koła Uzdrawiającej Mocy, tam, gdzie wraz ze wschodzącym Dziadkiem Słońce rodzi się dzień. Życie na Wschodzie uczy, że każdy nowy dzień zapowiada nowy początek wraz z całą obfitością życia i zaprasza nas, byśmy w niej uczestniczyły i uczestniczyli, używając wszystkich naszych zdolności. Jedność jest na Południu, gdzie wiara, zaufanie, niewinność i pokora zaczynają przejawiać się w fizycznym życiu i gdzie my wszystkie i wszyscy jesteśmy jak dzieci. Jedność na Południu uczy, że jeżeli nie wygrywa każda i każdy, to nikt nie wygrywa. Równość znajduje się na Zachodzie Koła, gdzie rodzą się wszystkie nasze marzenia i wszystkie nasze nadzieje dotyczące przyszłego życia. Równość na Zachodzie uczy, że nasze marzenia zrealizują się w przyszłości jedynie wtedy, gdy uszanujemy równość każdej formy życia. Wieczność leży na Północy Koła Uzdrawiającej Mocy, na miejscu mądrości. Uczy nas ona, że wszystkie cykle przemian i wszystkie życiowe lekcje w prawdzie będą trwały. Każda nauka, jaką wyciągamy z doświadczenia życiowego, rozwija nas i przybliża do pełni, pozwalając zrozumieć, że nasze duchowe formy na wieczność są częścią Wielkiej Tajemnicy.

W ramach Kobiecego Dziedzictwa każda z Trzynastu Pierwotnych Matek Klanowych niesie w sobie fragment podstawowej prawdy. Talenty i uzdolnienia ich wszystkich są utkane z ukrytych tajemnic Babci Księżyc, a Matka Ziemia nadała im fizyczny kształt kobiety. Każdy aspekt Trzynastu Matek Klanowych niesie ze sobą część prawdy i odpowiada jednemu z trzynastu miesięcy księżycowych w ciągu roku. Pierwszy miesiąc urodził zdolność *uczenia się prawdy* i zastosował ją do Wszystkich Relacji, wszystkich światów i tajemnic. Drugi miesiąc przyniósł dar *szanowania prawdy* i użył go do samorozwoju. Trzeci miesiąc urodził umiejętność *przyjęcia prawdy* i złagodził życiowe lekcje, podejmując dodatkowe odpowiedzialności w zakresie sprawiedliwości, samookreślenia i równowagi. Czwarty miesiąc stworzył zdolność *widzenia prawdy* we wszystkich królestwach poprzez sny, znaki i proroctwa. Piąty miesiąc dał życie talentowi *słyszenia prawdy* w królestwach fizycznym i duchowym; rozumienia harmonii poprzez słuchanie. Szósty miesiąc przyniósł talent *mówienia prawdy*, a z nim przyszły życiowe lekcje wiary i mówienia z pokorą. Siódmy miesiąc urodził umiejętność *kochania prawdy* we wszystkich istotach, przeto kochania wszystkich istot za ich wewnętrzną prawdę. Ósmy miesiąc uprządł talent *służenia prawdzie*, by pomagać innym wszelką sztuką uzdrawiania. Dziewiąty miesiąc przywołał do istnienia dar *życia prawdą*, ucząc poczucia odpowiedzialności, które pozwala żyć prawdą dzisiaj, by zabezpieczyć przyszłość nienarodzonym pokoleniom. Dziesiąty miesiąc dał życie talentowi *pracowania z prawdą*, przy użyciu wszystkich aspektów kreatywności, aby prawda mogła się w twórczy sposób zamanifestować fizycznie. Jedenasty miesiąc utkał umiejętność *życia w prawdzie*, pokazując, jak być przykładem, jak stać z podniesioną głową i wcielać w życie zasadę Żyję, Jak Mówię. Dwunasty miesiąc urodził talent *dziękowania za prawdę*, oparty na dziękowaniu za wszystko, co się otrzymało. Wyrażanie wdzięczności było podstawą powstania wszelkich ceremonii związanych z dawaniem lub otrzymywaniem licznych lekcji oraz z dzieleniem się szczodrością życia. Trzynasty miesiąc pojawił się, aby ofiarować dar *stawania się prawdą*, które jest cyklem przemiany – odradzającą naturą zakończenia, przenoszącą nas do miejsca nowych początków, abyśmy weszły w kolejny cykl rozwoju. Z tych cykli prawdy Trzynaście Pierwotnych Matek Klanowych ukuło Siostrzeństwo i Kobiece Dziedzictwo.

Każda z Matek Klanowych podjęła się życia na Ziemi, aby uhonorować Kobiece Dziedzictwo i sprawić, by Siostrzeństwo było silne. Każda z tych pradawnych Babć, gdy zajęła miejsce w Radzie Siostrzeństwa, otrzymała misję. Miała rozwijać wszystkie aspekty swoich darów i umiejętności, aby odkryć własną Uzdrawiającą Moc. Następnie każda Babcia miała wykonać osobistą Tarczę Mocy, aby w ten sposób udostępnić ludzkości swoją Uzdrawiającą Moc. Każda kobieta, która zobaczyła prawdę tych Uzdrawiających Mocy, mogła doświadczyć zrozumienia, ponieważ każda Tarcza Mocy mówiła do jej poszukującego serca przez kolor, formę i symbol. Każda żeńska Istota Dwunożna musiała najpierw głęboko odczuć tajemnicę każdej z Tarcz Mocy kolejnej Klanowej Matki, zanim podczas swojej osobistej podróży samopoznania mogła wezwać jej Uzdrawiającą Moc dla uzyskania siły.

Późniejsze pokolenia kobiet, podobnie jak Starożytne Babcie, które przed nimi przebyły ścieżki poszukiwania swojego Ja, nigdy nie dostały odpowiedzi, lecz zaledwie mapę, wskazówkę pomagającą im wyrazić własną indywidualność i na swój sposób wynieść nauki z życiowych lekcji. Pierwotne Tarcze Mocy tych Babć dawno zaginęły, ale ich Uzdrawiająca Moc nadal pozostaje zjednoczona. Jako wzór Siostrzeństwa duchy tych starożytnych Babć nadal zasiadają w Radzie w wewnętrznej Ziemi, a światło ich Wirującego Tęczowego Snu[23] widzimy jako Zorze Polarne.

Dary prezentowane przez każdą fazę Księżyca i przez każdą Klanową Matkę zawierają zarówno ich zdolności, jak i to, w jaki sposób każda z nich przerabiała lekcje fizycznego życia, używając swoich talentów do utrzymania równowagi podczas spotkania z pojawiającymi się przed nią wyzwaniami. Lekcja życiowa, która nadal stoi przed dzisiejszymi kobietami, jest tą samą, którą sercem rozumiała każda Pradawna Babcia. Wyraża ją formuła „Życie, Jedność i Równość po Wieczność". Siostrzeństwo zostało ukształtowane, aby wszystkie kobiety Ziemi mogły zobaczyć wszystkie aspekty Ja jako równe, wszystkie talenty, męskie i kobiece, jako współtworzące całość. Do nas należy uszanowanie darów kobiecego rodu i wzywanie siły sióstr w celu odkrywania siebie. Krąg dopełni się, gdy każda istota ludzka będzie mogła ujrzeć piękno zarówno wewnątrz swojego Ja, jak i wewnątrz wszystkich innych. Zanim osiągniemy pełnię, musi się dokonać alchemiczne przeistoczenie współzawodnictwa, oddzielenia, hierarchii, zazdrości, wrogości, manipulacji, kontroli, egoizmu, chciwości, starych zranień i obłudy. Te postawy są wrogami ludzkości, a znajdują się wewnątrz naszego Cienia, a nie na zewnątrz nas.

Kobiety, które coraz liczniej biorą udział w nowoczesnym świecie przedsiębiorstw i korporacji, często odkrywają, że utraciły kontakt z kobiecością. Tego się właśnie od

---

[23] Równoległy świat fizyczny jest identyczny z tym, którego doświadczamy w naszym codziennym życiu, jednak nieco przesunięty w czasie. Ta równoległa rzeczywistość, zwana Tęczowym Snem, to wspólne dla wielu plemion proroctwo, które przepowiada połączenie się wszystkich ras i narodów. Wirująca Tęcza symbolizuje nadejście jedności, harmonii i pokoju (za: Jamie Sams, *Dancing the Dream*, op. cit., s. 190–191).

nich oczekuje, ponieważ to mężczyźni dominują w szeregach pracowników korporacji. Wzorce ról starożytnych Matek Klanowych mogą pomagać tym nowoczesnym kobietom w utrzymywaniu poczucia swojego Ja i stawaniu się przywódczyniami nie przez współzawodnictwo, zadawanie ciosów w plecy lub podbój, ale przez dawanie przykładu. Jednakże to, czy sprostają temu wyzwaniu, zależy od siły całego Siostrzeństwa. Kobiety muszą wspierać inne kobiety w taki sposób, aby te, które wybrały trudne drogi uczenia się, mogły zwrócić się do swoich sióstr, podtrzymujących rozumienie tego, kim są i kim mogą się stać. W ten sposób możemy także wspierać rozwój aspektu kobiecego w naszych męskich towarzyszach, a następnie przekazać dziedzictwo pełni wszystkim naszym dzieciom.

Uzdrawiająca Moc każdej Pierwotnej Matki Klanowej jest ponadczasowa, ma zastosowanie do naszego świata niezależnie od tego, ile minęło pokoleń, ponieważ te prawdy są wieczne. My jesteśmy Matkami Twórczego Źródła. Płodny aspekt naszej natury ujawnia się przez zdolność do opiekowania się prawdą odnalezioną w naszych marzeniach oraz poprzez karmienie tych marzeń, ożywianie ich, a następnie zrealizowanie w świecie fizycznym. Gdy te marzenia zostaną wydane na świat, możemy dzielić się umiejętnościami, które potrzebne są innym, by zrobiły to samo. To część wiecznej mądrości, którą oferują nam mądre Babcie z Żółwiego Domu Rady.

W każdym aspekcie Pierwotnej Trzynastki znajdujemy część Kobiecego Dziedzictwa, które podsyca ogień naszych osobistych i zbiorowych, twórczych dokonań. Dzielenie się tą mądrością z innymi kobietami i z naszymi córkami jest uszanowaniem ceremonii Darzenia[24]. Ta ceremonia uczy, by dzielić się mądrością, którą podzielono się z nami, przekazując ją dalej, tak aby Nauki, Tradycje i Uzdrawiająca Moc żyły wiecznie.

Dziedzictwo Kobiet i więzi Siostrzeństwa nigdy nie zostaną przerwane, nawet jeśli niektóre istoty ludzkie upierają się, by pozostawać na zewnątrz kręgu miłości i współczucia. Tych, które pozostają na zewnątrz, nie trzeba nienawidzić ani unikać. One są Dziećmi Smutku, które nigdy nie znały swojej prawdziwej Matki. Są produktem rodzin okaleczonych podziałem, przeżartych dysfunkcjami; nie

---

[24] Ceremonia Darzenia to jedna z najważniejszych ceremonii Rdzennych, w języku lakota *Potlach* lub *Wapiti*, w języku angielskim *Give-away*. Jej celem jest dzielenie się. Podczas ceremonii oddawane są przedmioty użyteczne, często lubiane, na znak, że osoba dająca gotowa jest coś poświęcić jako dar, nie czując żalu, z radosnym sercem i pokorą. Ceremonia daje okazję do odpuszczenia sobie przywiązania do rzeczy. Oddawanie bez oczekiwania wzajemności, bez wymuszania zobowiązania czy chęci kontroli uświęca czynność dawania (za: Jamie Sams, *Sacred Path Cards*, op. cit., s. 313–316). Bezinteresowne dawanie w języku staropolskim nazywano Darzeniem, stąd propozycja tłumaczenia.

potrafią przerwać łańcuchów, które przykuwają je do bólu. Ich serca, które wydają się zatwardziałe, nigdy nie zaznały bezpieczeństwa przeobrażających łez, uścisku kochających ramion ani łagodnego uzdrowienia. Te dzieci bólu i smutku przychodzą z tak głębokiego zranienia, że jedyne życie, jakie znają, to takie, w którym muszą bronić swojego punktu widzenia, ponieważ boją się, że nie zasługują na miłość.

Matka Ziemia kocha te zranione istoty; nawet gdy gwałcą jej ciało i roszczą sobie prawo do materialnych majątków, by zapewnić sobie prawo do istnienia, ona daje im miłość i odpoczynek. Proponuje, że uleczy ich oczy, które nie widzą, ich uszy, które nie słyszą, i ich serca, które nie rozumieją. Wody Matki Ziemi pomagają zmyć wspomnienia udręki osobistego smutku, jakie ludzie utrzymują w sercach. My słyszymy głos naszej Matki Ziemi poprzez swoją kobiecą stronę. Kobietom, dzięki samouzdrowieniu, dana została okazja, by stały się żywym przedłużeniem jej miłości. Jako uzdrowione istoty ludzkie stajemy się skarbnicą, z której ludzie nadal zranieni mogą czerpać pomysły i sposoby, aby znaleźć własne ścieżki do swojego uzdrowienia.

Jako kobiety nieprzerwanie piszemy dzieje Kobiecego Dziedzictwa. Wskazując z wyrzutem na mężczyzn lub na siebie nawzajem, ciągle niesiemy w sobie ból przeszłych pokoleń, które zapomniały, jak okazywać ludzkie współczucie i jak uczyć go innych. W naszych własnych rodowodach wiele jest sytuacji niosących naukę oraz tragicznych przykładów, które mogły zaślepić naszych Przodków tak, że nie widzieli wartości prawdy, jaką odnajdujemy w miłości. Teraz to do Siostrzeństwa należy, aby ludzka rasa zgodnie ze swoim przeznaczeniem osiągnęła pełnię, ponieważ wszystko rodzi się z kobiety.

Pierwotne Klanowe Matki są tutaj, aby nas uczyć, byśmy stały się swoimi wizjami i uzdrawiały zarówno siebie nawzajem, jak i nasz świat. Kobiety, które przepracowały wszystkie lekcje na Kole Uzdrawiającej Mocy życia, nazywane są mądrymi kobietami, świętymi kobietami, świętymi lub boginiami – noszą tysiące różnych imion. Chociaż takie w pełni zrealizowane kobiety na przestrzeni wieków przyjmowały miliony ról, nadal każda z żyjących obecnie ma potencjał, by stać się kolejnym wzorcem dla całej ludzkości. Każda kobieta współcześnie uznawana za wzór do naśladowania zrodzona została z Matki Ziemi i nauczyła się lekcji swoich trzynastu aspektów, Trzynastu Pierwotnych Matek Klanowych. Te starożytne Babcie uprzędły tkaninę naszego teraźniejszego Świata, aby uratować swoje dzieci przed czarną nocą duszy. Są wieczne i oferują swoją siłę wszystkim nam, każdej kobiecie i każdemu mężczyźnie, w duchu prawdy i w imię miłości.

Wszystkie osoby, jako Dwunożne istoty ludzkie Ziemi, są proszone o powrót do Starożytnego Żółwiego Szałasu, który istnieje wewnątrz muszli naszej Jaźni, aby odkryć i na nowo odnaleźć posiadane przez nas talenty. Płodność naszej Matki Ziemi i Wszyscy Nasi Krewni[25] zależą od tego, jak uzdrowimy siebie. Gdy się uzdrowimy, naszym zadaniem będzie stworzenie nowych map, które ukażą, w jaki sposób energie, na martwienie się, pośpiech, ból, smutek i konflikty, możemy wykorzystywać w celu stworzenia powszechnego świata pokoju. Przestawiając litery w słowie *Earth* (Ziemia) tak, że powstaje słowo *Heart* (Serce), odkrywamy esencję pragnienia pokoju naszej prawdziwej Matki.

---

[25] Wszyscy Moi/Nasi Krewni (lub Wszystkie Moje/Nasze Związki, Wszystkie Moje/Nasze Relacje), *Mitakuye Oyasin*, to powiedzenie, podziękowanie, modlitwa narodu Lakota, oznaczające „wszystkie/wszyscy jesteśmy połączone/połączeni". Słowa te są wypowiadane przed ceremonią (np. Fajki, Szałasu Oczyszczania, Kręgu Rozmów), a także po każdej wypowiedzi w kręgu, kiedy przekazujemy głos kolejnej osobie. Wyrażają szacunek dla każdej indywidualnej ścieżki rozwoju duchowego i uznanie świętości wszelkiego życia (ludzi, zwierząt, roślin, świata minerałów, itd.). Wypowiadając te słowa, zapraszamy energię uważności i lepiej pamiętamy o tym, że jesteśmy energetycznie połączone i połączeni ze wszystkim, co istnieje, i że nasze słowa oraz myśli są wibracją, która dotyka wszystkich ludzi i wszystkie istoty, zwłaszcza najbliższych.

Rozmawiająca Z Krewnymi

Matka całej Natury rozmawia z krewnymi,
Osoba Kamień,
Dziki Kwiat
i Wilk są jej przyjaciółmi.

Tkając rytmy pór roku,
dosiada Wiatrów Przemian,
serce otwierając z radością,
schronienie przed głodem i bólem.

Opiekunko potrzeb Ziemi,
dużych i małych czyniąca krewnymi,
Matko, widzę cię w kropli rosy,
słyszę cię w krzyku orła.

Matka Klanowa
Pierwszego Cyklu Księżycowego

• • • • • • • • • • • •

▼▼▼▼▼▼▼▼▼▼▼▼▼▼▼▼▼▼▼▼▼▼
• • • • • • • • • • • •

ROZMAWIAJĄCA Z KREWNYMI to Klanowa Matka Pierwszego Cyklu Księżycowego i Strażniczka cyklu *uczenia się prawdy*, który przypada w styczniu, a który możemy zrozumieć, szukając pokrewieństwa z wszelkim życiem. Nauczycielami Rozmawiającej Z Krewnymi są Sprzymierzeńcy natury: Cztery Wiatry Przemian, Naród Chmur, Istoty Pioruny, Naród Zwierząt, Ludzie Drzewa, Ludzie Rośliny, Mali Ludzie[26], Naród Kamieni, Klan Wodzów Powietrza, Ziemi, Wody i Ognia

---

[26] Zgodnie z rdzenną historią stworzenia przekazaną przez Babcię Twylah Mali Ludzie żyli z Matką Ziemią od początku czasu. Ich misja na Ziemi jest trojaka: niektórzy są poszukiwaczami i odnajdują zagubione przedmioty, inni zajmują się rzucaniem kamieni, pomagając Ludowi Kamieni w przemieszczaniu się, a jeszcze inni są opiekunami nasion, utrzymując je w dobrym stanie i cały czas gotowe do użycia, żeby żaden gatunek roślin nigdy nie wymarł. Mogą także na różne sposoby pomagać Plemieniu Człowieka. Mali Ludzie żyją w dziuplach w starych pniach drzew, w kopczykach przy strumieniach i w głębi zielonych lasów. Mają różne kształty i różną postać: jedni są smukli, inni zaś krępi, niektórzy

oraz wszystkie inne formy życia. Ci krewni należą do całej Planetarnej Rodziny i są także naszymi nauczycielkami i nauczycielami.

Dzięki Rozmawiającej Z Krewnymi, która jest Matką Natury, uczymy się, że wszystkie i wszyscy jesteśmy krewnymi należącymi do Planetarnej Rodziny. Naród Drzew, Stworzenia-nauczyciele[27], Naród Kamieni, Naród Chmur i wszystkie inne formy życia są naszymi Siostrami i Braćmi. Czterej Klanowi Wodzowie: Powietrza, Ziemi, Wody i Ognia to Nasze Ciocie i Nasi Wujkowie. Naszą Matką jest Ziemia, naszym Ojcem jest Niebo, a naszymi Dziadkami są Babcia Księżyc i Dziadek Słońce.

Aby *uczyć się prawdy*, musimy otworzyć się na bezmierne światy zawierające się w światach, które stanowią całość Stworzenia wykreowanego przez Wielką Tajemnicę. Rozmawiającą Z Krewnymi, jako aspekt Matki Ziemi, cechują poszukujący umysł oraz gotowość do uczenia się i zrozumienia rytmów każdej formy życia lub każdego skrawka Ziemi, które zjawiają się w zasięgu wzroku. Z cyklem Pierwszej Klanowej Matki związany jest kolor pomarańczowy. To barwa Wiecznego Płomienia Miłości umieszczonego przez Wielką Tajemnicę w sercu każdej części Stworzenia. Zawiera Uzdrawiającą Moc pokrewieństwa z wszelkim życiem. Za każdym razem, gdy znajdujemy pióro, kamień, kwiat lub muszelkę w kolorze pomarańczowym, ta Siostra lub Brat mogą nam udzielić lekcji o tworzeniu pokrewieństwa, właściwych relacjach, naszym pokrewieństwie z wszelkim życiem i szacunku do niego. Gdy odnajdujemy prawdy zawarte w każdej formie życia będącej częścią Planetarnej Rodziny, mamy sposobność ujrzeć łączące nas podobieństwa. Być może odkryjemy w kwiecie lub strumyku jednego z naszych największych nauczycieli. Kiedy zaakceptujemy fakt, że wszystko w świecie jest żywe, możemy uzyskać dostęp do odrętwiałych lub stłumionych części nas samych, aby je uzdrowić i wskrzesić własną żywotność.

---

mają skrzydła, inni dwie owłosione nogi, podobne do kończyn Czworonożnych; niektórzy z nich dla kamuflażu okrywają swoje ciała liśćmi albo noszą je jako odzienie; inni są ukształtowani podobnie jak Dwunożni, lecz posiadają skrzydła; jeszcze inni ukazują się w postaci błysków światła w gęstym lesie. (za: Jamie Sams, Twylah Nitsch, *The Other Council Fires…*, op. cit.). Mali Ludzie stanowili część ludowych wierzeń w wielu kulturach w dziejach ludzkości, np. w Grecji, na Filipinach i Hawajach, w Indonezji, wśród Rdzennych mieszkańców Ameryki Północnej, a także dawnych Słowian. Krąży na ich temat wiele legend i opowieści, które obecnie w „racjonalnym" społeczeństwie Zachodu uważane są za bajki dla dzieci. Do Małych Ludzi zalicza się wróżki, karły (krasnoludy), elfy, gnomy, gobliny (gremliny), chochliki, a na ziemiach polskich: kraśniaki i ubożęta, skrzaty i domowiki.

[27] Stworzenia-nauczyciele (ang. *Creature-teachers*) to zwierzęta. Zostały stworzone po Narodzie Roślin i wyposażone w instynkty. Niektóre Stworzenia latają, inne pełzają lub pływają w wodzie, jeszcze inne chodzą na czterech łapach. Dzięki posiadanym instynktom potrafią żyć w równowadze z Matką Ziemią, zapewniając harmonię Świata Natury. Posiadają talenty i umiejętności, które umożliwiają im przetrwanie i którymi chętnie dzielą się z Istotami Dwunożnymi, czyli ludźmi.

Dzięki pokrewieństwom uczymy się, jak mieć dobre relacje z Twórczą Siłą, ze swoją Jaźnią, ze swoją Orendą, czyli Duchową Esencją, ze swoim ciałem, z rodziną, przyjaciółmi, wartościowymi przeciwnikami i Wszystkimi Naszymi Krewnymi z każdej części świata natury. Te związki mogą przynieść owocne i przepełnione miłością sytuacje, które umożliwiają wymianę myśli oraz uczą, jak dzielić się w poczuciu jedności, aby wzrastać w prawdzie.

Rozmawiająca Z Krewnymi jest Matką Natury, która zaprasza do swojego Klanu wszystkie formy życia. W każdej z nich widzi piękno i szanuje posiadane przezeń talenty. Jest Strażniczką Rytmu i uczy tego, jak mamy odnaleźć swój własny rytm, a także jak mamy szanować rytmy wszystkich innych istot. Ucząc się prawdy, dowiadujemy się, że każda forma życia posiada własną Świętą Przestrzeń oraz własny rytm. Aby wejść w tę przestrzeń, musimy nauczyć się rytmu formy życia, którą chcemy poznać. Jeżeli nauczymy się tego rytmu i z szacunkiem poprosimy o pozwolenie, możemy wejść do świata tych Sióstr i Braci, nie zakłócając naturalnego porządku. Rozmawiająca Z Krewnymi uczy tych rytmów, a także pokazuje, że dziko żyjące stworzenia akceptują niektóre ludzkie istoty chętnie i bez strachu, podczas gdy przed innymi uciekają. Ta akceptacja lub jej brak zależą od intencji człowieka – od tego, czy ma gotowość okazać szacunek Świętej Przestrzeni i rytmowi danego Stworzenia oraz czy chce poznać prawdę o tej formie życia.

Rozmawiająca Z Krewnymi jako Strażniczka Pogody i Pór Roku dostrzega potrzeby Ziemi i dba o ich zaspokajanie. Rozumie, w jaki sposób używać Klanowych Wodzów Powietrza, Ziemi, Wody i Ognia, aby stwarzać równowagę klimatyczną niezbędną dla powszechnego przetrwania. Ta Klanowa Matka uczy ludzi, że pomieszanie sił i żywiołów jest sprawą niebezpieczną, ponieważ każda akcja powoduje reakcję. Rezultaty mogą nie być dostrzegalne na pierwszy rzut oka, ale z pewnością wpłyną na skomplikowaną ekologiczną równowagę Matki Ziemi. Jeżeli ludzka istota obdarzona Uzdrawiającą Mocą Deszczu ma zamiar wezwać wodę, powinna być świadoma tego, z jaką ilością wody ziemia sobie poradzi i jak deszcz wpłynie na formy życia w dole rzeki. Rozmawiająca Z Krewnymi, Strażniczka tych tajemnic, zawsze doradza ostrożność, by rytmy wszelkiego życia zostały utrzymane.

Tworzenie Pokrewieństwa

Rozmawiająca Z Krewnymi podziwiała zmysłową zieleń lasów i dolin Matki Ziemi. Wielkie Góry Lodowe jeszcze nie dotarły tak daleko na południe i część jedynego istniejącego masywu lądowego, zwanego Żółwią Wyspą, miała jeszcze trochę wytchnienia od mrozów. W każdym zakątku i szczelinie wypełnionej skąpaną w słońcu glebą kwitło życie, ukazując przed nią bujną roślinność. Rozmawiająca Z Krewnymi wyciągnęła ramiona do światła Dziadka Słońce i wyszeptała do siebie:

– Och! Jakże przyjemnie jest być żywą.

W tym momencie jej uwagę przyciągnął sprytny i ledwie dostrzegalny ruch. Zwolniła oddech i przykucnęła w kępie dzikich irysów i wysokich pałek wodnych. Nie miała śmiałości, by wydać choćby najmniejszy dźwięk, uspokajała się więc aż do chwili, gdy jej ciało odnalazło własny, niezauważalny rytm. Nie chciała niepokoić rodzimych mieszkańców tej lesistej, górskiej doliny ani też przeszkadzać im w zwyczajowych czynnościach; stworzenia codziennie pojawiały się nad strumykiem przepływającym na lewo od miejsca, w którym się ukryła. Była gotowa poczekać i zobaczyć, czy istota, której ruchy spowodowały szelest w poszyciu, się pokaże.

Po krótkiej chwili rudy lisek wyjrzał zza otoczaka leżącego nad brzegiem strumyka, podbiegł do samej krawędzi pieniącej się wody, szybko zaczerpnął haust i skoczył z powrotem do kryjówki. Zaraz jednak pojawił się znowu – uznał widać, że jest bezpiecznie, pomimo tego, iż podmuchy wiatru przynosiły mu dziwny zapach. Pijąc ze strumienia, od czasu do czasu rozglądał się czujnie, choć wokół panował spokój. Nagle zamarł ze strachu: patrzył w najmilsze oczy, jakie w życiu widział. Wyglądało na to, że oczy należą do Dwunożnej istoty ludzkiej.

– Witaj, Bracie Lisie – odezwała się łagodnie Rozmawiająca Z Krewnymi. – Mam nadzieję, że cię nie przestraszyłam.

Lis zapomniał się i spontanicznie odpowiedział:

– Myślałem, że to ja jestem mistrzem ukrywania się. Ty powinnaś być lisem, a nie Dwunożną! Jak to zrobiłaś? Och, nie musisz na to odpowiadać, już wiem jak, bo sam to robię.

– Cóż, Lisie, może zaskoczy cię wiadomość, że wędruję po Ziemi przez wiele Dni i Nocy[28], aby poznać Wszystkich Moich Krewnych – odpowiedziała Rozmawiająca Z Krewnymi. – To ważne, bym się dowiedziała, jak żyją moje dzieci, ponieważ

---

[28] W oryginale Jamie Sams użyła określenia „Suns and Sleeps", czyli „Słońca i Śpiochy" – czas, kiedy jest słońce i czas, kiedy śpimy.

jestem Matką Natury. Muszę poznać potrzeby każdego Stworzenia-nauczyciela, Osoby Rośliny i Osoby Kamienia, żeby móc służyć mojej rodzinie w dobry sposób[29].

Lis spojrzał na Rozmawiającą Z Krewnymi i zrozumiał, że mówi ona prawdę. Ciekawiło go, dlaczego ta piękna i szlachetna Dwunożna wybrała do rozmowy właśnie jego, ale bał się zapytać – zapomniał języka w gębie. Tymczasem jej śmiech wypełnił górską dolinę dźwiękami melodyjnymi jak pieśń, jakiej nigdy dotąd nie słyszał.

– Och, Lisie – powiedziała Klanowa Matka – jesteś mistrzem niewidzialności, ale zapomniałeś ukryć swoje myśli. Czy nie wiesz, że poznałam prawdę znajdującą się w sercach i umysłach każdej żywej istoty? Możesz bez obaw pytać mnie o wszystko. Kuropatwa nauczyła mnie, jak wejść do Świętej Spirali rytmu, aby być w harmonii ze wszystkimi moimi dziećmi. Dzięki temu, że nauczyłam się prawdy o rytmach, potrafię spleść razem nasze myśli i serca, aby nie było między nami oddzielenia.

W tej właśnie chwili po kłodzie, która podczas ostatniego dużego deszczu zwaliła się w poprzek strumienia, zbiegła galopem w dół Krocionóżka[30]. Gdy mężnie próbowała zatrzymać się przed Rozmawiającą Z Krewnymi, jej liczne nogi, poruszające się zwykle tak rytmicznie, splątały się, potykając jedna o drugą. Długi grzbiet Krocionóżki wygiął się w łuk podczas tego hamowania, a jej tylny koniec zwinął się jak jesienny liść. Wreszcie stanęła w miejscu.

– Na boginię! – wyszeptała prawie bez tchu. – Zdawało mi się, że słyszę twój słodki śmiech, Matko. Poznałabym ten melodyjny dźwięk wszędzie. Co za miła niespodzianka!

Lis przez chwilę wodził wzrokiem od Rozmawiającej Z Krewnymi do Krocionóżki, zastanawiając się, jak się poznały. Postanowił, że lepiej będzie usiąść na otoczaku nad strumieniem i pogrzać się w słońcu, gdyż zanosiło się na to, że rozmowa potrwa jakiś czas, a jemu łapy zaczynały marznąć, ponieważ do tej pory, słuchając Rozmawiającej Z Krewnymi, stał w wodzie.

– Krocionóżko, minęło wiele długich miesięcy od czasu, kiedy ostatnio rozmawiałyśmy. Muszę ci podziękować, że nauczyłaś mnie, jak odnajdywać środek ciężkości swojego ciała i iść pewnym krokiem. Długie, piesze wyprawy nad morze i w doliny trwały wiele Dni i Nocy, ale moje ramiona i nogi poruszały się w harmonii. To wspaniałe uczucie, kiedy wszystkie części ciała pracują zgodnie. Pewnie

---

[29] Robić coś w dobry sposób, czyli biorąc pod uwagę dobro wszystkich istot – w szacunku i oddaniu, z zaangażowaniem.

[30] Jamie Sams nazywa to stworzenie *Centipede* lub *Many Legs* (Wielonogą, Wielonóżką). Centipede to parecznik, należący do jednej z trzech podgromad wijów (*Myriapode*). Chociaż krocionogi to inna podgromada wijów, postanowiłam użyć bardziej wymownego imienia Krocionóżka.

obie pamiętamy, że wcześniej, kiedy moje ręce i nogi poruszały się w sposób nieskoordynowany, potykałam się na każdym kamyczku i zawadzałam o każdy krzew – powiedziała Rozmawiająca Z Krewnymi.

Krocionóżka zaśmiała się cicho i odpowiedziała:

– Och, byłam tak szczęśliwa, że znów cię zobaczyłam, iż niemal się sturlałam z tej topolowej kłody. Gdy jestem podekscytowana, także zapominam o swojej Uzdrawiającej Mocy. Na stare lata sprawiam, że wyrastają mi nowe nogi i nieustannie muszę je uczyć, jak zgodnie współpracować ze starymi.

Rozmawiająca Z Krewnymi uśmiechnęła się i powiedziała:

– Doskonale rozumiem, jak się czujesz, Wielonóżko. Ustalanie rytmów pór roku także jest pracą. Matka Ziemia nadal zmienia swoją drogę przez Naród Nieba i Zielone Miesiące nowych, kiełkujących traw są coraz krótsze, podczas gdy Białe Miesiące stają się dłuższe i obfitują w śnieg i lód.

Lis odezwał się wreszcie:

– Czy to dlatego tak wiele żyjących w stepie Żywych Istot podąża za nami?

Krocionóżka skinęła głową. Rozmawiająca Z Krewnymi także się zgodziła:

– Widzisz, Lisie, Matka Ziemia powierzyła mi zadanie poznania potrzeb wszystkich Plemion Ziemi, bym mogła jej pomóc w poszukiwaniu właściwej drogi przez Naród Nieba. Ostatecznie w poszukiwaniu rytmów przynoszących harmonię będą nam wszystkim towarzyszyć Cztery Pory Roku i Cztery Wiatry Przemian. Trzy Białe Miesiące przyniosą nam czas odpoczynku, gdy Istoty Lodowe pokryją ziemię. Po nich nastąpią, trwające trzy cykle, Zielone Miesiące, które dadzą nowe życie Ludziom Roślinom. Potem trzy Żółte Miesiące przyniosą czas dojrzewania i pełni. Po nich nastaną trzy Czerwone Miesiące, a wraz z nimi czas żniw. Podczas Trzynastego Księżycowego Miesiąca, Miesiąca Błękitnego, wszystkie Dzieci Ziemi odnajdą swoją naturalną zdolność do zmiany i przeobrażenia.

– Warto będzie to zobaczyć, Matko, a wtedy wszystkie i wszyscy podziękujemy za pracę, którą dla nas wykonałaś – zauważyła z uśmiechem Krocionóżka.

Rozmawiająca Z Krewnymi cieszyła się, że uczy się prawdy o potrzebach wszystkich Dzieci Ziemi oraz tego, jak spełniać te potrzeby i jak rozumieć Uzdrawiającą Moc każdego z nich. Życie było dobre, a każdy nowy dzień przynosił nowe nauki do przyswojenia, nowe prawdy do zbadania i nowe rytmy uzupełniające całość. Odkrywała, że wchodząc w nurt rytmu każdego stworzenia i słuchając wewnętrznego bębna uderzeń jego serca, ustanawia więź pokrewieństwa. Odpłynęła myślami do wspomnień o tym, w jaki sposób uczyła się tych lekcji po raz pierwszy. Ciepłe, pomarańczowe promienie wysyłanego przez Dziadka Słońce światła przenikały przez zamknięte powieki Rozmawiającej Z Krewnymi, a ona ujrzała płynącego po górskim jeziorze Łabędzia.

Był to niezwykle ciepły Dzień. Sójka uczyła Rozmawiającą Z Krewnymi o Uzdrawiających Mocach i talentach Stojących Istot. Sójka nie mówiła *w imieniu drzew*, ponieważ Stojące Istoty same potrafią mówić. W tych wczesnych czasach Rozmawiająca Z Krewnymi uczyła się odczuwania innych istot poprzez swoje ludzkie ciało. Ponieważ była trochę niepewna tej nowej umiejętności, poprosiła Sójkę, której Uzdrawiającą Mocą jest *używanie intuicji, aby mówić prawdę*, by jej towarzyszyła. Dwie przyjaciółki godzinami przebywały ze Stojącymi Istotami, słuchając, jak Wódz Wiatr delikatnie szumi wśród konarów drzew, ożywiając powiewem ich głosy.

Tego Dnia Rozmawiająca Z Krewnymi po raz pierwszy doświadczyła ludzkiej frustracji. Mogła zrozumieć Uzdrawiającą Moc Osiki, która była Jasnośniącą i posiadała Moc *obserwatorki*, ponieważ na własne oczy oglądała podobny do oka kształt w każdym miejscu, w którym gałąź odłączyła się od pnia i spadła. Kiedy siedziała z plecami opartymi o mocny pień Sosny, mogła poczuć, że jej Uzdrawiającą Mocą jest *wewnętrzny spokój*. Patrząc na kwiaty Derenia i widząc w ich układzie Cztery Kierunki Świętego Koła, czuła, że posiada on Uzdrawiającą Moc *równowagi*. Ale jeśli chodzi o słyszenie i rozumienie języków tych Stojących Krewnych, intuicja ją zawodziła.

Sójka z życzliwości do Rozmawiającej Z Krewnymi zaproponowała, by na chwilę przerwały lekcję. Zauważyła, że w oczach Klanowej Matki gromadzą się łzy frustracji.

Jak bardzo jest ona ludzka, a jednak niepodobna do człowieka w swojej chęci traktowania wszystkich istot z takim szacunkiem, powiedziała do siebie w myślach Sójka. *Nie obawiam się mówić do niej szczerze, ponieważ bardziej niż czegokolwiek pragnie poznać prawdę. Intuicja mówi mi jednak, że musi się także nauczyć, jak ważny jest odpoczynek, szczególnie w sytuacji, kiedy obciąża swoje ciało ponad miarę, nie uwzględniając jego rytmów. Rozmawiająca z Krewnymi nie jest już formą duchową, ludzkie ciało ogranicza jej postrzeganie, co musi być dla niej bardzo trudne.*

Sójka sprowadziła Rozmawiającą Z Krewnymi ze wzgórza i kazała jej usiąść na piasku nad brzegiem jeziora, na kępie miękkiej, zielonej trawy, która wyglądała jak górka i zachęcała do drzemki. Podczas gdy Klanowa Matka sadowiła swoje ciało na pokrytym murawą pagórku, Sójka poleciła jej zrelaksować się i powiedziała, że sama w tym czasie zamierza pofrunąć i sprowadzić do nich przyjaciela.

Rozmawiająca Z Krewnymi była tak pogrążona we frustracji, że nie usłyszała słów Sójki. Jej myśli wirowały gorączkowo wokół pytania: jak może nauczyć się języka Stojących Ludzi? Nawet nie zauważyła, kiedy Sójka wróciła ze swoim przyjacielem Łabędziem. Łabędź przepłynął bez wysiłku przez całe jezioro, a teraz unosił się łagodnie na wodzie w pobliżu brzegu i cierpliwie czekał. W końcu Sójka zaczęła głośno skrzeczeć, żeby przyciągnąć uwagę Rozmawiającej Z Krewnymi.

– Dobrze, Łabędziu, możemy wepchnąć ją do jeziora, aby wypłukać z jej głowy frustrację albo zawołać Strusia, żeby wykopał dziurę w piasku i wtedy we troje zagrzebiemy jej głowę.

Rozmawiająca Z Krewnymi nie zareagowała. Sójka zawołała Strusia, który w tej chwili pojawił się na brzegu jeziora. Gdy, kołysząc się, biegł w ich stronę, dalej mówiła kpiącym tonem:

– Wspaniale, idzie tu Struś. Pokaże ci, jak zagrzebać głowę w piasku. To lepsze niż zagrzebywać ją w niekończących się frustracjach – powiedziała na tyle głośno, żeby Struś usłyszał.

Rozmawiająca Z Krewnymi wciąż trwała zagubiona w swoich burzliwych myślach. Struś podszedł powoli i wzruszył ramionami, zastanawiając się, co począć z tą młodą, zmartwioną kobietą. Zaczęli namawiać się z Sójką, a Łabędź cierpliwie czekał. Sójka zachichotała porozumiewawczo, oddaliła się i usiadła na dryfującym kawałku drewna, żeby odpocząć, zaś Struś pochylił się i uszczypnął Rozmawiającą Z Krewnymi w nos. Rozmawiająca Z Krewnymi aż krzyknęła. Nie z bólu, gdyż Struś był bardzo delikatny, lecz z zaskoczenia: nagle tuż przed swoją twarzą ujrzała dwoje ogromnych, okrytych ciężkimi powiekami oczu, jakich jeszcze nigdy nie widziała z tak bliska.

Wszyscy śmiali się niepohamowanie z wyjątkiem Rozmawiającej Z Krewnymi, która milczała, oszołomiona. Sójka zauważyła, że pewnie Klanowa Matka jest zajęta swoimi rozterkami. Łabędź stwierdził, że skoro już udało im się uzyskać jej uwagę, to Struś, którego Uzdrawiającą Mocą jest *wchodzenie we wzajemne oddziaływanie z innymi przez porozumiewanie się*, mógłby użyczyć Rozmawiającej Z Krewnymi pomocnego skrzydła. Każdy komentarz wywoływał nowe salwy śmiechu. Wreszcie młoda kobieta zdała sobie sprawę z komizmu tej sytuacji i przyłączyła się do rozbawionej trójki.

W przerwach między kolejnymi falami grzmiącego, rubasznego śmiechu Struś wyjaśnił Rozmawiającej Z Krewnymi, że kiedy inni nie porozumiewają się jasno lub wchodzą we wzajemne relacje w sposób, który nie uwzględnia wszystkich, on także chowa głowę w piasek. Kiedy chociaż jedna osoba była wykluczona z grupy, Struś postępował podobnie – odmawiał słuchania kogokolwiek i zagrzebywał głowę, dopóki ktoś tego nie zauważył i nie zrozumiał, co o nich myśli. Zazwyczaj zauważano, że coś jest nie tak, gdy nagle napotykano tylny koniec Strusia sterczący w powietrzu. W obecnej sytuacji Struś nie musiał chować głowy: Rozmawiająca Z Krewnymi sama już zagrzebała własną głowę we frustracjach.

Śmiech zdecydowanie zmienił nastrój tego popołudnia. Rozmawiająca Z Krewnymi zamiast martwić się, że ludzkie ograniczenia pozbawiają ją naturalnych zdolności, polegających na tym, że po prostu wie, poczuła się odświeżona i mogła być uważna. Uczyła się, jak używać ludzkich zmysłów; śmiech wytaczający się z ust i tak gwałtowny, że trząsł się jej brzuch, był dobry i sprawiał jej przyjemność. W sercu czuła ciepło przyjaźni, a przez skórę przebiegało mrowienie, gdy spadały na nią kropelki wody rozpryskiwanej przez Łabędzia machającego w podnieceniu skrzydłami. Rozmawiająca Z Krewnymi uznała, że dobrze jest odczuwać przyjemności ciała i poczuła się szczęśliwa, że żyje.

Struś i Sójka w milczeniu obserwowali Łabędzia, który zaczął uspokajającym głosem przemawiać do Rozmawiającej Z Krewnymi. Łagodnie sunął po lustrzanej wodzie, powodując kolejną zmianę nastroju.

– Czy widzisz, jak moje ciało się wygina, a szyja pochyla i faluje, kiedy poruszam się po wodzie?

Rozmawiająca Z Krewnymi skinęła głową.

– Duchy Wody nie sprzeciwiają się ruchowi mojego ciała. Pomagają mi odczuć zarówno ich naturalne prądy, jak i moje własne. Patrz na mnie, jak sunę po jeziorze, i zauważ pełnię wdzięku mojej szyi, kiedy pokazuję ci Wodny Taniec.

Podczas gdy Rozmawiająca Z Krewnymi obserwowała Łabędzia, jej ciało uspokoiło się i zaczęło się kołysać w tym samym rytmie, jakby lekki wietrzyk wdmuchnął w nie chlupoczące fale Wodnych Duchów. Zaczęła unosić się swobodnie i śnić, podczas gdy hipnotyczny ruch łabędziego ciała uczył ją, jak się poddawać.

Kiedy się obudziła, rozumiała już, w jaki sposób może nauczyć się języków wszystkich żyjących istot. Teraz mogła zrobić więcej niż tylko obserwować i odczuwać ze swojego punktu widzenia. Nauczyła się poddawać swoją Świętą Przestrzeń i Święty Punkt Widzenia[31], prosić o pozwolenie i, kiedy je otrzyma, wchodzić do Świętej Przestrzeni innych i nauczyć się ich języka.

Z podnieceniem przekazywała Łabędziowi, Sójce i Strusiowi doświadczenia, które zebrała w Czasie Śnienia[32]. W wizji płynęła z Sokołem i uczyła się jego Uzdrawiającej

---

[31] Istota Ludzka jest energetyczną sumą wszystkiego, o czym marzy, myśli, śni, co odbiera zmysłami i co czuje w każdym momencie. Nasz wewnętrzny obraz tego, kim i czym myślimy, że jesteśmy, wpływa na to i determinuje to, jak odbieramy świat i swoje osobiste doświadczenia. W tradycji, z której pochodzi Jamie Sams, ten całkowicie indywidualny odbiór nazywany jest „Świętym Punktem Widzenia" (za: Jamie Sams, *Dancing the Dream*, op. cit., s. 13).

[32] Czas Śnienia (ang. *Dreamtime*). Tradycja narodów Choctow wyróżnia cztery rodzaje snów, które mamy, gdy śpimy, oraz sny na jawie, czyli Podróże do Czasu Śnienia. Takie sny na jawie to Podróżowanie poza ciałem, które pojawiają się, gdy jesteśmy całkowicie świadomi swojego ciała w świecie fizycznym, ale także jesteśmy świadomi tego, że jesteśmy w swoim śnie. Czas Śnienia to świat rów-

Mocy *polowania na rozwiązanie*. Sokół zabrał ją w głąb dżungli Żółwiej Wyspy i pokazywał parujące zielone królestwa zwartej roślinności. W tym miejscu Matka Ziemia, niczym w lustrze, w kłębach pary ukazywała dymy ludzkiego pomieszania i frustracji[33]. Rozmawiająca Z Krewnymi i Sokół płynęli przez mgłę chaosu, aż rozwiała się tak, że mogli widzieć wyraźnie. Śnieg skrzył się na dalekich szczytach, a oni spoglądali w dół na wierzchołki drzew i porośnięte gęstą dżunglą wzgórza, na których żyły wielkie małpy.

Goryl opowiadał całe historie bez użycia słów, gestykulując i robiąc miny, aż patrząca osoba była w stanie zobaczyć rozwiązanie lub odnieść opowieść lub jej fragment do siebie. W swojej wizji Rozmawiająca Z Krewnymi, krążąc wraz z Sokołem, obserwowała Goryla i przyglądała się ze wszystkich stron jego mimice i gestom. Wkrótce silna Uzdrawiająca Moc Goryla, polegająca na *komunikowaniu się oraz uczeniu innych przez działanie*, przyniosła zrozumienie do serca Rozmawiającej Z Krewnymi. Na początku ruchy Goryla wydawały jej się śmieszne, aż w końcu zrozumiała, w jaki sposób uczy innych członków swojego plemienia, jak mają wypełniać swoje zadania. Pojęła to, gdy zauważyła, że Goryl naśladuje młodą małpę, żeby przyciągnąć jej uwagę, a następnie wciąga ją w zabawę, by małpie dziecko zaczęło z kolei naśladować jego.

Uświadomiła sobie, że Sokół pokazał jej rozwiązanie problemu. Nie musiała odczuwać, że posiadanie ludzkiego ciała oddziela ją od innych form życia; mogła naśladować ich zwyczaje i przekonać się, jak to jest być nimi. Naśladując działania Stworzeń-nauczycieli, mogła poddać się uczuciom, które miała, gdy stawała się jak one. Nie miało znaczenia, że jej nauczycielami są rośliny, kamienie, zwierzęta, chmury czy Duchy Wiatru i Wody. Zrozumienie ich języków wymaga dużo czasu, ale im bardziej się do nich upodobni i im lepiej zrozumie, jak i dlaczego ich życie jest podobne do jej własnego, tym łatwiej pojmie sposób komunikowania się, jaki wybrał każdy gatunek.

---

noległy. Wszystko, co się dzieje w tamtym czasie i tamtej przestrzeni, ma bezpośredni związek z naszą fizyczną rzeczywistością. Rzeczywistość Czasu Śnienia jest tak samo stara jak nasz wszechświat i zawiera w sobie wszystkie możliwe drzwi do każdego poziomu świadomości. Osoby, które mają sny na jawie, czyli potrafią odbywać Podróże do Czasu Śnienia, nazywane są Śniącymi lub Jasnośniącymi (*Dreamers*). Takie osoby były bardzo szanowane w społecznościach Rdzennych i zajmowały zaszczytne miejsce w Plemieniu (za: Jamie Sams, *Sacred Path Cards*, op. cit., s. 249–251). Służyły zbiorowości dzięki zdolnościom wchodzenia podczas snu w kontakt z niewidzialnymi światami świadomości i ducha, rozumienia wiadomości ze świata duchowego (takich jak proroczy sen, wskazówka co do miejsca, w którym znajduje się zagubiony człowiek lub przedmiot, zapowiedź spotkania) i przekazywania ich niezmienionej treści plemieniu (za: Jamie Sams, *Dancing the Dream*, op. cit., s. 147 i 256). Dzisiaj osoby z podobnymi zdolnościami nazywamy w zachodnim świecie jasnowidzącymi lub prorokami i prorokiniami.

[33] Dymy ludzkiego pomieszania – patrz przypis 42.

13 Pierwotnych Matek Klanowych

Struś, Sójka i Łabędź byli bardzo szczęśliwi, że Rozmawiająca Z Krewnymi nie tylko przebiła się przez frustrację, ale i dotarła do zrozumienia. Wszyscy czworo, z Rozmawiającą Z Krewnymi na przedzie, zagłębili się w miękki cień lasu. Klanowa Matka podjęła decyzję o użyciu nowo odkrytej umiejętności pojmowania, by porozumieć się ze swoimi Krewnymi-Drzewami. Do tej pory mogła jedynie obserwować i słuchać, jak Duchy Wiatru delikatnie poruszają się pomiędzy szmaragdowymi, sterczącymi konarami Stojących Ludzi. Teraz nadszedł czas, by praktycznie zastosować nowe umiejętności komunikacji i rozwijać je.

Rozmawiająca Z Krewnymi stanęła w kręgu przyjaciół i oznajmiła swoją intencję:

— Nauczyłam się, jak poddawać się rytmom Świętych Przestrzeni wokół mnie i teraz proszę o pozwolenie, gdyż chciałabym stać się jak Stojąca Osoba.

Stara Osoba-Sosna upuściła szyszkę, która potoczyła się do stóp Klanowej Matki jako podarunek przyjaźni. Rozmawiająca Z Krewnymi z radością przyjęła Dar, uklękła, wykopała dziurę w igliwiu i miękkiej ziemi i stanęła w niej ze stopami zagłębionymi aż po kostki. Następnie wyprostowała się i podniosła ramiona jak gałęzie ku promieniom słonecznym przesączającym się przez gęstą zieleń lasu. Gdy zamknęła oczy i stała się ludzkim drzewem, cisza objęła wszystkich zgromadzonych. Wtedy Klanowa Matka usłyszała głosy Stojących Istot wydobywające się z ich drewnianych serc i przemawiające wprost do jej serca.

— Naszą mowę można *słyszeć sercem*, a nie uszami. Mówimy o wszystkim, co widzimy wokół, ponieważ jesteśmy milczącymi obserwatorkami i obserwatorami Ziemi. Nasze korzenie czerpią soki ze źródła miłości znajdującego się głęboko w glebie naszej Matki Ziemi, a nasze konary sięgają każdego dnia wyżej w poszukiwaniu światła Dziadka Słońce. Jesteśmy żyjącą równowagą pomiędzy Matką Ziemią i Ojcem Niebem, żeńskim i męskim, otrzymywaniem i dawaniem. Ze wszystkich form życia my najbardziej przypominamy budową ludzkie istoty, ponieważ pokazujemy im, jak szanować równowagę pomiędzy niebem i ziemią wewnątrz nich samych. Pokazujemy na własnym przykładzie, jak w milczeniu obserwować życie, jak stać z podniesioną głową oraz jak dawać i otrzymywać.

Chociaż w lesie nic się nie poruszyło, żaden wiatr nie powiał przez gałęzie Ludzi Drzew, Rozmawiająca Z Krewnymi słyszała głos starej Sekwoi. Zauważyła przy tym, że kiedy stoi z rękami wyciągniętymi w górę na kształt łuku, jej ciało tworzy dwa okręgi formujące cyfrę 8. Górny okrąg, obejmujący Naród Nieba, spotyka się w sercu z dolnym, który łączy ją ze środkiem Matki Ziemi — jakby stała na szczycie jednego okręgu i trzymała drugi ponad sobą, tak, by przecinały się i krzyżowały w jej ciele.

•••• Rozmawiająca Z Krewnymi

– To są dwa Koła Mocy życia – powiedziała Sekwoja. – Ludzkie istoty, podobnie jak Naród Drzew, mają zdolność bycia równowagą pomiędzy niebem i ziemią. Kiedy Dwunożni sięgną po to, czym w pełni mogą być, Koło Nieba poprzez ich ludzkie serca przyniesie im wiadomości ze Świata Duchowego. Koło Ziemi sprawi, że rośliny, kamienie, zwierzęta i żywioły natury będą w imieniu Matki Ziemi wyjaśniać te duchowe wiadomości i nauczać ich. Ludzkie istoty poczują i zrozumieją przesyłane przez Wielką Tajemnicę wiadomości, obserwując, jak postępują ci nauczyciele, ich ziemscy towarzysze. Koła Mocy spotykają się w sercu, co pokazuje, że niebo i ziemia, duchowe i dotykalne są sobie równe i są jednym. Widzisz, Rozmawiająca Z Krewnymi, jedyne prawdziwe ograniczenia związane z człowieczeństwem ujawniają się wtedy, kiedy serce jest zamknięte. Natomiast kiedy serce jest otwarte, całe Stworzenie staje się dostępne i można zrozumieć każdą Istotę. Teraz stałaś się tą równowagą i będzie ci to dobrze służyć.

Wspomnienie tamtego czasu i lekcji, których się nauczyła, wypełniło ciało Matki Natury ciepłem, łagodnie przywołując ją do chwili obecnej. Światło Dziadka Słońce, które przez powieki Klanowej Matki przebijało pomarańczową poświatą, stało się ciemnołososiowe, dając znać, że Dzień prawie się kończy. Rozmawiająca Z Krewnymi słyszała, jak pstrąg wyskakuje ponad powierzchnię szemrzącego strumienia, aby chwytać muchy. Czuła woń kwitnącego nocą jaśminu, napływającą wraz z pierwszymi wieczornymi powiewami, i wyczuwała smak wilgoci, która pokrywała kamienie znajdujące się nad wodą. Wewnątrz jej umysłu obrazy tych zmian tańczyły razem z setkami innych wrażeń zmysłowych. Słyszała ciche pochrapywanie śpiącego lisa oraz odgłos, jaki wydawały skrobiące o pień topoli nogi Krocionóżki.

Tak, pomyślała. *Dobrze się nauczyłam. Prawda przemawia teraz do mnie na tysiące sposobów, poprzez wszystkie zmysły ciała, serca, umysłu i ducha. Kiedy wieczorem zwierzęta zbliżają się do wodopoju, czuję przez glebę rytmy ich kroków. Zanim gwiazdy podziurawią purpurowy kobierzec wczesnowieczornego nieba, czuję już ich światło. Wraz z każdą rytmiczną zmianą zachodzącą wokół mnie, życie przesyła do mojego brzucha podniecające uczucia, a ja czuję te zmiany wewnątrz siebie, ponieważ jestem przedłużeniem ich wszystkich.*

Wciąż mając zamknięte oczy, Rozmawiająca Z Krewnymi delikatnie i spokojnie sięgnęła po Kamienną Osobę zawieszoną na rzemyku na jej szyi. Woda, która kapała na ten kamień setki Dni i Nocy, wydrążyła w nim otwór. Imię Kamiennej Osoby brzmiało *Oneo*, czyli Pieśń. Ten wyjątkowy Kamień Uzdrawiającej Mocy nieustannie śpiewał do Klanowej Matki i zapisywał wszystko, co czuło jej serce i wszystko, czego doświadczała, przypominając jej o historii, którą tworzyła swoim życiem. Naturalny otwór w ciele Oneo był znakiem, że jest kamieniem ochronnym. Ponieważ otwór został zrobiony przez wodę, Kamień pomagał Rozmawiającej Z Krewnymi pozostawać w kontakcie z uczuciami i być świadomą niebezpieczeństw. Ciało Rozmawiającej Z Krewnymi było zbudowane z tych samych minerałów co kamień – dlatego mogła dzięki niemu pozostawać w harmonii z biciem serca Matki Ziemi.

Istoty Kamienie okazywały się bardzo pomocne, gdy nauczyła się ich języka, ponieważ stanowiły biblioteki, w których zgromadzone były zapisy dziejów Ziemi. Dzięki swoim podróżom zaczęła rozumieć znaki na ich ciałach w taki sam sposób, w jaki nauczyła się języków Stojących Istot. Dzięki Istotom Kamieniom zrozumiała, że wszystkie siły w przyrodzie podlegają cyklom, a te cykle występują w rozwoju wszystkich istot. Mogła przejrzeć dzieje wszystkiego, co się wydarzyło na Ziemi i zobaczyć utrwalony przez kamienie zapis naturalnej ewolucji wszelkich form życia.

Kuzynki Muszle z morza nauczyły ją słuchania rytmów przypływów i odpływów oraz cykli własnego ciała. Istoty Chmury pokazały jej twarze i formy wszystkich istot w świecie natury. Kiedy jedno z wielu Dzieci Ziemi jest w niebezpieczeństwie, twarz wzywającego pomocy ukazuje się na niebie pod postacią chmury. W obecności Rozmawiającej Z Krewnymi Klanowi Wodzowie Powietrza, Ziemi, Wody i Ognia podzielili się i ponownie połączyli, aby nauczyć ją, jak działają w naturze spontaniczne siły tworzenia. Gdy ten System Wiedzenia na stałe zakorzenił się w jej sercu, Klanowa Matka potrafiła panować nad pogodą i, aby zapewnić potrzebną na planecie równowagę, przywoływać życiodajne deszcze lub powodować wypływy lawy.

Rozmawiająca Z Krewnymi zadumała się. *Uczenie się prawdy jest nieustającą przygodą i bijącym nieustannie źródłem spełnienia. Zostałam pobłogosławiona głodem uczenia się, radością odkrywania i pragnieniem służenia moim krewnym. Nauczyłam się mowy każdej części Ziemskiego Plemienia. Każdego dnia odnajduję troskę i współczucie, dzięki którym mogę nauczyć się jeszcze więcej. Życie tworzy nowe życie, a więc nadal będę wysławiać lekcje, których się nauczyłam, aby zawsze dzielić się nimi ze wszystkimi moimi dziećmi.*

Rozmawiająca Z Krewnymi otworzyła oczy i zobaczyła, że Dzień spokojnie przekazał Fajkę[34] Nocy. Z Gwieździstej Misy Uzdrawiającej Mocy nocnego nieba wykwitła ćwiartka księżyca i nocne zwierzęta ruszyły na łów. Krocionóżka i Lis,

---

[34] Przekazać Fajkę to poetyckie nawiązanie do przebiegu ceremonii Fajki (patrz przypis 38). Gdy w ceremonii bierze udział kilka osób, modlą się one po kolei. Osoba, która trzyma fajkę, jest całym światem, „tu i teraz". Paląc fajkę, łączy się ze wszystkim, co istnieje, a gdy skończy, przekazuje fajkę następnej osobie, która w tym momencie staje się jednością ze wszystkim, co jest (za: Jamie Sams, *Sacred Path Cards*, op. cit., s. 45–48).

• • • • Rozmawiająca Z Krewnymi

nie ruszając się o włos, wiernie czekali, aż Rozmawiająca Z Krewnymi powróci z Miejsca Ciszy. Niebieskosrebrne światło Babci Księżyc mieniło się na grzywach wody, która opływała zaokrąglone kamienie w nurcie rzeki, podczas gdy duchy wody mruczały swoją pieśń wieczornego podróżowania.

Rozmawiająca Z Krewnymi odezwała się szeptem do swoich przyjaciół:

– Miło mi, że czekałyście na mnie, moje dzieci. Podczas mojego milczenia przypomniałam sobie, jak dużo nauczyłam się na temat prawdy obecnej w każdej części Stworzenia i ile jeszcze mogę się nauczyć podczas dalszego rozwoju świata.

Krocionóżka zwinęła się w kulkę i potoczyła wzdłuż kłody, aby być bliżej Rozmawiającej Z Krewnymi.

– Matko, być może gromadzona przez ciebie wiedza jest jak moje rosnące nogi – wyszeptała. – Mogę spowodować, że wyrosną mi dodatkowe nogi, ponieważ jestem coraz starsza i coraz mądrzejsza. Przypuszczam, że każdy z naszych Krewnych ma jakiś sposób, aby zmierzyć odległość, którą przemierza na Dobrej Czerwonej Drodze życia.

Rozmawiająca Z Krewnymi odpowiedziała:

– Tak, Wielonóżko, wszyscy mamy swoje unikalne sposoby na gromadzenie wiedzy, ale to, w jaki sposób Dzieci Ziemi, posiadające własne, odrębne języki, porozumiewają się między sobą, jest kluczem do naszego wspólnego rozwoju jako Planetarnej Rodziny.

Lis zaśmiał się i poruszył wąsami, po czym włączył się do rozmowy:

– Rozumiem, jak działa ten klucz, Matko. Lis jest obrońcą Planetarnej Rodziny, ponieważ nikt nie może poznać Uzdrawiającej Mocy ani mowy natury, jeżeli nie potrafi zobaczyć, co znajduje się tuż przed nim. Cała mądrość pozostaje ukryta tak jak ja, chyba że ludzie uwierzą w niewidzialny świat, który staje się widoczny jedynie wtedy, gdy otworzą swoje serca na zrozumienie i uczenie się prawdy.

Klanowa Matka pierwszego księżycowego cyklu uśmiechnęła się. Bycie Matką Natury oznacza, że podąża za tym, co przychodzi do niej w naturalny sposób, cokolwiek to jest. W tej chwili jej serce było tak pełne, że naturalną rzeczą było pozwolić, by znajdująca się w nim miłość rozlała się po świecie, dając wszystkim Dzieciom Ziemi poczucie, iż nie są zapomniane i że ich potrzeby zawsze będą uwzględniane.

Rozmawiająca Z Krewnymi nauczyła się prawdy o byciu w ludzkim ciele, a już sprawą jej ludzkich dzieci było, aby odkryły to dla siebie samych. Kiedy każda Dwunożna i każdy Dwunożny otworzą serce na uczenie się prawd Planetarnej Rodziny, ona będzie obecna i chętna, by ich uczyć. Kiedy Istoty Ludzkiego Plemienia otworzą swoje serca w szacunku dla wszystkich żyjących istot, ona będzie im pokazywać, jak z życzliwością szanować siebie oraz każdą inną istotę. Kiedy cykle i pory roku przyniosą ból ludzkiej rasie, ona będzie uzdrawiającą maścią, którą odnajdą w otaczającym ich świecie natury.

Nieuchwytny świat ducha, znajdujący się w namacalnym świecie, oczekuje na odkrycie. Jej ludzkie dzieci będą ostatnimi, które nauczą się tych prawd. Rozmawiająca Z Krewnymi z radością uświadamiała sobie, że ludzka arogancja pewnego dnia zniknie. Ten dzień wzejdzie wtedy, kiedy cykle i pory roku sprowadzą do domu ich serc te Istoty Ludzkie, które zechcą uwolnić się od bólu.

– Tak, życie jest dobre – wyszeptała w wypełnioną gwiazdami noc, dostatecznie głośno, aby usłyszały ją wszystkie otwarte serca.

Strażniczka Mądrości

Och, strażniczko pradawnej wiedzy,
mądrość swą szeptem mi przekaż,
abym zawsze mogła pamiętać
o świętej tajemnicy życia.

Opowieści Babcine,
dzielne czyny, wielkie i małe,
postępy Wiernych[35]
odpowiadających na Matki wezwanie.

Cykle i pory roku
znaczące każdą przemianę,
odrodzenie naszych wizji,
duch, którego odzyskałyśmy.

Tutaj prawda zwycięża
w toczącej się wewnątrz wojnie,
na koniec każde ludzkie serce
doprowadzając do świętowania.

13 Pierwotnych Matek Klanowych • • • •

---

[35] Wierni to ludzkie istoty, które słyszą głos naszej Matki Ziemi. Są Dwunożnymi, które i którzy z szacunkiem odnoszą się do każdej żywej istoty. Zawierają Pamiętanie. Te istoty ludzkie rozumieją Ziemię, pamiętają, kim są i dlaczego są tutaj oraz akceptują role opiekuństwa. Nazywane są Wiernymi, ponieważ podążają Czerwoną Drogą Wiary. Poprzez poszukiwanie starożytnej mądrości Pamiętania odkryły, że wiara jest świętym zaufaniem: więzią pomiędzy Wielką Tajemnicą, Matką Ziemią i daną osobą. (za: Jamie Sams, *Earth Medicine: ancestor's ways of harmony for many moons*, HarperSanFrancisco 1994, s. 39, tłum. Maria Elżbieta Ziemkiewicz).

Matka Klanowa
Drugiego Cyklu Księżycowego

STRAŻNICZKA MĄDROŚCI jest Klanową Matką Drugiego Cyklu Księżycowego, historyczką, która ma dostęp do wszystkich Ziemskich Zapisów. Jest Stróżką Kamiennych Bibliotek, Obrończynią Świętych Tradycji oraz Strażniczką Pamiętania i planetarnej pamięci. Uczy nas, jak rozwijać swoją Jaźń poprzez *szanowanie prawdy* we wszystkich istotach. Miesiącem Strażniczki Mądrości jest luty, a kolor szary łączy nas z jej cyklem księżyca i Uzdrawiającą Mocą.

Strażniczka Mądrości przypomina, że cała historia jest zapisana i przechowywana w kamiennych bibliotekach Matki Ziemi, czyli w Narodzie Kamieni. By uzyskać do niej dostęp, należy słuchać głosów Plemienia Skał, których zadanie polega na zapisywaniu wspomnień i utrzymywaniu Pamiętania dla Matki Ziemi. Aby uszanować prawdę wszystkiego, co było, musimy sięgać nie tylko do tradycji i opowieści kultury ludzkiej, lecz korzystać z szerszych źródeł. Historia tego wszystkiego, co się wydarza na naszej planecie, jest wykuta w kamieniu, tak aby ciało Matki Ziemi mogło udostępnić namacalne zapisy jej wspomnień osobom, które chcą nauczyć się Języka Kamiennych Istot.

Strażniczka Mądrości *szanuje prawdę*, którą każda osoba spostrzega ze swojego Świętego Punktu Widzenia, ponieważ każda jednostka doświadcza wydarzeń życiowych w odmienny sposób. W swojej mądrości rozumie, że droga życiowa każdej formy życia zawiera prawdę. Spośród całego Plemienia Ziemi tylko pełne arogancji istoty ludzkie utrzymują, że jakaś szczególna religia, filozofia czy Tradycja zawiera jedyną prawdę lub jedyną ścieżkę do mądrości i zrozumienia. Dlatego właśnie Strażniczka Mądrości jest Matką Przyjaźni i pokazuje nam, jak być przyjacielem czy przyjaciółką i jak mieć przyjaciółki i przyjaciół.

Strażniczka Mądrości uczy, że kluczem do Samorozwoju jest wiedza o tym, jak rozszerzyć swoje widzenie Planetarnej Rodziny. Pokazuje, że przez zauważanie we wszystkim podobieństw szanujemy prawdę w każdej rasie, wyznaniu, kulturze, formie życia, Plemieniu i Tradycji. Kolor szary jest neutralny i symbolizuje przyjaźń. Poprzez niego Strażniczka Mądrości uczy, jak bez poczucia, że musimy bronić swojego punktu widzenia, wchodzić w relacje z innymi, zawsze szanując ich Świętą Przestrzeń i ich Święty Punkt Widzenia. Gdy szanujemy własne prawdy, rozwijamy poczucie swojego Ja i innym pozwalamy robić to samo. Każde nowe zrozumienie prawd innych istot, gdy staje się wewnętrznym doświadczeniem, wzbogaca naszą wiedzę i mądrość, pozwalając utrzymywać i rozwijać dobre relacje ze Wszystkimi Naszymi Krewnymi.

Możemy wzywać Uzdrawiającą Moc Strażniczki Mądrości, aby odbudować przyjaźń, pomóc sobie w szanowaniu prawdy we wszystkich istotach oraz uzyskać dostęp do historii Ziemi, by towarzyszyła nam przy rozwijaniu własnej Jaźni lub pomogła zwiększyć potencjał pamięci. Niektóre istoty ludzkie urodzone podczas drugiego cyklu księżycowego (drugiego miesiąca) cierpią z powodu utraty krótkoterminowej pamięci, ponieważ nie wykorzystały darów i talentów otrzymanych dzięki naturalnemu połączeniu ze Strażniczką Mądrości. Jej Uzdrawiająca Moc może pomóc tym Dzieciom Ziemi w uzdrowieniu.

Strażniczka Mądrości, towarzysząc nam przy odzyskiwaniu osobistych wspomnień, pokazuje, jak przywracać pamięć oraz w jaki sposób każde zapamiętane uczucie, mądrość, wrażenie dotykowe, ideę lub wypowiadane słowo wykorzystać do swojego rozwoju. Ta Klanowa Matka uczy, że wszystko, czego kiedykolwiek doświadczyłyśmy czy doświadczyliśmy, zostało złożone w skarbcu naszej pamięci i którekolwiek z naszych wspomnień możemy wydobyć w dowolnym momencie w przyszłości, żeby dawało nam wsparcie podczas trudnych życiowych lekcji. Strażniczka Mądrości zwraca uwagę na szczegóły i pokazuje, w jaki sposób używać tych zapamiętanych detali jako przewodników w doskonaleniu umiejętności bycia świadomą oraz w osiągnięciu Uzdrawiającej Mocy bycia całkowicie obecną w każdym otrzymanym momencie. Kiedy zwracamy uwagę na najmniejsze szczegóły w tu i teraz, nie jesteśmy zagubione, nie martwimy się przeszłością lub przyszłością. Dzięki umiejętności bycia całkowicie obecną możemy się nauczyć Sztuki Wzrastania poprzez rozwijanie swojej Jaźni.

Podążanie tropem mądrości

Strażniczka Mądrości szła przez olśniewający, skąpany w słońcu płaskowyż i obserwowała, jak światło Dziadka Słońce tańczy na pokrytych śniegiem monolitach otaczających rozpościerające się przed nią urocze pustkowie. Matka Ziemia nosiła tutaj patchworkowy kobierzec w barwie czerwieni z odcieniami żółci i pomarańczu utworzony przez gigantyczne formacje skalne. Głębokie cienie, zarysowane przez jary i granie, wplotły blade błękity i fiolety w biel Lodowych Istot, mieszając je z zielenią Jałowców, Cedrów i Sosen. Owe przedstawicielki Narodu Drzew na tym górskim pustkowiu były zadowolone, że ich stojące ciała są połączeniem wielokolorowego płaszcza Matki Ziemi z błyszczącym, niebieskim firmamentem Ojca Nieba. Strażniczka Mądrości czuła takie samo pełne spokoju połączenie, gdy podczas swojej porannej wędrówki podążała szlakiem ku ukrytym jaskiniom. Te otwory ciała Matki Ziemi usadowiły się wygodnie w zagłębieniu jednego z odludnych, świętych miejsc zwanego Wąwozem Czasu.

Gdy dotarła do rozwidlenia szlaku, który miał ją doprowadzić do jaskiń pnącą się w górę ścieżką, dostrzegła płaską Kamienną Osobę, która siedziała w mroźnym, purpurowym cieniu, jaki rzucało olbrzymie drzewo zwane Sosną Żółtą. Podobny do stołu kamień przykuł uwagę Strażniczki Mądrości, podeszła więc bliżej, aby zbadać jego powierzchnię. Okrążyła pień Sosny, pogłaskała powitalnie jej ogromny kształt i ostrożnie stawiając kroki, przeszła przez pokryty lodem pagórek roztopionego i ponownie zamarzniętego śniegu. Na kamieniu znajdował się idealnie zamarznięty płatek śniegu. Jego zawiły wzór wydawał się unosić nad niebieskoszarą powierzchnią Kamiennej Osoby.

Strażniczka Mądrości pochyliła się, uważając, aby ciepło jej oddechu nie rozpuściło zamrożonej pajęczynki, którą w zawieszeniu utrzymywało mroźne powietrze wczesnego poranka.

– Och, Śnieżynko – szepnęła do siebie. – Jesteś prawdziwie rzadkim darem zimy.

Nagle jej serce zabiło mocniej. Ku zaskoczeniu Strażniczki Mądrości Śnieżynka odpowiedziała na jej wyszeptane myśli.

– Możesz nazywać mnie Lodową Pajęczyną, Matko. Babcia Pajęczyca, gdy tkała materię Wszechświata, stworzyła Śniegowe Płatki, aby przedstawiały siatki marzeń, które miały podróżować z Czasu Śnienia na Ziemię, stając się żywymi, fizycznymi doświadczeniami.

Matka Klanowa nigdy dotąd nie spotkała mówiącego płatka śniegu. Strażniczka Ziemskich Kronik poczuła, że ciekawość każe jej zadać Śnieżynce dalsze pytania. Chciała dobrze zrozumieć role, jakie Wielka Tajemnica przydzieliła Lodowym Istotom zimy.

– Lodowa Pajęczyno, twoja misja jest doprawdy nadzwyczajna. Czy możesz powiedzieć mi więcej o tym, w jaki sposób twoja Uzdrawiająca Moc służy naszej Planetarnej Rodzinie, żebym mogła przekazać swoje zrozumienie Dwunożnym?

– Oczywiście, że mogę, Strażniczko Mądrości. Zostałam zamrożona w lodzie, aby moje pojawienie się w twoim życiu nie pozostało niezauważone. Musisz pokazać, jaki jest cel mojej roli w przyrodzie, żeby każde Dziecko Ziemi wiedziało, w jaki sposób jej lub jego sny i wizje wspomagają duchowy rozwój całej Planetarnej Rodziny.

Lodowa Pajęczyna mówiła dalej:

– Matko, każde z Dzieci Ziemi czuje i marzy zgodnie ze swoim miejscem w porządku i równowadze natury. Kiedy wszystkie te odczucia i marzenia zostają połączone, powstają potrzeby Dzieci Ziemi. Śnieżynki są posłańcami tych potrzeb, ponieważ w naszych ciałach utrwalają się wzory każdego indywidualnego marzenia. Kiedy ciepło Dziadka Słońce rozpuszcza nasze ciała, uczucia zgromadzonych marzeń, które przechowuje woda, wraz z nią wsiąkają w głębę Matki Ziemi, co daje jej możliwość poznania najgłębszych pragnień jej dzieci.

Strażniczka Mądrości była pod wrażeniem rozumowania Lodowej Pajęczyny oraz prostoty planu Wielkiej Tajemnicy, która pragnęła, aby Matka Ziemia stale była powiadamiana o potrzebach swoich dzieci. Stąd w Klanowej Matce zrodziło się następne pytanie:

– Skoro rzeki i strumienie ciała Matki Ziemi są naczyniami, które niosą jej odczucia w postaci wody, to czy chcesz powiedzieć, że jej uczucia składają się z połączonych pragnień i uczuć wszystkich jej dzieci?

– Właśnie! Teraz rozumiesz, dlaczego wzory Plemienia Śnieżynek są tak ważne – odpowiedziała Lodowa Pajęczyna. – W związku z tym, że doświadczenia życiowe ciągle się zmieniają, wszystkie Dzieci Ziemi codziennie doznają nowych odczuć. To, czego każde Dziecko Ziemi pragnie w życiu, zostaje przełożone na indywidualne Koło Uzdrawiającej Mocy Śniegowego Płatka, a po jego roztopieniu dociera do serca Matki Ziemi. Podczas Zielonych i Żółtych Miesięcy uczucia pojawiają się jako Deszczowe Krople, ponieważ te pory roku sprzyjają rośnięciu i rozwijaniu się marzeń. My jesteśmy posłańcami Białych Miesięcy, gdyż marzenia muszą pozostać w postaci skrystalizowanej, dopóki nie skończy się pora odpoczynku i refleksji. Następnie, podczas Miesięcy Ocieplenia, gdy śnieg topnieje, zamrożone wzory marzeń i wizji uwalniane są do Ziemi.

Każda Śnieżynka zawiera siatkę życiowych lekcji tkaną przez jedno z Dzieci Ziemi. Każda Śnieżynka należąca do naszego Klanu odzwierciedla indywidualny obraz Materii Życia wyśniony przez istotę, która żyje na naszej planecie. Każda forma życia w Stworzeniu stanowi część całości, ale każda widzi życie ze swojego własnego Świętego Punktu Widzenia. Marzenia, które uczą każdą osobę indywidualnie, żeby przeżywała życie, dokonując wyborów, pochodzą ze Świętej Przestrzeni i Świętego Punktu Widzenia tej osoby.

Strażniczka Mądrości uśmiechnęła się, ponieważ uchwyciła nikły przebłysk zrozumienia wyboru, którego tego mroźnego poranka miała dokonać przed odbyciem wędrówki do niedostępnych grot. Klanowa Matka czuła, że jej spotkanie ze Śnieżynką nie było przypadkowe. Postanowiła zadać pytanie, aby potwierdzić swoje wewnętrzne wiedzenie[36].

– Lodowa Pajęczyno, ty zawierasz wzory moich marzeń i najgłębszych pragnień mojego serca, czyż nie?

W odpowiedzi Lodowa Pajęczyna pochwaliła bystrość Strażniczki Mądrości, a następnie pozwoliła jej dalej dzielić się swoimi myślami.

– Jestem Strażniczką Dziejów Ziemi. Aby wypełnić swoją misję, muszę wspiąć się tą ścieżką i odwiedzić groty ukryte wysoko ponad nami w Wąwozie Czasu. Wewnątrz grot Matka Ziemia zabierze mnie w podróż, która dopełni moje zrozumienie. Zostaną mi postawione wyzwania i odbędę końcowy Rytuał Przejścia w mojej nauce. Muszę być gotowa, by poddać się próbom sprawdzającym umiejętności, których rozwinięcie kosztowało mnie dużo pracy. Jeżeli Matka Ziemia poczuje, że dobrze przyswoiłam nauki i posiadam kwalifikacje, aby być Mądrą Kobietą, podejmę rolę Strażniczki Świętych Tradycji, polegającą na szanowaniu prawd, których strzegę. Po tym Rytuale Przejścia będę miała w sobie Uzdrawiającą Moc Pamiętania o naszej

---

[36] Wewnętrzne wiedzenie to rodzaj jasnowidzenia czy jasnosłyszenia, które jednak nie wykorzystuje zmysłów wzroku czy słuchu, lecz polega na wewnętrznym poczuciu i przekonaniu, że coś wiemy. Nie jest to wiedza zdobywana w świecie na zewnątrz, lecz pojawiająca się wewnątrz nas. Nie są to również domysły czy przypuszczenia ani gra naszego ego, lecz poczucie podobne do intuicji, któremu towarzyszy pewność.

Planetarnej Rodzinie. Uzdrawiająca Moc Planetarnej Pamięci to uszanowane prawdy znajdujące się w Świętym Punkcie Widzenia każdej żyjącej istoty na Matce Ziemi we wszystkich światach na przestrzeni dziejów.

Strażniczka Mądrości rozumiała, że wzory Lodowej Pajęczyny odzwierciedlają marzenia, aspiracje i wszystkie Systemy Wiedzy, jakie zgromadziła podczas wcześniejszych etapów Ziemskiej Wędrówki. Teraz nadchodził czas, aby otworzyła się dla innych, dzieląc się z Dziećmi Ziemi mądrością swoich wizji i swojego zrozumienia. Lodowa Pajęczyna została postawiona na jej drodze, aby przypomnieć o cyklach zawartych w cyklach wszystkich form życia, które zależą od mądrości, jaką niesie, i od tego, w jakim stopniu rozwinęła swoje umiejętności.

W swoich zamrożonych wzorach Śnieżynka utrzymywała najskrytsze pragnienia Strażniczki Mądrości, nic więc dziwnego, że mogła połączyć się z jej myślami. Lodowa Pajęczyna wyczuła niecierpliwość Klanowej Matki i odpowiedziała na jej niewypowiedziane słowa.

– Matko, bardzo ważne są kroki, które podejmujesz, aby uzupełnić swoją naukę przez doświadczenie Rytuału Przejścia. Moje zamrożone wzory zawierają twoje poprzednie marzenia i stopnieją, powracając do Matki Ziemi. Zanim wejdziesz do grot powyżej Wąwozu Czasu, może zechcesz uwolnić się od takich samych wzorów, które znajdują się w tobie. Gdy ponownie przyjrzysz się krokom i lekcjom, które doprowadziły cię do tego miejsca na twej drodze, wtedy uwolnisz się od nich, by zwrócić się ku przyszłości. Pamiętanie niesie właściwą sobie Uzdrawiającą Moc: pozwoli ci ona przyjąć i zaakceptować wszystkie miejsca, wglądy i sytuacje, które wpłynęły na to, jaką się stałaś kobietą. Dzięki przywołaniu wszystkiego, co minęło, możesz umiejscowić siebie w tu i teraz, uznając prawdziwość wszystkiego, czym jesteś.

Strażniczka Mądrości zgodziła się z Lodową Pajęczyną i postanowiła, że zanim wejdzie do grot, da sobie tyle czasu na przygotowania, ile będzie potrzebować. Zrozumiała, że pamiętanie jest czymś więcej niż tylko utrwaleniem dziejów Matki Ziemi. To żywotna część jej własnej Uzdrawiającej Mocy, dzięki której może przejść do następnego zestawu lekcji, nie dając się schwytać dawnym osiągnięciom lub starym wzorcom. Będzie mogła dostrzec, jaką wartością jest pozwolić sobie na delektowanie się poprzednimi etapami własnej drogi, na odczuwanie i zapamiętywanie uczucia dobrostanu, jakim każdy z nich ją obdarzył. Następnie może pójść naprzód, dając sobie prawo do pełni, którą osiągnęła.

Klanowa Matka powróciła z krainy swoich myśli. Spojrzała na niebo, a następnie powiedziała:

– Promienie Dziadka Słońce dotykają wzorów twojego ciała. Wkrótce, gdy twoja zamarznięta forma zamieni się w płyn, który wsiąknie w serce tej Kamiennej

Istoty, a następnie w glebę pod nią, Matka Ziemia zgromadzi w swoim sercu moje najgłębsze uczucia. Lodowa Pajęczyno, chcę ci podziękować za to, że byłaś dla mnie nauczycielką i dzieliłaś się ze mną swoimi talentami. Zostawię cię tutaj i będę kontynuować swoją wędrówkę, ale wiedz, że moje serce zawsze będzie z wdzięcznością śpiewało pochwalne pieśni.

Strażniczka Mądrości, pożegnawszy Śnieżynkę, zaczęła podążać szlakiem wiodącym do Wąwozu Czasu. Wkrótce wspinała się zakosami po skalistej ścieżce obramowanej otoczakami w kolorach rdzy i bursztynu. Po drodze pozdrawiała Stojące Istoty, które rosły tu i tam na stromym zboczu Wąwozu Czasu. Minęło południe, gdy dotarła do miejsca, w którym wąwóz wydawał się kończyć. Okrążyła wychodnią warstwę skał, której większość ludzi by nie zauważyła. Tuż za kamieniami kredowa ściana zbocza tworzyła obramowanie wokół wejścia do ukrytych grot. Strażniczka Mądrości ofiarowała ziemi pod swoimi stopami szczyptę pyłku kukurydzy, z czcią pytając Duchowych Strażników Świętych Grot, czy może wkroczyć na ten teren. Łagodny powiew wiatru popieścił jej twarz: był to znak, że jej obecność jest mile widziana.

Stała cicho na skalnej górskiej półce ponad wąwozem, patrząc w kierunku wejścia do siedmiu pieczar. Następnie zbliżyła się do otworu. Siedem grot reprezentowało Siedem Świętych Kierunków: Wschód, Południe, Zachód, Północ, Powyżej, Poniżej i Wewnątrz. Strażniczka Mądrości odwróciła się, uklękła przed wejściem do grot i pochyliła się, by ucałować Ziemię. Nie wstając z kolan, wyprostowała się, uniosła ramiona do Ojca Nieba i zaśpiewała pieśń dziękczynną za otrzymaną możliwość dopełnienia swojego końcowego Rytuału Przejścia. Kiedy skończyła śpiewać, usiadła w milczeniu przed wejściem do pierwszej groty.

Strażniczka Mądrości rozpoczęła proces przypominania od przywołania pierwszych doświadczeń związanych z przyjęciem ludzkiego ciała. Podążała za każdym wspomnieniem, aż się dopełniło. Stworzenia-nauczyciele, które pomagały jej w tamtych Dniach i Nocach, pojawiały się we wspomnieniach, by teraz mogła ponownie przyjrzeć się naukom, jakie przyniosło każde z nich.

Świnia nauczyła ją swojej Uzdrawiającej Mocy – *używania intelektu i zdolności rozumowania*. Mysz nauczyła ją, żeby *zwracać uwagę na szczegóły, przyglądając się każdemu drobiazgowi z uwagą, i wykonywać tylko jedno zadanie naraz, by nie dać się przytłoczyć*. Wiewiórka ziemna pomogła jej zrozumieć swoją Uzdrawiającą Moc, którą jest *okazywanie szacunku wobec najmniejszej części natury, uznając wzajemne powiązania i równość*. Nauczyła ją, jak zauważać analogie pomiędzy ludzkimi myślami i światem natury, i ukazała, że w każdym punkcie widzenia jest słuszność. Turkawka nauczyła ją, jak *karmić marzenia o pokoju i odnaleźć pokój wewnątrz siebie*. Każdy z totemów zaoferował swoją mądrość, aby nauczyć Strażniczkę Mądrości, jak w pełni ma wykorzystać własne zdolności. Cicho podziękowała każdemu i kontynuowała wyliczanie lekcji, których się nauczyła.

Kiedy Strażniczka Mądrości przyjęła wszelkie dobro płynące z każdego zdarzenia w jej życiu i kiedy z radością uwolniła przeszłość, poprosiła Matkę Ziemię o pozwolenie na wejście do pierwszej groty. Łagodny wiatr zdmuchnął liść z drzewa, pod którym stała Matka Klanowa, i przywiał go przed wejście do groty, zachęcając ją, by weszła. Strażniczka Mądrości podniosła garść ziemi, przyłożyła do serca, a następnie rzuciła ziemię za plecy, aby zaznaczyć, że zostawia poza sobą zewnętrzny świat i swoje wcześniejsze ziemskie doświadczenia. Wzięła głęboki wdech, aby napełnić się manną życia i znaleźć swoją wewnętrzną równowagę, i w milczeniu wślizgnęła się do groty.

Natychmiast głos Matki Ziemi wypełnił jej uszy.

– Strażniczko Mądrości, jesteś teraz w grocie Wschodu. Poszukująca, męska część twojej natury, która pragnie oświecenia i klarowności, żyje tutaj oraz w twoim ludzkim ciele. Dzięki przerobieniu wszystkich lekcji Wschodu osiągnęłaś zdolność bycia Opiekunką Świętych Tradycji. Czego się nauczyłaś?

– Matko, zobaczyłam prawdę i nauczyłam się, że wszystkie żyjące istoty tworzą nowe Tradycje wtedy, kiedy szanują świętość, która znajduje się zarówno w jednostce, jak w całym Stworzeniu. Doświadczyłam tego, jak klarowna jest ich wiedza, którą uzyskały, gdy ich pragnienie zrozumienia było równie wielkie jak pragnienie oddechu utrzymującego życie. Teraz wiem, że wszystkie Święte Tradycje są tworzone, gdy jednostka poszukuje sposobu ponownego połączenia się z miłością Wielkiej Tajemnicy i gdy go znajduje. Zrozumiałam, że moja rola polega na chronieniu tych Świętych Tradycji przez nauczanie ludzkich dzieci, w jaki sposób dopuszczać, by każda osoba ponownie odkryła dla siebie samej własne połączenie z Wielką Tajemnicą. Moim zadaniem jest ochrona Świętej Tradycji, którą Wielka Tajemnica ustanowiła w stosunku do wolnej woli. Wypełnię to zadanie, pokazując ludziom, że każda jednostka ma prawo odnowić połączenie z Istotą Sprawczą w sobie właściwy sposób. Przewodnim światłem każdej ludzkiej istoty powinna być jej Orenda. Prawdę oświecenia odkrywamy, gdy szanujemy prawo każdej z nich do posiadania osobistych przekonań i podążania za głosem własnej Duchowej Esencji. Nauczyłam się, że Święte Tradycje mogą być podtrzymywane, gdy nie kierujemy się sztywnymi, ludzkimi zasadami, które powstają wtedy, gdy jeden człowiek chce, by inni podążali za nim jako przywódcą, zamiast za głosem prawdy wewnątrz własnej Orendy.

Na znak, że Strażniczka Mądrości może ruszyć dalej, przejście z pierwszej do drugiej groty zostało oświetlone. Gdy znalazła się w drugiej grocie, głos Matki Ziemi powiedział:

– Córko mojego ducha, to jest grota Południa. Czy nauczyłaś się, czemu możesz zaufać?

Strażniczka Mądrości odpowiedziała:

– Tak. Nauczyłam się ufać swojej wewnętrznej prawdzie, Matko. Nauczyłam się ufać niewinności młodości oraz młodości serca. Nauczyłam się, że wszelka mądrość, wszystkie nauki oraz dzieje pochodzą z prawd znajdujących się w Świętym Punkcie Widzenia każdego przejawu życia w świecie natury. Odkryłam, że w niewinności i pokorze jest wielka siła, przewyższająca poczucie własnej ważności, którego ludzie używają jak maski dla ukrycia bólu i braku poczucia bezpieczeństwa. Odkryłam, że wiara i zaufanie są darami płynącymi z wybaczenia, dzięki któremu Ludzkie Plemię może odzyskać mądrość dziecięcego zadziwienia.

Wejście do trzeciej groty zostało oświetlone i Strażniczka Mądrości jeszcze raz postąpiła naprzód. Gdy dotarła do środka groty, głos Matki Ziemi zapytał:

– Czego, moje dziecko, dowiedziałaś się o lekcjach Zachodniej Groty dotyczących bycia istotą ludzką?

Strażniczka Mądrości odpowiedziała tymi słowami:

– Zauważyłam, że przyszłość zależy od kobiecego składnika, znajdującego się we wszystkich istotach, ponieważ wszystko rodzi się z kobiety. Dzięki temu, że pozwoliłam, by narodziły się we mnie współczucie i troskliwość, poznałam ich piękno. Nauczyłam się, jak zatrzymywać nasiona wiedzy w swoim łonie do czasu, aż staną się gotowe, by się nimi dzielić. Uszanowałam swoje kobiece ciało, dzieląc się seksualną przyjemnością jedynie z tymi osobami, które traktują moją całą istotę z najwyższym szacunkiem. Nauczyłam się, że Zachód, miejsce wszystkich przyszłych dni, to miejsce ciemności, w którym nie ma strachu przed nieznanym, ponieważ jest jak powrót do Misy Uzdrawiającej Mocy – łona Matki wszystkich istot. Odkryłam siłę przebywania w samotności i milczeniu, które uwalniają kobiecą moc samoobserwacji i otrzymywania odpowiedzi. Dobrze było pojąć sztukę zgłębiania siebie, ponieważ poznając i stosując kobiece zasady, nauczyłam się, jaką mądrością jest kochanie samej siebie.

Przejście do czwartej groty zostało oświetlone. Wchodząc, Strażniczka Mądrości wzięła głęboki wdech. W Grocie Północy Matka Ziemia rzekła:

– Powiedz mi, jaką mądrość zgromadziłaś z Północy, moja mała.

– W miejscu uzdrawiania i wdzięczności odkryłam mądrość tych istot, które w pełni doświadczyły ludzkiego życia. Lekcje ich Ziemskiej Wędrówki dobrze im służyły. Nauczyłam się być wdzięczną za wszystkie okazje do rozwoju. Niektóre były trudne, niektóre radosne, ale wszystkie nauczyły mnie mądrości, ponieważ dzięki nim wiem, jak wykorzystywać każdą okazję, wnosząc nowe zrozumienie do swojego Systemu Wiedzenia oraz współczucie do naszego świata. Nauczyłam się, że uzdrowienie przychodzi nie do obwiniających doświadczenia życiowe, ale do tych, co dziękują za otrzymanie możliwości rozwoju. Zgromadziłam mądrość, która pochodzi z osobistego doświadczenia. Przyjęłam uzdrowienie, które jest wynikiem właściwego nastawienia, i nauczyłam się być głęboko wdzięczna za to wszystko.

Przejście do piątej groty zostało oświetlone. Strażniczka Mądrości weszła i na przeciwległej ścianie zobaczyła wizerunek Wieloryba. Matka Ziemia powiedziała do niej:

– To jest grota kierunku Powyżej, córko. Co odkryłaś na temat zawartej w nim mądrości?

Strażniczka Mądrości natychmiast odpowiedziała:

– Matko, odkryłam, że nasz duch przychodzi na Ziemię z Narodu Nieba, podróżując z Duchowego Świata jak spadające gwiazdy. Ogień w naszych sercach to Wieczny Płomień Miłości i ta płomienna istota pewnego dnia powróci do Gwieździstej Misy Uzdrawiającej Mocy nocnego nieba. Zrozumiałam, czym jest przeznaczenie. Każda ludzka istota ma sposobność podziękować Wielkiej Tajemnicy za to, jak piękne dzieło stworzenia sobą przedstawia, będąc najlepsza jak tylko potrafi. Gdy szanując dane nam talenty i zdolności, rozwijamy je w pełni, wypełniamy swoje przeznaczenie. Pieśń Uzdrawiającej Mocy Wieloryba pochodzi z widocznej na nocnym niebie Psiej Gwiazdy[37]. Uczy ludzi, żeby pamiętali o swoich talentach, używając ich do ponownego odkrycia, że przeznaczeniem ludzkiej istoty jest pełnia, którą zawiera w sobie ich duch.

Przejście do szóstej groty rozświetliło się w ciszy i Strażniczka Mądrości weszła. Głos Matki Ziemi poniósł się miękkim echem:

– To jest grota kierunku Poniżej, córko. Jaką zgromadziłaś mądrość z nim związaną?

Strażniczka Mądrości zauważyła, że w prawej części groty znajduje się kieł z kości słoniowej wielkiego włochatego mamuta i uśmiechnęła się w duchu, jednocześnie odpowiadając:

– Mądrość kierunku Poniżej ma zastosowanie do wszystkiego, czego nauczył się człowiek w czasie Ziemskiej Wędrówki. Podobnie jak u Mamuta, sztuka *pamiętania* jest potężną Uzdrawiającą Mocą. Nic nigdy nie zostanie stracone, jeżeli ludzkie istoty uwzględnią wiedzę, którą zgromadziły, i lekcje życiowe, jakich doświadczyły, traktując je jako wystarczająco święte, aby powierzyć pamięci. Przekazywanie tej

---

[37] Psia Gwiazda znana jest także jako Syriusz lub *Alpha Canis Majoris*. Syriusz znajduje się w gwiazdozbiorze Wielkiego Psa. W starożytności Grecy nazywali ją „pies", „gwiezdny pies" (*Kyon, Astrokyon*), a Rzymianie „pies", „piesek" (*Canis, Canicula*). Dopiero w 2016 roku Międzynarodowa Unia Astronomiczna zatwierdziła użycie nazwy Syriusz dla określenia tej gwiazdy.

mądrości pokoleniom, które przyjdą, daje pewność, że Nauki będą żyły wiecznie. Nauczyłam się, że ten System Wiedzenia opiera się na doświadczeniu, a nie na przekonaniach. Istoty Dwunożne muszą pamiętanie i mądrość ducha sprowadzić do kierunku Poniżej, a następnie przejawiać ten kierunek swoim życiem.

Ostatnie przejście rozjaśniło się i Strażniczka Mądrości weszła do siódmej groty. Duch jej totemu wypełnił przestrzeń. Poczuła obecność Rysia, a głos Matki Ziemi przemówił po raz kolejny:

— To jest ostatnia grota, grota kierunku Wewnątrz. Czego nauczyłaś się o życiu, które żyje wewnątrz ciebie, moje dziecko?

Strażniczka Mądrości powiedziała:

— Matko, nauczyłam się, że serce każdej żyjącej istoty wypełniają miłość, pragnienia, marzenia, plany i wielka Uzdrawiająca Moc. Dla siebie samej nauczyłam się, że niewypowiedziana mądrość mego serca jest jak rzadki klejnot, który pozwala mi chlubić się tym, że żyję. Nauczyłam się dzielić tą mądrością jedynie wtedy, gdy jestem o to proszona. Nauczyłam się, że we wszechświecie nie ma tajemnic, ponieważ wszystkie odpowiedzi mieszkają wewnątrz. Osoby poszukujące mądrości mogą sięgnąć do tych sekretów w dowolnym czasie, jeżeli wejdą do swojego wnętrza i poszukają światła Wiecznego Płomienia Miłości. Jak u Rysia, Znawcy Sekretów, który strzeże ciszy wewnętrznego wiedzenia, tak i w oczach każdego Dziecka Ziemi iskierki, jakie się w nich odbijają, odzwierciedlają ukryty, mieszkający wewnątrz ogień mądrości. Do tajemnic wszystkich światów można uzyskać dostęp poprzez serce, jeśli osoba poszukująca jest chętna otworzyć się i otrzymywać.

Matka Ziemia odezwała się jeszcze raz:

— Nauczyłaś się wielu rzeczy, moja córko. Cieszę się, że poznałaś wszystkie te sposoby szanowania prawdy. Kroczyłaś Szlakiem Mądrości i odkryłaś, że głos twojej Orendy jest twoim stałym przewodnikiem. Odkryłaś, że Szlak Mądrości zawsze prowadzi do kierunku Wewnątrz — do twojego serca. Zakończenie cyklu przejścia Siedmiu Świętych Kierunków Mądrości to twój końcowy Rytuał Przejścia w procesie poznawania, czym jest ludzkie życie. Czy odkryłaś także, dlaczego te groty znajdują się ponad Wąwozem Czasu?

— Tak, Matko, doszłam do wniosku, że wszystkie ludzkie istoty muszą gromadzić mądrość ponad czasem, aby zaznaczyć cykle i kolejne fazy rozwoju oraz zmieniać się w fizycznym świecie. Doświadczenia Ziemskiej Drogi pozwalają każdej Istocie Dwunożnej stanąć na każdej ze szprych Koła Życia. Czuje ona, jak własna dusza pociąga ją i przynagla do rozwoju w chwili, kiedy Istota jest gotowa usłyszeć głos swojej Orendy. Jeśli nie przeznaczymy czasu na przetrawienie i całkowite zrozumienie doświadczeń, życiowe lekcje, które otrzymujemy z każdego kierunku i na każdej ze szprych, stałyby się mroczne i mętne. Wielka Tajemnica dała nam dar w postaci czasu, abyśmy mogły i mogli w pełni doświadczyć naszych przejść i naszego rozwoju. Zgromadzona mądrość, podobnie jak ta grota, znajduje się ponad Wąwozem Czasu, ponieważ jest to wieczna mądrość, która na zawsze będzie zapisana w Orendzie danej osoby.

Matka Ziemia, otaczając ją miłością, pobłogosławiła tę część siebie, którą reprezentowała osoba Matki Klanowej drugiego cyklu księżycowego. Poczucie zakończenia i uczucie pełni przeniknęły do serca Strażniczki Mądrości i wypełniły ją wizją Wirującej Tęczy. Czuła, jak przez jej żyły płynie fala wewnętrznego spokoju. Była gotowa wyjść z grot i stanąć w świetle Dziadka Słońce, by dalej podróżować pośród Dwunożnych, którym ma służyć.

Strażniczka Mądrości wyszła z groty i zauważyła, że minęła Noc i nastał brzask. Dziadek Słońce napełniał świat kolorami nowo narodzonego poranka. Podniosła ramiona ku promieniom ognistego światła Dziadka i zaśpiewała pieśń powitania i podziękowania. Następnie uklękła i pocałowała ciało Matki Ziemi. Droga była długa, wiele było szlaków, ale teraz rozumiała, dlaczego Wielka Tajemnica nigdy nie poddaje próbie siły ludzkich istot, lecz ich słabości. Drogą Mądrości można wędrować jedynie poprzez własne doświadczenie – podejmując próby i popełniając błędy. Zapracowała sobie na prawo bycia Opiekunką Drogi Mądrości, ponieważ osobiście przebyła tę drogę, szanując prawdę w sobie.

Ważąca Prawdę

Obrończyni Łagodności
waży prawdę, by każda osoba ją ujrzała.
Boskie Prawo, szukające równowagi,
uwalniające ducha.

Stoi tu pośród chaosu
ziemskich szlaków,
gotowa orzekać sprawiedliwość,
współczucie jest w jej rękach.

Działa, kiedy podstęp
ukazuje niszczącą twarz
ludzkiej chciwości i nienawiści,
tworząc podziały w każdej religii i rasie.

Strażniczko praw Wielkiej Tajemnicy,
szukamy twego przewodnictwa.
Obyśmy przyjęły jedność
Prawd, o których nam mówisz.

Matka Klanowa
Trzeciego Cyklu Księżycowego

WAŻĄCA PRAWDĘ jest Matką Klanową Trzeciego Cyklu Księżycowego, która uczy Boskiego Prawa. Jest sprawiedliwą sędzią ludzkich praw, Strażniczką Równości i Obrończynią Sprawiedliwości. Uczy zasad Boskiego Prawa, nie osądzając naszych działań i nie wymierzając kary. Działania, jakie podejmujemy, opierają się na naszych decyzjach. Jeżeli świadomie decydujemy się kogoś zranić, nieświadomie podejmujemy także decyzję, aby otrzymać lekcje związane z ranieniem innych. Ważąca Prawdę uczy, że to my same i sami musimy zdecydować, czego mamy się nauczyć, aby naprawić szkody wynikłe z podążania krętymi szlakami. Sposobem na to jest odnalezienie i przyjęcie prawdy o swoich działaniach.

Ważąca Prawdę, Strażniczka Sprawiedliwości, wyraźnie widzi wszystkie strony każdej sytuacji i nie można jej oszukać półprawdami lub kłamstwami. Jako Strażniczka Słabych i Przegranych nie kieruje się osobistymi opiniami i unicestwia iluzje na temat różnic klasowych, hierarchii, bogactwa, spodziewanej mocy czy popularności. Żąda, aby każda forma istniejąca w Stworzeniu była traktowana równo i sprawiedliwie. Pokazując, jak zauważyć to, co w każdej sytuacji oczywiste, obala poczucie własnej ważności, które wytrąca ludzkie ego z równowagi. Uczy nas na przykładzie własnej pokory, dzięki czemu pomaga nam dostrzec naszą arogancję.

Ważąca Prawdę uczy, że przyjęcie dodatkowych odpowiedzialności jest ważne w rozwijaniu samookreślenia. Ta Klanowa Matka wie, że aby ustalić prawdę, trzeba rozważyć wszystkie strony każdej sytuacji. Samookreślenie można rozumieć jako zdolność świadomego reagowania na wszystkie aspekty życia i zdawania sobie sprawy ze wszystkich posiadanych talentów oraz umiejętność uznania i przyjęcia znalezionych prawd, nawet jeśli nie podoba się nam to, co odkryłyśmy czy odkryliśmy. W roli Burzycielki Zakłamania Ważąca Prawdę pokazuje, że kiedy jesteśmy samookreślone, przyjmujemy prawdę o tym, co nam daje radość oraz pewność siebie, i nie ulegamy cudzym oczekiwaniom co do tego, jakie lub jacy mamy być. W tych momentach możemy świadomie reagować na największe pragnienie swojego serca i odnajdywać szczęście dzięki determinacji, która wypływa z poczucia dobrostanu swojego Ja.

Księżycowy cykl tej Klanowej Matki przypada w marcu i odpowiada mu kolor brązowy. Jest on barwą żyznej, bogatej gleby Matki Ziemi i symbolizuje jej połączenie z Boskim Prawem. Cyklem Prawdy, który odpowiada trzeciemu księżycowemu miesiącowi, jest *przyjmowanie prawdy*. Ważąca Prawdę uczy przyjmowania zarówno prawdy wewnątrz siebie, jak i prawdy swoich życiowych doświadczeń. Jeżeli patrzymy na siebie chłodnym okiem, przyjmując to, co znajdujemy, zaobserwowana prawda o naszych mocnych stronach i słabościach może zniszczyć iluzje, które ograniczają nasz potencjał.

Ważąca Prawdę uczy, żeby skupić się raczej na tym, co jest w nas mocne i dobre, a nie na tym, co słabe lub złe. Boskie Prawo pokazuje, że naszym światem biegunowości rządzą przyczyna i skutek. Krytyczną postawą zasilamy to, co negatywne, i karmimy ciemną stronę naszej natury. Jeżeli cenimy dobre działanie i pracujemy nad rozwijaniem i doskonaleniem posiadanych talentów, nasza Orenda, Duchowa Istota, wzrasta.

Niosąca Kosz na Ciężary[38]

Ważąca Prawdę siedziała w swoim wigwamie, wpatrując się w ziemne ściany z gliny i liści. Okrągły szałas utrzymywały gałęzie Brzozy. Tu i ówdzie pozostające na gałęziach pojedyncze kawałki białej kory odbijały blask pełnej twarzy Babci Księżyc przesączający się przez otwór dymowy znajdujący się w samym środku kopulastego sklepienia wigwamu.

Noc była ciepła, więc Klanowa Matka nie miała potrzeby zapalania ognia i zadowolona była, że siedzi w Tiyoweh, w ciszy. Poczucie komfortu dawała jej świadomość, że tu, w ciszy swojego poszukującego serca, może przywołać Uzdrawiającą Moc Brzozy – *odkrywanie prawdy*. Tej nocy, której miała podjąć sprawiedliwą decyzję, był z nią Duch Śnieżnej Sowy. Na drugim końcu okrągłej chaty bielał jak duch kawałek kory brzozowej przypominający kształtem Sowę. Uzdrawiająca Moc Sowy, *usuwanie kłamstw i podstępów*, podnosiła na duchu Ważącą Prawdę. Duch Strażniczki Wiedzy towarzyszył Matce Klanowej od pierwszych dni jej Ziemskiej Podróży; zyskał jej zaufanie i przyjaźń po tym, jak wspólnie mierzyły się z wyzwaniami i pokonywały je oraz wspólnie przeżywały cierpienia.

Tej letniej Nocy podczas pełni Ważąca Prawdę znalazła się w sytuacji, w której ostatecznie miały zostać sprawdzone jej zdolności do odnajdywania prawdy. Pięć Dni temu dwie kobiety z plemienia przyszły do Ważącej Prawdę, prosząc o sprawiedliwość. Rwąca Woda oskarżała Niebieską Gęś o to, że ta wzięła ze wspólnych zapasów więcej niż wniosła. Niebieska Gęś zarzucała Rwącej Wodzie, że jest wścibska, rozgłasza plotki i nie trzyma swoich oczu i uszu z dala od Świętej Przestrzeni innych. Ważąca Prawdę spędziła wymagane cztery Dni i cztery Noce, odymiając[39] tę sytuację. Wraz ze wschodem Dziadka Słońce Klanowa Matka ma oznajmić swoją decyzję przed Radą Plemienną.

---

[38] Rdzenne mieszkanki Ameryki Północnej używały Kosza na Ciężary do noszenia zebranego drewna, ziół, bulw, żołędzi, pędów i jagód oraz chrustu na ognisko. Każda kobieta mogła nosić jedynie taki ciężar, który zmieścił się do kosza. Przechowywano w nim również przedmioty. Kosz na Ciężary miał także drugie znaczenie: gdy nie był używany do prac gospodarskich, wieszano go na zewnątrz domu – wigwamu lub tipi – i stawał się Strażnikiem domu. Przypominał osobie wchodzącej do środka, aby używając siły swojego charakteru, pozostawiła swoje osobiste żale i problemy w tym koszu, zanim wejdzie do Świętej Przestrzeni danej rodziny (za: Jamie Sams, *Sacred Path Cards*, op. cit., s. 255–259).

[39] Określenie „odymić sytuację" odnosi się do ceremonii Fajki. Osoba przeprowadzająca ceremonię napełnia Fajkę tytoniem, zapraszając duchowe formy czy energie konkretnych Sprzymierzeńców, którzy mogą pomóc odnaleźć dobre rozwiązanie. Prosi o jasność umysłu, nieosądzanie, zobaczenie różnych aspektów sytuacji oraz różnych punktów widzenia czy motywów działania osób zaangażowanych w sytuację lub konflikt. Następnie otwiera się, aby otrzymać wiadomości i mądrość ze świata duchowego.

•••• Ważąca Prawdę

Pierwszego Dnia procesu podejmowania decyzji o brzasku Ważąca Prawdę zwróciła się do Wschodniego Kierunku, aby wejrzeć poza napełnioną dymem iluzję tej trudnej sytuacji. Ofiarowała swoją Fajkę[40] Dziadkowi Słońce i poprosiła o jasność i duchowe oświecenie. Następnie podziękowała za dary jasnego widzenia i odczuwania, które mógł przynieść jej Wschodni Wiatr, w ten sposób robiąc miejsce w swoim sercu na wiadomość, zanim rzeczywista wiadomość do niej dotarła. Następnie napełniła Fajkę i usiadła w Tiyoweh, w Ciszy, aby odymić duchy wszystkich Krewnych, które zostały zaproszone wraz z tytoniem. Z każdym wypuszczonym obłokiem dymu Ważąca Prawdę czuła, jak Uzdrawiająca Moc i siła duchów Wschodu wchodzą w jej ciało. Dym z Fajki niósł się do Narodu Nieba, poruszając Wschodni Wiatr, który przynosił jasność, jakiej poszukiwała. Wschodni Wiatr przypomniał jej, że jeśli jasności poszukuje się z bezwarunkową miłością, światło Dziadka Słońce rozświetli zdolności osoby poszukującej tak, by widziała w szerokiej perspektywie i bez uprzedzeń.

Pierwszej Nocy purpurowy jak kwiaty szałwii kobierzec nocnego firmamentu okrył Naród Nieba, a do Ważącej Prawdę, która patrzyła w tę Gwieździstą Misę Uzdrawiającej Mocy, przyszło dalsze zrozumienie. Później, gdy zapadła w sen, jej marzenia senne wypełniły się kolejnymi wizjami, które rozjaśniały fakty dotyczące Niebieskiej Gęsi i Rwącej Wody.

O świcie następnego Dnia Ważąca Prawdę powtórzyła rytuał, zapraszając duchy Południa, aby pokazały jej, czemu może zaufać w opisanej sytuacji oraz w odniesieniu do zaangażowanych w nie kobiet. Tego wieczoru znowu wypatrywała na nocnym niebie znaków i zapowiedzi. Jej marzenia senne mówiły, że w związku z tą sprawą potrzeba nauczyć się o niewinności i pokorze.

Kiedy wstał trzeci Dzień, Ważąca Prawdę wzięła swoją Fajkę i poszła na szczyt Świętej Góry, by powtórzyć Ceremonię Wzywania Duchów. Tym razem wzywała Zachodni Wiatr, prosząc o siłę, by mogła udać się do wewnątrz i szukać odpowiedzi przynoszących dalsze zrozumienie omenów, które zobaczyła i wiadomości, które

---

[40] Fajka została podarowana przez Kobietę Białą Bizonicę plemieniu Siuksów, by używać jej do modlitwy, mówić prawdę oraz leczyć zranionych i rozpadające się związki. Dzięki niej ludzie mogą posyłać wyrazy wdzięczności do Wielkiej Tajemnicy oraz tworzyć pokój między narodami, plemionami, klanami, rodzinami. Główka Fajki symbolizuje aspekt żeński wszystkich form życia, a cybuch aspekt męski. Połączenie cybucha z główką oznacza pojednanie tych pierwiastków, świętą unię, jedność Nieba z Ziemią, kobiety z mężczyzną. Fajkę napełnia się tytoniem w sposób uroczysty, każda szczypta tytoniu jest błogosławiona i zapraszani są do niej Wszyscy Nasi Krewni z Siedmiu Kierunków, którzy w ten sposób w swojej duchowej formie napełniają Fajkę. Z każdą szczyptą tytoniu wkładamy także swoje modlitwy. Dym z Fajki reprezentuje zwizualizowane modlitwy i przypomina, że każda istota i rzecz posiada ducha. Dzięki paleniu Fajki odnajdujemy jedność z Wszystkimi Naszymi Krewnymi.

otrzymała. Zachodni Wiatr został przez nią poproszony o ukazanie, w jaki sposób decyzja Ważącej Prawdę wpłynie na przyszłość tych dwóch kobiet, całego Plemienia oraz nienarodzonych jeszcze pokoleń. Gdy nastał wieczór, Ważąca Prawdę znowu otrzymała odpowiedzi, które odczytała na nocnym niebie oraz w marzeniach sennych.

Czwarty świt przyniósł Ceremonię przywoływania Duchów Północnego Wiatru i zastał Ważącą Prawdę na szczycie Świętej Góry, proszącą o mądrość. Klanowa Matka posłała Wielkiej Tajemnicy wdzięczność, jaką odczuwała za otrzymane już odpowiedzi, dodała również podziękowania za mądrość, która miała nadejść. Poprosiła, aby uzdrowienie przyszło do wszystkich, których ta sprawa dotyczy, i żeby dobroć Boskiego Prawa zawarta w tej lekcji mogła wzbogacić życie każdej obserwującej osoby. Następnie podziękowała za możliwość dalszego rozwijania umiejętności akceptowania prawdy w sobie i w innych, jaką otrzymała dzięki tej sytuacji.

Ważąca Prawdę usiadła w swoim wigwamie, zastanawiając się nad znakami, które tego wieczoru odnalazła w Gwieździstej Misie Uzdrawiającej Mocy nocnego nieba, i nad wszystkimi wiadomościami z czterech ubiegłych Dni i Nocy. Wezwała Ducha Śnieżnej Sowy, który strzegł Kierunku Powyżej w jej Świętej Przestrzeni, i poprosiła, aby ujawnił się w szałasie. Następnie wezwała Łasicę, która strzeże Kierunku Poniżej w jej Świętej Przestrzeni. Na koniec wezwała Wronę, Strażniczkę Boskiego Prawa, która ochrania Kierunek Wewnątrz jej serca. Czekała w ciszy, z nocną wizją, która przyszła do niej, gdy siedziała w ciemności z szeroko otwartymi oczami.

Zobaczyła, jak duch wyłania się i zasiada na gałęzi wystającej z glinianej ściany. W ziemne ściany wigwamu wbudowanych było kilkanaście gałęzi, które służyły za haki do zawieszania sprzętów domowych, ubrań, worków z suszonym mięsem i Zawiniątek Uzdrawiającej Mocy. Sowa zajęła wolną gałąź, zahukała na powitanie, a następnie czekała na przybycie innych Duchów Totemowych.

Łasica zajęła miejsce na pieńku, którego Klanowa Matka używała jako stołu, i powitała Ważącą Prawdę skinieniem głowy. Duch Wrony wleciał przez otwór dymowy w szczycie wigwamu i usadowił się na gałęzi po przeciwnej stronie niż Śnieżna Sowa. Wrona zakrakała na powitanie; był to znak, że cała czwórka przyjaciół jest obecna i gotowa, by zacząć Radę Powwow[41].

---

[41] Powwow (czyt. poł-łoł) to stara tradycja Rdzennych Plemion Ameryki Północnej: plemienne lub międzyplemienne zgromadzenie, które jest okazją do przekazywania rdzennej tradycji następnym pokoleniom. Dziś tradycja ta odżywa w postaci zgromadzeń energii, talentów i ludzi o podobnych zainteresowaniach. Wymiana, handel, opowiadanie historii – to główny cel Powwow. Każdy, kto bierze udział w Powwow, wraca do domu z nowymi ideami i pomysłami na to, jak ponownie połączyć się z Matką Ziemią. Pierwotnie jednak Powwow nazywani byli mądrzy ludzie, starsi przywódcy duchowi, uzdrowiciele – kobiety i mężczyźni. Powwow to honorowe i zaszczytne określenie osoby mądrej, skarbnicy wiedzy pochodzącej od przodków i ze starych opowieści, osoby znającej ceremonie i rytuały oraz wszelkie formy modlitwy.

•••• **Ważąca Prawdę**

Ważąca Prawdę była wdzięczna Duchom Totemowym, że przybyły, aby towarzyszyć jej przy podejmowaniu ostatecznej decyzji dotyczącej Rwącej Wody i Niebieskiej Gęsi. Okazała szacunek, jaki żywiła dla mądrości swoich Totemów, ofiarowując każdemu swoją otwartą dłoń, co w języku znaków sygnalizowało, że jest wdzięczna i gotowa otrzymać ich radę.

Wrona zaczęła, przypominając wszystkim obecnym, że Boskie Prawo jest równowagą obecną w każdej części Stworzenia będącego dziełem Wielkiej Tajemnicy, nie zaś prawem ustanowionym przez człowieka. Czwórka przyjaciół wspólnie będzie musiała znaleźć odpowiedzi, które utrzymają sprawiedliwość Boskiego Prawa, oraz odnaleźć bezstronność, by wnieść równowagę w życie wszystkich, których ta sprawa dotyczy. Wrona poprosiła Łasicę, aby wykryła prawdę. Łasica, jako wywiadowczyni królestwa stworzeń, może użyć swojej Uzdrawiającej Mocy, czyli *przebiegłości, skradania się, pomysłowości i obserwowania tego, co oczywiste*, aby wyciągnąć prawdę na światło.

Wrona poprosiła, aby Sowa użyła swej Uzdrawiającej Mocy, na którą składają się *mądrość, błyskotliwość i niszczenie oszustwa*, by pomóc zgromadzonym zobaczyć całą prawdę. Sowa potrafi znaleźć odpowiedzi nie tylko na pytanie „kto?", ale także na pytania: „gdzie?", „kiedy?", „jak?" i „co?", ponieważ łatwo dostrzega różnice między prawdą, półprawdą i kłamstwem.

Mijał czas, a przyjaciele rozważali trudny problem: w jaki sposób najlepiej okazać sprawiedliwość.

Kiedy wspólnie przyjrzeli się wszystkim faktom, Duchowe Totemy Ważącej Prawdę wymknęły się w ciemność, pozwalając Klanowej Matce jeszcze raz posiedzieć w ciszy. Wtedy Ważąca Prawdę ułożyła swoje ciało tak, jak zwykła się kłaść wielka jaszczurka zwana Krokodylem, aby połączyć się z jej Uzdrawiającą Mocą *trawienia i przyswajania prawdy*. Niczym wielka rzeczna jaszczurka, która wciąga swój posiłek pod wodę, Klanowa Matka zanurzyła się ze swymi myślami pod wody osobistych uczuć i połykała po kolei wszystkie kęsy prawdy, aby połączyć wszystko, czego się dowiedziała. Leżąc na brzuchu w nocnych szatach i odpoczywając, wysłała z pępka duchową pępowinę złożoną z włókien światła w głąb ciała Matki Ziemi. Gdy śniła o różnych rozwiązaniach, przez pępowinę wpływały w jej ciało strumienie ciepła.

W swoim śnie Klanowa Matka jechała na grzbiecie konika w biało-czarne pasy zwanego Zebrą. Zebra przypomniała jej o swojej Uzdrawiającej Mocy, która mówi, że w świecie natury nic nie jest ani ostateczne, ani absolutne, *nic nie jest po prostu jasne albo ciemne, czarne albo białe*. Ważąca Prawdę galopowała przez sen: jechała przez równiny porośnięte targaną wiatrem złotą trawą i mijała drzewa w kształcie grzybów, których korony tworzyły kopulaste sylwetki na tle horyzontu. Pędziła przez senny krajobraz coraz szybciej i szybciej, aż paski na ciele Zebry rozmazały się w masę promiennego światła mieszającego się z włosami Matki Klanowej, które powiewały swobodnie na wietrze, a jej ciało stało się żywym przedłużeniem ciała galopującej Czteronożnej towarzyszki. Nagle krajobraz senny zmienił się i obydwie znalazły się w innym otoczeniu.

Zebra zatrzymała się przed porośniętą paprociami grotą. Kryształowo czysta woda przelewała się tam przez wapienną półkę i wpadała do przejrzystej sadzawki. Ważąca Prawdę, słuchając wodospadu, zeskoczyła z wierzchowca. Cała grota usiana była niebieskimi i pomarańczowymi kwiatkami. Klanowa Matka zauważyła, że za strumieniem wody coś się porusza. Po chwili pojawił się Szop Pracz z błyszczącymi oczami w ciemnej masce rozbójnika, uśmiechając się tak, jakby oczekiwał przybycia Klanowej Matki.

– Witaj, Matko. Dużo czasu minęło, od kiedy patrzyliśmy sobie w oczy. Widzę, że czujesz się dobrze – powiedział Szop.

Gdy zbliżył się, żeby przywitać swoją starą przyjaciółkę, Ważąca Prawdę głęboko w swoim brzuchu poczuła ciepło jego pozdrowienia.

– Moje serce jest pełne, Mały Rozbójniku – odpowiedziała Matka Klanowa. – Jak dobrze znowu spojrzeć w twoje oczy. Jakie słowa mądrości masz dla mnie tym razem?

– No cóż, Matko, jestem *obrońcą przegrywających, słabych, wątłych i starych*. Gdy chciwość i nierówność nadal zdobywają serca Ludzkiego Plemienia, moja Uzdrawiająca Moc każdego dnia staje się silniejsza. Przyszedłem, aby ci powiedzieć, że kiedy o wschodzie Dziadka Słońce będziesz podejmować decyzję, może zechcesz wziąć pod uwagę prawa osób, które były zależne od wspólnych zapasów żywności, ale nie brały swojej części, by zostawić więcej dla innych. Ci twoi współplemieńcy siali, zbierali i magazynowali tyle samo co wszyscy, ale w swojej łagodności i pokorze wybrali zaspokajanie potrzeb innych, biorąc mniej niż włożyli.

Szop odsłonił brakujący element sporu pomiędzy Niebieską Gęsią a Rwącą Wodą – należy uwzględnić prawa tych, których, czy tego chcieli, czy nie, dotknęły działania obu kobiet. W swoim śnie Ważąca Prawdę zobaczyła, że Zebra parska i grzebie nogą, by przyciągnąć jej uwagę. Zebra zarżała cicho i powiedziała:

– Nigdy nic nie jest czarne albo białe, prawda, Matko?

Sen się rozwiał, a Ważąca Prawdę poruszyła się, uwalniając się z sennego krajobrazu i skupiając myśli na swoim brzuchu i na cieple, którym karmiła ją Matka Ziemia. W pępowinie świetlistych włókien wszystkie uczucia, przed jakimi Klanowa Matka stanęła podczas czterech poprzednich Dni i Nocy, zmieszały się z mądrością otrzymaną od Duchowych Totemów oraz wspomnieniami ze snu. Cała ta masa uczuć, wrażeń, faktów i mądrości wirowała wewnątrz brzucha Klanowej Matki, która miała sporo do strawienia, nim wzejdzie Dziadek Słońce.

Ważąca Prawdę rozważyła szczegółowo oskarżenie Rwącej Wody. Rwąca Woda powiedziała, że Niebieska Gęś wzięła więcej niż należną jej część żywności, którą siali, doglądali, zbierali i magazynowali wszyscy współplemieńcy. Jeżeli Niebieska Gęś zgromadziła więcej żywności dla swojej rodziny, niż przypadało jej w udziale, Klanową Matkę interesował głębszy problem: dlaczego Niebieska Gęś zrobiła coś takiego. Wydra zwróciła uwagę Ważącej Prawdę na ból, który Niebieska Gęś nosiła w sercu od czasu, gdy dwie zimy temu jej dziecko zmarło z głodu. Sowa umiała spojrzeć poprzez oszustwa Niebieskiej Gęsi. Widziała, że Niebieska Gęś próbowała używać kłamstwa, oskarżając Rwącą Wodę o wścibstwo, gdyż w ten sposób starała się ukryć swoją obawę przed schwytaniem oraz lęk, że kolejne jej dziecko umrze z głodu. Niebieska Gęś była zraniona i nie potrafiła uzdrowić bólu po stracie dziecka, ponieważ obwiniała siebie o to, że nie zgromadziła wystarczającej ilości pożywienia dla rodziny.

Z Rwącą Wodą sprawa była inna. Zgodnie z imieniem, jej śmiech przypominał perliste melodie rwących potoków i strumieni, ale jej słabością było to, że rwała się, aby rozpowiadać o cudzych przewinieniach, bez względu na to, jak małe by się wydawały. Rzeczywiście, Rwąca Woda nie zachowywała dla siebie swojej rady ani tego, co zobaczyła lub usłyszała. Aby w warunkach życia plemiennego możliwe było utrzymywanie Świętej Przestrzeni, należało przestrzegać zasad grzeczności. Zgodnie z tą regułą szczęśliwego życia każda osoba w Plemieniu powinna odwrócić oczy w sytuacji, w której mogłaby przypadkiem zobaczyć prywatne życie innych. A gdy przechodząc obok usłyszała coś nieumyślnie, uważano to za wiedzę poufną, której nie należało powtarzać z szacunku do Świętej Przestrzeni innych.

Rwąca Woda z pewnością zwykle bywała wścibska i już w przeszłości stwarzała problemy przez swoją potrzebę zwracania uwagi i zdobywania akceptacji. Jej zachowanie wzięło się stąd, że jako dziecko nigdy nie była zauważana, gdyż żyła w rodzinie wielodzietnej, a jej rodzice byli zbyt zajęci zaspokajaniem fizycznych potrzeb dzieci, by móc jeszcze zaspokajać ich potrzeby emocjonalne. W dzieciństwie Rwąca Woda stała się plotkarką, ponieważ odkryła, że może otrzymać uwagę, jeśli jest grzeczna i obłudnie wytyka innym przewinienia. Lecz otrzymała jedynie brak zaufania i zaczęto jej unikać. W końcu Rwąca Woda przestała rozróżniać, czy jest zauważana, czy nie, i skutecznie odcięła się od prawdziwych przyjaźni.

Działania Niebieskiej Gęsi brały się ze starego bólu i lęku; Rwąca Woda działała ze zranienia i potrzeby bycia kochaną i zauważoną. Siedziały naprzeciw siebie po obu stronach Zadymionego Lustra[42], rzutując to, co każda uważała za prawdę,

---

[42] W tradycji Majów Wielkie Zadymione Lustro jest symbolem tego, w jaki sposób życie odbija nasz system przekonań i wszystko, co wewnętrznie uważamy za prawdę. Dym, który unosi się przed lustrem, zrobiony jest z iluzji, które stworzyliśmy i stworzyłyśmy, wierząc w idee oddzielenia. Lista

na wypełnioną dymem iluzję, która mogłaby zmylić najbystrzejszą obserwatorkę. Ważąca Prawdę wzięła potrzebne pożywienie z duchowej pępowiny, którą wysłała z pępka do ciała Matki Ziemi, odsunęła od siebie problem i spała aż do świtu.

Tuż przed południem Ważąca Prawdę zdjęła ubranie z koziej skóry i przywdziała uroczysty strój: suknię, wąskie spodnie i mokasyny, które zrobiła z czarniawych jelenich skór, wcześniej wygarbowanych i natartych węglem drzewnym oraz sadłem. Klanowa Matka sięgnęła na uformowaną z gliny półkę w swoim wigwamie i wyciągnęła szczególne zawiniątko. Ostrożnie rozwinęła maskę Wrony, którą wyrzeźbiła bardzo dawno temu, i spojrzała w jej oblicze. Każde czarne pióro na Wroniej masce było przyklejone klejem, który Ważąca Prawdę sporządziła z kopyt Bizona, rozłupanych i gotowanych w wodzie. Ten twórczy proces trwał dwa miesiące. Była zadowolona z rezultatu nawet teraz, tyle zim później. Żółty dziób maski przypominał, że Boskie Prawo jest rozdawane z bezwarunkową miłością, jak żółte promienie Dziadka Słońce. Czerwone oczy maski symbolizowały wiarę Strażniczki Boskiego Prawa, która wie, że akceptowanie prawdy stanowi akt pokory.

Kiedy Dziadek Słońce był w zenicie swojej podróży przez błękitny Naród Nieba, Ważąca Prawdę zasiadła w pełnym uroczystym stroju pośrodku Rady Plemiennej. Rwąca Woda i Niebieska Gęś usiadły przed Klanową Matką, otoczoną przez Starszyznę składającą się z Plemiennych Strażniczek i Strażników Mądrości. Wszyscy pozostali współplemieńcy znajdowali się poza kręgiem i czekali w ciszy na rozpoczęcie zebrania. Ważąca Prawdę wypowiedziała słowa wdzięczności za to, że obecna sytuacja daje jej okazję do dzielenia się i uzdrawiania; następnie posłana została w koło paląca się słodka trawa, żeby dym mógł oczyścić wszelkie urazy lub negatywności, które ktokolwiek mógł utrzymywać w stosunku do dwóch proszących o sprawiedliwość kobiet.

Ważąca Prawdę rozpoczęła tymi słowami:

– Po czterech Dniach i Nocach, czasie, jakiego wymaga Plemienne Prawo, bym dobrze wykonała swoje zadanie, podjęłam decyzję w tej sprawie. Szukałam porady u Duchowych Totemów, u Gwieździstej Misy Uzdrawiającej Mocy nocnego nieba, Czterech Wiatrów Przemiany – Powietrza, Ziemi, Wody i Ognia – i u *Swennio* (czyt. słenio),

---

iluzji przyjętych z kampanii reklamowych, grupowych przekonań czy wierzeń, pogłosek i plotek, osądów innych w stosunku do nas oraz naszej własnej potrzeby bycia lubianymi i podziwianymi jest zdumiewająca. Każde wydarzenie w życiu odbija się w tym lustrze, aby nauczyć nas czegoś o nas samych. Widzimy odbicie tego, jak w pewnych sytuacjach reagujemy, co i jak czujemy lub myślimy. Z właściwości „odbijającego" nauki Wielkiego Zadymionego Lustra wynika „efekt bumerangu": to, co robimy sobie wewnętrznie, Wielkie Zadymione Lustro odbija w zewnętrznym świecie (za: Jamie Sams, *Dancing the Dream*, op. cit., s. 80–81).

Wielkiej Tajemnicy. Zostałam odżywiona przez Matkę Ziemię i pobłogosławiona przez Ojca Niebo. Widziałam serca tych dwóch kobiet i znalazłam rozwiązanie, które, jak czuję, jest konieczne, aby uzdrowić nasze Plemię i przywrócić mu równowagę.

Niebieska Gęś wzięła z naszego spichlerza więcej żywności niż jej udział, ponieważ bała się, że na skutek głodu straci kolejne dziecko. Dźwiga poczucie winy matki, która patrzyła bezradnie, jak śmierć zabiera jej potomstwo. Chociaż kierowały nią wstyd i lęk, jej zachowanie było samolubne i nie uwzględniało praw tych, którzy równie ciężko pracowali, aby stworzyć zimowe zapasy, od jakich przecież wszyscy zależymy. Aby Niebieska Gęś mogła znowu iść Drogą Piękna, musi oddać porcję żywności, którą zabrała. Następnie musi pójść do lasu, aby zgromadzić dwa razy tyle, ile w sekrecie ukradła z naszych Plemiennych zasobów. Jagody, dziko rosnące bulwy, orzechy i zielone rośliny, które zbierze, zostaną równo podzielone między rodziny, które podczas ostatniego Miesiąca Głodowania straciły kogoś z bliskich. Gdy to zadanie zostanie wypełnione, Niebieska Gęś spędzi jeden Dzień u każdej z tych rodzin, dzieląc się swoją historią o stracie i słuchając historii o ich doświadczeniu straty. Podczas następnych trzynastu księżycowych miesięcy Niebieska Gęś będzie opiekować się kolejno różnymi dziećmi, których rodzice umarli z głodu. Każde dziecko, którym będzie się opiekować przez jeden miesiąc, ma traktować jak swoje własne.

Rwąca Woda, odzywając się nie w porę, obmawiała Niebieską Gęś, przez co nie respektowała naturalnego prawa każdej osoby w Plemieniu do określenia, co jest dla niej prawidłowym zachowaniem, wynikającym z własnego Świętego Punktu Widzenia. Rwąca Woda ma towarzyszyć Niebieskiej Gęsi jako niema towarzyszka podczas zbierania żywności oraz wtedy, gdy ta będzie odwiedzać każdą zasmuconą rodzinę. Rwącej Wodzie nie wolno się wówczas odzywać ani też nigdy w przyszłości nie wolno jej opowiadać o tym, co usłyszała lub zobaczyła. Przez następnych trzynaście księżycowych miesięcy Rwąca Woda w ogóle nie będzie mówiła; będzie słuchała. Będzie towarzyszyć mnie, Kobiecie Mocy, podczas sesji uzdrawiających i udzielania porad, ale zakazuje się jej wspominać kiedykolwiek w przyszłości o tym, co widziała lub słyszała. Obie kobiety zjawią się ponownie przed Radą za trzynaście miesięcy. *Da naho*, postanowiono!

Trzynaście księżycowych miesięcy szybko minęło i Rada Plemienna zebrała się ponownie. Ważąca Prawdę usiadła w uroczystej Wroniej szacie w środku kręgu i poprosiła Niebieską Gęś, aby powiedziała, czego się nauczyła podczas swojej uzdrawiającej podróży.

– Matko, nauczyłam się, że każda osoba w Plemieniu cierpi z powodu straty. Równo dzieliłyśmy się swoimi smutkami i zrozumiałam, że pracujemy razem nie bez powodu. Wspólnota, dzielenie się i dbanie o siebie nawzajem stanowią siłę, która nas jednoczy. Pozbyłam się strachu przed brakiem i odkryłam wiarę, którą kiedyś miałam, a która mnie opuściła. Nie boję się już, że zostanę samotną staruszką, kiedy moje dzieci umrą i udadzą się w podróż do Świata Duchowego. Zawarłam pokój ze sobą i dłużej już nie dźwigam winy ani wstydu, które chmurą przesłaniały moje zrozumienie. Rozszerzyłam swoją rodzinę poza granice pokrewieństwa i kocham każde dziecko, które mnie potrzebuje. Każda zasmucona dorosła osoba i każdy zasmucony maluch, który stracił krewnych, dzielą ze mną powszechną więź, która powstała dzięki odłożeniu swoich smutków na bok i znalezieniu radości, przyjemności oraz zrozumienia płynących z przebywania razem.

Ważąca Prawdę podziękowała Niebieskiej Gęsi i poprosiła Rwącą Wodę, aby powiedziała, czego się nauczyła podczas minionych trzynastu księżycowych miesięcy. Rwąca Woda, która nie mówiła od czasu, gdy ostatni raz stała przed Radą Plemienną, była wyraźnie skrępowana. Przez kilka chwil nie mogła wydusić z gardła pierwszych zgrzytliwych słów. Wreszcie, po kolejnej próbie, odnalazła swój głos.

— Tych trzynaście miesięcy zmieniło moje nastawienie, moją ścieżkę, moje zrozumienie i moje poczucie siebie. Chcę wyrazić ci swoją wdzięczność, Matko. Dzięki słuchaniu opowiadań innych zobaczyłam i usłyszałam opowieść o moim własnym przejściu od zranienia do uzdrowienia. Będąc dbającą i troskliwą w stosunku do innych, nauczyłam się łagodności i współczucia dla siebie. Teraz rozumiem szaleństwo mojej poprzedniej potrzeby bycia postrzeganą jako wartościowa osoba. Czułam się bezwartościowa, ponieważ nigdy nie widziałam swojego potencjału ani talentów, a doświadczałam jedynie krytykujących głosów w swojej głowie, które mówiły, że nie jestem dość dobra. Ponieważ wierzyłam, że nie jestem warta bycia kochaną, raniłam innych, zakładając, że oni podążają taką samą ścieżką, kierując się takimi samymi bolesnymi zasadami, które ja sobie narzuciłam. Nauczyłam się współczucia od Niebieskiej Gęsi i od innych, dzielących się bólem swoich serc. Nauczyłam się, jak przenieść do przeszłości swoją urazę związaną z poczuciem, że jestem osądzana, o której mówiłaś trzynaście miesięcy temu. Miałam zaszczyt być przy tym, gdy jako Kobieta Mocy prezentowałaś sztukę uzdrawiania, widzieć, Matko, twoją bezstronność, zdrowy rozsądek, zdolność udzielania rad i współczującą mądrość. Za te dary i za uzdrowienie mojego serca jestem naprawdę wdzięczna.

Serce Ważącej Prawdę było pełne. Poranne powietrze wypełniły radosne dźwięki świętowania i serdeczne okrzyki zwycięstwa, wyrażające radość, która powróciła do Plemienia. Wszyscy czekali z nadzieją na ten dzień, obserwując zmiany w obu kobietach. Ścieżka Piękna[43] w Plemieniu została odbudowana bez użycia niesprawiedliwej kary oraz bez podejmowania decyzji, które mogłyby wprowadzić podziały. Równowaga Boskiego Prawa została zachowana. Każda z kobiet zaakceptowała prawdę o swoich działaniach, znajdując sposób, aby ukoić stary ból, który stworzył te kręte szlaki, i uzdrowić go. Życie było dobre i pełne obfitości, a do Plemienia, niczym do pełnej troskliwości rodziny, powróciła równowaga.

Ważąca Prawdę zauważyła, że Rwąca Woda i Niebieska Gęś poznały wartość Siostrzeństwa, będąc razem w swojej różnorodności. Każda z nich w swoich działaniach zmuszona była do polegania na tej drugiej, dzięki czemu mogły zobaczyć swoje podobieństwa i przejść poza swoje osądy, by znaleźć wspólną więź. Z tego zrozumienia zrodziła się przyjaźń, która uczyniła siostry z dawnych wrogów. Rwąca Woda odnalazła pierwszą prawdziwą przyjaźń w życiu, a Niebieska Gęś uzdrowiła swój lęk przed samotnością.

Ważąca Prawdę wysłała podziękowanie do Swennio, Wielkiej Tajemnicy, za lekcje, dzięki którym nauczyła się, jak być Niosącą Kosz na Ciężary. Matka Klanowa nie czuła się już obciążona rolą zapewniającej sprawiedliwość. Zauważyła, że każda Istota Dwunożna dźwiga ciężar odpowiedzialności za swoje działania. Aby wzrastać, każda istota ludzka zbiera lekcje życiowe, których powinna się nauczyć, i dodaje swoje doświadczenia do Kosza na Ciężary, który niesie podczas swojej Ziemskiej Podróży. Odpowiedzialność za przyjęcie prawd zawartych w tych lekcjach pozostawiona jest w jej rękach – może podjąć decyzję, czy będzie się czuła przez te doświadczenia obciążona czy uwolniona.

Od tego Dnia Ważąca Prawdę zawsze będzie pamiętać, że ku wszystkim narodom niesie się z wiatrem *krakanie* Wrony:

– Boskie Prawo przyniesie obfitość życia Wszystkim Naszym Krewnym, jeżeli będziemy karmić naszą dobroć, a głodzić sycący się bólem cień. Tylko wtedy ludzkość zaakceptuje prawdę, rozumiejąc, że Wielka Tajemnica stworzyła wszystkie Dwunożne Istoty, aby *Kroczyły w Pięknie*[44] jako żywe naczynia miłości.

....

[43] Każda forma życia ma misję wspólną z innymi oraz misję indywidualną. Każda stworzona jest po to, aby się nauczyć, jak na równi z wszystkimi innymi przyczyniać się do piękna całości. Cel wspólnej misji to odkrycie, kim jesteś, dlaczego tu jesteś, jakich talentów masz używać, żeby pomagać całości, i jak zamierzasz to zrealizować. Ta misja odkrywania jest Świętą Ścieżką czy Drogą Piękna, która pozwala każdemu żyjącemu stworzeniu wyrażać swoją niepowtarzalność w sposób ukazujący harmonię i prawdę.

[44] Kroczyć w Pięknie to zwrot używany przez naród Nawaho, mówiący o takim sposobie bycia, gdy wszędzie widzi się piękno jako ucieleśnienie Wielkiego Ducha. Kroczyć w pięknie to dostrzegać cud w całym istnieniu, niezwykłość i wyjątkowość każdej chwili. To współistnienie w harmonii z całym życiem, w poszanowaniu przeszłości i przyszłości. To sposób bycia, który jest delikatny, a zarazem pełen mocy. Spotkałam się także z takim objaśnieniem: Mówi się, że człowiek kroczy w pięknie, gdy jego Ziemia (fizyczność) i Niebo (duchowość) są w harmonii. Innymi słowy, żyjemy dla Ducha, z nogami na Ziemi.

Widząca Daleko

Matko, naucz mnie, jak widzieć
lśniące światło gwiazd,
twarze Przodków
w światach dalekich i bliskich.

Pokaż mi, jak witać
przychodzące do mnie wizje,
widząc prawdę w szczegółach,
wyjaśniając każdą tajemnicę.

Prowadź mnie przez Czas Śnienia
w innym czasie, innej przestrzeni,
bym mogła dzielić się tymi wizjami
z każdym plemieniem i każdą rasą.

Stróżko przejść do wszystkich wymiarów,
poszukuję twych Dróg Mocy
o tym, jak uziemić swoje wizje,
widząc prawdę dziś, wewnątrz siebie.

Matka Klanowa
Czwartego Cyklu Księżycowego

WIDZĄCA DALEKO jest Strażniczką Czwartego Cyklu Księżycowego, który przypada w kwietniu. Z cyklem tej Klanowej Matki wiąże się cała gama pastelowych kolorów, ponieważ niesie ona Uzdrawiającą Moc Przepowiedni – *widzenie prawdy we wszystkich kolorach*. Widząca Daleko jest Strażniczką Szczeliny we Wszechświecie[45] i Odźwierną Złotych Wierzei Oświecenia, które prowadzą do wszystkich wymiarów świadomości. Stoi przy Szczelinie we Wszechświecie i bezpiecznie prze-

---

[45] Szczelina we Wszechświecie, Wielka Szczelina – ogromny kompleks ciemnych obłoków pyłowych obejmujący północne regiony Drogi Mlecznej. Wielka Szczelina jest widoczna nieuzbrojonym okiem jako ciemny pas dzielący wzdłuż jasne pasma Drogi Mlecznej na około jednej trzeciej jej długości. Jest ona otoczona jasnymi pasmami składającymi się z gwiazd naszej Galaktyki. Jednym z najgęstszych obłoków pyłu tworzących Wielką Szczelinę jest asocjacja Cygnus OB2, jeden z największych regionów formowania nowych gwiazd w pobliżu Ziemi.

prowadza przez nią wszystkie ludzkie duchowe formy, które odbywają podróże Czasu Śnienia do innych królestw, a następnie powracają do domu. Jest przez cały czas obecna i całkowicie świadoma ich ciał.

Ta Matka Klanowa, Jasnowidząca, Prorokini, Jasnośniąca i Wizjonerka uczy, że nasze wrażenia, sny, wizje i uczucia są ważne, gdyż stanowią część naszego wewnętrznego potencjału. Widząca Daleko udziela ludzkiemu rodowi wskazówek, jak rozumieć znaczenie symboli i znaków, które odkrywamy w świecie duchowym. Pokazuje, jak widzieć prawdę w każdej wizji, jaką otrzymujemy w światach materialnym i niematerialnym. W swojej mądrości Widząca Daleko wspiera każdą poszukującą istotę ludzką, która pragnie odnaleźć nasiona osobistej czy planetarnej przepowiedni zasadzone w każdym człowieku przez Wielką Tajemnicę. Wie, że Istoty Dwunożne mogą rozwinąć zdolność widzenia prawdy we wszystkich wymiarach, jeżeli będą szukać światła Wiecznego Płomienia Miłości i jeśli będą chętne otrzymać wizje, które przychodzą, gdy serce jest otwarte.

Widząca Daleko rozumie, że w przyszłości istnieją wszystkie możliwości i prawdopodobieństwa. Uczy, że namacalne wydarzenia mogą się nam zamanifestować jedynie wtedy, gdy swobodnie podejmujemy decyzje. Każda istota ludzka może zmienić kierunek osobistych doświadczeń, wykorzystując zdolność do użycia informacji, które odnajduje w marzeniach sennych lub wizjach Czasu Śnienia na jawie. Ta Klanowa Matka widzi zarówno wszystkie potencjalne prawdy, jak i to, w jaki sposób osoba zignoruje pojawiające się omeny i znaki lub zwróci na nie uwagę. Widząca Daleko z chęcią uczy istoty ludzkie widzieć te prawdy, używając własnych zdolności. Nie daje jednak bezpośredniej odpowiedzi na pytanie, co niesie przyszłość każdego człowieka.

Widząca Daleko pokazuje, jak obserwować wszystko wokół siebie i zapamiętywać każdy szczegół. Lubi uczyć nas, w jaki sposób przypominać sobie to, co widziałyśmy, aby móc odtworzyć potrzebne informacje. Kiedy rozwiniemy drugą uwagę[46] lub zdolność widzenia w obu światach naraz, Widząca Daleko objaśnia, jak odróżnić namacalne części tego, co widzimy, od nienamacalnych. Gdy już się tego nauczymy, mówi nam, w jaki sposób poznać, która wizja jest prawdziwą przepowiednią, a która tylko możliwością. Ludzkie Istoty wykorzystują lekcje tej Klanowej Matki, gdy wykazują się umiejętnością całkowitego zrozumienia wszelkich znaków, omenów i symboli docierających do ich świadomości.

---

[46] Podział uwagi na trzy rodzaje odpowiada sferom jej działania na trzech różnych płaszczyznach: pierwsza uwaga porządkuje percepcję świata znanego; druga działa na obszarze nieznanego; trzecia integruje dwie poprzednie, umożliwiając wgląd w niepoznawalne (za: Victor Sanchez, *Nauki don Carlosa*, tłum. Sławomir Stawiarz, Dom Wydawniczy Limbus, Bydgoszcz 1997, s. 38).

Widząca Daleko daje lekcję szanowania granic, zwracając uwagę na to, że niewłaściwe jest patrzeć w Świętą Przestrzeń innej osoby, o ile sama nas o to nie poprosiła. Przypomina nam, że możemy zniszczyć piękno danego momentu i pokazuje pułapki patrzenia zbyt daleko i zbyt wcześnie. Kiedy zapominamy o zdolności korzystania z wolnej woli, skupiając się na przewidywaniu rezultatów, możemy ulec własnym projekcjom i oczekiwaniom oraz utracić stojące przed nami możliwości. Lekcje życiowe, których nie chciałybyśmy doświadczyć, zazwyczaj dopadną nas później, w innej formie. Widząca Daleko pokazuje, jak zauważać każdą sposobność i wiedzieć, kiedy pójść właśnie tą ścieżką, a kiedy wybrać inną drogę. Nasza osobista przejrzystość zależy od naszej zdolności zauważania tego, co oczywiste. Dzięki temu możemy następnie dokonać własnych wyborów, aby zmieniać swoje Święte Ścieżki i wzrastać. Ta Klanowa Matka uczy, jak widzieć prawdę we wszystkich sytuacjach życiowych.

Strażniczka Szczeliny we Wszechświecie

Widząca Daleko siedziała w ciemności groty, wpatrując się w atramentową wodę wypełniającą Poczernioną Misę Uzdrawiającej Mocy. Płomienie ogniska migotały, rozsyłając fale światła po całej powierzchni. Klanowa Matka czuła, że wciąga ją jej własne odbicie – jej oczy wyglądały jak bezdenne studnie, a woda zdawała się rozdzielać, odsłaniając inny poziom bezkresnej przestrzeni. Ze spokojnej wody wyłonił się bezmiar w kolorze indygo, w którym pojawiły się gwiazdy, Widząca Daleko posłała więc swojego ducha w podróż do wszechświata, jaki pojawił się przed jej oczami.

Płynęła wewnątrz swojej Orendy, okryta płaszczem Duchowej Esencji, poruszając się ku światom wewnątrz światów, które się dla niej otworzyły. Mijające ją planety, gwiazdy, komety, wirujące energie i inne ciała niebieskie sprawiły, że poczuła jedność z całym Stworzeniem. Widziała ruch oddechu Wielkiej Tajemnicy, gdy w pustkę głębokiej przestrzeni wydzielały się nowe światy. Podróżowała dalej, zauważając każdy cud Gwieździstej Misy Uzdrawiającej Mocy nocnego nieba.

Mijała miliony tulących się do siebie ognisk, które tworzyły łuk w poprzek Narodu Nieba. Patrzyła na duchowe formy Przodków odbywających radę wokół gwiezdnych ognisk[47]. Zauważała, jak podnoszą ręce w pozdrowieniu, kiedy ich

---

[47] Rdzenni mieszkańcy Ameryki Północnej uważają, że Przodkowie znajdujący się już w Świecie Ducha rozpalają przed swoimi namiotami ogniska, które ludzie widzą z Ziemi jako gwiazdy Drogi Mlecznej.

mijała. Kilku Duchowych Wojowników jechało z nią na białych duchowych koniach aż do następnego obozu, inni towarzyszyli jej, dosiadając wiatrów.

Widząca Daleko wchłaniała każdy nowy widok, który pojawiał się w jej wizji. Blask tysięcy słońc oświetlał powierzchnię mijanych planet. Promienne barwy i odcienie odbijały się od nich, przynosząc rozkosz jej oczom. W wielkiej odległości Klanowa Matka zobaczyła coś, co z bliska okazało się błyskawicą. Ogniste Laski uderzały z łoskotem jedna w drugą, walcząc w pustce koloru morwy i przyciągając Klanową Matkę jeszcze bliżej ku nieregularnemu, cichemu wybuchowi tańczących zygzakiem form.

Ogniste Tancerki tworzyły krąg, w środku którego Widząca Daleko ujrzała wyłaniającą się wizję. Jej uwagę zwróciła nieruchoma szczelina, która pojawiła się w samym środku surowych, twórczych sił manifestujących swój taniec przed Klanową Matką. Usłyszała głos Matki Ziemi:

– Widząca Daleko, oglądasz Święty Ogień Stwarzania. Zaufaj, podążaj za przepływem, widź i wiedz. Szczelina we Wszechświecie zawiera Złote Wierzeje Oświecenia, prowadzące do wszystkich poziomów świadomości. Odbywasz podróż do bezmiaru światów wewnątrz swojej własnej Duchowej Esencji, swojej Orendy. Światy wewnątrz światów, które obejmują Świętą Przestrzeń twojej własnej istoty, czekają, byś je odkryła. Zostaniesz Opiekunką Wierzei, które znajdują się w Szczelinie we Wszechświecie przeciwieństw. Każdy i każda należący do Ludzkiego Plemienia przez badanie swojej Orendy odkryje oraz odzyska zdolność do zobaczenia prawdy jedności.

Głos zanikł, a Widząca Daleko ruszyła dalej w głąb Świętego Ognia, który tańczył przed nią swój wybuchowy taniec. Nie czuła oparzeń, gdy jej duchowa forma przesuwała się przez ogniste światła, docierając do bezczasowej otchłani wewnątrz Szczeliny we Wszechświecie. Wyłaniająca się forma Złotych Wierzei odbijała oślepiające, złote światło, a jego promienie przenikały jej duchową formę i rozjaśniały ciemność najgłębszej części próżni wewnątrz szczeliny. Czekała, aż Złote Wierzeje przysuną się jeszcze bardziej, aby zatrzymać się przed nią.

Głos Matki Ziemi zabrzmiał miękko w jej sercu:

– Córko mojego ducha, tutaj będziesz stała po wsze czasy, pokazując innym, jak widzieć prawdę wewnątrz siebie samych i wewnątrz wszystkich istot. Aby wzrastać poza ludzkie granice, wszystkie Dzieci Ziemi muszą stanąć twarzą w twarz ze swoimi ograniczeniami i wahaniami. Przyjdą do ciebie i poprzez twoje bezdenne oczy zobaczą prawdę wewnątrz siebie. Jeżeli będą chętne do odrzucenia swoich iluzji, przejdą przez Złote Wierzeje do następnego poziomu zrozumienia. Jeśli będą się bały własnego potencjału, powrócą do wygodnego, bezpiecznego miejsca wewnątrz siebie i pozostaną tam, aż będą gotowe się rozwijać. Sztuka widzenia całkowitej prawdy o bezmiarze Orendy oraz widzenia prawdy o wszystkich światach, które istnieją wewnątrz twórczej siły tej Duchowej Esencji, może być przytłaczająca. Potrzeba wielu cykli Koła Życia, zanim uda się osiągnąć ten poziom widzenia prawdy. Wiele istot ludzkich przyjdzie, wiele zawróci, wiele zawaha się, a następnie przejdzie przez Złote Wierzeje, ty jednak musisz trzymać wrota otwarte dla wszystkich osób, które mają odwagę, by widzieć.

Widząca Daleko zrozumiała słowa Matki Ziemi i umiłowała rolę, którą jej przydzielono. Gdy przechodziła przez Złote Wierzeje, oślepiające światło całkowitej prawdy oświeciło każdą część jej Duchowej Esencji. Widziała cały potencjał w Stworzeniu i pozwoliła, by zapisał się niezatartym śladem w jej sercu.

Kiedy Matka Klanowa skierowała uwagę do swojego ciała, zakończyła się bezczasowość jej podróży. Minęły setki cykli księżycowych, w ciągu których Widząca Daleko podczas swojego ostatecznego Rytuału Przejścia odkrywała prawdę w światach wewnątrz światów. Woda w Misie Uzdrawiającej Mocy wyparowała, popioły z ogniska powróciły do ziemi pokrywającej podłogę groty, kapiąca wapienna woda utworzyła nowe kamienne formacje, ale wiecznie młode ciało Klanowej Matki pozostało niezmienione. Powróciła ze Szczeliny we Wszechświecie gotowa służyć swoim ludzkim dzieciom, ucząc je, jak widzieć prawdę.

Widząca Daleko zrozumiała, że będzie potrzebowała wyostrzyć umiejętność widzenia prawdy tak, aby w jednym krótkim spojrzeniu dostroić się do możliwości każdego ludzkiego dziecka. Była wdzięczna, że nauczyła się widzieć prawdę oczami innych. Ten talent przyniósł jej umiejętność odtworzenia sobie tego, w jakim stopniu każda istota ludzka jest w stanie zobaczyć prawdę i nie zostać przez nią przytłoczona. Nauczyła się, jak pokazywać swoim ludzkim dzieciom iluzje na ich ścieżkach i jak łagodnie prowadzić je przez każdy cykl rozwoju i zmiany.

Widząca Daleko pojmowała, jak ważne jest, aby nie opuścić żadnego kroku na Wielkim Uzdrawiającym Kole Życia. Niektóre osoby, próbując poruszać się zbyt szybko, mogą spalić swoje ludzkie ciała. Inne dopuszczą, aby strach nie pozwolił im robić naturalnych postępów. Ale Widząca Daleko zobaczyła prawdę we współczuciu i była chętna opiekować się każdą Istotą Dwunożną w procesie jej duchowej ewolucji. Nie da się wyjaśnić, czym jest Wielka Tajemnica, a przecież istnieje ona w każdej części Stworzenia, umożliwiając pięknu każdej formy życia przejawienie się w swoim własnym czasie.

Widząca Daleko zamierzała pomagać innym w rozpoznawaniu oczywistych lekcji, jakie napotykają w świecie natury, i stosowaniu odnalezionych w nich prawd do siebie samych. Zwierzęta mogłyby pokazać Dwunożnym, jak używać swoich fizycznych ciał i osobistych cech dla przetrwania i zyskania długowieczności. Następnie mogłyby nauczyć Istoty Dwunożne, jak panować nad siłą życiową w swych ciałach, ukazując im prawdę o odkrywaniu twórczych sił żywiołów natury, z których zrobione są ich ludzkie formy. Dzięki widzeniu tych prawd ludzkość mogłaby z kolei uchwycić wiecznie rozszerzający się obraz, jaki przedstawia sobą jej duch. Zrozumiałaby, że wszystkie istoty, nie wyłączając ich samych, zawierają żywe, duchowe formy.

Istoty Ludzkiego Plemienia, kiedy przyswoją sobie nauki o sile życiowej, mogłyby się nauczyć Wchodzić w Ciszę, aby odkryć tajemnice ducha oraz możliwości, jakie daje badanie niewidzialnych światów. Wszystkie nauki dotyczące królestw duchowych mogłyby stać się dostępne poprzez naturę. Duchy każdej formy życia w świecie natury są gotowe i chętne, aby stać się nauczycielami tych Istot Dwunożnych, które zaakceptują ich przewodnictwo, oraz obdarzać je przyjaźnią. Światy prawdy, obecne w każdym kręgu Krewnych, mogłyby prowadzić do nowych Kół Uzdrawiającej Mocy doświadczenia w światach wewnątrz światów.

Widząca Daleko widziała wzory duchowej ewolucji pojawiające się przed nią w spiralnym ruchu i tworzące prawdopodobną przyszłość Ludzkiego Plemienia. Serce jej cieszyło się, gdy czuła, że przez swoją rolę w ewolucji Ludzkiego Plemienia może wspierać rozwój możliwości ludzi i wszystkich form życia. *Widzenie prawdy* było stale rozwijającym się talentem, który przynosił dalsze zrozumienie Wielkiej Tajemnicy oraz tego, jak wewnątrz Pierwotnego Źródła wszystkie istoty nieustannie wzrastają i zmieniają się.

Widząca Daleko przeżyła wiele zim, ponownie odkrywając cuda życia na Matce Ziemi. Pokazała swoim ludzkim dzieciom, jak obserwować zmiany pogody, jak przepowiadać z żywiołów, jak odczytywać oblicza Ludu Chmur i jak rozumieć wiadomości, które otrzymują podczas swojego życia. Nauczyła swoje dzieci, jak odczytywać dary siły życiowej, które znajdują się w każdej części natury, traktując je jak drogowskazy wskazujące drogę na ich osobistych Świętych Ścieżkach.

Niektórym ludziom z trudem przychodziła nauka widzenia. Te uparte Istoty Dwunożne utrzymywały, że jeżeli nie mogą zobaczyć całej prawdy na pierwszy rzut oka, to prawdy tam nie ma. Widząca Daleko nie była zaniepokojona tym, że niektóre osoby są chętne, by widzieć, a inne nie. Strach przed nieznanym był problemem dla niektórych Istot Ludzkiego Plemienia, ponieważ nie rozwinęły umiejętności widzenia prawdy we wszystkich napotkanych lekcjach życiowych. W swoim wielkim współczuciu Widząca Daleko wspierała w nauce osoby bojaźliwe i delikatnie prowadziła je przez mnóstwo uzdrawiających kroków, co pozwalało im uwolnić się od lęków, gdy patrzyły jedynie tak daleko, jak daleko były gotowe widzieć.

Pewnego Dnia, kiedy Widząca Daleko spędzała czas w samotności, wyboistą ścieżką, która prowadziła od ciepłych źródeł do jej jaskini, nadszedł chłopiec. Potykał się na kamieniach, a w zmęczonych ramionach niósł potłuczone, słabe ciało swojej siostry. Wyjaśnił, że wędrujący myśliwi zgwałcili ją, pobili i pozostawili, by umarła. Położył ciało dziewczynki u stóp Widzącej Daleko. Chciał wiedzieć, czy jego siostra powróci kiedykolwiek z Krainy Wieczności. Jej niewidzące oczy były szeroko otwarte, a wyraz przerażenia nadal zaciskał jej szczęki, jakby została zamrożona w czasie. Dziewczynka skończyła czternaście zim, ale wątpliwe było, czy dotrwa do następnego ranka. Od kiedy brat ją znalazł, nie mówiła, nie jadła, nie piła ani nic poruszała się. Podróżował przez trzy Dni i trzy Noce, niosąc dziewczynkę do Widzącej Daleko, która była jego ostatnią nadzieją.

Badając dziewczynkę, Widząca Daleko ukryła swoje uczucia. Nie zwracała uwagi na swoją złość i ból rozdartego serca, aby zobaczyć, czy duchowa forma dziewczynki została złamana na zawsze. Wewnątrz jej dziecięcej Orendy światło Wiecznego Płomienia było słabe, ale płomień migotał i rozjaśniał się za każdym razem, kiedy brat się do niej odzywał.

Widząca Daleko starała się uchronić dziewczynkę, która nazywała się Gwiezdny Ogień, przed utratą kontaktu z życiem. Obawiała się, że jeśli jej duch wyślizgnie się przez Szczelinę we Wszechświecie, może zapomnieć, kim jest, i powędrować do Krainy Wieczności bez nadziei, że kiedyś powróci. Brat Gwiezdnego Ognia, Mały Orzeł, wykonywał polecenia Klanowej Matki. Zgromadził wklęsłe bloki lawy, które posłużyły jako lampy. Wgłębienie w każdej z nich wypełnił suchą trawą zamoczoną w płynnym sosnowym soku, a następnie umieścił te miski wzdłuż krawędzi gorących źródeł bulgoczących poza grotą, którą Widząca Daleko nazywała domem. Szybko rozniecił ogień i zapalił lampy. Razem z Klanową Matką przenieśli Gwiezdny Ogień do wody, podtrzymując jej ciało tak, aby unosiło się w ich ramionach.

Ciało Gwiezdnego Ognia, wolne od wszelkiego napięcia, unosiło się w ciepłych, mineralnych wodach niczym w bezpiecznym łonie, a Widząca Daleko śpiewała do ducha dziewczynki. Chociaż Klanowa Matka była obecna i świadoma tego, co śpiewa, świadoma dziecka w swoich ramionach oraz obecności Małego Orła, była także świadoma tej części siebie, która stała przy Szczelinie we Wszechświecie i pilnowała, by duch Gwiezdnego Ognia nie oddalił się. W momentach takich jak ten Jasnośniąca była wdzięczna, że z łatwością mogła widzieć równocześnie wiele poziomów świadomości w światach widzialnym i niewidzialnym.

Minęło wiele miesięcy, podczas których Mały Orzeł i Widząca Daleko pracowali z Gwiezdnym Ogniem, by powoli sprowadzać ducha dziewczynki z powrotem znad krawędzi Krainy Wieczności. Klanowa Matka nalegała, aby podczas procesu uzdrawiania Mały Orzeł pozostał przy Gwiezdnym Ogniu, ponieważ jego znajomy głos był dla siostry czymś, czego mogła się uchwycić i wskazywał jej drogę poprzez pustkę, jaką stworzył gwałt. Brutalność traumy, której doznała Gwiezdny Ogień, roztrzaskała jej poczucie istnienia, sprawiając, że jej duch rozpadł się, a jego kawałki przeniosły się do bezmiernej pustki, co pozbawiło dziewczynkę zmysłów. Przebywała w ciemności. Jej Duchowa Esencja, która stanowi dla Gwiezdnego Ognia połączenie z widzialnym światem, została naruszona, a możliwość odzyskania przez nią kontaktu z ciałem oraz rozbitym umysłem była minimalna.

Widząca Daleko regularnie podróżowała do pustki, by zbierać zgruchotane odłamki ducha Gwiezdnego Ognia. Każdego Dnia i każdej Nocy Prorokini sprowadzała z powrotem do Orendy dziewczynki odnalezione fragmenty jej ducha. Widząca Daleko utworzyła wokół ciała Gwiezdnego Ognia Koło Uzdrawiającej Mocy z Istot Kamieni i Zawiniątek Uzdrawiającej Mocy, aby gromadzić okruchy ducha małej w zbudowanej w ten sposób Świętej Przestrzeni, dopóki nie zbierze się wystarczająca ilość esencji, by sprowadzić dziewczynkę z pustki. Mały Orzeł i Widząca Daleko czekali i obserwowali, mówili i śpiewali do Gwiezdnego Ognia; następnie dziękowali, wysyłając miłość do Wielkiej Tajemnicy za każdym razem, gdy dokonał się najmniejszy postęp.

Nastał wreszcie taki Dzień, kiedy oczy Gwiezdnego Ognia straciły swoje szkliste, nieruchome spojrzenie i dziewczynka zamrugała powiekami, rozpoznając starszego brata, który ją pozdrowił. Przez jakiś czas jadła i piła, ale pozostawała bez świadomości siebie i tych, którzy się o nią troszczyli. Widząca Daleko zrozumiała, że proces uzdrawiania Gwiezdnego Ognia będzie trwał wiele miesięcy, lecz niebezpieczeństwo, że jej duch się zagubi, minęło.

Powoli Gwiezdny Ogień zaczęła ufać Widzącej Daleko, gdy ta przeprowadzała ją przez niezliczone małe kroki na powrotnej drodze do pełni zdrowia. Gwiezdny Ogień uczyła się dbać o osobistą higienę, karmić siebie, mówić o swoich potrzebach, spacerować wśród przyrody; uczyła się także poczucia bezpieczeństwa. Dzięki temu mocno ukorzeniła się w namacalnym świecie życia rodziny. Na ustach dziewczynki pojawiał się nawet śmiech, kiedy brała udział w błazeństwach Małego Orła, który odgrywał scenki między nieufnym Niedźwiedziem a pełną rezerwy Miodną Pszczołą. Mijające miesiące działały swoją Uzdrawiającą Mocą. Gwiezdny Ogień brała udział w codziennych zajęciach i szczęśliwym życiu Widzącej Daleko. Brat i siostra, którzy stracili rodziców, pozostali z Klanową Matką przez wiele pór roku.

Od czasu do czasu przybywali z daleka ludzie szukający mądrości Widzącej Daleko, chcący usłyszeć, co ma im do powiedzenia. Nadszedł dzień odejścia Małego Orła, który znalazł partnerkę wśród odwiedzających ich Istot Dwunożnych. Odejście Małego Orła zasmuciło Gwiezdny Ogień, ale przecież przyjęła Widzącą Daleko jako swoją matkę i czuła, że groty i źródła są teraz jej domem. Mały Orzeł i jego partnerka obiecali odwiedzać obie kobiety, które były częścią ich rodziny. Gwiezdny Ogień, ponieważ nie pragnęła żyć z partnerem ani posiadać dzieci, zdecydowała praktykować z Widzącą Daleko, aby rozwinąć swoje naturalne zdolności jako Jasnowidząca i Jasnośniąca.

Po odejściu Małego Orła Gwiezdny Ogień zaczęła intensywną naukę. Widząca Daleko poddawała adoptowaną córkę próbom podczas Spacerów Uzdrawiającej Mocy, mówiąc dziewczynce, by od czasu do czasu zamknęła oczy i opisała ze szczegółami wszystko, co zobaczyła przed chwilą. Gdy do ogniska dwóch kobiet przychodzili goście, Klanowa Matka poddawała próbie spostrzegawczość Gwiezdnego Ognia, pytając, co zdołała zauważyć podczas ich pobytu. Dzięki ćwiczeniu dostrzegania tych oczywistych prawd w widzialnym świecie i umiejętności przypomnienia sobie każdego szczegółu Gwiezdny Ogień doskonaliła swoją zdolność widzenia. Po ukończeniu tych lekcji Klanowa Matka zaczęła uczyć Gwiezdny Ogień, jak używać wypełnionej wodą poczernionej Misy Uzdrawiającej Mocy i wpatrywać się w atramentowe rozlewisko, by widzieć poza widzialnym.

Widząca Daleko rozumiała, że Gwiezdny Ogień posiada wielki talent. Każda Istota Dwunożna, która przeżyła roztrzaskanie świetlistego jaja utrzymującego jej Święty Punkt Widzenia, może mieć dostęp do innych królestw, ponieważ fragmenty jej ducha już raz podróżowały do Pustki Wszechświata. Proces stawania się Jasnowidzącą i Jasnośniącą wymagał sprawdzenia sił Gwiezdnego Ognia – czy potrafi skonfrontować się ze wspomnieniami traumy, które może napotkać w pojawiających się wizjach, a następnie je przekroczyć. Ta część uzdrawiającego procesu każdej istoty ludzkiej, która doznała przemocy, jest subtelnym, a nawet przerażającym procesem, ale Gwiezdny Ogień stała się teraz mocna. Minęło wiele miesięcy, podczas których młoda kobieta stawiała czoło wyzwaniom i przezwyciężała koszmary przeszłości, przekraczając resztki cienia swojego dawnego bólu, oczyszczając uczucia, które mogły hamować jej zdolność do jasnego widzenia.

Widząca Daleko była dumna z postępów swojej adoptowanej córki. Dziewczyna skończyła dwadzieścia zim i stawała się utalentowaną Jasnowidzącą. Gdy przybywali ludzie, prosząc o pomoc w znalezieniu zaginionego dziecka lub o wskazówki dotyczące tajemniczej choroby, często Widząca Daleko polecała Gwiezdnemu Ogniowi, aby szukała odpowiedzi. Przejrzystość dziewczyny była rzadkim darem i odzwierciedlała to, z jaką uwagą Widząca Daleko uczyła młodą Jasnowidzącą.

Od czasu do czasu Widząca Daleko przypominała sobie wczesne lekcje, które uczyniły ją Odźwierną Szczeliny we Wszechświecie. Matka Ziemia nauczyła ją, jak czytać z oblicza Narodu Chmur i dzięki tej umiejętności ujrzeć źródło choroby zakopane głęboko w ciele lub umyśle pacjenta czy pacjentki. Jako początkująca Jasnośniąca nauczyła się podróżować na wiatrach wraz z Ważką i korzystać z jej Uzdrawiającej Mocy *przenikania przez iluzje widzialnego świata,* by odzyskać wiedzę. Gdy już nauczyła się, jak używać poczernionej Misy Uzdrawiającej Mocy, Widząca Daleko wzywała Uzdrawiającą Moc Łabędzia, którą jest *poddanie się przepływowi Czasu Śnienia,* i wchodziła do równoległych światów rzeczywistości. Uzdrawiająca Moc Jaszczurki – *śnienie rozwiązań i doświadczanie wizji* – nauczyła ją uzyskiwać dostęp do wspaniałego snu o światach wewnątrz światów. Wzywała Uzdrawiającą Moc Kreta, *widzenie w ciemności i umiejętność podróżowania pod ziemią,* gdy szukała zakopanych przedmiotów. Kiedy Widząca Daleko czuła obecność zła, przywoływała Uzdrawiającą Moc Dzięcioła – *najpotężniejszą ochronę przed cieniem i złem.* Młoda Prorokini pozwalała swojemu duchowi jechać na grzbiecie Pantery, posiadającej Uzdrawiającą Moc *skoczenia bez strachu w Pustkę Nieznanego.* Oczy Pantery, żółte jak kolor Dziadka Słońce, widzą z wyrazistością nawet w nicości pustej przestrzeni. Te Duchowe Totemy były w świecie natury nauczycielkami i Sprzymierzeńczyniami Widzącej Daleko, towarzysząc w jej nieustającym poszukiwaniu umiejętności widzenia prawdy we wszystkich królestwach.

Dzięki Orłowi Gwiezdny Ogień odzyskała pasję, która rozjaśniała jej zdolność widzenia. Wzniosłe ideały Orła pozwoliły dziewczynie zobaczyć, że ma w sobie zdolność odzyskania pełni, którą czuła przed gwałtem. Za każdym razem, kiedy Gwiezdny Ogień sprowadzała część siebie do domu swojej Świętej Przestrzeni, Orzeł obdarowywał ją coraz większą duchową przejrzystością i w ten sposób doprowadzał do miejsca, z którego Widząca Daleko mogła ostatecznie przeprowadzić ją bezpiecznie przez Szczelinę we Wszechświecie.

Widząca Daleko weszła do groty, gdy zanikające światło Dziadka Słońce malowało zewnętrzny świat lśniącymi odcieniami cynobru. Spojrzała na Gwiezdny Ogień, czuwającą nad małym ogniskiem, i przerwała ciszę:

– Córko, przyszedł czas, abyś odbyła podróż poza królestwa, przez które do tej pory wędrowałaś. Idź i oczyść się w buzujących wodach gorących źródeł, a następnie spotkamy się w pieczarze, w której zwykle używamy Misy Uzdrawiającej Mocy w poszukiwaniu wizji.

Gwiezdny Ogień skinęła głową i powoli ruszyła ku wyjściu z groty. Miała całkowite zaufanie do swojej nauczycielki, Klanowej Matki, która jako przybrana matka wpoiła dziewczynie poczucie bezpieczeństwa. Widząca Daleko podziwiała w młodej Jasnośniącej równowagę, która pozwalała jej akceptować i przyjmować. Gwiezdny Ogień, sięgając po Uzdrawiającą Moc Delfina – *umiejętność wykorzystywania oddechu, by podłączyć się do dostępnej energii lub siły życiowej* – utrzymywała swój związek z Matką Ziemią i namacalną rzeczywistością oraz zrozumienie nienamacalnego. Podobnie jak Widząca Daleko, młoda Prorokini mogła podróżować poza fizyczne królestwa i po powrocie, dzięki odpowiedniemu oddychaniu, przywrócić równowagę funkcji swojego ciała.

Podczas gdy Gwiezdny Ogień przygotowywała się do podróży, Widząca Daleko oddała się wspomnieniom. Klanowa Matka przywołała każdy krok na własnej drodze, który udoskonalał jej umiejętności. Wspominała godziny, w których uczyła się skupiać umysł w jednym punkcie, aby móc do tego miejsca wysłać swojego ducha w Czasie Śnienia. Przyjrzała się lekcjom, jakie pozwoliły jej uciszać swoje myśli i podążać za przelotnymi mignięciami wizji, która w końcu rozwijała przed nią cały obraz prawdy. Przypominała sobie frustracje i triumfy, jakie przeżywała podczas żmudnej pracy na drodze stawania się Jasnośniącą, aż poczuła się całkowicie obecna wewnątrz swojej istoty. Ona także osiągnie swoją pełnię podczas podróży Gwiezdnego Ognia.

Widząca Daleko przypomniała sobie dodające odwagi słowa Matki Ziemi, które usłyszała, gdy sama uczyła się, jak w pełni opanować dary, którymi została obdarzona. Matka Ziemia pobłogosławiła Widzącą Daleko, przekazując jej Uzdrawiającą Moc widzenia prawdy. Teraz Widząca Daleko była odpowiedzialna za podarowanie tych samych umiejętności całemu Ludzkiemu Plemieniu. Jeżeli Gwiezdnemu Ogniowi uda się odbyć podróż przez Szczelinę we Wszechświecie, końcowy Rytuał Przejścia Widzącej Daleko dopełni się. Klanowa Matka będzie wiedziała, że rzetelnie wyszkoliła inną kobietę, która z kolei będzie odpowiedzialna za przekazanie tej Uzdrawiającej Mocy innym. Widząca Daleko, jako troskliwa, cierpliwa i czuła przewodniczka, pomagała Gwiezdnemu Ogniowi rozwinąć dary, które mogą w przyszłości przynieść świetność całemu Ludzkiemu Plemieniu. Sukces Gwiezdnego Ognia będzie oznaczał, że krąg doświadczenia Widzącej Daleko dopełnił się; Uzdrawiająca Moc Jasnowidzącej i Jasnośniącej będzie dostępna ludzkości po wsze czasy.

Widząca Daleko gotowa była spojrzeć w twarz przyszłości, gdyż dokonała już przeglądu przeszłości i uwolniła ją, aby ujrzeć prawdę tu i teraz. Wstała i bez słowa, zdecydowanym krokiem, poszła do miejsca w olbrzymiej pieczarze, w którym miał się odsłonić następny zakręt na jej Świętej Ścieżce.

Dwie kobiety usiadły w pieczarze wizji, zaglądając do poczernionej Misy Uzdrawiającej Mocy. Powierzchnię wody rozjaśniały płomienie ich małego ogniska. Gwiezdny Ogień miała podróżować sama, ale Widząca Daleko będzie obserwować wysiłki dziewczyny, używając swoich talentów Jasnowidzącej.

Gwiezdny Ogień stopiła świadomość z widocznymi w Misie Uzdrawiającej Mocy ogniem i wodą, wpatrując się w jej powierzchnię bez mrugania powiekami.

•••• Widząca Daleko

Łagodnie poddała swój umysł przepływowi siły życiowej żywiołów ognia i wody, posługując się ogniem, by spalić nieliczne myśli, oraz wodą, by oczyścić całą swoją istotę z potrzeby kontrolowania tej podróży. Następnie sprowadziła magnetyzm Matki Ziemi z warstwy gleby pod sobą do środka ciężkości ciała, do macicy. Z wdechem brała do płuc żywioł powietrza i używała życiowej manny do ustabilizowania funkcji swojego ciała. Ostatecznie otworzyła serce i zawierzyła, poddając się miłości Wielkiej Tajemnicy. Teraz, dzięki połączeniu się Klanowych Wodzów Powietrza, Ziemi, Wody i Ognia z czystym Twórczym Potencjałem Wielkiej Tajemnicy oraz przez stopienie tych naturalnych sił z Boską Miłością Wielkiej Tajemnicy wewnątrz jej Orendy, połączenie zostało dokonane.

Gwiezdny Ogień podróżowała przez bezgraniczną przestrzeń na promieniu miłości, rozpoznając w sennym krajobrazie smugi poprzednich podróży, w czasie których przecinała niezmierzoną przestrzeń Pustki. Długo żeglowała przez Czas Śnienia, aż ostatecznie dotarła do nieznanego terytorium. Stanął przed nią Łuk Piękna, błyszcząc w świetle gwiazd. Złoty łuk zdobiły perły, symbole mądrości, i rubiny, lśniące w odbitym, złotym świetle. Łuk Piękna odezwał się do Gwiezdnego Ognia:

– Dziecko Widzącej Daleko, mogę osadzić strzałę twojej duchowej formy na cięciwie łuku i wystrzelić w Pustkę, jeżeli posiadasz wiarę, którą odzwierciedla czerwień cennych kamieni, jakimi jest wyłożone sklepienie mojego łuku. Podobnie jak Ostryga rodząca perły, ty sama rodzisz perły mądrości, wytrwale przeżywając ludzkie życie, dzięki czemu znalazłaś się tak daleko na uzdrawiającej ścieżce. Czy jesteś gotowa podróżować dalej?

Gwiezdny Ogień potwierdziła i Łuk Piękna wystrzelił jej duchową formę w Pustkę Nieznanego. Płomienne kolory przepływały koło niej, zamazując krajobraz śnienia, a ona pędziła ku odległym, nowym królestwom Czasu Śnienia. Gdy wizja rozjaśniła się, Gwiezdny Ogień zobaczyła w oddali zmienny taniec błyskawic. Unosiła się lekko, ciągle wabiona przez cichą burzę surowej, twórczej siły i jednocześnie przez swoją własną fascynację. Gdy znalazła się bardzo blisko grzmiących z cicha Istot Ognistych Lasek, dostrzegła nagle brzoskwiniowe światło przypominające blask wschodzącego Dziadka Słońce. Promienna barwa rozjaśniała się, aż stała się żółta jak jaskry i słoneczniki, a w samym środku błyszczącej, złotej kuli rozwarła się przestrzeń, ukazując ogromną otchłań. Przed olbrzymią szczeliną pojawiła się w niej postać obrysowana poświatą barwy najczystszego złota. Gdy stała się wyraźniejsza, Gwiezdny Ogień została przyciągnięta bliżej i wreszcie zobaczyła twarz tej duchowej formy.

Gdy witające ramiona Widzącej Daleko otoczyły duchową formę Gwiezdnego Ognia, poczuła ona, że cała istniejąca we wszechświecie miłość przepływa przez jej istotę. Obie obserwowały, jak ze Szczeliny we Wszechświecie wyłaniają się Złote Wierzeje Oświecenia. Widząca Daleko stała z boku i przypatrywała się swojej córce oczami pełnymi czułości. Oślepiające światło pojawiło się wewnątrz duchowej formy Gwiezdnego Ognia w miejscu, w którym w jej ludzkim ciele mieszkało serce. Wewnątrz śniącego ciała dziewczyny wybuchł z pasją do życia Wieczny Płomień Miłości. Był to znak, że wybaczyła tym, którzy ją zranili, i *zobaczyła prawdę* o tym, w jaki sposób ten ból jej służył; dzięki niemu jej serce otworzyło się na dary, które obecnie posiada. Stała się uzdrowioną uzdrowicielką, która przeszła przez ciemną noc duszy, aby odzyskać miłość. Dokonało się jej połączenie ze Stwórcą i wszelkim życiem. Gwiezdny Ogień ukłoniła się swojej matce i pozwoliła światłu miłości promieniejącemu z jej serca przeprowadzić ją przez Szczelinę we Wszechświecie.

Wizja, że każda ludzka istota stanie po drugiej stronie Złotych Wierzei Szczeliny we Wszechświecie, jest odbiciem radości, która istnieje poza iluzją smutków świata fizycznego. W tamtym innym świecie pokazano nam, w jaki sposób energii, której raz użyłyśmy do uzdrowienia siebie, używać dla doświadczania radości ludzkiego życia. Światy wewnątrz światów są otwarte dla każdej Istoty Dwunożnej, która podejmie decyzję, aby podróżować poza ból ograniczający jej zdolność widzenia prawdy.

Widząca Daleko zawsze będzie stała przy Szczelinie we Wszechświecie, trzymając Złote Wierzeje Oświecenia otwarte dla tych, które mają uszy, aby słyszeć, oczy, aby widzieć, i serca, aby rozumieć.

Kobieta Słuchająca

Zwielokrotnione echem głosy Przodków
galopujących na Wiatrach Przemian,
głosy Stworzeń
wzywające moje imię.
Duchy śpiewające w podmuchach wiatru,
trzaskanie fal o wybrzeże,
pulsujące bicie serca Matki Ziemi,
naucz mnie, czego nasłuchiwać.
W bezruchu, przed zmierzchem i świtem,
uwalniane są ukryte wiadomości.
Tak jak w pieśni moich ludzi,
ich rytm do mnie przemawia.
Moje uszy słyszą tę muzykę,
a moje serce rozumie.
Klanowa Matko Tiyoweh,
jestem na twoje rozkazy.
Nasłuchuję twoich szeptów
na szlaku, który ty wyznaczysz,
poszukując cichego głosu
żyjącego wewnątrz mego serca.

Matka Klanowa
Piątego Cyklu Księżycowego

KOBIETA SŁUCHAJĄCA jest Klanową Matką Tiyoweh, Ciszy, a jej cykl księżycowy przypada w maju. Związany jest z nią kolor czarny, który oznacza szukanie odpowiedzi. Jej Cykl Prawdy to *słyszenie prawdy*. Ta Klanowa Matka uczy, jak wchodzić w Ciszę i jak słuchać stale obecnych przekazów natury, swojego serca, Świata Duchowego, punktów widzenia innych ludzi, Stworzeń-nauczycieli oraz Wielkiej Tajemnicy. W Tradycji Seneka Wchodzenie w Ciszę zwane jest *Tiyoweh* (czyt. Taj jo łej), co tłumaczy się jako Cisza. Gdy raz zdołamy połączyć się z Ciszą i usłyszymy cichy głos wewnątrz, oznacza to, że posiadamy potencjał urzeczywistnienia osobistej pełni, ponieważ połączyłyśmy się z głosem wewnętrznej prawdy.

Kobieta Słuchająca naucza, jak słuchać wszystkich reprezentowanych w naszym świecie punktów widzenia, by uzyskać harmonię, a można to osiągnąć, jeśli pozwoli się każdej formie życia na posiadanie własnego Świętego Punktu Widzenia. Ta

Matka Klanowa pokazuje, że niczego się nie nauczymy ani nie rozwiniemy się, jeśli nie będziemy słuchać tego, co jest mówione. Pokazuje nam, że gdy ulegamy przymusowi ciągłego mówienia, podążamy krętym szlakiem – kiedy mówimy, nie słuchamy. Możemy zatrzymać swój rozwój, gdy, nie chcąc słuchać tego, co mówią do nas inni ludzie, ignorujemy ich słowa lub im przerywamy. W naszym świecie wielu zranionych ludzi nie chce słuchać prawdy, ponieważ czują, że prawda ich rani. Gotowość do słuchania jest wielkim talentem, a kiedy prawda o nas samych podana zostanie z pełnym miłości współczuciem, może uleczyć stare zranienia.

Gdy ludzkie dzieci Kobiety Słuchającej boją się mówić prawdę o tym, jak się czują, wykorzystuje ona umiejętność słuchania nie tylko ich słów: słucha innych zarówno uszami, jak i sercem. Ta Klanowa Matka słyszy niewypowiedziane pragnienia serc i lęki swoich ludzkich dzieci. Słyszy pozasłowne języki zwierząt, roślin i kamieni, a także przychodzące ze Świata Ducha głosy Przodków. Talenty Kobiety Słuchającej biorą się stąd, że potrafi pozostawać w całkowitym spokoju, przyjmować i gromadzić wszystkie wrażenia, a następnie formułować obraz całości.

Kobieta Słuchająca uczy, jak rozpoznawać, czy ludzie mówią prawdę, słuchając modulacji ich głosu oraz przysłuchując się uczuciom zawartym w słowach. Pokazuje, że wiele istot ludzkich nie wie, jak wyrażać osobiste prawdy, ponieważ zaprzeczają swoim prawdziwym uczuciom. Niektóre kłamią, aby ukryć lęk przed zemstą lub karą, inne mówią kłamstwa, aby czuć, że gdzieś przynależą lub że są ważne. Jednak gdy rozwiniemy sztukę słuchania, możemy wykryć każdą osobę, która mówi nieprawdę. Okazanie współczucia tym, które czują, że muszą kłamać, to oznaka dojrzałości duchowej. Osoba, która kłamie, jest zraniona. Skłonne do kłamstwa istoty ludzkie naszego świata oszukują jedynie same siebie, ponieważ nie słyszały nigdy głosu swojej Orendy, czyli Esencji Duchowej. Żyć w całkowitej prawdzie oznacza znać światło Wiecznego Płomienia Miłości.

Kobieta Słuchająca słyszy każdą myśl, odczuwa każde uczucie i odbiera każde wrażenie w Tiyoweh, w Ciszy. Używa daru przepowiadania w oparciu o informacje, jakie zgromadziła. Klanowa Matka Tiyoweh może przepowiedzieć prawdopodobną przyszłość, ukazując możliwości podążania albo Drogą Piękna, albo krętym szlakiem. Wysyła nam ostrzeżenia, kiedy tracimy równowagę, oraz wsparcie, kiedy kroczymy z wdziękiem. Omeny, zapowiedzi, znaki i drogowskazy życia przychodzą do nas, ponieważ Kobieta Słuchająca usłyszała nasze serca, nasz wypowiedziany zamiar, niewypowiedziane pragnienia czy potrzeby. Posłańcami, których posyła na naszą drogę, są Sprzymierzeńcy Natury, Duchy Przodków, Stworzenia-nauczyciele oraz głos naszej Orendy.

13 Pierwotnych Matek Klanowych • • • •

Wchodzenie w Ciszę

Kobieta Słuchająca przypomniała sobie pierwsze ludzkie doświadczenie, przez które przeszła, gdy przybyła ze świata duchowego, aby kroczyć po Ziemi. Bardzo wiele miesięcy minęło od tamtego czasu, lecz słodycz tego pierwszego momentu wciąż trwała żywa w jej pamięci, przynosząc pokrzepienie pośród zatruwających wszystko zadań, przed którymi stawała jako osoba wspierająca i doradczyni swoich ludzkich dzieci. Jej zmysły wchłaniały zapachy i wrażenia tego odległego czasu; odpłynęła z powrotem do cennego wspomnienia o pierwszym przebudzeniu.

Kobieta Słuchająca wstąpiła w swoją ludzką formę w olbrzymiej jaskini, w której panowała całkowita ciemność. Nawet gdy miała otwarte oczy, otaczały ją totalna ciemność i ogromna nicość. Nie wiedziała, że ludzkie oczy mogą ogarnąć piękno świata natury. Otulały ją woń wilgotnej ziemi, mdły, cierpki zapach rosnących skał oraz czysty, słodki aromat jej własnego ciała. W ciemności po raz pierwszy poczuła swoje ludzkie ciało i rozkoszowała się wrażeniami gładkiej skóry i sprężystych, dobrze uformowanych mięśni. Kiedy dotknęła głowy, była zdumiona, że jej włosy, niczym płaszcz, miękko okrywają ramiona, spadając poniżej bioder, aby ochronić ją przed chłodem jaskini.

Przy każdym poruszeniu ciała wyczuwała różnorodne faktury. Powierzchnia pod nią pokryta była piaskiem z drobniutkich kamyków, które delikatnie ocierały jej nogi. Słyszała, jak ze stropu skapuje wilgoć, i odczuła rozkosz, gdy jedna lub dwie krople spadły na jej skórę, przynosząc nowe wrażenia w ciele. Miękkie okrągłości brzucha i piersi były bardzo różne od mocnych, umięśnionych nóg, które podkuliła, siadając na podłodze jaskini. Kiedy opuszkami palców badała linię warg, zauważyła, że są pełne i miękkie, a struktura pokrywającej je skóry jest inna niż powierzchnie podbródka poniżej i kości policzkowych powyżej.

Badając palcami łuk wokół oczu, przestraszyła się: powieki okazały się powłoką, która chroniła znajdujące się pod nimi wrażliwe, okrągłe gałki oczne. Jedno oko zaczęło łzawić, by oczyścić się po jej nieświadomym dotyku, i posłało łzę, która popłynęła w dół policzka. Matka Klanowa odkryła, że odbiera nieznane dotąd wrażenia dyskomfortu i wilgotności. Zapisała sobie w umyśle, że niektóre części ludzkiej formy są bardzo wrażliwe i trzeba je traktować z wielką ostrożnością.

Kobieta Słuchająca dalej prowadziła swoje badania. Dotknąwszy szyi, poczuła mocną, nachyloną krzywiznę wdzięcznej podstawy, która utrzymywała jej głowę ponad ciałem. Zauważyła też z tyłu, tuż pod skórą, masywne, twarde wypukłości. Formy kostne kręgosłupa, dającego jej ciału ramę, odczuwała jako kanciaste w porównaniu z jędrną gładkością pokrywających je mięśni. Przesunęła opuszki palców w górę wzdłuż boków szyi i namacała podobne do muszli wystające części, które były uszami.

W głębokiej ciemności jaskini Opiekunka Wewnętrznego Wiedzenia słyszała odgłos najmniejszego poruszenia swoich rąk, cichy, szorstki dźwięk własnego oddechu, kapanie kropel wody i szelest przesuwających się nóg, gdy zmieniała położenie ciała. Spijała każdy dźwięk, który powstawał, gdy poruszała się i dotykała swoich stóp, palców u nóg, kostek i skóry, pełna zdumienia nad wspaniałością ludzkiej formy, którą otrzymała. Gdy tak wyprężała ciało, poszukując sposobów ułożenia swojej cielesnej formy, poczuła słaby ból w brzuchu i odkryła, że z organów wewnątrz tułowia wydobywa się bulgotanie, które przetoczyło się dudniącym echem przez jaskinię. Zainteresowana nową możliwością rozwoju, w milczeniu posłała swoje myśli do Matki Ziemi.

– Matko, nie rozumiem tego dźwięku ani bólu wewnątrz mnie. Czuję, jakby czegoś brakowało, a przecież wiem, że Wielka Tajemnica stworzyła tę piękną, ludzką formę jako pełnię. Czego mam się nauczyć?

Umysł i serce Kobiety Słuchającej wypełnił Głos Matki Ziemi.

– Te dźwięki przynależą do ludzkiego ciała, dziecko. Czasami takie bulgoczące odgłosy oznaczają, że ciało trawi pożywienie, które jest potrzebne, aby dać mu siłę. Innym razem dudnienia mówią, że ciało potrzebuje żywności. Czujesz ból, ponieważ odczuwasz potrzebę ciała, które łaknie jedzenia.

Kobieta Słuchająca usiadła w Ciszy, czując głęboko w brzuchu ból, i słuchała towarzyszących mu dźwięków, aby zapoznać się z językiem, jakim ciało mówi o swoich potrzebach. Zapytała Matkę Ziemię, jak może nakarmić tę formę, która daje mieszkanie jej duchowi. Matka Ziemia wyjaśniła swojej córce, że bardzo blisko niej znajduje się kosz pełen jedzenia i że używając zmysłu dotyku, może go odszukać i nakarmić się.

Stróżka Samoobserwacji po omacku, kolistymi ruchami zaczęła przeszukiwać przestrzeń wokół siebie i natknęła się na stojący w pobliżu kosz z jedzeniem. Podczas gdy Matka Ziemia objaśniała, jak ma kosztować, żuć i połykać, Klanowa Matka wczuwała się w strukturę każdego pokarmu. Odgłosy jedzenia były bardzo różne w zależności od tego, jaki pokarm wybrała. Niektóre dźwięki były miękkie i słyszała, jak język przesuwa się po soczystym miąższu dojrzałej brzoskwini. Kiedy Kobieta Słuchająca wgryzła się w marchewkę, odgłos chrupania tego twardego warzywa rozległ się echem w jej uszach i falami wibrujących dźwięków wypełnił pustkę jaskini. Zadziwiona siłą dźwięków Klanowa Matka przerwała więc, bojąc się dalej gryźć i połykać.

Łagodny śmiech Matki Ziemi napełnił Klanową Matkę poczuciem wewnętrznego wiedzenia, co zmniejszyło jej niepokój. Radosne zapewnienie Matki Ziemi, że wszystko jest tak, jak powinno być, przyniosło Kobiecie Słuchającej pragnienie, aby chrupać głośniej. Stróżka Wnikliwości odnalazła wewnątrz siebie uczucie, że postępuje dobrze; chrupała więc kęs za kęsem, raz po raz wywołując głośne echo i napełniając pieczarę radosnymi odgłosami rozkoszowania się słodkim smakiem marchewki.

Kobieta Słuchająca zdała sobie sprawę, że jej ciało nie jest już złaknione, zniknęło także poczucie braku. Pustkę zastąpiło nowe uczucie wypełnienia. Zauważyła, że zadowolenie i dobre samopoczucie napełniły całe jej ciało. Trzymała koszyk w pobliżu, na wypadek, gdyby znów rozległo się dudnienie, ponieważ nie wiedziała, jak często jej nowe ciało będzie potrzebować jedzenia. Powróciła uwagą do dźwięków i wrażeń, jakie odnajdywała w obsydianowej ciemności pieczary.

Ciszę przerwały odbijające się echem dźwięki kapiącej ze stropu cieczy, której krople uderzały w powierzchnię znajdującego się za Klanową Matką dużego jeziora. Matka Ziemia ponaglała Kobietę Słuchającą, by, odnajdując w sobie poczucie kierunku i zauważając, skąd dochodzą pluśnięcia, podążała za nimi, aż dotrze do ich źródła. Klanowa Matka popełzła więc w kierunku odgłosów kapania i pluskania, aż wyczuła ten sam rodzaj wilgoci, który odkryła, kiedy łza toczyła się po jej policzku. Matka Ziemia wyjaśniła Klanowej Matce, że płyn jest wodą i nie ma słonego smaku tak jak łzy z jej oczu. Ta słodka woda służy do zaspokajania pragnienia i ma podstawowe znaczenie dla jej ludzkiego ciała.

Kobieta Słuchająca uczyła się, jak układać dłonie w kształt naczynia, podnosić wodę do ust i pić. Towarzyszące temu odgłosy nie przypominały bulgotania, jakie powodował głód. Klanowa Matka odkryła, że może wywoływać rozmaite dźwięki w zależności od tego, czy chłepcze, siorbie czy przełyka wodę. Odgłosy każdej z tych czynności wypełniały brzemienną ciszę miriadami donośnych fal wibracji, dzięki czemu Kobieta Słuchająca mogła doświadczać mnóstwa nowych brzmień. W pewnej chwili, podczas badania wody, natrafiła na mały kamień. Wyciągnęła Kamienną Osobę z jeziora i poczuła jej solidną formę, zauważając przy tym, że jest ona twardsza niż kości jej ciała i większa niż kamyczki, które pokrywają podłogę jaskini. Kiedy Kamień przemówił do Klanowej Matki w taki sam sposób, w jaki Matka Ziemia mówiła do jej wewnętrznego wiedzenia, była tak zaskoczona, że wypuściła go z ręki, wskutek czego z głośnym pluśnięciem wpadł do jeziorka.

Kamienna Osoba nadal przemawiała do niej, tłumacząc, że jest przyjacielem. Gdy Kobieta Słuchająca szukała przed sobą po omacku kamyka, chcąc go odzyskać, zauważyła, że sama wydaje różne dziwne dźwięki. Jej oddech zaczął przechodzić w gwałtowne podmuchy, słyszała także bicie swojego serca, kiedy tak zapamiętale starała się wymacać pod powierzchnią wody przyjaciela, którego opuściła w chwili zaskoczenia. Kamień poprowadził jej dłoń ku miejscu, w którym leżał, a następnie zaczął wyjaśniać Klanowej Matce, w jaki sposób może jej pomóc w dalszym odkrywaniu darów, talentów i zdolności.

– Jestem Osobą Skałą, biblioteką, w której gromadzone są zapisy wszystkiego, co się dzieje na Matce Ziemi. Razem możemy zbliżać się do zewnętrznego świata, poznając po drodze to, czego trzeba ci doświadczyć, byś wypełniła swoją misję. Już rozpoczęłaś tę podróż, ucząc się języka, jakim ciało mówi o swoich potrzebach, jak słyszeć głos Matki Ziemi i jak słuchać moich słów. Tutaj, w ciemności, zaczynasz rozwijać umiejętność rozumienia, która godzi wiele poziomów rozróżniania: dźwięków bez użycia wzroku, smaku i dotyku bez kontaktu wzrokowego oraz uczuć bez zewnętrznych wpływów, które wprowadzają zamęt. Dzięki tym pierwszym spotkaniom z twoimi zdolnościami postrzegania będziesz mogła usłyszeć prawdę w każdej sytuacji, którą spotkasz w fizycznym życiu. Ciemność Pustki Nieznanego będzie dla ciebie pokrzepiająca, a odpowiedzi, których będziesz szukać, przyjdą dzięki twojej zdolności do ich usłyszenia.

Gdy Kobieta Słuchająca przytuliła nowego przyjaciela do serca, jej oddech stał się spokojny i równy. Stróżka Wnikliwości poczuła pokrewieństwo i zaufanie pomiędzy sobą i Kamieniem, który nazywał siebie *Hagehjih* (czyt. heigedźi), Stary Człowiek. Jego starożytna forma przyniosła Kobiecie Słuchającej pocieszenie płynące z pokrewieństwa duchowego, ponieważ jej własna Esencja Duchowa była równie stara jak Matka Ziemia i Babcia Księżyc, które zostały stworzone w Świecie Duchowym przez Wielką Tajemnicę. Stary Człowiek rozumiał pragnienie Klanowej Matki, aby odkryć wszystko, co tylko zdoła, o własnym człowieczeństwie oraz posiąść i opanować umiejętności, których będzie potrzebować na drodze do stania się pełnią.

Ta przyjaźń stała się początkiem podróży Kobiety Słuchającej. Wspomnienie owych dawnych czasów i zrozumienie, jak bardzo rozwinęła się dzięki pomocy Starego Człowieka, przywołały cały szereg obrazów i uczuć, które zalały umysł i zmysły Kobiety Słuchającej. Przywołała swoje pierwsze doświadczenie ze światłem i pamięć o tym, jak Stary Człowiek nalegał, by wychodziła z jaskini stopniowo i powoli. Stary Człowiek przedstawił ją Mrówce, od której uczyła się Uzdrawiającej Mocy *cierpliwości*. Mrówka mówiła, aby posłużyła się mądrością i dała oczom czas potrzebny, by przystosowały się do światła przenikającego w głąb jaskini. Klanowa Matka i Stary Człowiek spędzali jeden Dzień i jedną Noc coraz bliżej wejścia do jaskini i jasność docierająca z zewnętrznego świata stopniowo rosła. Dzięki temu Kobieta Słuchająca mogła utrzymać swoje umiejętności słyszenia w nienaruszonym stanie, łącząc je z nowym doświadczeniem poznawania zmysłu wzroku. W tych pierwszych momentach podniecające doświadczenie widzenia kolorów i kształtów pochłonęło ją prawie bez reszty. Musiała opanować pragnienie, by oddać się odkrywaniu, aby nie zachwiało to jej fizycznej, emocjonalnej i duchowej równowagi.

Teraz, wiele miesięcy od tamtego czasu, Kobieta Słuchająca była szczęśliwa, że wychodziła z jaskini do zewnętrznego świata w zrównoważony sposób, okazując tym szacunek dla uzyskanej mądrości i harmonii. Jej umysł powrócił do innego wspomnienia postępu, jaki zrobiła podczas zim, w okresie nauki o Dwunożnych istotach ludzkich, z którymi miała dzielić świat, wędrując Czerwoną Drogą życia.

W tych wczesnych czasach Kobieta Słuchająca poznawała inne istoty ludzkie i mogła rozwijać swój dar wewnętrznego wiedzenia, gdyż ludzie jeszcze nie rozwinęli mowy. Ludzkie Plemię mówiło Językiem Miłości, *Hail-oh-way-an* (czyt. hejl-o--łej-an). Ten bezsłowny język wyrażał serce każdej sprawy, którą Istoty Dwunożne chciały przekazać. Osoba patrząca musiała w milczeniu obserwować i odnotowywać wrażenia, ruchy i uczucia, którymi dzieli się osoba przekazująca. Aby uzyskać całość każdej wiadomości, słuchaczka musiała skoncentrować się na komunikującej osobie bez wtrącania się i bez przerywania. Kobieta Słuchająca opanowała sztukę słyszenia Języka Miłości i częstokroć słyszała myśli innych, ponieważ potrafiła uzyskiwać dostęp do wewnętrznego wiedzenia zarówno ich, jak i własnego.

Klanowa Matka przypomniała sobie, w jaki sposób uczyła ludzi rozwijania talentu rozumienia głosu serca innych i jak w owym wczesnym okresie Ludzkie Plemię z tego korzystało. Od tamtej pory Matka Ziemia wykonała wiele obrotów wokół Dziadka Słońce, a Dzieci Ziemi rozwinęły się i zmieniły – niektóre na lepsze, niektóre na gorsze. Postępy ludzkiej ewolucji duchowej przyniosły Kobiecie Słuchającej zmartwienie, ponieważ była świadkinią nie tylko prawdy, ale także nieuczciwości. Język werbalny zrodził nieuczciwość u tych mijających się z prawdą istot, które chciały ukryć nieszczerą intencję. Chciwość i żądza kontroli wydały na świat rozwidlone języki i sprawiły, że wymawiane słowa zaczęły mieć podwójne znaczenie. A Klanowa Matka udoskonaliła do perfekcji swoje talenty podczas spotkań z osobami, które mówiły z udawaną szczerością, maskując skrywane motywy.

Kobieta Słuchająca rozwinęła dar bycia prawdziwą obserwatorką, gdyż potrafiła wchodzić w Ciszę swojej własnej istoty oraz słuchać innych bez uprzedzeń, obserwując każde poruszenie ich ciał oraz ton i intonację głosów. Klanowa Matka widziała wyraźnie, czy mówiąca osoba zachowuje się nerwowo dlatego, że coś ukrywa, czy jest tylko zawstydzona. W miarę jak mijały pory roku, Kobieta Słuchająca zasłużyła sobie na rolę Stróżki Wnikliwości. Wiedziała, jak rozumieć ostrzeżenie, które wydobywało się z pępka, centrum uczuć w ciele, i posyłało fale, które wstrząsały jej poczuciem dobrostanu. Dzięki temu rozpoznawała, komu wierzyć, a przy kim należy ćwiczyć ostrożność. Wiele ze swoich lekcji przerobiła ciężką pracą; okoliczności zmuszały ją, aby bardziej zwracała uwagę na czyny niż słowa. Ta forma obserwacji wymagała od Klanowej Matki głębokiej koncentracji i skupienia, by sięgać głębiej i słuchać, jakie wrażenia wywołuje w jej sercu mówiąca osoba, która siedzi przed nią. Właśnie podczas jednej z tych szczególnie trudnych sytuacji Kobieta Słuchająca została pobłogosławiona usłyszeniem głosu swojej Orendy, Duchowej Esencji.

Tamtego zimowego Dnia panowało tak przejmujące zimno, że odprężenie się w Tiyoweh, w Ciszy, okazało się prawie niemożliwe. Kobieta Słuchająca była o krok od podjęcia decyzji, że nie jest to właściwy czas na wysłuchanie historii dwóch mężczyzn, którzy przyszli do niej po radę. Siedzieli w pieczarze należącej do Plemienia, z którym żyła Matka Klanowa, a zimowe wiatry wdzierały się do środka przez szczeliny pomiędzy skórami zakrywającymi wejście, przynosząc ostre podmuchy zimna, od których napinał się każdy mięsień. Klanowa Matka wiedziała, że ryzykuje, iż stanie się popędliwa w stosunku do mężczyzn i że może być jej trudno odróżnić ich dreszcze z powodu zimna od charakterystycznych znaków, które pozwalały jej zauważyć ukryte znaczenia lub nieprawdy. Wiedziała, że podczas tego spotkania musi zwiększyć swoją zdolność słyszenia prawdy, przysłuchując się wewnętrznym myślom i niewypowiedzianym intencjom.

Przez cały czas, który spędzili we troje, Klanowa Matka słuchała, całą istotą wyczuwając, że sprawa jest nagląca i że jeden z mężczyzn się niecierpliwi. Punkty widzenia obu mężczyzn różniły się bardzo, wskutek czego każdy był pewien, że to ten drugi nie potrafi zrozumieć. Opiekunka Samoobserwacji, zanim się odezwała, dała sobie czas na zastanowienie, po czym powiedziała mężczyznom, że spotkają się ponownie następnego Dnia.

Gdy mężczyźni odeszli od jej ogniska, Kobieta Słuchająca poczuła się zdezorientowana wszystkim, co usłyszała, gestykulacją każdego z mężczyzn i sposobem, w jaki przejmujące zimno pozbawiło ją części skupienia. Usiadła, wpatrując się w płomienie palących się w ognisku gałązek, zamknęła oczy i głęboko wewnątrz poczuła swoją własną istotę. Uczucie ciepła podnosiło się z ciszy i rozlewało po jej ciele jak złoty miód, słodki i bogaty. Klanowa Matka czuła, jak rozszerza się poza ograniczenia swojej ludzkiej formy, a następnie poza ściany pieczary, którą Plemię nazywało domem. W ciszy usłyszała nieśmiały szept, głos, którego nie rozpoznała. Pomarańczowe płomienie migotały światłem i cieniem pod jej zamkniętymi powiekami, gdy podążała za szeptem w głąb szarości w granicach swoich zmysłów.

13 Pierwotnych Matek Klanowych ••••

Podróż zabrała ją do czerni Pustki Nieznanego, poza granice jej percepcji. W miarę jak zbliżała się do źródła dźwięku, głos stawał się wyraźniejszy i bardziej ożywiony.

Z ciemności Pustki zaczęło wyłaniać się światło, które poprowadziło Kobietę Słuchającą ku jasności, jakiej nigdy przedtem nie spotkała. Zmianom w intonacji głosu, który dobiegał z wnętrza ognia, towarzyszyły wielobarwne wybuchy płomieni. Kobieta Słuchająca poczuła w gardle twardą, dławiącą grudę, a w jej ludzkich oczach wezbrały piekące łzy, gdy odkryła głos swojej Orendy. Zapuściła się poza granice swojej ludzkiej formy, a jednak czuła każdą emocję i najbardziej subtelną zmianę w swoim ciele. Słyszała dźwięk, jaki wydawało jej gardło, gdy próbowała przełykać, słyszała trzask gałązek w ognisku, prawie niezauważalny szloch radości oraz głos swojej Esencji Duchowej.

W stanie podwyższonej świadomości Klanowa Matka rozumiała wszystkie kroki swojego przejścia oraz to, jak wszystkie lekcje życiowe doprowadziły ją do tego momentu osobiście urzeczywistnionej pełni. Głos jej Orendy witał ją i oznajmiał, że powróciła do domu, do prawdziwej Jaźni. Wszechogarniający przypływ emocji wywołał wstrząs w jej ciele, gdy doznawała uczuć wdzięczności, satysfakcji, niezmienności, pokory, zachwytu, opieki, przynależności, spełnienia oraz pragnienia, aby wiedzieć więcej. Oddech zamarł w jej piersiach, gdy ujrzała piękno tańczącego przed okiem jej umysłu Wiecznego Płomienia Miłości, który mieścił w sobie głos jej Orendy.

W jednym uderzeniu serca uświadomiła sobie opiekę Matki Ziemi nad swoją fizyczną formą oraz pełną miłości ochronę, jaką Wielka Tajemnica roztacza nad jej Duchową Esencją. Dwa światy, ducha i istoty materialnej, stały się jednym wewnątrz Orendy Klanowej Matki. Słyszała, jak współbrzmienie całego Stworzenia wypływa ze środka jej istoty, wyśpiewując muzykę znajdującą się we wszystkich przejawach życia. Każda forma życia wibrowała melodią, która łączyła się w misternej harmonii z melodiami wszystkich innych.

Nie było miejsca na dysonans w symfonii dźwięków, które przepływały przez jej zmysły. Serce, ciało, umysł i duch Kobiety Słuchającej uzyskały nowe poczucie całości. Gdy zdolność do słyszenia każdego głosu w Stworzeniu umocniła się wewnątrz jej istoty, nic nie wydawało się ani zbyt dalekie, ani zbyt wielkie do ogarnięcia.

Uczucie pragnienia, aby każda istota ludzka miała udział w tym doświadczeniu, przerwał głos Orendy:

— Moje Ja, wyrażasz pragnienie Stwórcy, aby wszystkie istoty doświadczały nieograniczonej radości. Jesteś pobłogosławiona wspaniałomyślnością ducha, który chce, aby wszyscy odnaleźli to wewnętrzne wiedzenie. Dopóki każda istota ludzka nie przejdzie dróg do pełni, które ty przeszłaś, nie może w pełni zrozumieć uniesienia i rozkoszy twojego doświadczenia. Każda istota musi otrzymać możliwość

•••• **Kobieta Słuchająca**

znalezienia swoich indywidualnych dróg prowadzących do domu, do prawdziwej Jaźni. Słuchaj ich serc i prowadź je drogami, które pozwolą im zrozumieć, że samodzielnie mogą wypełnić zadanie powrotu do domu.

Kobieta Słuchająca zapytała głos swojej Orendy, w jaki sposób może pokierować swoimi ludzkimi dziećmi, a głos Orendy odpowiedział:

– Ucz je, jak mają słuchać głosów świata natury. Przywołaj Jastrzębia, który jest *posłańcem* niosącym słowa mądrości. Niechaj towarzyszy ci w pokazywaniu Dwunożnym, jak słuchać. Ucz je mądrości Mrówki, której Uzdrawiającą Mocą jest *cierpliwość*, oraz ucz mądrości Pancernika, którego Uzdrawiająca Moc pokaże im, *jak stawiać granice, by trzymać uczucia i kłopoty innych z dala od własnej Świętej Przestrzeni*. Pokaż istotom ludzkim zdolność słuchania, jaką posiada Królik, i jego Uzdrawiającą Moc *niesłuchania nierealistycznych lęków*. Wskaż Uzdrawiającą Moc Drozda-Przedrzeźniacza, który uczy Istoty Dwunożne *daru przywoływania i powtarzania wszystkiego, co słyszały*. Zawołaj Fretkę, aby użyć jej Uzdrawiającej Mocy *wyszukiwania odpowiedzi przez używanie wnioskowania i rozumowania*. Jeżozwierz może towarzyszyć twoim dzieciom, ucząc Uzdrawiającej Mocy *wiary i niewinności*. Będzie im potrzebna zarówno wiara we własne ścieżki, własne zdolności i własne połączenie z Wielką Tajemnicą, jak i swego rodzaju niewinność i pokora, dzięki którym ich procesów nie zakłócą takie wady jak sceptycyzm i arogancja.

Kobieta Słuchająca głęboko w sercu zapisała wszystko, czym podzielił się z nią głos Orendy. Opiekunka Samoobserwacji zrozumiała, że właśnie dopełniła końcowego Rytuału Przejścia, który odzwierciedlał jej osobiście urzeczywistnioną pełnię. Następnym jej krokiem na Wielkim Kole Uzdrawiającej Mocy Życia będzie uczenie ludzkich dzieci, w jaki sposób mają słuchać oraz interpretować otrzymane wiadomości. W jej wspomnieniu rozbrzmiewał ryk Morskiego Lwa, przypominając, że może wezwać zdolności Fok i Morskich Lwów, aby uczyć swoje ludzkie dzieci Uzdrawiającej Mocy *pływania na falach emocji i uczuć w celu odkrycia wszystkich aspektów siebie*. Jej ludzkie dzieci, ufając swoim uczuciom, mogą poznać wiele poziomów wnikliwości, niezbędnych, by usłyszeć prawdę.

Kobieta Słuchająca wiele się nauczyła podczas tego Dnia wypełnionego przejmującym zimnem oraz ognistymi uczuciami pełni. Następnie zastosowała nowe zrozumienie do spraw dwóch mężczyzn, którzy prosili ją o radę. Nauczyła ich, w jaki sposób mogą zrozumieć punkt widzenia innej osoby – każdy miał zająć miejsce tego drugiego i wyrażać przeciwny punkt widzenia, dopóki go nie uszanuje.

Te wczesne wydarzenia zdawały się tak bardzo odległe. Przez wiele następnych pokoleń Kobieta Słuchająca wzrastała i nadal rozwijała swoje umiejętności. Aby zachować święte wspomnienia swojego przejścia, odłożyła je, tak jakby były drogocennymi Obiektami Uzdrawiającej Mocy, i zawinęła w Tiyoweh, używając Ciszy jak Zawiniątka Uzdrawiającej Mocy.

Teraz dla Klanowej Matki nadszedł czas, aby weszła do Tiyoweh i słuchała słów młodej kobiety, która usiłowała zrozumieć sny i otrzymane w nich przesłania. Dziadek Słońce płynął nisko przez Naród Nieba, kiedy Kobieta Słuchająca pomagała młodej śniącej interpretować symbole, które ta otrzymała w wizjach, oraz usłyszane tam słowa mądrości. Kobieta Słuchająca pokazała młodszej kobiecie, jak zadawać samej sobie naprowadzające pytania, które mogą umożliwić znalezienie własnych odpowiedzi. Metody, jakich używała Klanowa Matka, wywoływały u młodej kobiety błysk zrozumienia. Kobieta Słuchająca zawsze prosiła, żeby jej rozmówczyni myślała, przypominała sobie, czuła oraz szanowała cichy, wewnętrzny głos, który domagał się, by śniąca usłyszała prawdę wewnątrz swojego serca.

Kobieta Słuchająca wysłuchiwała dziewczyny, a następnie zadawała pytanie:
– Jakie uczucia to w tobie wywołuje?
Albo:
– Jak ci się wydaje, czego to Stworzenie cię uczy?

W każdym przypadku, kiedy osoba poszukująca rady poczuła się bezpiecznie i odczuła, że jest rzeczywiście słuchana, rozbłyskiwało jej wewnętrzne wiedzenie. Kobieta Słuchająca odkryła, że staje się odbłyśnikiem dla poszukujących pomocy, zawsze zauważając, iż w pewnym momencie każde z jej dzieci potrzebuje utwierdzenia w sobie. Niektóre z nich przerażała Cisza, inne bały się ciemności Pustki, podczas gdy jeszcze inne były przestraszone tym, co mogą usłyszeć, ponieważ zaprzeczały prawdzie wewnątrz samych siebie.

Każda Istota Ludzka jest niepowtarzalna i musi podążać drogą do pełni, która jej odpowiada, ale zanim tam dotrze, najpierw całe Ludzkie Plemię musi odkryć wewnętrzne słyszenie. Słyszenie głosu Orendy jest sposobem, w jaki wszystkie istoty ludzkie ostatecznie zrealizują swoje potencjały. Bez umiejętności słuchania pragnień swojego serca i wewnętrznych prawd są zagubione. Kobieta Słuchająca uczy je, że pierwszym krokiem na każdej osobistej ścieżce jest nauczenie się, jak z szacunkiem słuchać swoich ciał i siebie nawzajem. Później przychodzi nauka umiejętności słuchania natury; następnie tego, jak słyszeć oraz interpretować bezsłowne przesłania świata natury i głosy Przodków, którzy galopują na wiatrach. Dalej podczas drogi do pełni Dzieci Ziemi uczą się, jak słuchać wypowiadanych przez siebie słów, porównując to, co rzeczywiście powiedziały, z prawdą, jaką odnajdują w głosie Orendy. Ten krok to proces przesiewania, który uderza w samo serce ograniczeń i iluzji znajdujących się na Czerwonej Drodze ludzkiego życia.

Kobieta Słuchająca

Kiedy Kobieta Słuchająca przyjrzała się umiejętnościom, które może przekazać Dzieciom Ziemi, jej uwagę przyciągnęło nagłe trzepotanie serca. Skupiła się na tym trzepotaniu i odkryła pełen miłości głos swojej Orendy. Dreszcz przeszedł przez ciało Klanowej Matki, gdy głos powiedział:

– Dzieci Ziemi uleczą swoje zranienia i znajdą tę samą radość, którą ty kołyszesz w swoim sercu, moje Ja. Z każdą mijającą porą roku na świecie pojawia się coraz więcej wewnętrznego pokoju, ponieważ coraz więcej osób należących do Ludzkiego Plemienia odkrywa drogę do domu. Miłość powraca. Kiedy zwiększy się przepływ życia i kiedy Istoty Dwunożne znajdą wewnątrz siebie Wieczny Płomień Miłości, powróci *Hail-oh-way-an*, Język Miłości. Istoty ludzkie znów będą potrafiły nawzajem słyszeć czystość swoich serc i rozumieć harmonię całego Stworzenia, którą jako dziedzictwo pokoju przekazała Wielka Tajemnica. Wszystkie formy życia będą żyły w jedności i będą wspierać wszystkie inne, bez osądzania i bez wyjątku. Słuchaj. Czy słyszysz?

Gdy głos Orendy zanikł, Kobieta Słuchająca usłyszała nieśmiałe pomruki wiatru, który, okrążając Matkę Ziemię, wzmagał się i wzbijał na grzbiety Świętej Góry. Głosy Przodków galopowały na Wiatrach Przemian, szepcząc do wszystkich, które mogą słyszeć.

– Teraz jest czas powrotu Białego Bizona. To czas, by pozostawić lęki i przyłączyć się do nas w poszukiwaniu pełni i jedności. Dzieci, wzywajcie tę Babcię, która może nauczyć was harmonii wewnętrznego pokoju waszych serc. Kobieta Słuchająca słyszy wasze wołanie i czeka gotowa, aby pokazać wam, jak odkryć drogę. Nasłuchujcie, jak wśród tętentu Białego Bizona rodzą się ciche odgłosy kroków waszych Przodków, i wiedzcie. Zdajcie sobie sprawę, że każdej nocy na wielkim obszarze Ludu Nieba palimy ognie, które wskazują drogę powrotną do domu. Czekamy w Tiyoweh. Posyłamy wam nasze prawieczne szepty, aby ponownie wyznaczyć Szlak Harmonii wiodący do domu waszych serc.

Kobieta Słuchająca siedziała w Ciszy i słuchała. Pojawiające się głosy, które wzywały jej imię, nie były dla niej niespodzianką. Nareszcie nadszedł czas, by ludzie, porzucając oddzielenie i ograniczenia, usłyszeli i sięgnęli po duchową pełnię.

Bajarka

Powiedz mi opowieść, słodka Matko,
o Przodkach i ich dniach,
o tym, jak kroczyli w pięknie,
ucząc się Dróg Mocy.

Kiedy dzielisz się opowieściami,
mogę zrozumieć,
że ważna jest każda lekcja
i w jaki sposób dotyczy mnie.

Dzięki przykładom innych
podzielam śmiech i łzy.
Poprzez doświadczenia innych
uczę się, że miłość może pokonać lęk.

Razem możemy wędrować
przez te inne czasy,
odzyskując całą mądrość
zapomnianych przekazów.

Matka Klanowa
Szóstego Cyklu Księżycowego

BAJARKA jest Klanową Matką cyklu księżyca, który przypada w czerwcu. Symbolizuje go kolor czerwony, który posiada właściwe sobie Uzdrawiające Moce. Bajarka uczy, jak dzięki zachowaniu nienaruszonej niewinności wierzyć, być pokorną i pozostać młodą sercem. Szóstym Cyklem Prawdy, którego strzeże ta Klanowa Matka, jest *mówienie prawdy.* Bajarka uczy swoje ludzkie dzieci, jak mówić prosto z serca, wypowiadając zawsze to, co się ma na myśli w szczery, jasny i zwięzły sposób. Ta Matka Klanowa to nauczycielka prawdy i tropicielka, która ukazuje wiarę, której potrzebujemy, by odnaleźć drogę przez lasy iluzji własnego zamętu. Bajarka uczy, że mówienie prawdy jest podstawą Ustnej Tradycji, która utrzymuje przy życiu uniwersalną, ponadczasową mądrość. Z trudem wyciągnięte z życiowych lekcji nauki, które prowadzą inne istoty ludzkie Czerwoną Drogą fizycznego życia, dotyczą wszystkich ludzi, ponieważ opierają się na wiecznych prawdach.

Bajarka uczy, jak za pomocą humoru rozpędzać lęki i jak równoważyć to, co święte i poważne, z tym, co powszednie i niepoważne. Jeśli możemy śmiać się z naszej ludzkiej kondycji i niemądrych wysiłków, jakie podejmujemy, by zachować swoje ograniczenia, pokonamy stworzone przez siebie demony, które zobowiązują nas do dramatyzowania i do życia w stanie ciągłego zamętu oraz pobudzenia. Dzięki słuchaniu historii o innych i o tym, w jaki sposób oni dali sobie radę z lekcjami spotykanymi na swoich ścieżkach, jesteśmy w stanie uzyskać perspektywę w stosunku do własnych Rytuałów Przejścia na Ziemi.

Ta Klanowa Matka, posiadająca Uzdrawiającą Moc Błazna[48], wciąga nas w rozwój poprzez śmiech. Błazen może nam pokazać, jak osiągnąć pełnię, której pragnie nasza Orenda, wchodząc tylnymi drzwiami lub podchodząc do każdej lekcji w odmienny sposób. Duchowa Esencja, Orenda, widzi ponad ludzkim, zawężonym widzeniem i może użyć Uzdrawiającej Mocy Błazna, aby wypchnąć nas poza nasz upór. Błazen będzie błaznować, dając nam subtelne lekcje, nad którymi możemy się zastanowić lub które możemy zignorować. Bajarka może także tkać opowieść, która zawiera charakterystyczne cechy życiowych lekcji danej osoby, bez wskazywania na nią palcem. Następnie, korzystając z osobowości Błazna, Matka Klanowa żartem skłania słuchaczkę, aby ujrzała swoją sytuację z bezpiecznego miejsca obserwatorki zamiast stawiać czoła problemowi bezpośrednio.

Bajarka korzysta z mądrości, jaką uzyskali Przodkowie przebywający teraz w świecie duchowym, aby zapoznać nas z prawdami, które niegdyś pomogły tym Sędziwym. Kiedy dzięki własnemu poznaniu prawdy uda się rozwiązać problemy lub pokonać życiowe wyzwania, należy się dzielić tym osiągnięciem z przyszłymi pokoleniami. Bajarka i jej cykl księżycowy mają związek z kolorem czerwonym, ponieważ jest to kolor krwi. W krwi zakodowane są doświadczenia i mądrość płynące z życiowych lekcji wszystkich Przodków. W Tradycyjnej Rdzennej Sztuce Uzdrawiania krew zawsze była postrzegana jako rzeka życia, przepływająca przez nasze ciało i dająca nam dostęp do mądrości Starszych, którzy istnieli przed nami. W obecnych czasach naukowcy odkryli jedynie, że DNA niesie genetyczne kody, lecz nie odkryli jeszcze, że poprzez wzory DNA w każdej ludzkiej komórce i krwi można mieć dostęp do zbiorowego umysłu i ducha rasy ludzkiej.

---

[48] Heyokah (czyt. hejoka) – Święty Błazen (ang. *Trickster*, Żartowniś). Przekorny klaun, który posiada absolutną mądrość, uczy ludzi przez śmiech i ukazuje przeciwną stronę rzeczy lub sytuacji. Gdy śmiejemy się z samych siebie, rozpraszamy powagę i przełamujemy sztywność i kontrolę, które ograniczają naszą energię. Postać Świętego Błazna występuje w wielu kulturach, nosi różne imiona i reprezentują ją różne zwierzęta (kojot, łasica, zając).

Bajarka pozwala każdej słuchaczce i każdemu słuchaczowi usłyszeć opowieści o tym, w jaki sposób inni znaleźli w swoim życiu prawdę. Ta Klanowa Matka uczy, przemawiając słowami prawdy, byśmy wiedziały, jak mówić z miejsca swojej osobistej prawdy i swojego Świętego Punktu Widzenia, gdy zostajemy proszone o opinię. A kiedy *nie* jesteśmy pytane o zdanie, uczy słuchać bez dodawania swojej niechcianej rady. Strażniczka Opowieści Uzdrawiającej Mocy przypomina, że prawda nigdy nie rani innych, jeżeli wypowiemy ją z miłością i jeśli nie dołączamy przekonania o własnej nieomylności lub małostkowych opinii, których często używamy, by krytykować siebie. Mówienie prawdy to sztuka, w której nigdy nie ma elementu osądzania innych. Kiedy wskazujemy kogoś palcem, trzy inne palce zwracają się w przeciwną stronę, ku osobie oskarżającej. Ten rodzaj osądzania nigdy nie pozwala osobie, która jest celem krytyki, aby sama mogła znaleźć prawdę dla siebie. Gdy któraś chce powiedzieć prawdę bez pokazywania palcem, może, podobnie jak Bajarka, podzielić się historią o tym, jak sama nauczyła się lekcji życiowej lub bezpiecznie przeszła przez kryzys. Ta Klanowa Matka, Nauczycielka Prawdy, przypomina, że istoty ludzkie, które powtarzają półprawdy, przerywają nić zaufania lub fabrykują plotki, robią tak, ponieważ są zranione. Z wnętrza swoich zranień projektują kłamstwa i iluzje na znajdujące się najbliżej osoby lub na najbliższą sytuację, ponieważ nawet sobie nie mogą powiedzieć prawdy.

Snucie opowieści

Bajarka siedziała przy wieczornym ognisku z Plemienną Radą Małych Ludzi i patrzyła w twarze zgromadzonych wokół niej dzieci, które przyszły słuchać opowieści. Ogień odbijał się w twarzach oczekujących malców, publiczności składającej się z zachwyconych wielbicieli. Dzieci czuły płynącą od Klanowej Matki miłość, która wyrażała się w szacunku, z jakim je traktowała. Bajarka nauczyła poprzednie pokolenia wielu Klanów i Plemion, że dzieci są w pełni dorosłymi duchowymi formami w maleńkich ciałach, i stąd Rada Dzieci stała się Radą Małych Ludzi.

Bezksiężycowe nocne niebo ukazywało tysiące gwiazd. Ta noc rozpoczynała nowy cykl Miesiąca Dojrzewania. Gwieździsta Misa Uzdrawiającej Mocy nocnego nieba zdawała się zapowiadać, że zaraz wydarzy się coś widowiskowego. Podmuchy wiatru niosły słodki zapach kwiatów Mimozy, które zwisały z gałęzi Ludu Drzew, otaczających kręgiem szałas Klanowej Matki. Robaczki Świętojańskie tańczyły w powietrzu wokół wysokich pałek wodnych, liści dzikiej mięty i kwiatów czerwonej koniczyny, rosnących wzdłuż strumyka, który wijąc się płynął przez teren obozowiska. Od czasu do czasu podczas tej ciepłej, letniej nocy pojawiały się migoczące i mrugające Świetliki.

Bajarka uznała, że to doskonały czas, aby podzielić się opowieścią o tym, jak Świetlik zdobył swoje migoczące światło. Dzieci, tworzące Radę Małych Ludzi, oczarowane Klanową Matką, gwiazdami i tańczącymi Świetlikami, same nie mogły się zdecydować, która z tych rzeczy jest najbardziej interesująca dla ich ciekawych umysłów.

– *Naweh Skennio*, dziękuję ci, że jesteś zdrowa – Bajarka zaczęła od tradycyjnego powitania, które sprawiło, że dzieci skupiły błądzącą uwagę na jej osobie. Maluchy wiedziały, że pozdrowienie to sygnał, by usiąść, być bardzo cicho i słuchać bez przerywania. Bajarka opowiadała Radzie Małych Ludzi tylko krótkie historyjki, gdyż najmłodsze dzieci, zaledwie trzyletnie, nie mogły utrzymać uwagi tak długo jak starsze, również należące do rady. Po ukończeniu jedenastu lat chłopcy przechodzili do Rady Młodych Wojowników, natomiast dziewczynki dołączały do Rady Motyli, w której przygotowywały się do transformacji okresu dorastania i dojrzewania, by stać się częścią kobiecego rodu.

Bajarka odchrząknęła i zaczęła swoją opowieść.

– Wiele, wiele długich miesięcy temu Świetlika znano pod innym imieniem. Był gwiazdą i jego imię brzmiało Zapominający Migotać. Ten mały brat należał do Wielkiego Gwiezdnego Narodu i żył z Siedmioma Siostrami Gwiazdami, które nadal świecą jasno tam, na niebie. – Bajarka wskazała dzieciom siedem gwiazd wewnątrz konstelacji Wielkiego Bizona[49].

Siedem Sióstr Gwiazd opiekuje się Siedmioma Świętymi Kierunkami: Wschodem, Południem, Zachodem, Północą, Powyżej, Poniżej i Wewnątrz, i uczy wszystkich w Ludzkim Plemieniu szanowania obfitości, którą Wielki Bizon przynosi do nas z każdego kierunku. Zapominający Migotać zawsze był smutny, ponieważ jego siostry pełniły misję opiekowania się Siedmioma Świętymi Kierunkami dla Wielkiego Bizona, a on nie był pewien, jaka jest jego misja. Był tak bardzo smutny, że czasami pozwalał, by jego światło zanikało. Dlatego zyskał imię Zapominający Migotać.

Pewnej Nocy, kiedy Babcia Księżyc pokazywała swoją pełną twarz, Zapominający Migotać poprosił, by pozwoliła mu opuścić Naród Nieba i pójść do Matki Ziemi. Pragnął dowiedzieć się więcej na temat swojego celu w życiu. Babcia Księżyc powiedziała, że Zapominający Migotać może pójść, ale poleciła mu uważać i nie zbliżać

---

[49] Konstelacja Wielkiego Bizona to gwiazdozbiór Byka w gromadzie Plejad.

się zbytnio do Matki Ziemi, ponieważ jej magnetyzm mógłby go schwytać i nie pozwoliłby wrócić do domu. Zapominający Migotać obiecał, że będzie uważny i będzie podróżował tylko tam, gdzie jest bezpiecznie.

Pierwszej Nocy Zapominający Migotać podróżował przez Naród Nieba, aż zawisł pośród chmur nad Świętą Górą. Jego serce było bardzo szczęśliwe, ponieważ ujrzał Małe Siostry i Małych Braci z Plemienia Stworzeń, które bawiły się w świetle księżyca. Krzyknął do Brata Kojota i zapytał, czy może dołączyć do zabawy. Wszystkie zwierzęta znały Kojota jako Żartownisia, ale mały Zapominający Migotać nie wiedział nic o żadnym z Dzieci Ziemi, ponieważ dotąd znał jedynie Naród Nieba. Kojot Żartowniś odkrzyknął, że będzie zachwycony, jeżeli Mały Gwiezdny Brat zechce się z nim bawić, ale jego zdaniem Zapominający Migotać jest zbyt daleko.

Zapominający Migotać pomyślał przez chwilę, a następnie zdecydował zbliżyć się, tańcząc na niebie, podczas gdy Kojot tańczył z nim na Ziemi. Ponieważ Kojot zaczął mówić bardzo cichym głosem, Zapominający Migotać podchodził bliżej i bliżej, aby usłyszeć, co ten Żartowniś mówi. Coraz cichsze słowa przyjaźni wywiodły Małego Gwiezdnego Brata z nieba, aż wreszcie zaczął się unosić tuż nad głową Kojota.

Bajarka zrobiła krótką pauzę, aby zaciekawić dzieci tym, co stanie się dalej. Kiedy już wszystkie szeroko otwarte oczy były w nią wpatrzone, zaczęła coraz bardziej podnosić głos, by na koniec wykrzyknąć te straszliwe słowa:

– Następnie ten nędzny Żartowniś kłapnął paszczą, złapał Zapominającego Migotać i połknął go! – Dzieci aż straciły oddech. Niektóre zapiszczały, zapominając na chwilę o dobrym zachowaniu.

No tak, przypuszczam, że wszystkie zdajecie sobie sprawę, jak bardzo Zapominający Migotać był przestraszony, kiedy znalazł się w brzuchu Żartownisia. Był tak zdenerwowany, że zapomniał migotać i nie wiedział, jak, u licha, ma się stamtąd wydostać.

Mniej więcej w tym samym momencie, kiedy Kojot pożarł Małego Gwiezdnego Brata, Babcia Księżyc spojrzała w dół i nigdzie w polu widzenia nie zauważyła Zapominającego Migotać. Wypatrywała go i rozglądała się, ale nigdzie nie mogła go zobaczyć. Zaniepokojona, wysłała swoje zwiadowczynie, Gwiazdy-z-Ogonami, aby szukały Małego Brata. W tych pradawnych czasach Naród Komet pełnił rolę posłańców, którzy mogli poruszać się tam i z powrotem pomiędzy Wielkim Gwiezdnym Narodem a Ziemią. Gwiazdy-z-Ogonami szukały Małego Brata wysoko i szukały go nisko, lecz bez powodzenia.

W brzuchu Żartownisia Mały Gwiezdny Brat był przestraszony, ale wiedział, że lepiej będzie, jak sobie przypomni całą mądrość, której uczyła go każda z Sióstr, albo nigdy więcej ich nie zobaczy. Po długiej chwili przypomniał sobie, dlaczego został nazwany Zapominającym Migotać. Zawsze bał się, że jego światło nie jest tak ładne jak światło jego sióstr, więc tylko mrugał słabym światełkiem tu i tam. Teraz, złapany w pułapkę kojociego brzucha, uznał, że najlepiej będzie uwierzyć w swoją zdolność jasnego świecenia. Sapał, dyszał i z całą mocą wypełniał swoje małe, gwiezdne ciało światłem, rozświetlając się i świecąc tak jasno, jak tylko mógł.

Żartowniś odkrył nagle, że to jemu spłatano figla, gdyż całe jego pokryte futrem ciało jaśniało jak Dziadek Słońce. Biegł więc i biegł, próbując schować się przed tropiącymi go Kometami, które Babcia Księżyc posłała, aby odnalazły Małego Brata. Kojot widział, jak Gwiazdy-z-Ogonami krążą nad prerią w poszukiwaniu Zapominającego Migotać. Stary Kojot myślał, że oszuka Gwiezdne Zwiadowczynie równie łatwo jak Małego Brata. Teraz nieuczciwy Żartowniś świecił tak jasno, że nie było takiego miejsca, w którym mógłby się schować, a w którym Gwiezdne Zwiadowczynie by go nie znalazły. W panice otworzył paszczę, wypluł Małego Gwiezdnego Brata i uciekł.

Gwiazdy-z-Ogonami zaniosły wiadomość do Narodu Chmur. Te przekazały ją Gromowładcom, którzy następnie powiedzieli Ognistym Laskom, że potrzeba, by nikczemny, stary Żartowniś posmakował swojej własnej Uzdrawiającej Mocy. Naród Nieba wypełnił się rozgniewanymi Krewnymi Małego Gwiezdnego Brata, którzy zebrali burze i napełnili Istoty Chmury Istotami Deszczowymi Kroplami i Lodowymi Istotami, by wodą i lodowymi ciałami zmoczyć i uderzyć Kojota. Hinoh, Wódz Grzmot, wydał dudniący ryk, a Ptak Grzmot[50] machnął swoimi olbrzymimi skrzydłami, powodując tak potężny huk, że Żartowniś zamarł, drżąc ze strachu.

Tymczasem Mały Gwiezdny Brat został uwięziony przez magnetyzm Matki Ziemi. Nie mógł opuścić Ziemi i wrócić do domu. Nadal świecił jasno, aby Niebiescy Krewni mogli go wypatrzeć, jednak nikt nie mógł mu przyjść z pomocą, ponieważ także znalazłby się w pułapce magnetyzmu Planetarnej Matki. Zapominający Migotać zawołał Matkę Ziemię. Poprosił, by go uwolniła, i czekał na odpowiedź.

Burza przetaczała się nad ziemią, a Żartowniś, gdy już znalazł właściwy rytm kroków, miał szansę uciec, unikając kulek gradu i lodowatego deszczu. Ogniste strzały waliły wokół i jedna z Ognistych Lasek trafiła go w czubek ogona, koniec końców zapalając go. Kojot pędził i pędził, próbując wymyślić, w jaki sposób oszukać Niebieskich Krewnych i sprawić, żeby zostawili go w spokoju.

---

[50] Ptak Grzmotu, Gromoptak, Istota Grzmotu (ang. *Thunderbird*) to duch grzmotu i błyskawicy, zdaniem niektórych Rdzennych przyjmujący kształt wielkiego ptaka.

Mały Gwiezdny Brat pośród dźwięków Gromowładców usłyszał wreszcie, że Matka Ziemia mówi; jej głos podróżował na szalejących wiatrach, które towarzyszyły burzy wywołanej przez jego Krewnych. „Zapominający Migotać, teraz będziesz musiał żyć z Dziećmi Ziemi. Jeżeli powstrzymam mój magnetyzm, będziesz mógł pójść do domu, ale wszystkie moje dzieci odpadną od ziemi i pofruną do nieba. Jesteś odpowiedzialny za to, że zapomniałeś o radach i ostrzeżeniach Babci Księżyc. Nie mogę ci pomóc, nie krzywdząc moich pozostałych dzieci. Musisz pozostać tutaj z nami i zdecydować, jakiego rodzaju stworzeniem pragniesz się stać".

Zapominający Migotać zasmucił się, lecz wiedział, że Matka Ziemia ma rację. Nie był uważny i dał się podstępem skłonić do zlekceważenia ostrzeżeń Babci Księżyc. Chciał być znów częścią Narodu Nieba i widzieć świat z góry, jak wtedy, gdy żył ze swoimi Siedmioma Siostrami. Wiedział, że już nigdy nie zapomni świecić jasnym światłem, ponieważ chciał, żeby Niebiescy Krewni widzieli, gdzie jest, i żeby wiedzieli, że pamięta o swojej rodzinie. Zdecydował się powiedzieć Matce Ziemi, że chce być stworzeniem fruwającym, które świeci jak gwiazda. Matka Ziemia zgodziła się i zmieniła go w latającego Robaczka z Plemienia Owadów. Położyła Maleńką gwiazdę na jego odwłoku, aby mógł mrugać do swoich Niebieskich Krewnych, przypominając wszystkim innym Małym Braciom i Siostrom z Wielkiego Gwiezdnego Narodu, co może się im przytrafić, jeżeli nie będą zwracali i zwracały uwagi na mądrość swoich Starszych.

Kojot jeszcze teraz ucieka ze strachu, gdy usłyszy grzmot lub zobaczy Świetlika. Ten Żartowniś pamięta, że Ogniste Laski zapaliły mu ogon i że musiał wskoczyć do stawu, aby go ugasić. Niektórzy ludzie mówią, że Ogniste Laski i Istoty Pioruny odegrały się na Kojocie, przynosząc Małemu Gwiezdnemu Bratu zwycięstwo i zwracając mu godność. W ten właśnie sposób Zapominający Migotać zyskał imię Robaczek Świętojański. Odwłok Świetlika zapala się, aby przypominać Kojotowi o jedynych Krewnych, którzy przechytrzyli tego Żartownisia i podpalili mu ogon. Kiedy odwłok Świetlika zapala się, jest to przypomnienie dla nas, istot Dwunożnych, abyśmy pozwoliły świecić swojej Uzdrawiającej Mocy i aby blask w naszych oczach nigdy nie zgasł, aby Żartowniś nie zdołał nas okpić i sprowadzić na kręte szlaki.

Wszystkie dzieci siedziały z rozdziawionymi buziami i szeroko otwartymi oczami, wpatrzone w Bajarkę, rozkoszując się bogactwem opowieści o Małym Gwiezdnym Bracie.

Pojawiło się starsze rodzeństwo maluchów, aby odprowadzić je do szałasów, by przygotowały się na przyjście Piaskowego Dziadka[51]. Bajarka opowiadała już o nim,

---

[51] Dosłowne tłumaczenie to Człowiek Snu, tłumaczę jednak jako Piaskowy Dziadek, ponieważ jest to określenie, które było używane przed laty w dobranockach dla dzieci, a które bardzo mi się podoba.

wiedzieli więc, że po wieczornej opowieści Piaskowy Dziadek przyjdzie, aby sypnąć usypiającym piaskiem w ich oczy. Gdyby dzieci były jeszcze rozbudzone, Piaskowy Dziadek gniewałby się, a ich sny mogłyby nie być szczęśliwe. Jeżeli maluchy są ułożone do snu, Piaskowy Dziadek może przynieść im szczęśliwe marzenia senne. Każdy chce mieć szczęśliwe sny, tak więc w Plemieniu nigdy nie było problemu z otuleniem dzieci w ciepłe nocne szaty i wysłaniem ich do Krainy Snu.

Bajarka obserwowała, jak dzieci z Rady Małych Ludzi odchodzą z rodzicami i starszym rodzeństwem. Na odchodnym usłyszała ich cieniutkie głosiki:

– *Naweh, Aksot, o'gadenetga do*, dziękuję, Babciu, dobrze się bawiłam, dobrze się bawiłem.

Klanowa Matka przyjęła podziękowania i pożegnania i zaczęła przygotowywać się do nocnego odpoczynku w swoim szałasie.

Posłała do Wielkiej Tajemnicy ciche podziękowania za to, że mogła przekazać maluchom dary, które dają im mocną podstawę do rozwoju oraz wzbogacają ich życie.

Wycie Wilka oderwało ją od tych myśli. Duch Wilka, towarzyszący zawsze Matce Klanowej jako Totem, przyniósł jej *zdolność stwarzania nowych sposobów uczenia się i nauczania*. Leśne wilki, żyjące na wzgórzach nad rzeką, były jej przyjaciółmi przez wiele Miesięcy Dojrzewania, od czasu, gdy wraz z Plemieniem sprowadziła się nad rzekę. Często widziała, jak polują, a kiedy przychodziła na wyżej położone łąki, mogła obserwować ich zabawy. Siostry i bracia wilki pozdrowili ją wyciem, a ona odwzajemniła ich powitanie, wyjąc równie głośno. Powitanie Klanowej Matki zostało znowu odwzajemnione, co było znakiem, że Piaskowy Dziadek skinął na Bajarkę, że czas odpocząć i odświeżyć swoje ciało, by mogła śnić o radościach, które odnajdzie w nadchodzącym Dniu.

Później Bajarka, otulona już w nocną szatę, śniła o Sroce, która czasami bywa nazywana Małym Czarnym Orłem. We śnie Sroka jechała na grzbiecie Bizona, wyjadając insekty, które zebrały się w jego sierści. W słonecznym świetle pióra Sroki świeciły czernią i opalizującym błękitem nocnego nieba, a pośród nich błyskały białymi akcentami pióra zdobiące jej skrzydła i ogon. Sroka opowiedziała o swojej Uzdrawiającej Mocy, którą jest *talent zmniejszania bólu innych*. Wyjaśniła Bajarce, że dolegliwość to ostrzeżenie, które wskazuje na zmianę zachodzącą w ciele. Sroka powiedziała Bajarce, że niektóre istoty Dwunożne nie chcą doświadczać żadnej niewygody, ponieważ nie rozumieją, że dreszcze i gorączka są sposobem, w jaki ciało pozbywa się ograniczeń. Kiedy już Ludzkie Plemię zrozumie otrzymane w procesie rozwoju życiowe lekcje, którymi są dolegliwości stanowiące wyzwania, wtedy Sroka wysyła swojego ducha, aby usunął te dolegliwości i ból. Podobnie jak jej imiennik, Orzeł, Sroka pokazuje Dwunożnym, jak odnaleźć wolność. Orzeł uczy

13 Pierwotnych Matek Klanowych ••••

o wolności Ducha, a Sroka – jak pozwolić duchowemu zrozumieniu i wolności wkroczyć do ciała.

W swoim śnie Bajarka była słuchaczką, tak samo jak dzieci były słuchaczami w czasie godzin czuwania. Strażniczka Humoru o mało nie obudziła samej siebie, kiedy roześmiała się, słuchając nudnej opowieści Sroki o kuzynie z tropikalnych rejonów Żółwiej Wyspy. Sroka opisywała, że Skrzydlaty Kuzyn ma niewyobrażalnie wielki dziób i jaskrawe, kolorowe pióra. Ponieważ dziób kuzyna jest ogromnie wielki w porównaniu z jego ciałem, przypisuje mu się, że wtyka nos w nieswoje sprawy, lecz w rzeczywistości zauważa on wszystko, co może przynieść komuś krzywdę. Sroka nazwała kuzyna imieniem Tukan i powiedziała, że jego Uzdrawiającą Mocą jest bycie *systemem ostrzegawczym dżungli*. Tukan czasami odwiedza sny żyjących bardzo daleko istot Ludzkiego Plemienia, aby stały się bardziej spostrzegawcze. Kiedy kłopoty lub niebezpieczeństwo są blisko, Tukan może przylecieć z dżungli w materialnym świecie lub posłać swojego ducha, który przelatuje przez Czas Śnienia i wykrzykuje swoje ostrzeżenie dla istot, które powinny zważać na sygnały o niebezpieczeństwie.

Sroka niemal zawsze podąża za Tukanem, frunąc przez sny i pokazując istotom ludzkim, jak unikać bolesnych lekcji, których doświadczamy, gdy nie jesteśmy świadome znaków ostrzegawczych ani niebezpieczeństw pojawiających się na Czerwonej Drodze życia. Mały Czarny Orzeł powiedział Strażniczce Opowieści Uzdrawiającej Mocy, w jaki sposób ostrzeżenia jej wielkodziobego kuzyna mogą nauczyć ludzkie istoty rozpoznawać sytuacje, które mogą pozbawić je stanu dobrego samopoczucia fizycznego. Tukan ostrzega, zsyłając zdarzenia zagrażające życiu, i w ten sposób przypomina nieostrożnym marzycielkom i marzycielom, że uważność może uratować je lub ich przed fizycznymi zranieniami. Ponieważ Tukan żyje w bardzo odległej części Żółwiej Wyspy, Sroka zapoznawała Klanową Matkę z jego Uzdrawiającą Mocą we śnie, aby Bajarka mogła skorzystać z jego ochrony, jeśli będzie jej kiedykolwiek potrzebować. Bajarka podziękowała Małemu Czarnemu Orłu za prezentację i za nauki, które odkryła w swoim śnie.

Obudziwszy się, Bajarka zauważyła, że światło Dziadka Słońce jeszcze nie ozdobiło porannego nieba, leżała więc w milczeniu, myśląc o Uzdrawiającej Mocy, którą otrzymała tej nocy. Kolejne opowieści jedna za drugą wypełniały jej głowę, ukazując nowe sposoby dzielenia się poznaną właśnie mądrością. Gdy dotarł do niej przyniesiony porannym wietrzykiem zapach roślin pokrytych rosą, Matka Klanowa poczuła wrażenie świeżości. Bajarka słuchała wodnej pieśni rzeki płynącej obok jej szałasu i była zadowolona. Ustne Tradycje nadal będą żyły, podpowiadając ludzkim dzieciom Ziemi, jak mogą rozumieć swoje życie; będą żyły, dopóki

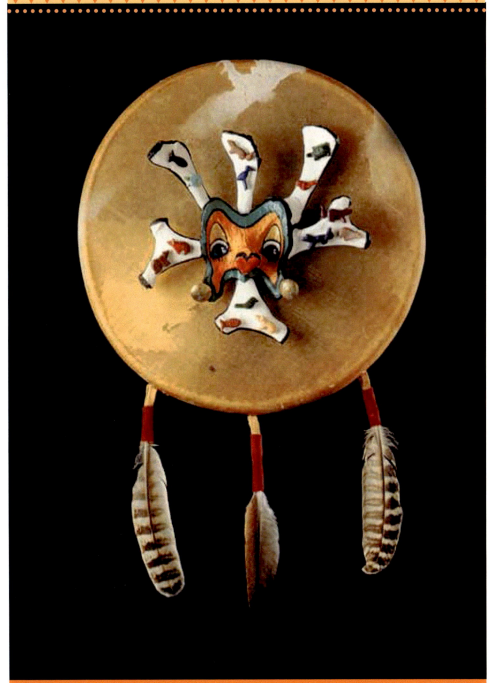

styczeń
pierwszy cykl księżycowy
Rozmawiająca Z Krewnymi

luty
drugi cykl księżycowy
Strażniczka Mądrości

marzec
trzeci cykl księżycowy
Ważąca Prawdę

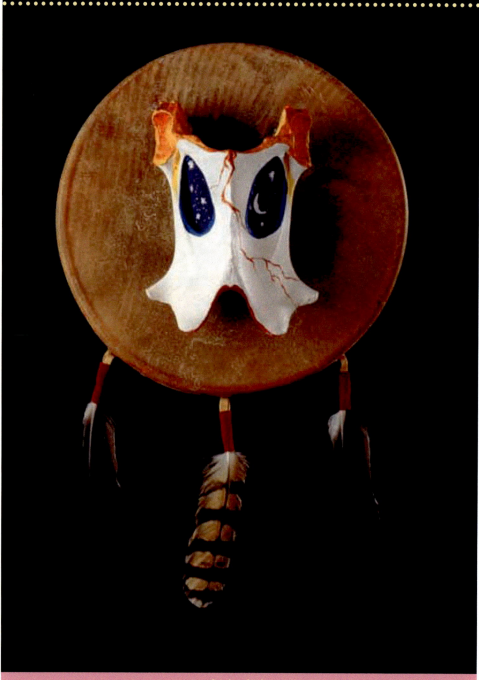

kwiecień
czwarty cykl księżycowy
Widząca Daleko

maj
piąty cykl księżycowy
Kobieta Słuchająca

czerwiec
szósty cykl księżycowy
Bajarka

lipiec
siódmy cykl księżycowy
Kochająca Wszystkie Istoty

sierpień
ósmy cykl księżycowy
Ta Która Uzdrawia

wrzesień
dziewiąty cykl księżycowy
Kobieta Zachodzącego Słońca

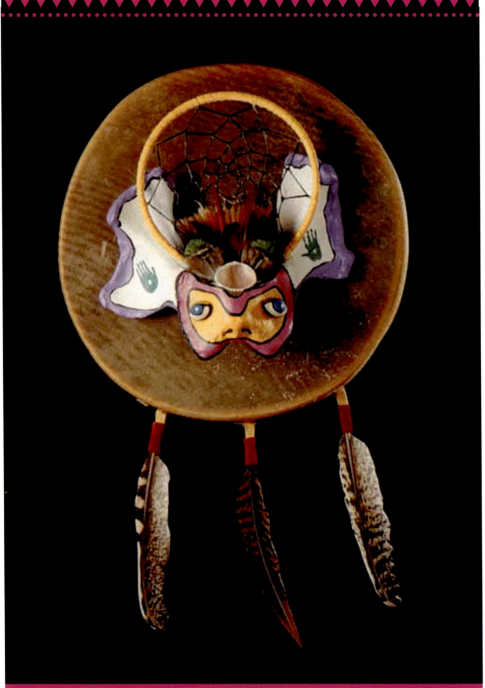

październik
dziesiąty cykl księżycowy
Tkająca Wątki

listopad
jedenasty cykl księżycowy
Krocząca Z Podniesioną Głową

grudzień
dwunasty cykl księżycowy
Dzięki Czyniąca

błękitny miesiąc przemiany
trzynasty cykl księżycowy
Stająca Się Swoją Wizją

Dzięki Czyniąca

Strażniczka Mądrości

???????????
????????

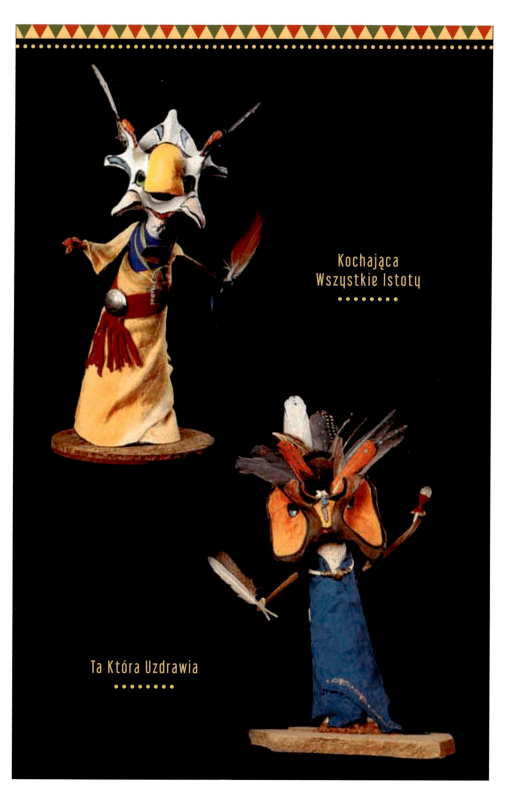

Kochająca Wszystkie Istoty

Ta Która Uzdrawia

te, które wypowiadają swoje wieczne prawdy, będą przekazywać je z pokolenia na pokolenie. Była bardzo szczęśliwa, gdyż czuła się częścią tej spuścizny ustnych przekazów, oraz dlatego, że Stworzenia-nauczyciele chętnie dzielą się z nią swoją Uzdrawiającą Mocą, by mogła ją przekazywać dalej w opowieściach.

Opiekunka Opowieści Uzdrawiającej Mocy na chwilę zamknęła oczy i zobaczyła ducha swojego nowego przyjaciela, Tukana. Pozwoliła swoim myślom, bezgłośnie, zapytać tego Skrzydlatego, czy posłał do niej swojego ducha z jakiegoś powodu, czy też po prostu wita Klanową Matkę w nowym Dniu. Tukan szepnął Strażniczce Humoru wiadomość, która na zawsze pozostanie częścią jej wspomnień.

– Matko, przyszedłem, aby powiedzieć ci, że w miarę przemijania światów Dwunożni będą doznawać wielu zmian. Moje ostrzeżenie jest podwójne. Jeżeli Dzieci Ziemi zapomną, jak śmiać się z samych siebie, zginą od działań, które podejmują, gdy powaga tłumi ich śmiech i poczucie dobrej zabawy. Ludziom trzeba pokazać, jak używać humoru do rozpraszania potencjalnie bolesnych i zgubnych sytuacji. Jeżeli zapomną, jak równoważyć to, co święte i poważne, z tym, co radosne i niepoważne, zniknie radość życia.

Druga część mojego ostrzeżenia dotyczy zachowania Ustnych Tradycji. Kiedy Opowieści Uzdrawiającej Mocy są przekazywane wielu kolejnym pokoleniom i kiedy zawierają prawdę, mądrości te nieprzerwanie będą wspierały ludzi w ich rozwoju. Niesprawiedliwością byłoby pozwolić tym opowieściom umrzeć. Dzieci Ziemi zmienią się i niektóre stracą swoje połączenie ze światem natury. Być może tylko poprzez sny, lecz Opowieści Uzdrawiającej Mocy będą nadal podtrzymywać ich połączenie z resztą Planetarnej Rodziny. Każda osoba, która będzie potrafiła przekazać prawdę używając opowieści i która, nie pokazując palcem, przedstawi słuchającym osobom, w jaki sposób mogą zastanowić się nad swoim życiem, będzie obdarowana moją Uzdrawiającą Mocą ostrzegania. Jeżeli ostrzeżenia pozwolą im powrócić do równowagi, jedność zostanie osiągnięta.

Bajarka podziękowała Tukanowi za jego podwójne ostrzeżenie, a następnie powtórzyła przekaz, aby pokazać swojemu upierzonemu przyjacielowi, że słuchała go uważnie:

– Tak więc, mój wielkodzioby, niebieski bracie, mam zapamiętać, że jeżeli nie będziemy zwracać uwagi na mądrość znajdującą się w snuciu opowieści, możemy dać się przyłapać na tym, że pokazujemy światu ogon!

Bajarka i duch Tukana śmiali się i śmiali. Światło słońca przedarło się przez szarość przedświtu. Surowe ostrzeżenia zostały przyjęte do serc i zrozumiane. Ostrzeżenia dotyczą wynikających z braku równowagi ciężkich, życiowych lekcji, które są odbiciem ludzkiego bólu i smutku. Ale śmiech może odegnać chmury ludzkich ograniczeń, które tylko pozornie zakrywają radość, jaka płynie z faktu bycia człowiekiem. Bajarka zrozumiała i była gotowa stanąć przed przyszłością wraz ze swoimi dziećmi, zawsze mając na uwadze, że każda istota ludzka musi odnaleźć te prawdy sama dla siebie. aby przejść przez proces duchowej ewolucji. Wiedziała, że jej opowieści będą pokrzepieniem dla zmęczonych podążaniem Świętą Ścieżką i postanowiła się nimi dzielić, by przekazywanie słów mądrości ani Święte Tradycje nigdy nie umarły.

Kochająca Wszystkie Istoty

Matko, pokaż mi, jak kochać
ponad moimi ludzkimi lękami,
naucz mnie wszystkich radości życia
schowanych za zasłoną łez.

Daj mi odnaleźć przyjemność
delikatnych rąk kochanka,
pozwól mi poznać mądrość
szacunku bez żądań.

O, Strażniczko Wybaczania,
naucz mnie, jak widzieć
poza małostkowymi osądami,
wspierając ludzką godność.

Nauczę się twej Mocy
matki, kochanki, przyjaciółki,
uczącej innych, jak kochać
i naprawiać złamane serca.

Matka Klanowa
Siódmego Cyklu Księżycowego

KOCHAJĄCA WSZYSTKIE ISTOTY jest Klanową Matką Siódmego Cyklu Księżycowego i miesiąca lipca. Kolor związany z jej Uzdrawiającą Mocą to żółty, a jej cykl opisuje *kochanie prawdy*, która znajduje się we wszystkich formach życia. Ta Klanowa Matka uczy mądrości współczucia i tego, jak być kochającą kobietą i troskliwą matką.

Kochająca Wszystkie Istoty jest Stróżką Mądrości Seksualnej i pokazuje, że każdy przejaw fizycznego życia jest równie święty jak nasz duchowy rozwój, ponieważ są tym samym. Kiedy postępujemy tak, jakby wszystkie czyny były święte, nie ma osądzania. Ta Klanowa Matka uczy kochać swoje ciało i szanować przyjemności wynikające z bycia człowiekiem. Pokazuje, że oddychanie, jedzenie, chodzenie, bawienie się, pracowanie, obserwowanie wschodów słońca, kochanie się i tańczenie są, bez wyjątku, aktami przyjemności, danymi istotom ludzkim przez Matkę Ziemię.

Prosi, abyśmy wszystko w życiu robiły ze szczęśliwym sercem. Kochająca Wszystkie Istoty w swojej mądrości uczy, że radości płynące z fizycznego życia możemy odnaleźć bez uciekania przed bólem w uzależnienia od fałszywych przyjemności czy wzorców przymusowych działań.

Kochająca Wszystkie Istoty, Opiekunka Bezwarunkowej Miłości jest związana z Dziadkiem Słońce. Ta Klanowa Matka jednakowo kocha wszystkie swoje dzieci, podobnie jak Dziadek Słońce, wysyłający słoneczne światło, które świeci na wszystko, nie skąpiąc ciepła ani życiodajnej energii. Kochająca Wszystkie Istoty poprzez bezwarunkową miłość pokazuje, że nie osądza naszych zachowań. Jest skłonna kochać nas dość mocno, aby pozwolić nam przejść przez trudne, dobrowolnie przez nas podjęte lekcje życiowe wynikające z podążania krętym szlakiem. To, że musimy doświadczać konsekwencji swoich pozbawionych miłości czynów, może nie być przyjemne, ale pamiętanie o tych pułapkach i unikanie ich w przyszłości zawsze przywróci nas do stanu równowagi. Ta Klanowa Matka posiada mądrość, a kierując się nią, daje swoim dzieciom przyzwolenie, nie przytłacza ich ani nie narzuca im sztywnych reguł. Używając swoich zdolności, umożliwia nam przejście po swojemu przez trudne lekcje, ale zawsze czeka, aby zaopiekować się nami, gdy jesteśmy rozczarowane, i skleić nasze złamane serca.

Kochająca Wszystkie Istoty uczy, że w życiu każde działanie ma równą wagę i równe znaczenie, ponieważ reakcja jest równoważna z początkowym czynem. Jeżeli jesteśmy dobre dla naszych ciał, nasze ciała są zdrowe i dobre dla nas. Jeśli troszczymy się o siebie i szanujemy siebie, otrzymamy szacunek i troskę ze strony innych. Jeżeli kłamiemy sobie, inni odpłacą nam kłamstwem. Jeżeli myślimy pozytywne myśli, dobre rzeczy będą się wydarzać, aby wesprzeć nasze nastawienie. Jeżeli zasadę kochania prawdy zastosujemy do wszystkich żyjących istot, znajdziemy sposoby, aby poznać i pokochać swoje Ja. Ta Klanowa Matka daje nam wskazówki, stosując pojęcie wolnej woli w jego najczystszej formie. Jej najważniejsze i główne zrozumienie polega na tym, że niezależnie od tego, co się stanie, będziemy się rozwijać. Chociaż uzdrowienie i rozwój mogą trwać wiele cykli Koła Uzdrawiającej Mocy, ona jest skłonna bezwarunkowo nas kochać, gdy będziemy przechodzić wszystkie nasze Rytuały Przejścia – aż wreszcie dostatecznie pokochamy siebie, by przełamać wzorce, którymi same siebie zniewoliłyśmy.

Wolność odnaleziona w kochaniu swojego Ja bez warunków jest talentem, który czyni Kochającą Wszystkie Istoty Opiekunką Dzieci. Zachęcając dzieci, aby były najlepsze, jak tylko mogą, pozwala im rozwijać pełną miłości samoekspresję. Ta Klanowa Matka przy wychowywaniu młodych kieruje się ich dziecięcą miłością do odkrywania życia. Uczy nasze wewnętrzne dziecko przyjmowania miłości, dawania miłości, znajdowania sposobów kochania siebie oraz kochania prawdy ponad wszystko inne.

Kochająca Wszystkie Istoty jest Matką Karmicielką, zmysłową kochanką, Stróżką Wszystkich Aktów Przyjemności i Opiekunką Seksualnej Mądrości. Ta Matka Klanowa ucieleśnia cechy oddanej przyjaciółki – widzi zarówno siłę naszej osobistej Uzdrawiającej Mocy, jak i nasze słabości. Bez osądzania akceptuje obie strony. Zachęcając nas do rozwoju, cierpliwie wspiera w tym procesie, wskazując na talenty, jakie posiadamy. Kochająca Wszystkie Istoty nie zważa na naszą niechęć do ich używania, ponieważ rozumie, że pewnego dnia na osobistej ścieżce uzdrawiania znajdziemy je w sobie.

Świętość Miłości

Kochająca Wszystkie Istoty odprężała się i odpoczywała w świetle Dziadka Słońce. Poczuła, jak ciepły dreszcz przebiega wzdłuż jej ciała. Cudownie było tak leżeć, gromadzić w sobie złote ciepło i pozwolić ciału, by wchłaniało dobroć bezwarunkowej miłości Dziadka Słońce. Kochająca Wszystkie Istoty odwróciła otwarte dłonie wnętrzem do góry, aby zbierać promienie słońca, jakby były bursztynowym nektarem z rzadkich tropikalnych kwiatów. Słysząc pieśń, jaką śpiewały dla niej wodne duchy płynącej obok rzeki, przypominała sobie niezliczone proste przyjemności, których można doświadczać w ludzkim ciele. Wzburzony nurt, falujący nad napotkanymi okrągłymi kamieniami, przesyłał bulgoczące pozdrowienie. Od czasu do czasu bryzgi maleńkich kropelek moczyły stopy Matki Klanowej i przynosiły nowe wrażenia, kiedy tak leżała, przyjmując w siebie każde odczucie, jakie jej ludzkie zmysły mogły odebrać.

Kochająca Wszystkie Istoty czuła bogaty aromat wilgotnej gleby znad brzegu rzeki zmieszany z zapachami dzikich kwiatów i kwitnących ziół. Słaba woń dzikich, zielonych cebul, dochodząca z cienistego lasu, który rozciągał się za plecami Klanowej Matki, przypominała o wielu aromatycznych pokarmach, które hojnie ofiarowuje nam Matka Ziemia. Dochodzący z poszycia delikatny zapach opadłych, wilgotnych liści i woń kwitnących jagód i winorośli przynosiły obietnicę obfitych zbiorów w Miesiącach Dojrzewania. Kochająca Wszystkie Istoty upajała się niezmierzonym dobrem, jakie dawało byciem człowiekiem.

•••• **Kochająca Wszystkie Istoty**

Kochająca Wszystkie Istoty rozchyliła odrobinę powieki, aby przyglądać się słonecznemu światłu i tęczom, w jakie promienie rozbijały się na jej rzęsach niczym w pryzmacie. Połyskliwe, żywiołowe kolory, tańcząc na obrzeżach pola widzenia, przynosiły jeszcze jedną przyjemność, którą mogła się radować. Na skórze widziała refleksy kolorów złapanych w kropelkach potu. Zauważyła, że woda, podobnie jak uczucia, może odbijać każdą subtelną różnicę w zmieniającej się grze światła i cienia. Pamiętała, jak była zadziwiona rozległymi i zróżnicowanymi wrażeniami, których doznawała, kiedy pierwszy raz wcieliła się w ludzką, kobiecą formę. Była wtedy jak Koliber – próbowała wszystkiego, co mogą dać kwiaty ludzkiego doświadczenia, przemykając od jednego do drugiego w całkowitym zachwycie.

Pewnego razu obserwowała Kolibra; zauważyła, jak szybko się porusza i próbuje rozmaitych nektarów z rozkwitłych kwiatów, które znajdował na leśnej polanie. Zdecydowała, że świat należy smakować z taką samą radością. Tamte wczesne dni nauczyły ją Uzdrawiającej Mocy Kolibra i tego, aby takie samo pełne miłości i radości nastawienie kształtowało każde doświadczenie w jej Ziemskiej Wędrówce. Kochająca Wszystkie Istoty cicho przesłała swoje podziękowania do najmniejszego ze skrzydlatych stworzeń, które furkotało piosenkę o tym, aby pozwolić radościom życia wygonić negatywność i lęk. Klanowa Matka, głęboko odprężona, zagubiona w swoich uczuciach, ledwie zauważyła, że, unoszona sączącymi się przez jej rzęsy kolorami słonecznego promienia, podąża ku połyskującemu łańcuchowi wspomnień o radościach i trudnych szlakach, jakie odkrywała na Dobrej Czerwonej Drodze.

Przypomniała sobie, w jaki sposób została wprowadzona w seksualność, ucząc się przyjemności współżycia na polu maków i miękkim zielonym mchu. Był ciepły dzień, wypełniony dźwiękiem bicia jej własnego serca oraz głosami drozdów i skowronków. Ptaki krążyły ponad łąką, a następnie nurkowały między dziko rosnące trawy i zboża, aby pożywić się nasionami. Klanowa Matka szła obok mężczyzny, który przez ostatnich kilka miesięcy poruszał głęboko jej serce. Razem odkrywali tę wyżynną okolicę i spędzali wiele wspólnych chwil przy ognisku. On ją ochraniał, dostarczał jedzenie, które ona następnie gotowała na ogniu, i okazywał jej szacunek należny kobiecie. Ten mężczyzna wiedział, że każda kobieta jest przedłużeniem Matki Ziemi i że krzywda uczyniona kobiecie może w konsekwencji przynieść niedostatek wszystkim Dzieciom Ziemi. Poprzedniego wieczoru, gdy usiedli przy ogniu, mówił jej o odpowiedzialności sprawiania kobiecie przyjemności w sposób, który uczy radości współżycia i zapewnia jej trwanie.

Kochająca Wszystkie Istoty odkryła, że przebywanie blisko tego mężczyzny przynosi wiele nowych i ciekawych odczuć. Jej ciało reagowało w najdziwniejszy sposób, kiedy ich dłonie mimowolnie się dotknęły lub spojrzenia spotkały. Nie wiedziała, jak rozumieć zalew emocji lub napływ krwi do twarzy, który sprawiał, że jej twarz płonęła. Nie była winna tego, że jej serce przyspieszało i biło mocniej, ani tego, że nagłe fale gorąca biegły w górę jej ud. Upierzony Pies, mężczyzna u jej boku, bardzo różnił się od innych mężczyzn, których spotkała. Żaden z nich nigdy nie wywołał w niej podobnych uczuć. Sposób, w jaki ją pociągał, wywoływał w niej tęsknotę i podniecenie, nie wiedziała jednak, jak poradzić sobie z zalewem uczuć przepełniających jej serce, kiedy przebywała z Upierzonym Psem. Niektóre emocje były niezwykle przyjemne, a inne graniczyły z dojmującym bólem tęsknoty. Była zmieszana, ponieważ nie rozumiała, za czym tęskni. Czasami aż trudno było jej oddychać, gdy położył rękę na jej ramieniu lub uśmiechnął się, patrząc głęboko w oczy.

Ten godowy taniec trwał trzy miesiące. Kochającą Wszystkie Istoty oczarowywała zmysłowość dotyku i poczucie, że jest otoczona opieką. Intymność pogłębiała się przez cały ten czas, gdy ona i Upierzony Pies dzielili swoje najgłębsze myśli, ale nie łoże. Dzisiaj, wśród polnych maków, które promieniowały wszystkimi łososioworóżowymi odcieniami kolorów nowo narodzonego Słońca, otworzyła się na swojego mężczyznę w nowy sposób.

Upierzony Pies zyskał swoje imię, ponieważ obdarzony był Uzdrawiającą Mocą Pióra, symbolizującego *posłańca ducha*, oraz Uzdrawiającą Mocą Psa, który uczył *wartości lojalnego służenia ludzkości*. Ten mężczyzna ucieleśniał trzy Uzdrawiające Moce potrzebne w każdym związku: *szacunek, zaufanie i intymność*. Upierzony Pies rozumiał, że ważne jest budowanie mocnego fundamentu wzajemnego szacunku, który następnie rodzi zaufanie. Wiedział, że kiedy w relacji obecne są szacunek i zaufanie, mogą, zakorzenione w tej żyznej glebie, rozkwitnąć intymność i dzielenie się pragnieniami serca. W swojej mądrości Upierzony Pies dał potrzebny Kochającej Wszystkie Istoty czas, aby doświadczyła budowania takiego fundamentu dla ich związku. Z tej mocnej podstawy troskliwej więzi w naturalny sposób rozwinęło się seksualne przyciąganie.

Kochająca Wszystkie Istoty przywołała każdą delikatną pieszczotę, jakiej doznała tamtego odległego dnia, i ponownie przeżyła piękno i świętość pierwszego zbliżenia. Otrzymała dar, którego Matka Ziemia pragnęła dla wszystkich swoich dzieci: odkrywanie przyjemności ludzkiej seksualności bez poczucia winy, strachu czy bólu. Przez kilka następnych lat Kochająca Wszystkie Istoty i Upierzony Pies dzielili wszystkie radosne rozkosze życia i miłości w partnerskim związku.

Szczęśliwe doświadczenia dzielone z partnerem oraz urodzenie dzieci nauczyły Kochającą Wszystkie Istoty radości, która płynie z opiekowania się innymi i bycia otoczoną opieką. Stała się Strażniczką Seksualnej Mądrości dzięki seksualnym Rytuałom Przejścia, których doświadczała z Upierzonym Psem. Jako matka ich wspólnego

•••• Kochająca Wszystkie Istoty

potomstwa, ponownie odkrywała świat przez oczy swoich dzieci. Ciekawość życia i radosne podniecenie, jakie dawało jej poczucie, że jest żywa, pozwoliły jej opanować sztukę bycia ciepłą, seksualną kobietą oraz troskliwą, rozumiejącą matką. Jej serce wypełniła miłość, gdy przypomniała sobie dobro, jakie życie przyniosło jej w osobach córki i trzech silnych synów.

Trudno było jej pożegnać Upierzonego Psa, kiedy przeszedł do Świata Duchowego. Jeszcze większego bólu doświadczyła, grzebiąc swoje dzieci i ich dzieci, patrząc, jak wszystkie się starzeją, podczas gdy ona sama nosiła wiecznie młode ciało. W czasie tych mijających zim Kochająca Wszystkie Istoty pozwoliła, by narosło w niej uczucie gniewu, co przyniosło w efekcie jedną z najtrudniejszych lekcji w jej ludzkim życiu. Matka Ziemia nigdy nie powiedziała, że dla któregokolwiek z jej trzynastu aspektów bycie człowiekiem będzie łatwym zadaniem, ale Kochająca Wszystkie Istoty łatwo zapomniała o konsekwencjach posiadania ludzkiego ciała, które nie umiera. Poczuła się dotknięta tym, że pozwolono jej cieszyć się przyjemnościami życia jako istota ludzka, chociaż pogrzebała swoich ukochanych, którzy odeszli, aby żyć w Obozie po Tamtej Stronie w Świecie Duchowym.

Klanowa Matka wielokrotnie była poddawana próbie, czy jej uraza i złość udaremnią odczuwanie radości, której mogłaby doświadczyć, gdyby odrzuciła negatywność. Odkryła, że trudno jej kochać prawdę, iż jest nieśmiertelna, a jeszcze trudniej kochać życie wokół siebie, gdy cały czas boleje nad miłością, którą dzieliła w przeszłości. Kochająca Wszystkie Istoty chciała powrotu swojej rodziny. Chciała odzyskać wesołą Uzdrawiającą Moc swojej córki, Małej Wydry, by wypełniła samotne chwile, w których cień urazy zaciemniał jej ścieżkę. Matka Ziemia mówiła do Kochającej Wszystkie Istoty, przypominając jej o Uzdrawiającej Mocy Wydry, imienniczki jej córki. Klanowa Matka nie była gotowa, aby odzyskać zrównoważoną Kobiecą Uzdrawiającą Moc *bycia dorosłą, która jest młoda w sercu i która z taką samą niewinnością i zachwytem bawi się i pracuje*. Nie mogła zrozumieć, jak ważne jest, by odzyskać potrzebną w życiu równowagę przez pogodzenie się z tym, co minęło, tak jak robią to dzieci, decydując się przeżywać szczęście tu i teraz. Kochająca Wszystkie Istoty skupiała się na całej miłości, którą, jak czuła, utraciła, i zapomniała zauważać dary odnowy i obfitości, które otrzymywała dzięki mądrości Matki Ziemi.

Kochająca Wszystkie Istoty uważała, że żaden z aktów życia nie zdoła napełnić rosnącej dziury w jej sercu. Upierała się żyć w przeszłości i zapomniała o radości, którą kiedyś odnajdywała w tym, że żyje. Maszerowała przez wiele Dni i Nocy, aby odwiedzić morze, gdyż zamierzała podzielić się z oceanem słonymi łzami żalu i wyrzutów sumienia. Gdy tylko przybyła do domu bezkresnej wody, rzuciła się w słone morskie fale – chciała umrzeć, zapominając, że to także nie jest możliwe.

Gdy jej ciało pogrążało się w spienionej wodzie, została oparzona przez Węgorza, co dopełniło jej upokorzenia. Wypełzła na piaszczystą plażę, krzycząc z bólu, i zaczęła obwiniać się za te wszystkie sytuacje, kiedy była ofiarą i gdy żyła swoją ciemną stroną, pogrążona w smutku.

Kochająca Wszystkie Istoty zaczęła obwiniać siebie za to, że się nie starzeje; obwiniała swoją rodzinę za to, że byli ludźmi; obwiniała Matkę Ziemię za to, że dała jej doświadczenie przyjemności, a teraz ten nieznośny ból. W złości rzucała gromy i wrzeszczała, posyłając swoje rozgoryczenie i bunt do Czterech Wiatrów. Puchnąca, czerwona pręga oparzenia na nodze odbijała wściekłość, jaką czuła do siebie i do świata. Była wściekła, że taka miłość i taka przyjemność niosą za sobą konsekwencje. Początkowo Kochająca Wszystkie Istoty zamierzała przeżyć życie, nie pragnąc niczego poza samym szczęściem. Nie przypuszczała, że istnieje inna, niepokojąca strona ludzkiego doświadczenia. Życie z bólem było nie w porządku. Bezradna, nawet przez odebranie sobie życia nie umiała przerwać bolesnego, napełniającego ją odrazą istnienia.

Zagubiona w swoim cierpieniu Kochająca Wszystkie Istoty nie zauważała niczego wokół siebie, dopóki porywy wiatru nie wywołały grzmiących fal i dopóki trzask skrzydeł Ptaka Grzmotu nie przywołał jej do chwili obecnej. Hinoh, Wódz Grzmot, wysłał Ptaka Grzmotu z trzaskającymi wiązkami błyskawic, aby nauczyć Kochającą Wszystkie Istoty, w jaki sposób jej własne uczucia wpływają na równowagę w naturze. W uszach Matka Klanowa usłyszała głos Wodza Hinoha.

– Córko, stworzyłaś te lodowate wichry, ponieważ twoje serce stało się zimne. Odrzuciłaś swoje imię i obciążyłaś swym gniewem Dzieci Ziemi, które zależą od twojej miłości i opieki. W swoim gniewie stworzyłaś burzę, która uśmierci wiele istnień, a mimo to nie nauczyłaś się jeszcze, jak wielkie przynosisz zniszczenie, kiedy odmawiasz kochania. Ty także musisz przetrwać wywołaną przez siebie burzę i dla samej siebie musisz zobaczyć, jaki ból stworzyłaś wewnątrz swojego ciała i w jaki sposób ten ból rani świat natury.

Gdy tylko głos Wodza Hinoha ucichł, fala grzmiącej wody uderzyła Kochającą Wszystkie Istoty i pociągnęła jej ciało w głąb wściekłego morza. Zaciekły napór okładających ją bałwanów przewracał Matkę Klanową i turlał po dnie. Wirując bezwładnie pośród prądów, podrzucana tu i tam, zsunęła się w ciemność własnej nieświadomości i litowania się nad sobą. Ostatnią rzeczą, jaką zapamiętała, było to, że coś jest bardzo, ale to bardzo nie w porządku.

Palące doznanie w nodze i nieprzyjemny zapach gnijących ciał przywróciły zmysły Kochającej Wszystkie Istoty. Usiłowała zapanować nad żołądkiem, lecz nie potrafiła. Była w żałosnym stanie. Czuła, jak jej wnętrzności napinają się i rozluźniają, a słona woda wylewa się z ust fala za falą. Kiedy mogła wreszcie oprzeć się na pobliskim otoczaku, była zadziwiona panującym wokół zniszczeniem. Plażę pokrywały ciała różnych stworzeń, które zginęły w czasie burzy. Kiedy Kochająca Wszystkie Istoty zrozumiała okropność tego, co stworzyła, ciche łzy wyryły sobie drogę przez jej policzki. Zniszczenie, które miała przed sobą, dokonało się w wyniku jej kompulsywnego rozczulania się nad sobą. Dotarła do miejsca w sobie, w którym nienawidziła tego, kim i czym jest.

Po śmierci Upierzonego Psa użalała się nad sobą i brała kochanków, których nie kochała. Używała ich dla przyjemności, jaką mogli jej dać. Po drodze złamała kilka serc i nabrała zwyczaju projektowania swojego bólu na innych, zaprzeczając temu, że jej działania niszczą dokładnie wszystkie nauki o szacunku, zaufaniu i intymności, które były Uzdrawiającą Mocą jej męża. A teraz doszła aż tu, do tego żałosnego odpływu – plaży pełnej poranionych, porozrzucanych na piasku ciał.

Kiedy Klanowa Matka dotknęła palącej pręgi na nodze, głos Węgorza, przefiltrowany przez chlupoczące fale, dotarł do jej nasiąkniętych wodą zmysłów.

– Kochająca Wszystkie Istoty, posłuchaj mnie, słuchaj mnie swoim sercem. Jestem *przewodnikiem miłości*, to jest moja Uzdrawiająca Moc. Elektryczne strzały mojego ukłucia nie miały cię zranić. Wstrząs był konieczny, aby pokazać ci, że czasami miłość można odzyskać przez ból. Jeżeli zaakceptujesz moją Uzdrawiającą Moc, będę w stanie ci pomóc.

– Dlaczego ktokolwiek chciałby mi pomóc, Węgorzu? Ja prawie zniszczyłam siebie i wszystkich tych, których ślubowałam kochać, zanim przyszłam, aby kroczyć po Ziemi.

Węgorz odpowiedział:

– Nie zapominam, jakie jest prawdziwe znaczenie miłości, Matko. Ona nie zna granic, nie znajduje błędów i nie czeka na odpowiedni czas, aby mieć prawo. Ogień Dziadka Słońce miesza się z wodą Matki Ziemi wewnątrz mnie. Wybieram, że będę przewodnikiem bezwarunkowej miłości ich obojga. Czy możesz przyjąć ich miłość i moją?

Kochająca Wszystkie Istoty kiwnęła głową i zaszlochała, czując się, jakby dostała sposobność powrotu do domu – do tego, kim naprawdę jest. Klanowa Matka w pełni zrozumiała, że krocząc z cieniem, karała siebie i wszystkich wokół. Ponad wszystko pragnęła teraz odzyskać miłość, uwalniając ciemność oskarżania i strachu. Węgorz poczuł zmianę w sercu Klanowej Matki i mówił dalej.

– Kochająca Wszystkie Istoty, aby odzyskać swoją dawną obfitość, musisz przekroczyć most nad przepaścią, którą stworzyłaś pomiędzy ciemną stroną swojej natury a swoim kochającym sercem. Ten most może objawić ci się jako tęcza, ponieważ

13 Pierwotnych Matek Klanowych • • • •

odbija wszystkie piękne kolory, jakie odnajdujemy w życiu. Most jest wykonany z wybaczenia i rozpościera się nad otchłanią ludzkiego strachu, goryczy, nienawiści i zazdrości. Te raniące uczucia przyjmuje się, aby zamaskować ból, kiedy serce jest rozbite. Musisz przekroczyć ten most z własnej woli. Aby odbyć tę podróż, musisz pozbyć się wszelkich negatywnych osądów i zarzutów wobec siebie i jakiejkolwiek innej osoby, miejsca, wydarzenia, położenia lub idei, których doświadczyłaś.

Umysł Kochającej Wszystkie Istoty nagle zalały wspomnienia obwiniania się, wstydu, żalu, złych czynów i bezsensownego bólu, które przynosiła sobie i innym. Wybaczenie tych wszystkich rzeczy będzie nieprawdopodobnie śmiałym zadaniem, ale zrozumiała, że musi gdzieś zacząć, aby odzyskać miłość, która kiedyś była jej przewodnim światłem. Wiele Dni i Nocy chodziła nad morzem, wymywając ciemną stronę swojej natury. Czuła każdą emocję, lecz nie dawała się jej ponownie owładnąć. Powoli obserwowała, jak zmienia się jej samopoczucie. Praktykowała znajdowanie w sobie lub w otaczającym ją świecie czegoś, co mogła kochać. Za każdym razem, kiedy w łańcuchu, który oplatał jej rozdarte serce i przywiązywał ją do istnienia bez życia, napotykała nową lukę, szeptała słowa dziękczynienia. Żywotność zaczęła powracać, gdyż każdy krok w swoim uzdrawiającym procesie wzmacniała dziękowaniem Wielkiej Tajemnicy za dar życia.

Jej zmienione nastawienie do świata wokół przywróciło naturze jaskrawość kolorów, które dotąd wydawały się przygaszone. Kiedy płynęła pod falami, rafy koralowe były dla niej jak zagubiony skarb, pełen stworzeń, które, znalazłszy się w towarzystwie Klanowej Matki, odbijały tęczowe kolory mostu, jaki wybaczenie stworzyło w jej życiu. Gdy ponownie sięgnęła po życie, Ośmiornica nauczyła ją, używając swoich licznych ramion, że pozostanie otulona miłością ze wszystkich stron tak długo, jak będzie tego pragnęła. Purpurowe czernidło, które Ośmiornica wyrzuca do wody, aby chronić się przed polującymi drapieżnikami, pozwoliło Kochającej Wszystkie Istoty dostrzec, że kolor purpurowy, przedstawiający podziękowanie i uzdrowienie, jest także jej ochroną przed destrukcyjną naturą cienia. Uzdrawianie będzie trwało tak długo, jak długo będzie oddawała podziękowania za każdy poczyniony krok.

Od czasu do czasu doświadczeniem Kochającej Wszystkie Istoty był szary dzień, przynoszący zamglone wspomnienia przeszłości. Początkowo opierała się myślom, które wydobywały na powierzchnię lęk przed własną ciemną stroną. Jednak inaczej niż w czasie, gdy zaprzeczała, że w jej umyśle panuje zamęt, teraz konfrontowała się ze wspomnieniami, znajdując sposoby rozwiązania tych dawnych sytuacji. Nowo rozwinięty talent bycia wdzięczną za każdą lekcję w życiu nie pozwalał jej powrócić do lekkomyślnego nawyku, który kiedyś zmusił ją, by używała przyjemności jako ucieczki, wskutek czego wszystko w niej drętwiało i zapadała się w niepamięć.

Kochająca Wszystkie Istoty uczyła się, jak być odpowiedzialną za swoje działania. Zaobserwowała, że za każdym razem, gdy karmi pozytywną stronę wyzwania, poszukując dróg wyrażenia swojej naturalnej zdolności jednakowego kochania wszystkich doświadczeń, łatwo może znaleźć potrzebne rozwiązanie. Zauważyła, że przeciwna, negatywna reakcja także czyni ją odpowiedzialną, ale wrzuca ją w stare uczucie bezwartościowości, które sprawiało, że chciała uciec i schować się przed życiem.

Wkrótce Kochająca Wszystkie Istoty nabrała przeświadczenia, że jest gotowa, aby żyć pośród ludzkich bliźnich bez projektowania na nich swojej przeszłości. Rozpoczęła wędrówkę; przemierzała wzgórza i doliny, przecinała lasy i przekraczała strumienie. Szóstego Dnia podróży o świcie obudziły ją odgłosy, jakie wydawała spragniona pijąca Łania. Kochająca Wszystkie Istoty bacznie obserwowała, jak popycha nogą swojego Jelonka ku porośniętemu mchem brzegowi strumyka. Kochająca Wszystkie Istoty z trudem powstrzymała łzy, które zakręciły się jej w oczach, kiedy w umyśle pojawiły się wspomnienia córki, Małej Wydry. Jej córeczka uczyła się chodzić na mchu porastającym pagórki w pobliżu strumyka, który był bardzo podobny do tego na leśnej polanie. Łania poczuła boleść Klanowej Matki i odwróciła się do niej, mówiąc:

— Kochająca Wszystkie Istoty, jesteś Matką Wszystkich Aktów Przyjemności, a mimo to zapomniałaś, aby być łagodną dla siebie. Jesteś miła dla mnie i mojego jelonka, ale jesteś bezlitosna w stosunku do siebie. My, stworzenia, słyszałyśmy o twoich udrękach i o twoim uzdrowieniu i radujemy się postępami, jakie poczyniłaś. Zostałam posłana, żeby przeciąć twoją ścieżkę i przypomnieć ci o *delikatnej i wrażliwej łagodności* mojej Uzdrawiającej Mocy nie po to, żebyś zastosowała ten krzepiący spokój do innych, ale abyś przestała być tak twarda w stosunku do siebie. Jesteś w całości człowiekiem z jednym tylko wyjątkiem. Fakt, że nie będziesz doświadczała starzenia się ciała, nie oznacza, że musisz forsować się poza ludzkie możliwości. Słodka Matko, bycie człowiekiem to nie błąd. Twoje uczucia zawsze będą częścią ciebie, nigdy nie znikną, jednakże od czasu do czasu dotknąć ich z delikatnością to nic złego. Przekroczyłaś most wybaczenia i teraz musisz ponownie odkryć, jak być łagodną dla siebie. Dostrzeż delikatną naturę równowagi pomiędzy siłą i łagodnością. Jeśli kiedykolwiek będziesz mnie potrzebować, wezwij moją Uzdrawiającą Moc.

Z tymi słowami Łania i Jelonek zniknęli. Las skrył ich, pozostawiając Kochającą Wszystkie Istoty swoim myślom. Słowa wypowiedziane przez Łanię zakwitły postanowieniem Klanowej Matki, aby odnaleźć dla siebie miękkość, której potrzebowała, by podążać dalej. Kochająca Wszystkie Istoty w swojej łagodności posłała słowa wdzięczności wszystkim swoim dzieciom-zwierzętom i Wielkiej Tajemnicy.

13 Pierwotnych Matek Klanowych ••••

Następnie umyła się w strumyku, zjadła kilka jagód i zwróciła się w kierunku drogi, by podjąć na nowo swoją wędrówkę.

Dwa miesiące później dotarła do obozowiska Dwunożnych, którzy byli bardzo zajęci wszelkiego rodzaju raniącymi działaniami i krzywdzeniem się nawzajem w każdy możliwy sposób. Zrozumiała, że czas, który spędzi z nimi, będzie sprawdzianem wszystkiego, czego się nauczyła. Ta życiowa lekcja może dostarczyć Kochającej Wszystkie Istoty sposobności do przebycia końcowego Rytuału Przejścia dotyczącego *kochania prawdy* we wszystkich żyjących istotach. Jako Stróżka Wybaczania została wezwana, by pokazać przedstawicielkom i przedstawicielom Ziemskiego Plemienia, jak mogą uzdrowić swoje serca. Wypełnienie tego zadania było wyzwaniem i wywołało przelotną myśl, że chciałaby uniknąć tej misji; jednak Matka Klanowa podziękowała za nadarzającą się możliwość rozwoju.

Za każdym razem, kiedy jakaś osoba z tej grupy próbowała przekazać Klanowej Matce plotki na czyjś temat, Kochająca Wszystkie Istoty odpierała je uwagami o pozytywnej naturze obgadywanej osoby lub o jej zaletach. Jeśli ktoś czuł się przygnębiony, jako pierwsza okazywała mu łagodność i pełne miłości wsparcie. Kiedy mężczyzna miotał się w szale, wypluwając złość na najbliższe osoby, ona przeganiała chmury, ucząc o tym, że każdą złość tak naprawdę kierujemy do siebie. Wybaczenie sobie tego, że jest się istotą ludzką lub tego, że uzależnia się od innych, oczekując, że ktoś zrobi coś, o co powinno się zadbać samej lub samemu, zazwyczaj natychmiast rozładowywało złość. Przeszły Zimy i nowe pokolenia, jakie narodziły się w Plemieniu, uczyły się darów wybaczania, łagodności i miłości, które Kochająca Wszystkie Istoty rozdawała chętnie i obficie.

Kochająca Wszystkie Istoty podróżowała do różnych Klanów i Plemion, dzieląc się doświadczeniami Ziemskiej Wędrówki oraz mądrością, którą zgromadziła w trakcie swojego procesu uzdrowienia. Uczyła młode kobiety szanować własne ciała i opiekować się swoimi dziećmi. Dzieliła się lekcjami o świętej seksualności – szacunku, zaufaniu i intymności – z młodymi mężczyznami, by mogli w swoim życiu stosować nowe zrozumienie seksualnej mądrości oraz seksualności w związkach i tworzyć trwałe więzi ze swoimi partnerkami. Matka-Karmicielka uczyła swoje dzieci, żeby cieszyły się przyjemnością bycia istotą ludzką, kochając chłód, jaki odczuwają ich stopy w wodach górskiego strumyka lub rozkoszując się zarówno zapachem parującego gorącego gulaszu, jak i jego wspaniałym smakiem. Zmysły należy otaczać czcią i szanować, ponieważ umiejętności odbioru wrażeń zmysłowych dają ludziom przyjemność życia.

Posługując się przykładami, Kochająca Wszystkie Istoty pokazywała ludzkim dzieciom, że każdy akt fizycznego życia jest święty. Kiedy seksualność traktuje się w głęboki i pełen miłości sposób, Stróżka Mądrości Seksualnej niczego nie osądza jako brudne lub złe. Matka Wszystkich Aktów Przyjemności uczyła, że funkcje ludzkiego ciała są godnymi szacunku, naturalnymi procesami, które utrzymują ciało w zdrowiu oraz w pełni sił życiowych. Pokazywała młodym dorosłym, w jaki sposób męskie ciało daje z genitaliów i przyjmuje przez serce, a kobiece ciało otrzymuje przez genitalia i daje przez serce. Kiedy kobieta i mężczyzna stoją twarzą w twarz, proces dawania i otrzymywania tworzy między nimi krąg. Jeżeli jedno lub drugie jest zimne, nieczujące lub się boi, krąg nie może się dopełnić. Kiedy zdarza się tego rodzaju rozłączenie, czas odkryć, który z trzech elementów został zagubiony – szacunek, zaufanie czy intymność.

Aby odbudować krąg seksualnego dzielenia się między kobietą i mężczyzną, obydwoje partnerzy muszą być chętni, by otworzyć się na dawanie i otrzymywanie. Tę więź można osiągnąć jedynie wtedy, gdy szacunek, zaufanie i intymność jednocześnie ukształtują podstawę wspierającą ich miłość. Kochająca Wszystkie Istoty uczyła swoje dzieci, że współżycie seksualne jest fizyczną formą komunikacji pomiędzy ludźmi, którą można odnieść do męskiej i żeńskiej strony w każdej jednostce. Jeżeli osoba jest nieszczęśliwa ze sobą, uczucie to niszczy wewnętrzne poczucie pełni i stwarza barierę przed doświadczaniem dzielenia się z drugą osobą. Rany serca uzdrowić można na drodze pokochania siebie i wybaczenia sobie. Jeżeli ktoś jest w stanie wybaczyć sobie, dużo łatwiej będzie jej lub jemu wybaczyć innym nieczułe słowa lub bezmyślne działania.

Kochająca Wszystkie Istoty za każdym razem, kiedy obserwowała jakąś ludzką istotę przechodzącą przez podobne życiowe lekcje, przyglądała się przebytej własnej drodze – radości, bólowi, samozniszczeniu i ostatecznie wybaczeniu i uzdrowieniu. Za każdym razem, kiedy ujrzała siebie w kimś innym, napełniało ją otuchą zadowolenie z tego, że posiadła umiejętność kierowania swoją energią w pozytywny sposób. Dzięki temu, że spojrzała w swój cień z miłością, stała się uzdrowioną uzdrowicielką. Kiedy nauczyła się kochać prawdę odnajdywaną w każdej lekcji życiowej, nauczyła się kochać te części siebie, które doprowadziły ją niemal do zniszczenia. Teraz mogła posiadać własne imię, ponieważ rzeczywiście *kochała wszystkie istoty*. Odsunęła potrzebę krytykowania siebie i innych, właściwą cieniowi, i przywdziała zdolność do kochania prawdy w każdej osobie znajdującej się na każdej ze szprych Koła Życia. Rozwinęła współczucie, jakie cechuje kobietę, która była kiedyś umęczona, która kochała i utraciła, o mało nie straciwszy w tym procesie siebie. Szła w mokasynach każdej Dwunożnej, której złamane serce stwardniało pod wpływem bólu i doświadczenia, jakie ona nauczyła się odbierać jako najcenniejszy dar miłości.

Kochająca Wszystkie Istoty nauczyła się, że słone łzy są początkiem przemiany i że wraz z tymi kropelkami wilgoci zaczynają płynąć wody wybaczania. Klanowa Matka Siódmego Cyklu Księżycowego zrozumiała, że uzdrowienie zaczyna się od wybaczenia sobie wszystkich „gdybań" – co mogłoby być, jakie coś powinno być – które pojawiają się na Dobrej Czerwonej Drodze. Współczucie Klanowej Matki zrodziło się z ran, jakie zadało jej życie, a dzięki łagodnemu procesowi, w którym odnalazła współczucie dla samej siebie, dokonało się uzdrowienie. Droga powrotna od bólu do światła miłości była długa, ale przyjemność, którą na powrót odnalazła w życiu, warta była poniesionych wysiłków. Dźwięki płynącej w pobliżu rzeki sprowadziły ją ze świata wspomnień i pomogły skupić się na przyjemnym cieple, które z otwartych dłoni rozchodziło się wzdłuż ramion.

Tęczowe kolory Dziadka Słońce, sącząc się przez jej rzęsy, układały się w dziwne obrazy tańczących ludzkich kształtów. Kochająca Wszystkie Istoty poczuła ukłucie w sercu, kiedy rozpoznała Upierzonego Psa, Małą Wydrę i swoich trzech mocnych synów – wszystkich tańczących w tęczowych światłach. W wizji Matka Ziemia przywołała Kochającą Wszystkie Istoty, dając jej znak, że jej Ziemska Wędrówka dopełniła się.

Ogłuszający szum wypełnił uszy Klanowej Matki. Oto unosiła się ponad rzeką. Kiedy znowu spojrzała w dół, uchwyciła własne odbicie w szklanej tafli spokojnego jeziora. Stała się Kolibrem i frunęła na płynącym świetle słonecznego promienia. Podróżowała w górę i przecinała chabrowoniebieską przestrzeń, jakby popychana ku wnętrzu ciała Dziadka Słońce, dopóki nie przekroczyła płomiennej ściany ognia. Ogień spalił jej ciało Kolibra i jeszcze raz doświadczyła przemiany, przybierając swoją kobiecą ludzką formę, i znalazła się w ramionach Upierzonego Psa.

Kiedy przez zjednoczenie serc krąg ich miłości stał się doskonały, dwoje kochanków połączyło się w jedną olśniewającą gwiazdę. Płonąca gwiazda wypłynęła z Dziadka Słońce i zajęła swoje miejsce pośród Narodu Nieba. Przez sześć miesięcy gwiazda miłości oświetla niebo o zmierzchu i nazywa się Gwiazdą Wieczorną; następnie przez kolejnych sześć miesięcy gwiazda miłości pojawia się o brzasku i nazywa się Gwiazdą Poranną.

Dzięki opowieści o Kochającej Wszystkie Istoty i Upierzonym Psie możemy zobaczyć obie strony naszej natury. Odbicie tej pełni znajdziecie w ptaku miłości i radości, który wie, że w duszy istoty ludzkiej nie ma rozdzielenia poza iluzjami, które narzuca sama sobie. Koliber furczy i fruwa, zataczając kręgi, ponieważ zna sekret kochanków – kochać wszystkie istoty to znaczy kochać każde odbicie tego, *kim* i *czym* jestem.

Ta Która Uzdrawia

Matko, zaśpiewaj mi pieśń,
która mój ból uśmierzy,
złóż złamane kości,
pełnię przynieś z powrotem.

Chwytaj moje dzieci,
kiedy się rodzą,
śpiewaj moją pieśń śmierci,
ucz mnie, jak opłakiwać.

Pokaż mi Moc
uzdrawiających ziół,
wartość duszy,
to, jak mogę służyć.

Matko, uzdrów me serce,
tak, bym mogła widzieć
twoje dary, które żyć
we mnie i przeze mnie mogą.

Matka Klanowa
Ósmego Cyklu Księżycowego

TA KTÓRA UZDRAWIA jest Klanową Matką Ósmego Cyklu Księżycowego, przypadającego w sierpniu, i Opiekunką cyklu *służenia prawdzie*. Ta Która Uzdrawia służy Dzieciom Ziemi jako Strażniczka Sztuk Uzdrawiania, Matka Wszystkich Rytuałów Przejścia, Opiekunka Tajemnic Życia i Śmierci oraz Śpiewająca Pieśń Śmierci. Jest akuszerką, zielarką, Kobietą Mocy, uzdrowicielką duchową i nauczycielką cykli Ziemskiej Wędrówki. Jej kolor, niebieski, symbolizuje intuicję, prawdę, wodę i uczucia.

Jako Opiekunka Uzdrawiających Korzeni i Roślin pozostaje w bliskim związku ze wszystkimi Duchami Roślin, które obejmują Plemię Istot Zielonych i Rosnących. To Plemię bywa czasami nazywane Plemieniem Kobierca Ziemi lub Kobiercem Ziemi, ponieważ Naród Roślin i Naród Drzew razem tworzą okrycie, które chroni glebę Matki Ziemi przed erozją oraz utrzymuje w równowadze cykle odradzania. Ta Która Uzdrawia jest Strażniczką wiedzy o tym, jak można wykorzystać każdą roślinę z Kobierca Ziemi. Ona wie, których części każdej z tych roślin używać w uzdrawiających mieszankach, a także w jaki sposób i kiedy powinno się je zbierać.

Jako Strażniczka Tajemnic Życia i Śmierci wita nowe dusze na świecie, gdy przyjmują ludzkie ciała. Kiedy zakończona zostaje indywidualna Ziemska Wędrówka, wśpiewuje istoty, które Porzucają Swoje Szaty[52], czyli umierają, do Świata Duchowego. Służy także Dzieciom Ziemi, zaszywając skaleczenia, składając kości, przyjmując na świat dzieci oraz lecząc ciała i dusze podczas ich Ziemskiej Wędrówki.

Ta Która Uzdrawia jest także Strażniczką cykli rozwoju Koła Uzdrawiającej Mocy oraz wszystkich Rytuałów Przejścia. Uczy kroków okresu ciąży, narodzin, dorastania, śmierci i odrodzenia. Pokazuje nam, jak obraca się Wielkie Koło Uzdrawiającej Mocy Życia; kiedy walczyć o życie, kiedy odpuścić, kiedy pozwolić naszej duszy na dokonywanie wyborów. Uczy też, jak akceptować śmierć jako jeszcze jeden krok ku odrodzeniu. Każdą istotę ludzką, którą naucza, Ta Która Uzdrawia obdarza zdolnością porzucenia lęku przed śmiercią oraz przyjęcia zmiany jako nowej przygody w życiu. Niezależnie od tego, czy śmierć jest końcem związku, końcem pracy czy końcem fizycznego życia, ona zawsze pokazuje, żeby spojrzeć poza iluzję nieodwołalności i świętować każdy zakręt na drodze jako jeszcze jeden krok prowadzący do pełni.

Ósma Klanowa Matka jest ucieleśnieniem zasady kobiecości i służy Dzieciom Ziemi w prawdzie, towarzysząc im, gdy przechodzą przez uzdrawiający proces bycia człowiekiem. Widzi, jak ich Orenda, czyli Duchowa Esencja, wchodzi w ciało w chwili narodzin. Widzi choroby, które powstają, gdy ludzie w trakcie życia tracą połączenie z Duchową Esencją. Pomaga im ponownie połączyć się z Wiecznym Płomieniem Miłości, kiedy zdecydują się uzdrowić swoje fizyczne formy i dalej kroczyć po Ziemi. Uczy, jak poznać, kiedy ich misja na Ziemi jest skończona i kiedy są gotowe pójść dalej, by stać się jednym z Orendą i przygotowywać się do odrodzenia w Świecie Duchowym. Jej Opowieść Uzdrawiającej Mocy to jeden ze sposobów, w jaki możemy zrozumieć bezmiar mądrości, którą hojnie obdziela nas wszystkie i wszystkich.

---

[52] Według wierzeń Rdzennych dusza, przychodząc na świat, wciela się w ciało, które na czas danego życia będzie dla niej jak szata. Śmierć ciała fizycznego nie stanowi końca życia, gdyż dusza jest wieczna, tak więc odchodząc z planu fizycznego, pozostawia „ubranie", którego używała w tej podróży, a gdy wraca na plan fizyczny, przywdziewa nową szatę i rozpoczyna nowy Krąg Uzdrawiającej Mocy Życia (Wielki Krąg Uzdrawiającej Mocy).

13 Pierwotnych Matek Klanowych • • • •

Obrót Koła Uzdrawiającej Mocy

Krople potu ściekały po twarzy Tej Która Uzdrawia, kiedy ugniatała wyciągnięte przed nią, spięte mięśnie łydek rodzącej kobiety. Porodowa grota odbijała echem docierające do wewnątrz ostre krzyki i lamenty kobiet zgromadzonych licznie na zewnątrz, by pogrzebać zmarłych bliskich. Był to czas Miesiąca Głodowania, ostatniego cyklu księżycowego, po którym Matka Ziemia zrzuci z siebie śnieżny i lodowy koc i przywita nowe, zielone kiełki.

Gdyby to był jakikolwiek inny czas, leżąca przed nią wątła Siostra miałaby siłę przejść przez doświadczenie porodu. Jej Klan od wielu Dni nie miał świeżego mięsa, więc ciężarne kobiety i ich nienarodzone dzieci musiały cierpieć razem z innymi. Ta Która Uzdrawia pragnęła, aby żałobnice przeniosły się trochę dalej od porodowej groty, ponieważ ich głosy mówiły rodzącej, że nie ma sensu, by w otaczający ich świat głodu wnosić nowe życie. Ostatnie zapasy bulw, zbóż i jagód zostały zjedzone cztery Noce temu wraz z jedną żylastą wiewiórką, która była zbyt słaba, by ujść myśliwym.

Dzieci i Starsi umierali pierwsi podczas tego cyklu księżyca. Ta Która Uzdrawia, od kiedy przyjęła ludzkie ciało, nauczyła się służyć innym na różne sposoby. Wypełniała swoje obowiązki również teraz, chociaż żadne z jej uzdrawiających ziół nie mogło zapobiec zagłodzeniu jej dzieci, a żaden z jej talentów nie mógł przydać im sił do walki o życie. Zawsze ją zasmucało, gdy jedno z jej dzieci traciło wolę życia.

Z roztargnieniem wrzuciła garść gałązek do palącego się obok ognia i podziękowała za tę odrobinę ciepła; dziękowała tym wszystkim, którzy z wielkim wysiłkiem znieśli do groty chrust z odległych miejsc, wędrując z pustymi brzuchami. Puste oczy rodzącej kobiety o imieniu Dyniowy Księżyc błagały Klanową Matkę o pocieszenie i uspokojenie. W odpowiedzi delikatnie otarła czoło kobiety i posłała uśmiech, by dodać jej otuchy. Nie mogła podać więcej ziół, które ułatwiają poród, ponieważ brzuch Dyniowego Księżyca był pusty i lekarstwo mogłoby posłać ją w wieczny sen. Ta Która Uzdrawia potrzebowała, by Dyniowy Księżyc pomagała w porodzie, walcząc o życie swojego nienarodzonego dziecka. Kobieta Mocy rozumiała, że jest to jedna z tych sytuacji, w których wybór między życiem a śmiercią spoczywa w rękach Swennio, Wielkiej Tajemnicy, oraz zależy od woli życia Dyniowego Księżyca.

Ta Która Uzdrawia uśmiechnęła się i delikatnie ujęła dłoń rodzącej Matki, dodając młodej kobiecie siły w chwili, gdy jej ciałem zaczął szarpać następny gwałtowny skurcz. Klanowa Matka zdawała sobie sprawę, że jedyną nadzieją dla matki i dziecka jest to, aby Dyniowy Księżyc połączyła się ze swoją Orendą. Jeżeli Dyniowy Księżyc zdoła połączyć się ze swoją Duchową Esencją, Wielka Tajemnica nakarmi ją siłą, której tak bardzo potrzebuje. Bez tego cennego połączenia jej zagłodzone ciało umrze i połączenie jej ducha będzie musiało się dokonać, kiedy dotrze ona do Obozu Po Tamtej Stronie w Duchowym Świecie. Ta Która Uzdrawia włożyła na twarz maskę zachowującej zimną krew osoby wspierającej, nie pozwalając, aby Dyniowy Księżyc zobaczyła jej bezradność i bolesną troskę.

Pogrzeb zmarłych z głodu członków rodziny musiał się skończyć, ponieważ lamenty miłosiernie ustały. Podczas Miesiąca Głodowania ciała zmarłych grzebano głęboko w śniegu, aby nie stały się pokarmem dla włóczących się drapieżników. Lodowe zaspy za namiotami służyły jako tymczasowe groby, dopóki gleba dostatecznie nie roztaje, aby Matka Ziemia mogła przyjąć umarłych do swojej ziemskiej piersi. Trudno było zużywać ostatnie zapasy sił życiowych na grzebanie zmarłych, ale ta grupa ludzi gotowa była znieść taki trud dla swoich ukochanych. Cisza była dla Tej Która Uzdrawia znakiem, że do porodowej groty wkrótce powrócą dwie kobiety mające pomagać przy porodzie. Poród trwał już długo, ale Strażniczka Leczniczych Korzeni nalegała, żeby kobiety poszły pożegnać się z krewnymi, którzy Porzucili Swoje Szaty.

Pomiędzy kolejnymi skurczami rodzącej Ta Która Uzdrawia zaczęła rozmyślać o tym, jak wiele pokoleń przyjęła na świat i jak wiele ich wśpiewała do Świata Duchowego. Na początku trzeba było nauczyć ludzkie dzieci, jaki jest cel opłakiwania. Przypomniała sobie, jak w pierwszych zimach jej Ziemskiej Wędrówki opłakujące zawodzenia i lamenty przynosiły ulgę tym, którzy grzebali członków rodziny. Łatwo przywołała w pamięci sposób, w jaki żałobne pieśni zdejmowały wypełniony boleścią kosz na ciężary z ramion rodziny zmarłej osoby. Obserwowała, jak pojawiała się ulga, gdy żałobnicy mogli wyrazić smutek i widziała dusze ich bliskich, którym żałobne lamenty służyły jako cięciwy, by skierować strzały duchowych form na Niebieską Drogę[53]. Wspomnienia wydawały się bardzo odległe, lecz jej dzieciom zawsze dobrze służy, gdy pozwalają sobie wyrazić prawdę o bólu swoich serc.

Ta Która Uzdrawia zapuszczała się głębiej w swoje wspomnienia, podczas gdy jej ciało, z maską pewności siebie i troską na twarzy, instynktownie zajmowało się Dyniowym Księżycem. Jej umiejętności położnej były doskonałe. Składały się na nie doświadczenie setek przyjętych porodów, cierpliwość, współczucie oraz talent do opiekowania się i umiejętność nieokazywania strachu czy paniki, niezależnie od tego, jak beznadziejna jest sytuacja. Jeżeli potrzebna będzie jej całkowita uwaga, głos Orendy sprowadzi Klanową Matkę ze wspomnień do stanu gotowości.

---

[53] Niebieska Droga – patrz przypis 10.

Obrazy bardzo dawnych księżyców przemykały przez głowę Tej Która Uzdrawia, przynosząc wspomnienia Święta Plonów, ślubów, narodzin, śmierci, Ognisk Rady, ceremonii Rytuałów Przejścia i spędzonych w szałasach wokół ognisk nocy, podczas których dzielono się opowieściami. Jeszcze wirowały przed jej oczami twarze wszystkich Dwunożnych z ludzkich Plemion i Klanów, których znała, oraz tamte szczególne czasy, gdy nagłe migotanie podsycanego gałązkami ognia przypomniało jej, że musi dodać następną garść paliwa, żeby w grocie nie zapanowało zimno.

Ze żniwnego kosza wspomnień zaczął się wyłaniać jeden obraz, który zabrał Tę Która Uzdrawia do innego czasu. Przez wiele cykli śniegów i dojrzewania uczyła się, jaka jest uzdrawiająca misja każdego korzenia, liścia i kwiatu z Plemienia Roślin. Chociaż przyszła, aby kroczyć po ziemi w dorosłym ciele, które nie starzeje się jak ciała innych Dwunożnych, wtedy czuła się młodsza, gdyż brakowało jej doświadczenia. Każda nauka, jakiej udzielało jej Zielone i Rosnące Plemię, było wysławianiem tego, że Naród Roślin pragnie towarzyszyć Ludzkim Krewnym w przetrwaniu.

Ta Która Uzdrawia przypomniała sobie nauki o używaniu Korzeni Uzdrawiającej Mocy, jakich udzielała jej Borsuczyca, oraz pomoc, jaką od niej otrzymała, kiedy po raz pierwszy napotkała człowieka ze złamaną kością. Klanowa Matka uśmiechnęła się w duchu, przypominając sobie, w jak trudnych sytuacjach Borsuczyca dzieliła się z nią swoją Uzdrawiającą Mocą *przejmowania kontroli i agresywnego pokazywania fachowości*. Borsuczyca ani razu nie okazała agresji w stosunku do innych, chyba że ochraniała słabych lub zranionych przed jakąś wrogą zewnętrzną siłą. Matka Borsuczyca pokazała Tej Która Uzdrawia, jak używać zdolności przejmowania kontroli, aby każde zadanie wypełnić z energią i siłą. Borsuczyca nauczyła ją, jak skutecznie i w fachowy sposób zakończyć to, co się robi, nigdy nie tracąc czasu ani energii.

W tych dawnych dniach Borsuczyca przedstawiła Tej Która Uzdrawia wiele innych Stworzeń. Dzięki Uzdrawiającej Mocy *przedłużania życia*, należącej do Mrównika, Ta Która Uzdrawia nauczyła się tajemnic długowieczności. Kiedy spotkała Bociana, poznała Uzdrawiającą Moc *ułatwiania porodu i rodzenia*. Bocian pokazał jej, w jakiej pozycji umieszczać ciało rodzącej matki, aby ta, zamiast walczyć z pojawiającym się rytmicznie bólem, odsunęła swoje lęki i pozwoliła sobie wraz z napływającą falą skurczów wydać na świat dziecko.

Wspomnienie napływało za wspomnieniem, przypominając Tej Która Uzdrawia, jak przychodziła do niej wiedza o tym, w jaki sposób służyć swoim dzieciom. Kobieta Mocy czuła w sercu głęboką wdzięczność i wysyłała ją do każdego swojego nauczyciela, gdy jeden po drugim pojawiali się w jej wspomnieniach. Milcząco podziękowała Rybołowowi, który, miażdżąc kości swej zdobyczy, pokazał Uzdrawiającą Moc *łamania i składania kości*. Posłała płynące z serca podziękowanie Chrząszczowi, który przedstawił jej proces uzdrawiania i odradzania się dzięki Uzdrawiającej Mocy *regeneracji*. To on jej pokazał, że wszystkie istoty odradzają się w innych formach i że we wszechświecie nigdy nic nie jest stracone. Nowe rośliny rosną z gleby, którą nawożą rozkładające się opadłe liście, nowe słońca rodzą się z pyłu eksplodujących gwiazd, nowe komórki rosną, aby naprawić zranione ciała, a Orenda jest wieczna i z biegiem czasu przyjmuje wiele fizycznych form. Te lekcje są podstawą, na której Ta Która Uzdrawia zbudowała wewnętrzną siłę. Czuje się zaszczycona, że może dzielić się tymi umiejętnościami, by służyć swoim dzieciom.

Wąż nauczył ją, jak przeistaczać trucizny, negatywność i ograniczające idee, by zrzucić skórę tego, co stare. Nauczył ją także sztuki użycia niewielkich ilości trujących roślin, aby unieruchomić osobę lub zwierzę, gdy ona nastawiała kości lub zszywała otwarte głębokie zranienie. Ciało jej pacjentki lub pacjenta przeistacza wtedy tę truciznę i staje się dzięki niej silniejsze. Wąż pokazał jej cud siły życiowej i jej przepływów w ciele. Razem badali zdolności ducha do uzdrawiania oraz zdolności umysłu do udaremnienia procesu uzdrawiania lub do jego wzbudzania. Uzdrawiająca Moc Węża, którą jest *przeobrażenie*, to jeszcze jeden dar, za który była wdzięczna, ponieważ służył jej dobrze przez całe lata.

Ta Która Uzdrawia pozostawiła swoje myśli i sprowadziła uwagę z powrotem do porodowej groty. Dyniowy Księżyc była słabsza niż przedtem; kiedy nadszedł skurcz, z ust rodzącej matki wydobył się zaledwie jęk. Ta Która Uzdrawia wiedziała, że trzeba coś zrobić, w przeciwnym razie poród wkrótce się zatrzyma, pozostawiając bezradną matkę i jej dziecko wtrącone w Pustkę lub osuwające się w Krainę Wieczności.

Kobieta Mocy zaczęła energicznie masować ciało Dyniowego Księżyca. Jednocześnie cicho wysyłała do Matki Ziemi i do Swennio, Wielkiej Tajemnicy, prośbę o życie swoich podopiecznych. Gdy skierowała wzrok do góry, zauważyła, że pod sklepieniem porodowej groty wisi jej własny Totem – Nietoperzyca. Odwrócona do dołu twarz zmieniła się, gdy Nietoperzyca powoli otworzyła oczy i spojrzała na Tę Która Uzdrawia. Klanowa Matka, nie przestając głaskać ramion i nóg Dyniowego Księżyca, słuchała głosu Nietoperzycy, który przemawiał do jej serca.

– Matko, nie jesteśmy w tej grocie same – powiedziała Nietoperzyca. – Spójrz w tamten odległy róg i zobacz, kto obserwuje twoje wysiłki.

Ta Która Uzdrawia dostrzegła tuż pod sklepieniem groty bladoniebieskie światło. Rozpoznała duchową formę podobną do tych, które widywała podczas każdego porodu. Kobieta Mocy uspokoiła się i była niezmiernie szczęśliwa. Orenda mającego narodzić się dziecka była obecna w porodowej grocie. To był znak, na który czekała Ta Która Uzdrawia. Orenda dziecka była gotowa, aby w momencie, kiedy w kanale rodnym ukaże się główka noworodka, wejść przez miękki punkt jego nowego ciała. Strażniczka Sztuk Uzdrawiania widziała cud przyjmowania formy przez duszę tysiące razy i za każdym razem napełniało ją to niezmiennym zachwytem.

Ta Która Uzdrawia zerknęła znów na Dyniowy Księżyc i zobaczyła, że masaż pomaga mającej-stać-się-matką nawiązać pewne połączenie z ciałem, jednakże ciągle jej świadomość to pojawiała się, to znikała, a trzeba było, aby lepiej zdawała sobie sprawę z tego, co się dzieje. Położna przyjęła pozycję, w której mogła wspierać barki Dyniowego Księżyca, unosząc jej głowę i kołysząc na wpół świadomą dziewczynę w ramionach. Ta Która Uzdrawia zaczęła nucić słodką melodię, która dodawała otuchy Dyniowemu Księżycowi. Od czasu do czasu ściskała dłonie i ręce swojej podopiecznej, aby wlać w nie siłę życiową. Po chwili lub dwóch Dyniowy Księżyc otworzyła oczy i wyszeptała:

– Czy umarłam?

Ta Która Uzdrawia odpowiedziała:

– Nie, mateczko, nie umarłaś. Ktoś tu przyszedł, aby cię zobaczyć, więc musisz skupić swoją uwagę.

Bóle porodowe ustały i konieczne było, by Dyniowy Księżyc nabrała dość sił, żeby jej ciało kontynuowało proces rodzenia. Ta Która Uzdrawia zaczęła mówić stanowczym głosem, aby pokierować uwagą dziewczyny:

– Widzisz, mateczko, tu w grocie znajduje się duchowa forma twojego nienarodzonego dziecka. Musisz otworzyć swoje serce, aby ją usłyszeć.

Płomienna iskra odwagi i zrozumienia przemknęła przez twarz Dyniowego Księżyca. Kobieta przywołała całą swoją siłę życiową i szepnęła:

– Proszę, Matko, pomóż mi, naucz, jak zobaczyć duchową formę mojego dziecka.

Ta Która Uzdrawia pokierowała Dyniowy Księżyc tak, by spojrzała w odległy kąt pod sklepieniem porodowej groty, i poczuła, że przez ciało rodzącej przepływa fala ulgi. Ta Która Uzdrawia zaczęła wierzyć, że być może kryje się jeszcze jakieś źródło, głęboko pogrzebane wewnątrz mającej-stać-się-matką, którego moc przeprowadzi je wszystkie przez ten niepewny moment życia i śmierci.

Kobieta Mocy zaczęła opisywać, co widzi, i jak bladoniebieska duchowa forma się porusza, aż w końcu Dyniowy Księżyc również ją zobaczyła. Następnie Matka Klanowa swoimi słowami wprowadziła Dyniowy Księżyc w Ciszę, gdzie mogła rzeczywiście słyszeć głos swojego nienarodzonego dziecka. Ta Która Uzdrawia słyszała głos Orendy dziecka tak samo wyraźnie jak Dyniowy Księżyc, kiedy przemówił do serca matki.

– Ty będziesz moją matką, Dyniowy Księżycu, ale ja także będę twoją nauczycielką. Musimy zacząć naszą podróż razem, w tej chwili przed moim urodzeniem.

Zapomniałaś, jak połączyć się ze swoją Orendą i jak potrzebną ci siłę czerpać z Wielkiej Tajemnicy. Przychodzę, aby ci przypomnieć o czasie przed twoim własnym narodzeniem, kiedy dobrze znałaś to połączenie. Jeśli wypowiesz cicho swoje imię i wyobrazisz sobie, co ono oznacza, ponownie odkryjesz osobistą Uzdrawiającą Moc. Dary stanowiące tę Moc, złożone bezpiecznie wewnątrz twojej Orendy, czekają, aż je odkryjesz.

– Dyniowy Księżyc, Dyniowy Księżyc, Dyniowy Księżyc – wyszeptała do siebie młoda matka.

Przez umysł mającej-stać-się-matką przepływały obrazy żółto-pomarańczowych kwiatów dyni przeobrażających się w księżyc zbiorów wypełniony złotym światłem. Scena zmieniła się i księżyc zbiorów przybrał kształt uroczej kobiety skąpanej w świetle płynących promieni o dyniowo-łososiowej barwie. Na głowie kobiety ze snu znajdował się wieniec spleciony z jesiennych liści, dojrzałej pszenicy, żółtych traw żubrówki i dzikich zielonych pędów winorośli. Purpurowe jagody i dzikie różowe pierwiosnki przeplatały się z gronami pomarańczowych jagód górskiego jesionu, wysypując się z wieńca. Kobieta trzymała w ramionach koszyk wypleciony z rzecznych trzcin i sosnowych igieł. Z koszyka wydobywało się światło, którego bladoniebieskie promienie tańczyły na uśmiechniętej twarzy księżycowej kobiety. Sięgnęła do wnętrza koszyka, ujęła w dłonie niebieską kulę światła i wzięła ją do swego serca, a wtedy wizja jeszcze raz się przeobraziła. Błyskawice wystrzeliły z kuli energii i połączyły Matkę Ziemię pod stopami kobiety ze snu i Ojca Niebo nad jej głową. Błyszczące różnokolorowe promienie światła okrążyły wizję i Dyniowy Księżyc poczuła, że ze snu płynie ku niej miłość Wielkiej Tajemnicy.

Dokładnie w tym momencie Dyniowy Księżyc poczuła, jak w jej własnym sercu eksploduje przepływ życia. Łapczywie nabrała powietrza, kiedy strumienie buzującej energii runęły przez jej zmęczone kończyny. Poczuła pulsujące fale ciepła, które sprowadzały jej pozbawione niemal życia ciało z powrotem znad krawędzi Krainy Wieczności. Spojrzała zdumiona najpierw na twarz Tej Która Uzdrawia, a potem na Orendę nienarodzonego dziecka. Łzy radości popłynęły z jej oczu i potoczyły się po policzkach, a twarz nabrała koloru. Ta Która Uzdrawia uśmiechała się i delikatnie kołysała Dyniowy Księżyc w ramionach, pozwalając, by rytm zachęcił ciało dziewczyny do przywrócenia skurczów, które pozwolą dziecku się urodzić.

Jakby na dany znak dwie kobiety, które opłakiwały swoich zmarłych, rozdzieliły zasłony wiszące w wejściu i weszły do jaskini. Zgodnie ze wskazówkami Tej Która Uzdrawia zmyły z twarzy sadzę opłakiwania i okadziły ciała dymem cedrowym, aby myśli o śmierci pozostawić na zewnątrz porodowej groty. Czyste Jezioro i Mająca Odwagę zajęły miejsca po bokach Tej Która Uzdrawia, podczas gdy Klanowa Matka delikatnie głaskała nabrzmiały brzuch Dyniowego Księżyca okrężnymi ruchami, masując go w kierunku drogi słońca po niebie. Następnie położna gestem przywołała Czyste Jezioro, aby wspierała ramiona Dyniowego Księżyca, a sama stanęła przed mającą-stać-się-matką, by poklepywać jej brzuch od przodu.

Ta Która Uzdrawia przez kilka chwil masowała brzuch Dyniowego Księżyca, po czym chwyciła grzechotkę i potrząsała nią nad brzuchem takimi samymi okrężnymi ruchami w kierunku drogi słońca. Kobieta Mocy zaczęła śpiewać pieśń Nietoperzycy, aby ponownie wzbudzić skurcze.

> Matko Nietoperzyco, usłysz moją pieśń
> w grocie łona tej kobiety,
> z ciemności musisz przylecieć,
> aby wydać to dziecko na świat.
> Rzeko życia, niech popłyną wody,
> ułatwiając temu dziecku drogę.
> Matko Nietoperzyco, symbolu odrodzenia,
> uwolnij, co zostało zatrzymane.

Powtarzała pieśń wiele razy, cały czas patrząc na strop porodowej groty. Pod koniec siódmego powtórzenia Nietoperzyca, która do tej pory, podobnie jak dziecko w łonie Dyniowego Księżyca, wisiała głową w dół i obserwowała scenę rozgrywającą się poniżej, zerwała się do lotu i wymknęła się na zewnątrz między zasłonami wiszącymi u wyjścia. Ta Która Uzdrawia położyła dłonie na pępku Dyniowego Księżyca i poczuła dudnienie rozpoczynającego się skurczu, który przyniósł przerwanie pęcherza płodowego i wypływ wód z łona mającej-stać--się-matką. Kobieta Mocy uśmiechnęła się, ponieważ Nietoperzyca dała znak, że pieśń dotarła do Siedmiu Świętych Kierunków. Kiedy Nietoperzyca wyfrunęła, Ta Która Uzdrawia wiedziała, że dziecko się urodzi.

To był początek najtrudniejszej części porodu i Ta Która Uzdrawia była wdzięczna, że na skutek wygłodzenia Dyniowego Księżyca nie doszło do suchego porodu, który mógłby spowodować utratę dziecka. Wody życia uwolniły się później niż zazwyczaj, ale w tych okolicznościach okazało się to błogosławieństwem. Gdyby wody odpłynęły wcześniej, poród trwający nieprzerwanie Dzień, Noc i kolejny Dzień mógłby zabić oboje, matkę i dziecko.

Dziadek Słońce wkrótce znowu wstanie, przynosząc radosne zakończenie wyczerpującego porodu. Kiedy w polu widzenia pojawiła się główka dziecka, Czyste Jezioro i Mająca Odwagę pracowały równie pilnie jak Ta Która Uzdrawia.

•••• Ta Która Uzdrawia

Podtrzymywały Dyniowy Księżyc w pozycji w kucki, by magnetyzm Matki Ziemi przyciągnął dziecko do jego Ziemskiej Wędrówki. Dyniowy Księżyc krzyknęła, raczej ze zdziwienia niż z bólu, kiedy zobaczyła, jak Orenda dziecka wchodzi przez miękki punkt w jego czaszce. W kolejnym skurczu ciało dziecka obróciło się i uwolnione zostały ramiona. Biodra przeszły za nimi gładko i bez trudu. Ta Która Uzdrawia złapała dziecko i wyszeptała:

– Mamy dziewczynkę, Dyniowy Księżycu.

Młoda matka poczuła ulgę i szczęście, kiedy dźwięki wydane przez jej córeczkę rozniosły się echem w porodowej grocie, obwieszczając światu, że oto przybyła z mocnym głosem. Ta Która Uzdrawia przecięła pępowinę, obmyła dziecko w wodzie z roztopionego śniegu, którą Czyste Jezioro przygotowała przy ognisku, a następnie zawinęła je w miękkie futra i położyła obok Dyniowego Księżyca. Mająca Odwagę zaczęła ugniatać kolanem brzuch Dyniowego Księżyca, aby uwolnić łożysko, podczas gdy Czyste Jezioro wyniosła porodowe skóry, żeby zakopać je w śniegu.

Ta Która Uzdrawia myślała o tym, że mąż Dyniowego Księżyca, Szary Jeleń, zginął, zabity przez uciekającego Woła Piżmowego cztery miesiące przed terminem porodu. Dyniowy Księżyc została przyjęta do szałasu swojej siostry, ale teraz siostra i cała jej rodzina zmarli z głodu. Tak więc Kobieta Mocy podjęła decyzję – Dyniowy Księżyc będzie żyła przy jej ogniu. Zawsze dostawała mnóstwo mięsa od myśliwych w zamian za swoje usługi, nie było więc przeszkód, by powiększyć krąg rodziny o młodą matkę i nowo narodzoną dziewczynkę.

Ta Która Uzdrawia zamierzała właśnie powiedzieć Dyniowemu Księżycowi o swojej decyzji, ale podeszła do niej Mająca Odwagę i wręczyła umytą pępowinę, a następnie wyszła na zewnątrz, aby pogrzebać łożysko u stóp Babci Góry. Ta Która Uzdrawia przez chwilę była zajęta – zwinęła ciasno pępowinę i powiesiła na rogu jelenia umieszczonym blisko ognia, aby ją wysuszyć. Później wysuszona pępowina zostanie włożona do woreczka ze zwierzęcej skóry i na dobre zaszyta wewnątrz maleńkiego Zawiniątka Uzdrawiającej Mocy. Pępowinowy Woreczek Uzdrawiającej Mocy będzie należał do nowo narodzonej dziewczynki i będzie stale przypominał o jej fizycznym połączeniu z Matką Ziemią i duchowym połączeniu z Ojcem Niebem. Żadne z Dzieci Ziemi nie obawia się samotności ani osierocenia, kiedy nosi swoją pępowinę na sercu, ponieważ rozumie, że pępowinę fizyczną zastąpiła duchowa, która utrzymuje jej lub jego połączenie z prawdziwym Ojcem i Matką tak długo, jak żyje ono na Ziemi.

Dyniowy Księżyc zawołała Tę Która Uzdrawia i położna odwróciła się.

– Uzdrawiająca Matko, mam zamiar dać mojej córeczce na imię Kobierzec Ziemi, ponieważ jej Orenda w trakcie porodu pokazała mi, jaka jest jej Uzdrawiająca

Moc. Życzeniem Kobierca Ziemi jest to, abyś, gdy urośnie, stała się jej nauczycielką. Kobierzec Ziemi przypomniała mi, że cykle i pory roku zawsze się zmieniają i że ze śniegów Miesiąca Głodowania rodzi się zielony kobierzec Matki Ziemi. To dziecko jest obietnicą wiosny i nauczyło mnie wiary. Powiedziało mi, że wiara jest rudzikiem, który śpiewa o kwiatach, choć Ziemię nadal okrywa kobierzec śniegu. Kobierzec Ziemi wyjaśniła mi, że jej narodziny, które są jej pierwszym Rytuałem Przejścia, to także Rytuał Przejścia dla mnie, ponieważ ponownie połączyłam się ze swoją Orendą i z Wielką Tajemnicą. Dziękuję ci, Uzdrawiająca Matko, za przeprowadzenie nas obu przez proces porodu.

Ta Która Uzdrawia była poruszona słowami Dyniowego Księżyca i podzieliła się z nią decyzją, że weźmie je obie do swojego ognia, aby żyły razem. Opiekunka Sztuk Uzdrawiania jako Kobieta Mocy wiedziała, jakich lekcji Kobierzec Ziemi nauczyła matkę, ale sprawiło jej dodatkową radość, gdy usłyszała z ust młodej matki, w jaki sposób doświadczyła ona tych lekcji i jak je zrozumiała.

Gdy Mająca Odwagę weszła do groty, Tę Która Uzdrawia, Dyniowy Księżyc i nowo narodzone dziecko otoczyły wspaniałe zapachy skwierczącego mięsa. Okazało się, że kiedy poszła zakopać łożysko, znalazła u podnóża Babci Góry Jelenia[54], który spadł z klifu. Mająca Odwagę przyrządziła wiele pasemek mięsa i przyniosła je do porodowej groty, aby kobiety mogły napełnić brzuchy.

Kobiety wiedziały, że powinny jeść niewiele i dobrze żuć, żeby żołądek nie odrzucił obiadu. Po posiłku Kobierzec Ziemi, dając znać, że teraz kolej na nią, podniosła ostrzegawczy krzyk, aby o niej nie zapomniano. Ta, Która Uzdrawia uśmiechała się, kiedy Kobierzec Ziemi ssała pierś matki. Matka Klanowa powróciła do swoich myśli i wyobraziła sobie, jakie będzie życie Kobierca Ziemi. Tak jak Zielone i Rosnące Plemię, to dziecko nauczy się cykli życia, śmierci i odrodzenia, stając się siostrą Narodu Roślin i Ludu Drzew. Pozna uzdrawiające zastosowanie wszystkich części każdej rośliny. Ta Która Uzdrawia nauczy Kobierzec Ziemi, w jaki sposób przyjmować dzieci, składać kości, zszywać skaleczenia i uzdrawiać duchowe rany.

Trzeba nauczyć Kobierzec Ziemi duchowych dróg, chociaż jej Orenda znała je przed jej urodzeniem. Zapominanie niemal zawsze stanowi część procesu ludzkiego życia, a odzyskiwanie Pamiętania to jeden z najważniejszych Rytuałów Przejścia podczas Ziemskiej Wędrówki każdej istoty ludzkiej. Klanowa Matka z wielką radością będzie przeżywać wraz z Kobiercem Ziemi jej przejście w dorosłość i dołączenie do

---

[54] Jeleń kanadyjski (*Cervus canadensis*), *wapiti* (w języku Cree i Shawnee), *elk* (w jęz. angielskim). Wapiti wygląda jak żyjący w Polsce jeleń szlachetny (*Cervus elaphus*).

kobiecego rodu oraz połączenie się ze wspomnieniami, które w pełni sprowadzi jej Orendę do ciała.

Wieczny Płomień Miłości stanowi przewodnie światło dla Orendy każdej formy życia. Kiedy i jak każda Istota Dwunożna ponownie odkryje swoje połączenie z Twórczym Źródłem jest sprawą tej osoby. Narodziny zawsze przynoszą rozwój, zmianę, śmierć i odrodzenie, kiedy obraca się Wielkie Koło Uzdrawiającej Mocy. Każdy cykl i szprycha na kole dostarczają życiowych lekcji, które pozwalają każdej istocie z Ludzkiego Plemienia odkryć znaczenie własnego życia. Wolę, aby nie ustawać i nauczyć się więcej, podsycają Orenda oraz duchowe połączenie z Wielką Tajemnicą.

Dzięki Uzdrawiającej Mocy, jakiej doświadczyły tego dnia, Dyniowy Księżyc i Kobierzec Ziemi odzyskały połączenie z siłą życiową, która znajdowała się w ich Duchowych Esencjach. W związku z tym połączeniem Nietoperzyca wyfrunęła z porodowej groty i zawołała Jelenia, by poświęcił swoje ciało, dzieląc się z tą grupą ludzkich istot *siłami życiowymi i wytrwałością* swojej Uzdrawiającej Mocy. Związki pomiędzy troskliwymi członkami Planetarnej Rodziny znowu są silne. Cały klan Dwunożnych odrodził się z niemal całkowitego zagłodzenia, ponieważ jedna spośród nich nakarmiła swoją wiarę Wiecznym Płomieniem Miłości znajdującym się w jej Orendzie.

Ta Która Uzdrawia śpiewała pieśń dziękczynienia za cuda tego dnia oraz cuda, które czekały je wszystkie na Dobrej Czerwonej Drodze życia. Znowu przypomniano jej o okazjach, które przynoszą sposobność rozwoju i zmiany. Przy każdym obrocie Koła Uzdrawiającej Mocy dokonuje się zmiana. Wewnątrz ciał tych Dwunożnych Istot, które zdecydują się zmienić lub uzdrowić, wieczny, nieposkromiony ludzki duch zawsze będzie śpiewać pieśń o życiu, rozwoju, śmierci i odrodzeniu. W swoim umyśle Ta Która Uzdrawia zobaczyła, tuż za horyzontem, jasną przyszłość dla Ludzkiego Plemienia. Klanowa Matka Sztuk Uzdrawiania złożyła dzięki za czas, który otrzymała, aby poznać i zrozumieć Dzieci Ziemi. Odnalazła radość, wiedząc, że gdy skończy swoją Ziemską Wędrówkę, jej duch zawsze pozostanie dostępny dla osób, które będą miały odwagę skontaktować się z nim, by uzdrowić swoje złamane ciało, umysł i ducha. Koło Uzdrawiającej Mocy obróci się, życie będzie biegło dalej, a ona będzie towarzyszyć temu uzdrawiającemu procesowi aż po kres czasu.

Kobieta Zachodzącego Słońca

Strażniczko marzeń o przyszłości,
Matko nieba pełnego gwiazd,
pokaż mi, jak żyć swoją prawdą
i przenosić marzenia do światła.

Naucz mnie, jak używać swojej woli,
żyjąc odnalezioną wewnątrz prawdą,
odkrywając wszystkie części siebie,
w których zmieszane są światło i cień.

Pozwól mi zaśpiewać pieśń o przyszłości
z troską o to, co będzie,
przestrzegając wszystkich praw natury
w stosunku do stworzeń, kamieni i drzew.

Matko, słyszę cię w deszczu
i widzę cię w zachodzie słońca.
Uczysz mnie wewnętrznego wiedzenia
przez słodki refren swego serca.

Matka Klanowa
Dziewiątego Cyklu Księżycowego

KOBIETA ZACHODZĄCEGO SŁOŃCA jest Opiekunką Celów dotyczących Przyszłości i Marzeń o Przyszłości. Jest Klanową Matką Dziewiątego Cyklu Księżycowego, który przypada we wrześniu, a wiąże się z kolorem zielonym. Zieleń jest kolorem woli; Kobieta Zachodzącego Słońca pokazuje, jak właściwie używać swojej woli, aby zapewnić obfitość w przyszłości. Uczy nas, że wola życia, wola przetrwania oraz wola bycia wzorową i prawą w zachowaniu zasobów naturalnych Matki Ziemi mają kluczowe znaczenie dla naszej Ziemskiej Wędrówki.

Ta Klanowa Matka uczy, jak *żyć prawdą* i przebywać na Zachodzie Koła Uzdrawiającej Mocy. Kierunek Zachodni jest domem zasady kobiecej, Matki Ziemi, zachodzącego słońca i nocnego nieba. Ucząc się lekcji Zachodu, zdobywamy umiejętności takie jak bycie niezawodną, otaczanie opieką, troszczenie się o siebie i innych, wewnętrzne wiedzenie oraz stawianie celów i ich osiąganie. Zachód nazywany bywa także Miejscem Patrzenia Do Wewnątrz, ponieważ zasada kobieca jest w naturalny sposób intuicyjna i przyjmująca.

Jako Opiekunka Nienarodzonych Pokoleń, Kobieta Zachodzącego Słońca udziela nam wielu nauk o używaniu tylko tego, czego potrzebujemy. Uczy, że wszystko, co zbieramy i czego używamy, należy traktować jak świętość, nigdy nie marnując niczego użytecznego. Dziewiąta Matka Klanowa pokazuje, że możemy polegać na Matce Ziemi, że zaspokoi nasze potrzeby, jeżeli my ze swojej strony będziemy dziećmi, na których można polegać, które szanują tę obfitość i są za nią wdzięczne. Pokazuje nam, jak zaspokajać potrzeby następnych Siedmiu Pokoleń, siejąc dziś nasiona przyszłorocznych plonów. Jest Strażniczką Ochrony wszystkich gatunków nasion, roślin, stworzeń i kamieni i ich Opiekunką. Chroni przed wyniszczeniem każdą część naszej Planetarnej Rodziny, pozwalając zagrożonym gatunkom naturalnie się przeistaczać, rozwijając się w inną formę, bardziej przystosowaną do warunków na świecie.

Kobieta Zachodzącego Słońca uczy, jak udawać się do wewnątrz i odnajdywać swoje osobiste prawdy. Pokazuje, jak spotykać się z przyszłością bez strachu, gdy codziennie podejmujemy kroki, aby zapewnić świetlane jutro. Ciemność nocnego nieba jest Gwieździstą Misą Uzdrawiającej Mocy lub łonem kobiecej zasady, gdzie zawarty jest potencjał naszej przyszłości. Gwiazdy są punktami światła symbolizującymi Święty Płomień naszych marzeń. Kiedy znajdziemy swoje osobiste prawdy w ciemności wewnątrz nas samych, możemy ustalić, które wizje sprowadzimy na Ziemię w zmaterializowanej postaci. Kobieta Zachodzącego Słońca kroczy z nami Mleczną Drogą, która składa się z ognisk Przodków. Gdy z nią podróżujemy, na nowo odkrywamy starożytne prawdy o ochronie zasobów i o wewnętrznym wiedzeniu, które prowadziły istoty ludzkie kroczące Czerwoną Drogą przed nami. Dzięki Kobiecie Zachodzącego Słońca ponownie odkrywamy wszechświat, który żyje wewnątrz naszej Esencji Duchowej. To odkrycie światów wewnątrz światów uczy nas, że nie jesteśmy swoim ciałami, lecz rozległymi istotami, i że nasze ciało istnieje wewnątrz bezgranicznej przestrzeni naszej Orendy.

Gwiazda Wieczorna, Obietnica Przyszłości

Kobieta Zachodzącego Słońca siedziała na górującym nad oceanem klifie i obserwowała rozciągające się poniżej rozlewiska powstałe po przypływie. Przypływowe jeziorka wtulone we wgłębieniach skał stały się domem dla setek form życia, które, gdy tylko dotknęło ich światło słońca, przesyłały poprzez wodę odbicia jasnych kolorów. Światło Dziadka Słońce było silne, ponieważ osiągnął on niemal zenit na swej drodze przez Naród Nieba. Zapachy słonej wody morskiej i wyrzuconych na brzeg oceanicznych roślin docierały do zmysłów Kobiety Zachodzącego Słońca, wzięła więc głęboki wdech, aby napełnić płuca słonym powietrzem. Rytm rozbijających się o brzeg i cofających się nieprzerwanie fal koił jej zmysły, sprowadzając myśli do domu, do jej serca.

Wiele razy wędrowała drogą prowadzącą w dół klifu nad sam brzeg wody, ale w swoim obecnym refleksyjnym nastroju wybrała rozległy widok, jaki roztaczał się na morze z góry. Przeżyła wiele zim podczas swojej Ziemskiej Wędrówki i wiele się nauczyła o tym, jak to jest posiadać ludzkie ciało. A nadal urzeczona była uczuciami, których mogła dotknąć wewnątrz siebie, kiedy patrzyła na brzeg oceanu. Fale, wpływające na piasek i uciekające z powrotem do morza w niekończącym się rytmie, były jak delikatne palce, które pieściły jej ducha, napełniając go poczuciem dobrostanu.

Sęp krążył wokół klifu na prawo od Matki Klanowej, przypominając jej o tym, w jaki sposób odnalazł swoją misję na Ziemi. Chociaż niezbyt podoba się tym, którzy boją się śmierci, w zrozumieniu Klanowej Matki niesie ważną Uzdrawiającą Moc. Sęp był dobrym nauczycielem dla Dzieci Ziemi, ponieważ niczego nie marnował. Oczyszczał z mięsa kości tych, którzy Porzucili Swoje Szaty, czyli umarli, i nie pozostawiał żadnej części, by uległa rozkładowi. Sęp cieszył się swoją Uzdrawiającą Mocą, która uczy Dzieci Ziemi zasady *nie marnujesz, nie biedujesz*. Kobieta Zachodzącego Słońca podążyła za innym wspomnieniem, przywołując jedną z najważniejszych dla siebie lekcji, która zmieniła kierunek jej Świętej Ścieżki. Zadumała się nad tym odległym czasem, a myśli, jak fale przypływu, podryfowały do tamtego wspomnienia.

Gęsty las ustępował falistemu łańcuchowi wzgórz zasłanych wielobarwnymi dzikimi kwiatami, które dumnie unosiły twarzyczki ponad ciemnoszmaragdowym kobiercem koniczyny pokrywającym zmysłową formę Matki Ziemi. Kobieta Zachodzącego Słońca patrzyła na Zachód. Stała na szczycie wzgórza i czekała, aż zgaśnie światło Dziadka Słońce i Fajka zostanie przekazana wieczornemu niebu i Babci Księżyc. Był to czas bezruchu, kiedy kwiatki, przygotowując się do odpoczynku, zaczynają schylać główki i zamykać swoje płatki. Lśniące kolory zachodu słońca traciły pastelowe odcienie, na czas snu oblekając odległe, majaczące na południowym horyzoncie wzgórza w szatę koloru głębokiej purpury.

Kobieta Zachodzącego Słońca słyszała w oddali, jak Żaba śpiewa swoją Pieśń Uzdrawiającej Mocy, dając znak wszystkim słuchającym, że czas *oczyścić* działania tego Dnia, aby *odświeżyć się i ponownie napełnić* podczas nadchodzącej Nocy. Gdy stygnąca gleba zaczęła roztaczać fale aromatu Matki Ziemi, Klanowa Matka poczuła bagienną woń mgieł, które unosiły się nad odległym błotnistym stawem położonym wśród łąk. Żaba nie zaśpiewała swojej deszczowej piosenki i Istoty Chmury musiały powędrować do innych obozów Ludu Nieba. Tej Nocy niebo będzie czyste, a Ziemia zaroi się życiem wszystkich jej Dzieci, które pod osłoną nocy wyruszą na łowy.

Wata-jis (czyt. łata-dżis), Gwiazda Wieczorna, wkrótce wytknie głowę przez purpurowy jak kwitnąca szałwia kobierzec nocnego nieba. Kobieta Zachodzącego Słońca zawsze rozkoszowała się chwilą pojawienia się swojej siostry Wata-jis, które zapowiadało, że zaraz Gwieździsta Misa Uzdrawiającej Mocy ukaże się w całej swojej wspaniałości. Kiedy Gwiezdny Naród budził się ze snu, podczas którego blask Dziadka Słońce wędruje przez niebo, Kobieta Zachodzącego Słońca mogła oglądać obrysowane Świętym Ogniem gwiazd kształty niektórych Totemów. Gdy świat śpi, Niedźwiedź ciężko stąpa przez Naród Nieba, ucząc każdą istotę swojej Uzdrawiającej Mocy. Przypomina Dzieciom Ziemi, by wchodziły do wewnątrz i w ciemności *zastanawiały się i analizowały*. Jego naturalna siła i ogromna forma mówią o korzyściach wycofania się i snu zimowego. Po niebie, przemierzając szczyty i doliny purpurowej przestrzeni, wędruje także Owca Gruboroga. Ta owca o wielkich rogach jest strażniczką *wytrwałości i gotowości do odważnego stawiania czoła wyzwaniom*. Uzdrawiająca Moc tych dwóch Stworzeń-nauczycieli dobrze służyła Kobiecie Zachodzącego Słońca podczas jej Ziemskiej Wędrówki. Gdy atramentowa ciemność okrywała niebo, Matka Klanowa zawsze z niecierpliwością szukała gwiezdnych form tych Totemów, za każdym razem posyłając im podziękowania.

Kobieta Zachodzącego Słońca powróciła ze świata swych myśli, przypatrując się miejscu na niebie, w którym miała pojawić się Wata-jis. Posłała głos do gwiazdy, którą nazywała siostrą, i powitała ją pieśnią płynącą z głębi serca.

Hi-nay, Hi-nay, Wata-jis,
Hi-nay, hi-nay, Wata-jis,
Ya-ta-hey, Ya-ta-hey.
Dey-whey-no-de, no-way,
Dey-whey-no-de, no-way,
Wata-jis, Wata-jis.

Witaj, witaj, Gwiazdo Wieczorna,
witaj, witaj, Gwiazdo Wieczorna,
pozdrawiam twego ognistego ducha.

> Jesteśmy siostrami, ty i ja,
> jesteśmy siostrami, ty i ja,
> Gwiazdo Wieczorna, Gwiazdo Wieczorna.

Gdy Kobieta Zachodzącego Słońca skończyła pieśń, Wata-jis, migocząc ognistym światłem, wychyliła płomienną twarz spomiędzy szat nocnego nieba. Klanowa Matka zawsze patrzyła z podziwem graniczącym z lękiem na roziskrzoną postać Gwiazdy Wieczornej; tej nocy jednak zobaczyła na rzece mgły duchowe kanu, które zbliżało się do Ziemi. Niebieska smuga światła Wata-jis rozświetlała grzbiety fal kołyszących czółno, aż spłynęło na Ziemię do stóp Kobiety Zachodzącego Słońca.

Świetlista forma kanu utkana była z mlecznego księżycowego światła i opalizującego gwiezdnego ognia. Kobieta Zachodzącego Słońca widziała, że nikt w czółnie nie wiosłuje i ciekawiło ją, czy może dostać się do środka. Przechyliła się przez krawędź, zaglądając na dno, i odkryła otulone w szatki z białego futra i zasznurowane w nosidełku dziecko, które jej także się przyglądało. Niemowlę uśmiechnęło się i spojrzało prosto w oczy Klanowej Matki. Kobieta Zachodzącego Słońca zdała sobie sprawę, że to nie jest zwyczajne dziecko, i w końcu odzyskała głos.

– Dziękuję, że jesteś – powiedziała, uroczyście pozdrawiając dziecko w nosidełku.

Dziecko w odpowiedzi uśmiechnęło się i powiedziało:

– Jestem dzieckiem przyszłości, Kobieto Zachodzącego Słońca. Przybyłam w tym duchowym czółnie, wysłana przez Wieczorną Gwiazdę. Podróżowałam śladami ognisk palonych przez Przodków, które Dzieci Ziemi nazwą kiedyś Drogą Mleczną. Przyszłam, aby pokazać ci ukryte w twoim sercu uczucia dotyczące przyszłości.

Kobieta Zachodzącego Słońca stała w ciszy; zauważyła, że głosy nocnych stworzeń umilkły. Wzięła wdech i zapytała:

– Jak mam się do ciebie zwracać?

– Jestem Wata-jis, Gwiazda Wieczorna, twoja siostra.

Kobieta Zachodzącego Słońca zobaczyła błysk w hebanowych oczach dziewczynki i wypełniło ją wewnętrzne wiedzenie, co ją uspokoiło. Pojęła, że to dziecko jest darem od Gwieździstej Misy Uzdrawiającej Mocy, a w jego oczach dostrzegła jedynie miłość.

Klanowa Matka słuchała, gdy dziecko zaczęło znowu mówić:

– Matko, jestem owinięta w Nosidełko Wszechświata. Jeżeli zechcesz ponieść mnie na plecach, zrozumiesz, jakie są powody twojej Ziemskiej Wędrówki. Jestem obietnicą przyszłości, która kiedyś nastanie. We mnie ucieleśnione są wszystkie marzenia o pełni i harmonii. Reprezentuję każdego ducha, który z oddechu Wielkiej Tajemnicy podróżował do Łona Wszechświata, zwanego Gwieździstą Misą

Uzdrawiającej Mocy, i następnie na Ziemię, aby urodzić się jako Dwunożna Istota ludzka.

Kobieta Zachodzącego Słońca sięgnęła do duchowego czółna i z troską podniosła Nosidełko Wszechświata. Ostrożnie założyła pasy na ramiona i umieściła dziecko na plecach, po czym odezwała się.

– Wata-jis, dziękuję ci, że przyszłaś, by być moją nauczycielką. Co mam teraz zrobić?

Z maleńkich ust wydobył się chichot, po czym dziewczynka odpowiedziała:

– Matko, zabawmy się w pewną grę. Czy zauważyłaś, że nie możesz mnie widzieć, ale że mój ciężar jest jak przypomnienie – zawsze obecny, ale niewidoczny?

– Ależ tak, tak to wygląda. Już rozumiem, że takie są dzieci przyszłości. Nie mogę ich widzieć, ponieważ jeszcze się nie urodziły, ale zawsze biorę pod uwagę ich potrzeby. Będą potrzebować jedzenia, schronienia, ognia, wody, powietrza, żyznej gleby i towarzystwa Wszystkich Swoich Krewnych.

Wata-jis, zadowolona z szybkiej odpowiedzi Klanowej Matki, mówiła dalej:

– Matko, jakich zmysłów musisz używać, gdy nie możesz mnie widzieć?

– Muszę słyszeć twój głos, wyczuwać twój ciężar, czuć zapach twoich słodkich włosów i pozwolić mojemu ciału, by zestroiło się z twoimi rytmami, odgadując twoje ruchy, abyśmy mogły utrzymywać równowagę, gdy niosę cię w nosidełku.

Wata-jis uśmiechnęła się:

– To są te same umiejętności, które ludzkie Dzieci Ziemi muszą rozwinąć, aby przygotować się na przyszłość, Matko. Muszą czuć wagę potrzeb przyszłych pokoleń, aby teraz znaleźć harmonię i równowagę. Jeżeli zniszczą cenne naturalne surowce Matki Ziemi, nienarodzonych pokoleń nie czeka obfita przyszłość. Kiedy Ludzkie Plemię nauczy się nieść Nosidełko Wszechświata niczym niewidzialną część siebie samych, nie będzie oddzielenia między teraźniejszością i przyszłością. Wszystko, co jest potrzebne do przetrwania na Dobrej Czerwonej Drodze, w naturalny sposób tam będzie, ponieważ każda żyjąca dzisiaj istota ludzka weźmie odpowiedzialność za potrzeby następnych Siedmiu Pokoleń.

Kobieta Zachodzącego Słońca zapytała:

– Gwiazdo Wieczorna, co się stanie, jeśli niektóre istoty z Ludzkiego Plemienia zapomną o tych Naukach?

– Niestety, Matko, ten czas nadejdzie. Uzdrawiająca Moc Jelenia da Wiernym *wytrzymałość i siły życiowe*, potrzebne, aby nieprzerwanie dbać o potrzeby przyszłych pokoleń. Możemy także wzywać Uzdrawiającą Moc Oposa, aby towarzyszyła Wiernym w *planowaniu i strategii*. Istoty Dwunożne muszą być elastyczne i gotowe, aby rozwijać się i zmieniać z myślą o przyszłości. Ludzkie potrzeby można pomylić z pożądaniem posiadania materialnych dóbr. Niektórzy będą kierować się chciwością i chęcią kontrolowania mas. Każda istota ludzka będzie miała okazję stanąć przed tymi wyzwaniami i pokonać je dzięki ponownemu odkryciu wewnętrznego wiedzenia. Rozwiązanie samo wpadnie ci w ręce. Ty Jesteś Klanową Matką Zachodu, która może towarzyszyć łagodnym i ufnym Dzieciom Ziemi, pokazując im, jak wchodzić do wewnątrz.

Kobieta Zachodzącego Słońca zgodziła się z Wata-jis i dodała swoje przemyślenia:

– Zauważyłam, że jesteś otulona w śnieżną futrzaną szatę Wielkiej Białej Niedźwiedzicy. Te skóry są dla mnie wielką świętością. Niedźwiedzica nauczała mnie, jak wchodzić do groty wewnątrz siebie i jak odnajdywać własne prawdy. Dzięki tym naukom każdego Dnia i każdej Nocy jestem w stanie żyć swoją prawdą. Gdyby każde Dziecko Ziemi odnalazło takie wewnętrzne wiedzenie, naszym dziedzictwem dla przyszłych pokoleń byłoby życie pełne harmonii i obfitości.

– To prawda, Matko. Możemy im także przekazać, czego uczy garbaty podróżnik przemierzający pustynię. Wielbłąd dzieli się swoją Uzdrawiającą Mocą *ochrony i właściwego użycia zasobów naturalnych* nawet w chwilach niedostatku. Jednym z darów, który mamy dzięki wewnętrznemu wiedzeniu, jest wiedza o tym, jak i kiedy używać dostępnych zasobów. Niedźwiedź podczas snu zimowego żyje dzięki zgromadzonemu tłuszczowi, Wielbłąd, podróżując przez pustynię, żyje dzięki zgromadzonej wodzie, a Ludzkie Plemię żyje w obfitości, kiedy zbiera i spożywa tylko to, czego potrzebuje.

Kobieta Zachodzącego Słońca zrozumiała nauki o przygotowywaniu się na nadchodzącą przyszłość. Jeśli Dzieci Ziemi nauczą się oszczędzać zasoby Matki Ziemi, będą one im obficie służyły.

– Matko, wiesz, że jestem Gwiazdą Wieczorną, ale czy wiesz, że jestem Obietnicą Przyszłości, ponieważ podczas sześciu księżycowych miesięcy jestem także Gwiazdą Poranną?

Kobieta Zachodzącego Słońca była zaskoczona tą niezwykłą wiadomością.

– Ależ nie, nie wiedziałam tego – odpowiedziała.

– Staję się Gwiazdą Poranną i płynę na strumieniu słonecznych promieni, które rozświetlają poranne niebo. Przez osiem dni podczas trzynastego cyklu księżycowego nie jestem widoczna ani rano, ani wieczorem. To właśnie w tym czasie udaję się do pustki Wielkiej Misy Uzdrawiającej Mocy nocnego nieba, aby się odrodzić. Podróżuję po Świętej Spirali Ośmiu Mocy, odwiedzając Wschód, Południowy Wschód, Południe, Południowy Zachód, Zachód, Północny Zachód, Północ i Północny Wschód. W każdym z tych kierunków żyję przez jeden Dzień i jedną Noc i uczę się kroków przemiany, które dają mi wiedzę, jak zmieniać moją drogę i punkt skupienia.

•••• Kobieta Zachodzącego Słońca

Święta Spirala prowadzi z jednego Koła Uzdrawiającej Mocy doświadczeń do następnego. Jeżeli popatrzymy na dwa koła, jedno na ziemi, a drugie wyżej, lecz w tej samej pozycji, zobaczymy dwa różne kręgi doświadczeń. Pustka pomiędzy nimi jest z powietrza, ale można sobie wyobrazić spiralę stopni utworzonych przez lekcje i nauki każdego kierunku. Wszystkie formy życia podążają po tych spiralnych stopniach, kiedy są gotowe rozwijać się poprzez następny zestaw życiowych doświadczeń.

Kobieta Zachodzącego Słońca pomyślała chwilę i powiedziała:

– Czy chcesz powiedzieć, że każdy kwiat, który rodzi pączki, zakwita i następnie na końcu swojego cyklu zrzuca płatki, przez osiem Dni i Nocy pobiera nauki, zanim przejdzie do swojego następnego doświadczenia?

– Tak. Duchowa Esencja każdej żyjącej istoty porusza się po tej Świętej Spirali przez osiem Dni i Nocy, zanim zacznie następny cykl życia. To może być czas wspominania przeszłości, podsumowywania nauk z życiowych lekcji oraz zliczania osiągniętych zwycięstw. Może to być zarówno czas przygotowań i planowania, jak i czas żegnania przeszłości i witania przyszłości. Liczne istoty z Ludzkiego Plemienia zapominają o tym okresie zakończenia i sięgają po następny zestaw doświadczeń życiowych nieprzygotowane albo pozbawione równowagi. Jeśli nie szanują Pustki i Świętej Spirali, doświadczają wielu trudności.

– Wata-jis, co się z tobą dzieje w czasie, gdy przemierzasz Świętą Spiralę?

– Łączę się ponownie ze swoją Orendą i uwalniam przeszłość, dziękując za wszystko, czego się nauczyłam. Widzę wokół spiralę, ponieważ jestem w centrum swojej Świętej Przestrzeni, ale widzę także stopnie, jakie tworzy każdy kierunek spirali wewnątrz mnie samej. Na nocnym niebie, jako Gwiazda Wieczorna, żyję kobiecą stroną swojej natury. W pustce spirali jestem wszystkim i niczym – czystym duchem. Po ośmiu dniach, jako Gwiazda Poranna, żyję męską, ekspansywną stroną swojej natury. Kierunki Ośmiu Mocy wewnątrz spirali uczą mnie, że jestem zarówno kobieca, jak i męska. Gdy przemierzam nocne niebo, wchodzę do wewnątrz i szukam prawdy o mojej wolnej woli oraz mojej woli, by pokazać swoje dary światu. Jako Gwiazda Poranna przynoszę wszystkie osobiste prawdy do światła, dzieląc się tym, kim jestem, ze wszystkimi istotami, które pragną nastania świtu.

Kobieta Zachodzącego Słońca zrozumiała.

– Obie strony naszej natury są obecne w twojej podróży. Kierunek Zachodni jest kobiecy, a Wschodni męski. Podczas swojej nieobecności, kiedy przez osiem Dni i Nocy nie widać cię pośród Narodu Nieba, ukazujesz rodzajowi ludzkiemu sposób połączenia się z własną Orendą. Twoją nauką dla ludzkości jest to, jak równoważyć energię kobiecą, energię męską oraz boską energię Wielkiej Tajemnicy, które mieszkają we wszystkich istotach, czyż nie?

— Tak. Pokazuję także nieskończone możliwości, jakie zawiera cyfra 8. Kiedy ludzie lepiej zrozumieją, w jaki sposób Świat Duchowy i świat materialny tworzą dwa Koła Uzdrawiającej Mocy, odkryją, że te dwa są w rzeczywistości jednym nieskończonym zestawem lekcji życiowych.

Kobieta Zachodzącego Słońca ujrzała dobro, jakie Wielka Tajemnica umieściła w każdej części Stworzenia, i była wdzięczna, że rola, jaką pełniła w szerokim planie Wielkiej Tajemnicy, przywiodła Wata-jis na jej drogę. Nosidełko Wszechświata nie tylko zawiera potencjał nienarodzonych jeszcze dzieci przyszłości, ale także daje każdemu dziecku, niezależnie od płci jego ciała, możliwość wyrażenia zarówno męskiej, jak i kobiecej strony własnej natury. Jej wszystkie ludzkie dzieci będą mogły wyrażać swoją osobistą wolę, ponieważ wszystkie Dzieci Ziemi mają potencjał, by prowadziła je ich Orenda. Obietnica przyszłości, podobnie jak Wata-jis, Gwiazda Wieczorna, żyje wewnątrz każdej istoty ludzkiej. Ziemskie Plemię może zapewnić sobie jasną przyszłość, jeśli każda i każdy zrównoważy obie strony swojej natury z Duchową Esencją, dającą połączenie z nieograniczoną zdolnością tworzenia przyszłości poprzez harmonijne życie dzisiaj.

Kobieta Zachodzącego Słońca poczuła, że Wata-jis porusza się w nosidełku i wydaje lekkie westchnienie. Delikatnie odłożyła nosidełko i przez chwilę kołysała Wata-jis w ramionach. Dziecko zamrugało, a jego powieki opadły. Klanowa Matka uśmiechnęła się, zauważając, że nawet dziecko utkane ze światła gwiazd potrzebuje snu. Pocałowała je w policzek i milcząco obiecała zatrzymać w sercu lekcje, których się nauczyła. Piaskowy Dziadek sypnął piaskiem w oczy dziecka, posyłając je do królestwa szczęśliwych snów. Kobieta Zachodzącego Słońca owinęła dziewczynkę w skóry Wielkiej Białej Niedźwiedzicy i wsunęła do nosidełka, które następnie umieściła na dnie duchowego czółna. Zanim odeszła, Matka Klanowa wsunęła między sznurki nosidełka usypiający dziki kwiat, wierząc, że zapach wypełni sny i zmysły dziecka wspomnieniami wspólnie spędzonego czasu.

Gwiazda Wieczorna sięgnęła po duchowe czółno ramionami ze swojego światła i unosiła je powoli, aż wypłynęło na rzekę światła i zniknęło na nocnym niebie, pozostawiając Kobietę Zachodzącego Słońca z uczuciem tęsknoty. Uświadomiła sobie odgłosy stworzeń wędrujących nocą, by polować. Pohukiwania i wycia jej nocnych dzieci dodawały Klanowej Matce otuchy, ponieważ czuła ich towarzystwo. Gdy odwróciła się, żeby pójść w kierunku szałasu, który zbudowała na skraju lasu, kątem oka zobaczyła coś białego. Zatrzymała się i zwróciła twarzą w kierunku światła. Na kwiatach dzikiej koniczyny spoczywała szata ze skóry Wielkiej Białej Niedźwiedzicy – dar od Wata-jis.

Kobieta Zachodzącego Słońca podniosła ją i narzuciła na ramiona, wylewając łzy radości i wdzięczności. Spojrzała na niebo w miejsce, w którym przedtem znajdowała się Wata-jis. Ogniste światło Wieczornej Gwiazdy zamrugało porozumiewawczo, a następnie znikło i pojawiło się ponownie, jakby przypominając Klanowej Matce o dwóch stronach swojej natury. Otrzymywanie i dawanie to dwie święte drogi do odnajdywania równowagi. Spełnienie przyszłych potrzeb następnych Siedmiu Pokoleń zależy od zdolności wchodzenia do wewnątrz i życia w równowadze w każdej chwili życia. W szacie ze skóry Wielkiej Białej Niedźwiedzicy Zachodu zawiera się duch wszystkich gatunków niedźwiedzi, które żyją na naszej planecie. Kobieta Zachodzącego Słońca zawsze będzie pamiętać nauki, które odnalazła w jaskini Niedźwiedzicy, i udając się na odosobnienie do swojego wnętrza, za każdym razem będzie wtulać się w białą futrzaną szatę.

To szczególne wspomnienie przeprowadziło Kobietę Zachodzącego Słońca przez wiele pełnych trudu pór roku, podczas których Dzieci Ziemi musiały przetrwać burze chciwości szalejące w niektórych ludzkich sercach. Czuła na swoich gołych ramionach powiewy morskiego wiatru i myślała o tym, że jasnokolorowe Istoty Płetwiaste pływające w przybrzeżnych rozlewiskach poniżej są jak kolory Wirującej Tęczy Pokoju. Wspólnym celem Plemienia Ziemi jest odzyskanie spuścizny harmonii i pokoju, które Wielka Tajemnica umieściła wewnątrz wszystkich form życia. Wewnętrzny pokój znajduje się wewnątrz Ja. Kobieta Zachodzącego Słońca spojrzała na horyzont, gdzie ocean spotykał niebo, i podziękowała ludzkim dzieciom, które ponownie odkryły Miejsce Patrzenia-do-wewnątrz.

Z zamyślenia wyrwało Strażniczkę Snów o Przyszłości chrapliwe powitanie Morsa, który wytoczył się na plażę u stóp klifu. Kobieta Zachodzącego Słońca roześmiała się, gdyż właśnie otrzymała surowe upomnienie, aby nie pozwalała negatywności wślizgiwać się do jej myśli o przyszłości. Mors jest Stworzeniem-nauczycielem, który przypomina ludziom o cyklach i zmianach w życiu. To żyjące na brzegu oceanu zwierzę o wielkich kłach posiada Uzdrawiającą Moc *poprawiania działań i zmieniania uczuć w celu współoddziaływania ze zmianami, które przynosi życie.* Kobieta Zachodzącego Słońca zrozumiała: teraz był czas, by kierować wzrok ku celowi, a nie ku niesfornym postępkom Ludzkiego Plemienia. Jego rozwój odbywa się na drodze prób i błędów. Wcześniej czy później każda Dwunożna Istota Ludzka zechce zrozumieć swoje uczucia i znajdzie Jaskinię Niedźwiedzicy.

Przypływy i odpływy morza zmieniają się wraz z przemijaniem Dni i Nocy, pór roku, cykli Babci Księżyc oraz pogody. Klanowa Matka zobaczyła także, w jaki sposób wody Matki Ziemi odzwierciedlają ludzką wędrówkę. Kiedy Ludzkie Plemię pozwoli, aby przepływ życia wyznaczał rytm podobny przypływom i odpływom morza, dzięki łagodnemu zestrojeniu w miejsce walki z każdą nową falą doświadczenia pojawi się harmonia. Rozbijające się z łoskotem o linię wybrzeża sztormowe morskie fale są obrazem nierównowagi, która rodzi się z ludzkiego uporu i usztywnienia. Kobieta Zachodzącego Słońca rozumiała, że naturalne przykłady światów wewnątrz światów stanowią niekończące się refleksje o tym, jak żyć w harmonii. Wygląda tego dnia, w którym jej wszystkie ludzkie dzieci będą ubiegały się o takie samo wewnętrzne wiedzenie.

Dziadek Słońce kładł światło na spoczynek, malując niebo kolorami spadających liści. Kobieta Zachodzącego Słońca przyglądała się temu, dopóki ognista masa jego przypominającego wielką dynię ciała nie dotknęła horyzontu, by wsiąknąć w morze. Klanowa Matka rozkoszowała się spokojem zmierzchu, gdy usłyszała syczący dźwięk Wodza Wiatru, tak jakby ogniste ciało Dziadka Słońce połączyło się z wodami Matki Ziemi, niewidzialnym dymem dając znak, że dzień przekazał Świętą Fajkę nocy. Promienie słońca, które przez cały dzień niosły ludzkie słowa podziękowania do Wielkiej Tajemnicy, teraz oddawały ten święty obowiązek promieniom światła przychodzącym z Gwieździstej Misy Uzdrawiającej Mocy nocnego nieba.

Kobieta Zachodzącego Słońca stanęła, podniosła ręce do Ludu Nieba i wyraziła podziękowania za wszystko, czego doświadczyła tego Dnia. Pozdrowiła opadającą szatę nocnego nieba i wyobraziła sobie, że w jej dłoniach wzniesionych do góry spoczywa Nosidełko Wszechświata, które ofiarowuje niebiosom. Wata-jis pojawiła się na niebie, jakby chciała przyjąć nosidełko z wyciągniętych rąk Kobiety Zachodzącego Słońca. Klanowa Matka poczuła więź Siostrzeństwa pomiędzy sobą i Gwiazdą Wieczorną. Ta więź na zawsze pozostanie mocna, ponieważ jest utkana z miłości i z włókien, które są obietnicą przyszłości.

Tkająca Wątki

Nici życia Babiego Lata mnie trzymają.
Usadowiona między Ziemią i Niebem,
tkając wątki, śniąc sny,
przez te dwa światy będę fruwać.
Z tobą jako moją muzą, Matko,
stwarzam materię snów,
pozwalając artystce we mnie
kształtować z szacunkiem własne życie.
Formuję glinę doświadczeń
w świętej Misie Mocy,
chwytając sens życia,
który śpiewa głęboko w mej duszy.
Twoje tajemnice tworzenia, Matko,
nauczyły mnie, kiedy niszczyć
łańcuchy, które mnie związały,
ograniczając wyrażanie radości.
Nauczyłaś mnie, jak rodzić,
dając życie wizjom wewnątrz,
wypuszczając je wolno jak srebrne strzały,
ponownie rozpalając ogień Stwarzania.

Matka Klanowa
Dziesiątego Cyklu Księżycowego

● ● ● ● ● ● ● ● ● ● ● ●

▼▼▼▼▼▼▼▼▼▼▼▼▼▼▼▼▼▼▼▼▼▼▼▼▼▼▼▼

● ● ● ● ● ● ● ● ● ● ● ●

TKAJĄCA WĄTKI reprezentuje twórczą zasadę wewnątrz wszystkich istot. Jej cykl księżycowy, związany z kolorem różowym, przypada w październiku, a Cykl Prawdy to *pracowanie z prawdą*. Ta Klanowa Matka uczy, jak używać rąk do tworzenia piękna i prawdy w materialnych formach. Różowy jest kolorem twórczości. Tkająca Wątki pokazuje, w jaki sposób za pomocą rzemiosła i sztuki stwarzać swoje marzenia i pomysły w fizycznym świecie. Używając rąk, okazujemy gotowość do służenia Wszystkim Naszym Krewnym.

Tkająca Wątki jest Strażniczką Twórczej Siły, która znajduje się we wszystkich istotach. Pomaga nam w pozytywny sposób wyrażać naszą kreatywność i używać dostępnej dla nas energii. Ta Klanowa Matka jest także Opiekunką Siły Życiowej i poucza nas, by tworzyć zdrowie, manifestować swoje marzenia, rozwijać talenty i używać ich oraz powiększać duchowe możliwości.

Klanowa Matka Dziesiątego Cyklu Księżycowego jest Matką zasad Tworzenia i Destrukcji; pokazuje, kiedy niszczyć ograniczenia i budować na nowo. Uczy nas także, jako Strażniczka Instynktu Przetrwania, kiedy mamy opiekować się naszymi dziełami. Gdy nasze fizyczne, emocjonalne, mentalne lub duchowe przetrwanie jest zagrożone, Tkająca Wątki pokazuje, jak podłączyć się do siły życiowej, aby się rozwijać, przezwyciężając zastój. Artystka, twórczyni i muza – przyciąga nas oraz inspiruje do twórczego wyrażania piękna pragnień naszych serc. Gdy robimy coś namacalnego i napełniamy to dzieło pięknem, nadając fizyczną formę swoim wizjom, pokazujemy, że substancja marzeń może zostać wyrażona w materii. Tkająca Wątki jest Klanową Matką, do której się zwracamy, gdy boimy się porażki czy też wyrażania siebie.

Gdy podejmujemy kroki konieczne, aby wprowadzić marzenia w życie, Tkająca Wątki pokazuje nam, jak używać siły życiowej znajdującej się w czterech żywiołach powietrza, ziemi, wody i ognia. Uczymy się mieszać te żywioły z twórczą esencją, która jest naszym darem od Wielkiej Tajemnicy. Ta twórcza iskra, zwana Wiecznym Płomieniem Miłości, żyje wewnątrz naszej Duchowej Esencji. Kiedy pojawia się pragnienie stworzenia czegoś, możemy podjąć decyzję, aby BYĆ[55]. Wówczas przez wyrażanie siebie nadajemy formę naszej Duchowej Esencji, czyli Orendzie.

Tkająca Wątki uczy, jak tkać sieć swoich doświadczeń, podobnie jak robi to Babcia Pajęczyca, która tka sieć wszechświata. Pokazuje nam, że każdy krąg, który tworzymy, rozszerza się, by dotknąć kręgów stwarzanych przez wszystkie inne formy życia. Sieci, które tworzymy, mogą złapać nas w pułapkę, jeżeli nie tworzymy ich w zgodzie z własną prawdą. Klanowa Matka prosi, abyśmy pracowały z prawdą i dla prawdy, żeby zamanifestować światowy sen, który będzie mógł stać się udziałem wszystkich żywych istot. Gdy jakaś osoba tka sieć, a jest przepełniona chciwością i żądzą, zostanie w niej złapana i przez nią zniszczona, ponieważ taka sieć jest utkana zbyt ciasno, by pozwolić na dawanie, otrzymywanie i dzielenie się. Sieci utkanej zbyt luźno, bez dbałości, brak mistrzostwa wykonania, które nadaje jej moc i trwałość. Sieć utkana ze strachu będzie przyciągać lekcje potrzebne do przekroczenia tego strachu. Sieć utkana z umiłowania tworzenia i z pragnienia dzielenia się obfitością złapaną w jej srebrne nitki będzie trwać, dopóki marzenie się nie spełni.

Tkająca Wątki jest Klanową Matką, do której się zwracamy, gdy potrzeba nam umiejętności, aby urzeczywistnić swoje marzenia. Pokazuje, jak podejmować działania

---

[55] „BYCIE to objęcie świadomością wszystkich form życia, wszystkich iskier życia, wszystkich poziomów świadomości oraz fizyczne czucie ich wewnątrz własnego ciała. Nie ma oddzielenia, ponieważ do głębi przyjęłyśmy BYCIE jako bycie połączoną ze wszystkim, w pełni obecnym punktem świadomości wewnątrz całości Stworzenia". (Jamie Sams, *Dancing the Dream*, op. cit., s. 244).

konieczne do połączenia się z własną kreatywnością i jak płynąć z jej nurtem. Rodzenie marzeń zawsze dokonuje się, gdy mamy *pragnienie* tworzenia, gdy podejmiemy *decyzję*, aby tworzyć, i gdy *podejmujemy działania* niezbędne do tego, aby – używając przepływu siły życiowej – urodzić to marzenie w fizycznym świecie.

Babcia Pajęczyca przybywa

Tkająca Wątki zaczerpnęła garść tłustej, białej gliny ze skarpy nad rzeką, która płynęła pod kredowym urwiskiem, i umieściła alabastrowe bryłki ziemi w plecionym trzcinowym koszyku. Liście karłowatego dębu odcinały się jasną czerwienią na tle żółtego pyłku kwiatowego, który pokrywał głęboką leśną zieleń okolicznych cedrów. Liście tych Stojących Istot wrzucone do pieca, w którym Klanowa Matka będzie wypalać miskę z wykopanej właśnie gliny, pomogą wydobyć wiele kolorów. Tkająca Wątki musiała wspiąć się po wapiennym klifie, aby zebrać płaskie igły cedru oraz czerwono-pomarańczowe liście dębu, ale była szczęśliwa, że to robi.

Tkająca Wątki znajdowała taką radość w tworzeniu przedmiotów piękna i próbowaniu nowych wzorów, że często zatracała się w tym twórczym procesie. Niekiedy, idąc przed siebie, zauważała nagle, że jest głęboko w lesie, gęstym i pełnym śpiewu ptaków, wśród drzew porośniętych pnączami, i nie ma pojęcia, dokąd zawędrowała. Tkająca Wątki posiadała jednak naturalną umiejętność odtwarzania swojej trasy: zaglądała do koszyka i przyglądała się zebranym przedmiotom, które ułożyła wcześniej w szczególnym porządku. Zaczynała od ostatniego i wracała do okolicy, w której go znalazła; i tak miejsca, z których wzięła kolejne dary, jedno po drugim, doprowadzały ją do znanego otoczenia. A z tych miejsc, które często odwiedzała, łatwo już mogła odnaleźć drogę do domu.

Tkająca Wątki zgromadzone przez siebie kawałki kory, jagody, bulwy, liście i mech wykorzystywała w taki sam sposób, w jaki Babcia Pajęczyca używa srebrnych nici swojej pajęczyny. Dla Matki Sił Twórczych nie stanowiło różnicy, czy podróżuje po kole, czy po linii prostej, zawsze mogła odnaleźć drogę powrotną do obozu. W każdym zakątku zalanego słońcem lasu, w którym zebrała coś z ziemi, było miejsce, gdzie połączyła twórcze nici własnej ekspresji z żyjącymi roślinami, ziemią lub kamieniami. Klanowa Matka, biorąc coś do swojego użytku, zawsze zostawiała dar dla duchów lasu. Pełna miłości wymiana i okazywanie wdzięczności pozostawiały ślad w soczystej roślinności – a ślady te tworzyły powrotny szlak do jej

•••• Tkająca Wątki

obozowiska gnieżdżącego się w odkrytych pokładach wapienia górujących ponad rzecznym zakolem.

Posługując się jako narzędziem ostrym kawałkiem kamienia, Tkająca Wątki wykopywała glinę ze skarpy i widziała już okiem umysłu Misę Uzdrawiającej Mocy, którą z niej uformuje. Przyjemność, jaką odczuwała, używając dłoni do wykonywania naczyń, przepłynęła przez jej ręce, dzięki czemu ciężka praca kopania gliny wydała się jej łatwa. Otwór wyryty przez wypływającą wodę w ukośnej grani ział jak otwarte usta, przypominając, że Matkę Ziemię trzeba będzie nakarmić po tym, jak podzieliła się gliną koloru chmury ze swoją Dwunożną córką. Tkająca Wątki przyniosła do stóp urwiska kilka dużych kamieni, aby umieścić je w powstałym otworze.

Po drugiej stronie rzeki po pniu leszczyny zbiegła Wiewiórka, ukazując Tkającej Wątki wypchane orzechami policzki. Dzielnie starała się uśmiechnąć do Klanowej Matki, ale tak, by nie wypluć orzechów. Tkająca Wątki zaśmiała się z kłopotliwej sytuacji, w jakiej znalazła się wiewiórka, myśląc jednocześnie o lekcjach, których ta udzieliła jej dzięki swojej naturalnej Uzdrawiającej Mocy *zbierania energii i zachowania małego zapasu na chude czasy*. Klanowa Matka podczas wczesnych lat swojej Ziemskiej Wędrówki nauczyła się gromadzić jedzenie na czas zimy, składając suszone owoce, bulwy i mięso w podziemnych spichlerzach. Wiewiórka po raz kolejny przygotowywała się na nadejście pory śniegów.

Tkająca Wątki zauważyła, że również Matka Bobrzyca wraz ze swoim klanem szykują się na nadejście Białych Księżyców. Bobry wybudowały tamę w poprzek dopływu wpadającego do strumienia poniżej miejsca, w którym Klanowa Matka wykopywała glinę. A teraz pracowicie zatrzymywały nurt rzeki, dokładając do tamy młode drzewka. Zmiany temperatury były znakiem dla Klanowej Matki, że już czas gromadzić wszelkie materiały, których będzie potrzebowała, aby mieć zajęcie w zimie, kiedy jej aktywność ograniczą wiejące z północy przenikliwe Białe Wiatry. Tkająca Wątki napełniła już swoje spiżarnie, zebrała zioła, których będzie używać do gotowania i leczenia, oraz wygarbowała surowe skóry na nową parkę. A teraz zbierała zapasy tworzywa na niezbędne w obozie przedmioty codziennego użytku.

Cicho podziękowała Matce Bobrzycy, że pokazała jej, jak podczas okresów długiej bezczynności wykorzystać czas do budowania lub wytwarzania różnych rzeczy. Bóbr, strażnik Uzdrawiającej Mocy Budowniczego, pokazuje istotom ludzkim, *jak nie tracić czasu, będąc produktywnym* i w ten sposób urzeczywistniać swoje wizje i marzenie o lepszym życiu. W lecie ludzie z Plemienia, podążający szlakiem na swoje Zgromadzenie Miesięcy Dojrzewania, przechodzili przez las Klanowej Matki. Byli szczęśliwi, mogąc dokonać wymiany z artystką, ponieważ jej dzieła były bardzo niezwykłe. Tkająca Wątki zawsze miała zapas ręcznie wykonanych zabawek, koszyków, ubrań, wyrobów z gliny i naczyń do gotowania, które ukończyła, zanim jeszcze śniegi zastąpiła jasnozielona kołdra nowego poszycia. Podczas Księżyca Dojrzewających Jagód Klanowa Matka wymieniała wyroby na przedmioty, które miały zaspokoić jej własne potrzeby, w ten sposób zyskując pewność, że zdoła sprostać wyzwaniom samotnego życia w czasach padających śniegów.

Każdy Miesiąc Spadających Liści przynosi inne surowce, a Tkająca Wątki, znając ten porządek, może zaplanować, co wykona z tych materiałów, podczas gdy jej przyjaciele Stworzenia będą pogrążone w śnie zimowym. Glinę, którą teraz wykopuje, dołączy do zapasu surowców do wykonywania wyrobów artystycznych, podobnie jak liście, które zamierzała zebrać później, zanim zajdzie Dziadek Słońce. Przez następne dwa księżyce Klanowa Matka będzie uzupełniała swoje zbiory i gromadziła wszystkie potrzebne materiały w jaskini, którą nazywa domem. Zakamarki, które wytworzyły się w grocie podczas metamorficznego rozwoju Matki Ziemi i na skutek cykli oziębień w poprzednich wiekach, Matka Sił Twórczych wykorzystała do przechowywania przedmiotów. Mogła nawet wypalać naczynia w otworze wentylacyjnym, który miał naturalny komin, prowadzący przez wapienne sklepienie i otwierający się wysoko ponad wejściem do pieczary.

Zima przyszła z całą szalejącą wiatrami świetnością. Północne wiatry swoim oddechem układały śnieg w wirujące wzory, pokrywając wszystko lśniącymi Lodowymi Istotami i puszystym kobiercem ze śnieżnych płatków. Tkającej Wątki było ciepło wewnątrz jaskini i była szczęśliwa. Każdy nowy Dzień przynosił nowe pomysły i nieustającą radość ze strugania, wykonywania glinianych naczyń, wyrabiania lalek ze starych kości, wyplatania koszyków lub szycia ubrań ze skóry. Tkająca Wątki w każdą rzecz, którą wykonywała, wkładała miłość i biegłość. W ten sposób dawała każdemu wyrobowi dar życia oraz cel – podobnie jak Wielka Tajemnica daje każdej części Stworzenia życie i cel istnienia. Klanowa Matka nie mogła się doczekać dni wymiany handlowej w Miesiącach Dojrzewania, kiedy to będzie miała okazję podzielić się swoimi artystycznymi wytworami z innymi Dwunożnymi. Nawet teraz, w środku mroźnej zimy, jej serce rozgrzewało się, gdy tylko wyobraziła sobie radość, jaka po zakończeniu transakcji rozjaśni ich twarze. Ci, z którymi dokonuje handlowej wymiany, nigdy nie pokazują, jak bardzo coś im się podoba, dopóki targowanie się nie dobiegnie końca – obawiają się, że sprzedająca zażąda zbyt wysokiej ceny. Ale po wszystkim blask, jaki pojawia się w ich oczach, stanowi miłą nagrodę dla Matki Sił Twórczych.

Pierwsze opady śniegu okryły Matkę Ziemię białą szatą. Tkająca Wątki, obudziwszy się pewnego Dnia, zauważyła, że otwór wentylacyjny zakrywa najpiękniejsza pajęczyna, jaką kiedykolwiek widziała. W centrum sieci znajdował się najniezwyklejszy pająk, całkowicie biały z wyjątkiem jednej czerwonej plamki w górnej części tułowia. Tkającą Wątki zdumiało niecodzienne zachowanie ośmionogiego przyjaciela. Pająki zazwyczaj nie pojawiają się podczas mroźnej zimy. Być może do jaskini przyciągnęło go ciepło, choć było to raczej wątpliwe. Tkająca Wątki pomyślała, że to znak od Babci Pajęczycy, która tka sieć wszechświata. Babcia Pajęczyca jest szczególnym stworzeniem, któremu Wielka Tajemnica powierzyła zadanie utkania pierwotnej siatki fizycznego świata – szkieletu koncentrycznych kręgów, które będą utrzymywały substancję oraz rzeczywistości wszystkich form życia, istniejących w Stworzeniu.

Tkająca Wątki zapytała Pająka, czy ma dla niej jakąś szczególną wiadomość. Była zaskoczona, gdy ten Robal[56] odpowiedział jej, a jego głos odbił się echem w jej ludzkich myślach.

– Wysłała mnie Babcia Pajęczyca, abym ci powiedziała, że stworzyłaś wiele przedmiotów piękna i utkałaś nową sieć doświadczenia, ponieważ twoje serce wyraża pragnienie, aby dzielić się tą twórczością z innymi. Użyj swojej nowej Misy Uzdrawiającej Mocy i poszukaj wizji, która ukaże ci pragnienie ukryte wewnątrz twojego serca. Poszukaj odpowiedzi na pytanie, co wplata się w sieć, którą tkasz ukrytymi pragnieniami serca. Ufaj, że dokonujesz dobrego wyboru i że twoje marzenia się spełnią.

Tkająca Wątki poszła do najdalszego kąta jaskini, gdzie trzymała przedmioty Uzdrawiającej Mocy, aby odnaleźć swoje ostatnie dzieło. Wypalona na twardo misa została poczerniona dymem z zebranych liści. Tu i tam pozostałe w glinie drobiny minerałów dawały cętki koloru. Klanowa Matka przeszła z powrotem przez jaskinię, zapaliła ogień i napełniła misę roztopionym śniegiem. Już po chwili jej starania przyniosły wizję trzech Dwunożnych Istot, które, potykając się, brnęły przez śnieg na skraju lasu. Jedna większa i dwie mniejsze postacie mocowały się z burzą, która waliła w nie wiatrami. Wizja zmieniła się i Tkająca Wątki zobaczyła uśmiechnięte twarze dwojga dzieci – a potem już nic.

Tej nocy Tkająca Wątki śniła, że zarzuca włók do morza, aby wyłowić pożywienie, lecz gdy zajrzała do sieci, dostrzegła rozgwiazdę. Była niezwykła, połyskiwała purpurą i czerwienią. Rozgwiazda odezwała się i powiedziała, że jej ciało reprezentuje twórczą siłę życiową, której Istoty Dwunożne mogą używać, kiedy połączą się z Klanowymi Wodzami Powietrza, Ziemi, Wody i Ognia, a następnie zmieszają te żywioły z Twórczą Siłą Wielkiej Tajemnicy. Uzmysłowiła Tkającej Wątki, że ona, Klanowa Matka, korzystała z tej samej energii, wykonując swoje rękodzieła oraz wykazując się pomysłowością przy urządzaniu pieczary tak, by uczynić z niej przytulny dom.

---

[56] W oryginale *Creepy-Crawler*.

Rozgwiazda wyszeptała do serca Klanowej Matki:

– Tkająca Wątki, używasz kreatywności, aby napełnić swoje życie pięknem, ale jesteś samotna. Ukryte pragnienie w twoim sercu tka sen, który, jeśli będziesz uważna, może odmienić tę samotność. Obfitością posiadanego przez siebie twórczego talentu podzielisz się z innymi, jeżeli urodzisz swoje marzenie o posiadaniu rodziny.

Klanowa Matka była zaskoczona słowami Rozgwiazdy, ale nie mogła obudzić zmysłów ze snu. Próbowała się ocknąć, gdyż chciała zapamiętać sen, ale kiedy krajobraz senny zmienił się, weszła w niego jeszcze głębiej. Strażniczka Instynktu Przetrwania na pewnym poziomie świadomości wiedziała, że trzeba, by się poddała i podążyła za senną wizją, aby zrozumieć, dlaczego nie pozwala wypłynąć na powierzchnię uczuciom samotności. Westchnęła we śnie, a następnie zanurzyła się w otaczający ją wodny świat. Kiedy ześlizgiwała się coraz niżej pod fale, zostawiając ponad sobą sążnie wód oceanu, odkryła, że we śnie może oddychać pod wodą. Gdy dotarła do dna, siedząca na jej ramieniu Rozgwiazda znowu zaczęła do niej szeptać:

– Tkająca Wątki, jesteś w ogromnym wodnym łonie Matki Ziemi. Tutaj możesz urodzić swoje marzenia i pozwolić sobie odrodzić się w tym procesie. Nigdy nie pozwoliłaś samotności wypłynąć na powierzchnię, ponieważ byłaś zajęta dawaniem życia różnym swoim dziełom.

Klanowa Matka skupiła uwagę na swojej macicy i ujrzała wszystkie stłumione uczucia, które przed samą sobą ukryła pod pragnieniem tworzenia. Chciała dzieci. Chciała dzielić się zabawkami, które robiła, i uczyć młodzież, jak używać wyobraźni, by tworzyć dla zaspokojenia własnych serc. Chciała dzielić się zdobytą mądrością w sposób, który byłby w zgodzie ze zdolnościami każdego człowieka do tworzenia w takim zakresie, w jakim pozwala jego wyobraźnia. Dzieci wiedzą, jak czynić taką magię, i wie to Tkająca Wątki. Głęboki płacz wzbierał w jej gardle, gdy oznajmiała swą samotność wodzie. Nagle Klanowa Matka poczuła ruch w brzuchu i poszła za impulsem. Rozłożyła nogi i zaczęła mocno przeć. Pozwoliła, aby brzuch wykonał swoją pracę. Wielka mieniąca się bańka wypłynęła z jej macicy do wody i zaczęła wznosić się ku powierzchni. Tkająca Wątki uchwyciła krótkie spojrzenie patrzących na nią jasnych oczu oraz dwa uśmiechy. Jej ciało odruchowo drgnęło i obudziła się.

Przed świtem panowało niezwykłe zimno, więc postanowiła rozpalić duży ogień, aby ogrzać drżące ciało. Nie warto było próbować ponownie ułożyć się do snu. Klanowa Matka spojrzała na otwór wentylacyjny, w którym siedział Pająk, i ze zdziwieniem dostrzegła na tle zewnętrznego skraju pajęczyny kontury trzech Dwunożnych Istot. Pająk zniknął. Z wielkim trudem rozpaliła ogień, ponieważ wiatr podwiewał skóry okrywające wejście i wnikał do jaskini. Narzuciwszy na ramiona ciężką szatę, potykając się, zbliżyła się do wejścia.

Próbując umocować brzegi skór kamieniami, by zakryć wejście, zobaczyła niedaleko ścieżki prowadzącej do jej domu pokryty śniegiem pagórek, którego tam wcześniej nie było. Pomyślała, że jakieś zagubione stworzenie złamało nogę, a że mogło być źródłem mięsa, chwyciła krzemienny nóż i stawiła czoła mglistej szarości przedświtu. Dobrnęła do zaspy, odzianymi w skórę stopami stanęła przy niej i delikatnie trąciła kolanem, aby sprawdzić, czy zwierzę jest jeszcze żywe. Gdy Opiekunka Sił Twórczych mocniej pchnęła kolanem, usłyszała ludzkie jęki. Kilka następnych minut kopała zajadle, by wydobyć ciało spod śniegu.

Wreszcie dokopała się do sztywnej od mrozu skóry z Szaty Bizona. Odrzuciła ją na bok i ujrzała sine ciało kobiety osłaniającej dwoje dzieci. Klanowa Matka, zrozumiawszy, że kobieta już nie żyje, lecz spaceruje teraz w Świecie Duchowym, pochyliła się bliżej i słuchała. Starała się dostać pod zamarzniętą matkę, aby sprawdzić, czy dzieci nadal oddychają. Długo mocowała się ze zlodowaciałymi ramionami kobiecego ciała, aż w końcu udało jej się wydobyć czteroletniego chłopca, a następnie jego starszą siostrę. Umieściła dzieci na swojej skórze i przykryła je dwiema mniejszymi, które znalazła leżące pod dziećmi i chroniące ich ciałka przed zetknięciem z zamarzniętym śniegiem.

Mocowała się i szarpała, ciągnąc swój ładunek po śladach do groty. Ciała były zimne jak lód, ale dzieci oddychały. Klanowa Matka złożyła podziękowanie Północnemu Wiatrowi za to, że nie przyniósł więcej śniegu i że dwoje jej podopiecznych przeżyło. Przykryła ciało kobiety, wiedząc, że będzie musiała później wrócić i pogrzebać je głębiej, aby nie stało się pokarmem dla włóczących się drapieżników. W końcu dotarła do zasłoniętego skórami wejścia do jaskini. We wnętrzu płonął jasno ogień, dając trójce ludzi tak rozpaczliwie potrzebne im ciepło.

Tkająca Wątki pracowała pilnie, pośród kwileń i pojękiwania malców, aby w niemal zamrożone kończyny wetrzeć z powrotem życie. Była spokojna, że dzieci dojdą do siebie, gdyż w swoich dwóch wizjach widziała ich uśmiechnięte twarze, ale nie przestawała smarować małych przybyszów uzdrawiającymi maściami, jedynie raz przerywając, aby powiesić nad ogniem garnek z gulaszem.

Gdy dzieci były już natarte, nakarmione, a następnie otulone w dodatkowe skóry do spania, Klanowa Matka mogła odpocząć. Spod skór z Szaty Bizona umieszczonych blisko ognia dochodziły cichutkie westchnienia i jęki. Upewniwszy się, że dzieci śpią, Strażniczka Instynktu Przetrwania narzuciła futrzaną parkę i wyszła, aby w gasnącym świetle dnia pochować ich matkę. Później, przemarznięta do kości, dołożywszy na noc do ognia, zapadła w sen bez marzeń sennych, ale pewna jej część pozostała czujna, by mieć pieczę nad dziećmi.

Pieśń Deszczu miała jedenaście lat, kiedy doznała pociechy za sprawą spotkania z Tkającą Wątki. Od chwili, gdy pogodziła się z faktem, że jej matka jest w Świecie Duchowym, zaczęła nazywać Klanową Matkę „ciocią". W plemieniu dzieci tym pieszczotliwym zwrotem, używanym zarówno wobec krewnych krwi, jak wobec rozszerzonej rodziny, okazywały szacunek swoim Starszym. Słońce Za Chmurami, mały brat Pieśni Deszczu, skończył zaledwie cztery lata, ale był nad wiek rozwinięty, śmiały i ciekawy wszystkiego. Mały wojownik był zafascynowany przedmiotami, które wykonywała nowa ciotka, oraz zachwycony tym, że włącza go we wszystkie czynności związane z życiem w jaskini.

Tkająca Wątki była uszczęśliwiona towarzystwem nowej siostrzenicy i siostrzeńca. Dzieci zawsze chciały towarzyszyć przy codziennych zajęciach. Pieśń Deszczu, dziewczynka bardzo twórcza, chętnie opowiadała o pomysłach, od których podczas nauki wykonywania różnych przedmiotów kipiała jej wyobraźnia. Słońce Za Chmurami okazał się pojętnym uczniem. Był też spokojniejszy z nich dwojga. Swój jasny uśmiech skrywał pod poważnym, pełnym namysłu sposobem bycia. Spędzali we troje całe godziny, wykonując nowe, cudowne zabawki, ceramikę i malunki, a także bawiąc się i opowiadając historie. Tkająca Wątki czuła, że otrzymała dar, który uczynił jej życie doskonałym. Dzieci, żyjąc z ciotką, która całym sercem troszczyła się o nie, zapomniały o poczuciu zagubienia, które zastąpił magiczny świat coraz to nowych gier i zabaw, wypełniony rodzinną atmosferą. Zimowe burze wyły i jęczały na zewnątrz jaskini, ale wewnątrz płonął gorący ogień, była obfitość jedzenia i nowe, pełne miłości doświadczenia, które dwójce dzieci wydawały się niewyczerpane.

Tkająca Wątki towarzyszyła Słońcu Za Chmurami w sporządzeniu dziecięcych rozmiarów tarczy z niewyprawionej skóry oraz małego łuku wraz z zestawem maleńkich strzał. Młody wojownik spędzał całe godziny w głębi jaskini, strzelając do olbrzymich Czworonożnych Istot, które Klanowa Matka namalowała na ścianach groty. Słońce Za Chmurami cicho podchodził swoją zdobycz, chowając się za otoczakami, rozrzuconymi tu i tam po wapiennej podłodze; następnie naśladował dorosłych myśliwych, którzy potrafią położyć Bizona lub Jelenia jedną strzałą. Często udawał, że ciągnie mięso do domu do ciotki i siostry. Tkająca Wątki zawsze dziękowała Słońcu Za Chmurami za jego dzielność i za mięso, które na niby przyniósł do ich ogniska. Bardzo poważnie pytała małego wojownika, jakiego to wielkiego Czworonożnego powalił tego dnia, a on podawał nazwę stworzenia. Ciotka uczyła następnie chłopca, jak przepraszać zwierzę, dziękując jego duchowi za dostarczone pożywienie, i pokazywała, w jaki sposób uwalniać ducha zwierzęcia. Za każdym razem, kiedy Słońce Za Chmurami przyniósł niewidzialne mięso do domu, Tkająca Wątki gotowała na wieczorny posiłek trochę suszonego mięsa ze swojej spiżarni.

Pieśń Deszczu była pod wrażeniem umiejętności, z jaką ciotka wspomagała żywą wyobraźnię ich obojga. Klanowa Matka popierała każdy rodzaj kreatywności, jaką wykazywali, niezależnie od tego, czy się bawili, wykonywali przedmioty czy pomagali w pracach domowych. Jeżeli dzieci mogły znaleźć łatwiejszą metodę wykonywania czegoś, w której lepiej wyrażały siebie, Tkająca Wątki z radością im towarzyszyła. Klanowa Matka pokazywała swoim podopiecznym, jak pracować rękami, a przy tym uczyła, że w taki sam sposób, jak tworzą swoje wyroby piękna, mogą też tworzyć dla siebie piękne życie. Pokazywała im, jak dbać o materiały, jak odczuwać dumę z własnoręcznie wykonanych prac i jak wkładać miłość we wszystko, co tworzą. Przypominała dzieciom, że Wielka Tajemnica umieściła miłość w każdej formie życia, i że one, jako Istoty Dwunożne, są proszone, by podtrzymywać dziedzictwo wypełnionej miłością twórczości.

Tkająca Wątki uczyła dzieci, że każdy namalowany symbol ma dla artysty lub artystki znaczenie oraz że kiedy artysta lub artystka tworzy przedmiot piękna, każdy kolor jest ważny. Uczyła, że każde naczynie lub zabawka kryje w sobie Opowieść Uzdrawiającej Mocy, opisującą misję tej rzeczy lub to, czego może ona nauczyć Istoty Dwunożne patrzące na dzieło. Artyści wyrażają siebie w rzeczach, które tworzą. Dzieła te odzwierciedlają to, w jaki sposób rzemieślnicy czują siebie samych, w jakim stopniu rozwinęli i rozwinęły swoje umiejętności i jak widzą świat wokół siebie. Tkająca Wątki stała się muzą dla dwojga dzieci; stale je zachęcała, by używały wyobraźni i zdolności rozumowania, stosując praktyczne metody realizacji twórczej siły, dzięki czemu wykonane przez nie rękodzieła lub zabawki będą odpowiadały pierwotnej wizji.

Pieśni Deszczu była imponującym przykładem szybkości, z jaką dziecko może stać się równie biegłe jak dorosły. Tkającą Wątki zdumiewały żywa spostrzegawczość dziewczynki i jej talent do naśladowania. Wyobraźnia i poczucie siebie przeświecały przez każde nowe przedsięwzięcie, którego się podjęła i które ukończyła. Ze sposobu, w jaki Pieśń Deszczu używała materiałów i podejmowała wysiłki starannego zrobienia lub pomalowania wyrobów glinianych, Tkająca Wątki mogła przepowiedzieć, że dziewczynka stanie się wprawną artystką i rękodzielniczką. Pewne dłonie Pieśni Deszczu, prowadzone wrodzonym poczuciem proporcji i kompozycji, delikatnie i dokładnie malowały symbole.

Tkająca Wątki zrozumiała, że to ukryte pragnienie jej serca urzeczywistniło marzenie o posiadaniu kochających, twórczych dzieci. Gdy zbliżały się Miesiące Ocieplenia, Klanowa Matka zdała sobie sprawę, że snuje marzenia o przyszłości z siostrzenicą i siostrzeńcem, w której wspólnie dzielić będą magię tworzenia życia wypełnionego bogatym potencjałem. Tkająca Wątki codziennie dziękowała za pełnię, którą odczuwała, mając przywilej obserwowania rozwoju dzieci oraz ich radosnego wyrażania siebie. Zapomniała o samotnych, spędzanych w ciszy zimach, kiedy towarzystwa dotrzymywały jej tylko gliniane naczynia, różne wyroby i zabawki.

W Miesiącu Ocieplenia pewnej Nocy sny Tkającej Wątki wypełnił głos Matki Ziemi.

– Córko mojej duszy, usłysz mój głos. Dar, który dałaś sobie w postaci tych dwojga dzieci, jest darem Tkającej Sen, Babci Pajęczycy. Będziesz opiekować się tymi dziećmi do czasu, aż staną się dorosłe. Będziesz dzielić z nimi ich żywiołowość i ich łzy. Obserwując, jak przechodzą przez cykle rozwoju i zmiany, odnajdziesz w nich odbicie siebie. Takie wspomnienia są żywym skarbem, który każda matka nosi w swoim sercu. Dorastające dzieci także będą korzystać z kreatywności, aby poddawać próbie twój autorytet, twoją mądrość i twoje decyzje. Wiedz, że one potrzebują zarówno mocnej ręki, jak i kochającej ciotki, która nauczy je, jak za pomocą samoekspresji i kreatywności niszczyć ograniczenia.

Klanowa Matka myślała o tych wszystkich sytuacjach, kiedy pokazywała młodym, jak zrobić coś innego z naczynia lub zabawki, które nie wyszły tak, jak miały wyjść. Jeśli używa się wyobraźni, zawsze można ponownie rozpocząć proces tworzenia i destrukcji. Tkająca Wątki wzięła do serca mądre słowa Matki Ziemi. We śnie postanowiła zapamiętać wszystko, co usłyszała i co sobie uświadomiła. Wtedy Matka Ziemia znów się odezwała.

– Córko, urodziłaś ukryte pragnienie serca, splatając swoje marzenia z niewidzialną siecią Siły Twórczej. Stworzyłaś pełen miłości krąg rodziny, który będzie dotykać kręgów wszystkich innych form życia, kiedy dzielić się będziecie życiowymi doświadczeniami. Gdy wasze twórcze kręgi połączą się z kręgami doświadczeń życiowych stworzonymi przez innych, nowe idee i nowe przejawy kreatywności staną się dostępne dla wszystkich gotowych, by się dzielić. Słońce Za Chmurami to żyjące przedłużenie męskiej strony twojej natury, a Pieśń Deszczu jest odbiciem kobiecej części ciebie samej. Prowadząc ich z miłością do dorosłości, będziesz tworzyła wzory tego, jak wyrażać siebie i jak używać siły własnej kreatywności. Te wzory posłużą im podczas Ziemskiej Wędrówki. Poprzez ich doświadczenia będziesz mogła zobaczyć, jak twoja własna twórczość łączy się z ich twórczością, aby dać świadectwo wspólnie dzielonym marzeniom. Naucz dobrze swoje dzieci, Tkająca Wątki, a pokażesz innym, jak duch artystyczny, żyjący wewnątrz każdej istoty ludzkiej, może kształtować świat, który szanuje kreatywność, jaką Wielka Tajemnica zawarła we wszystkich żyjących istotach.

Gdy głos Matki Ziemi ucichł, Tkająca Wątki zdała sobie sprawę, że galopuje przez swój sen na grzbiecie Geparda. Uzdrawiająca Moc Geparda – *szybkie i zręczne realizowanie zadań* – przyniosła Klanowej Matce wizje, które wydawały się frunąć przez oko jej umysłu jak na przyspieszonym filmie. Przez głowę Klanowej Matki przemykały obrazy, w których pokazywała dzieciom, jak realizować nowe zadania, unikając lenistwa i odwlekania na później, które wynikają z braku inspiracji. Przyszłość będzie dobra, horyzont lśni możliwościami, a Tkająca Wątki, patrząc na świat oczami Pieśni Deszczu i Słońca Za Chmurami, odnalazła nieograniczone źródło inspiracji.

Tkająca Wątki cicho podziękowała Wielkiej Tajemnicy za to, że pozwoliła jej wyrazić piękno, które odnalazła w byciu Matką Twórczej Siły. Jej droga będzie się rozwijać i zmieniać zgodnie z życiem dzieci. Każdy przedmiot, który kiedykolwiek stworzyła, jest przedłużeniem jej miłości i samoekspresji, każdy ma cel i służebną misję. Jej dzieci znajdą swoje własne cele i misje poprzez indywidualne formy wyrażania siebie. Jako Strażniczka Instynktu Przetrwania Klanowa Matka zrozumiała, że stworzyła sposób na przekazanie mądrości i miłości zawartych wewnątrz jej Orendy, który przetrwa próbę czasu, ponieważ utkała sieć kreacji, dzięki której może dać życie, długowieczność i ciągłość przyjmującym materialną formę marzeniom.

Krocząca Z Podniesioną Głową

Kroczysz w pięknie, Matko,
pozwalając wszystkim zobaczyć
chwałę Wielkiej Tajemnicy,
która uwalnia twego ducha.

Prowadzona przez wewnętrzną błogość,
przejawiając ją poprzez swoje czyny,
nigdy nie potrzebując aprobaty innych,
prawda twego serca przejmuje prowadzenie.

Ze skupieniem i ukierunkowaniem
uczysz mnie, jak żyć,
równoważąc myślenie z działaniem
bez nadużywania mowy.

Stoję wyprostowana w twej obecności,
trzymam głowę wysoko wzniesioną,
mając stopy zakorzenione w Matce Ziemi,
ramionami obejmując Ojca Niebo.

Matka Klanowa
Jedenastego Cyklu Księżycowego

KROCZĄCA Z PODNIESIONĄ GŁOWĄ jest Klanową Matką listopadowego cyklu księżyca, która uczy, jak przejawiać zasadę Żyję, Jak Mówię. Jej Cykl Prawdy, *życie prawdą*, ma związek z kolorem białym. Kolor biały uczy nas magnetyzmu i tego, jak prawidłowo używać autorytetu i woli. Krocząca Z Podniesioną Głową nie wymaga od Dzieci Ziemi, aby podążały za nią, ale pokazuje na swoim przykładzie, jak żyć. Ta Klanowa Matka uczy, żeby zmieniać sytuacje życiowe, osobiście podejmując działania, a nie uzależniać się od tego, co inni zrobią za nas.

Krocząca Z Podniesioną Głową uczy, że mamy być dumne ze swoich osiągnięć za sprawą poczucia własnej wartości, a nie poczucia własnej ważności. Pokazuje, że im bardziej udoskonalamy swoje umiejętności, tym szczęśliwsze czujemy się ze sobą. Krocząca Z Podniesioną Głową wie, że działania zawsze mówią głośniej niż słowa i że żyjemy osobistą prawdą wtedy, gdy jesteśmy żywym przykładem głoszonej filozofii. Kiedy żyje się w zgodzie z wewnętrzną prawdą, nie trzeba bać się tego, co inne osoby o nas myślą. Reputacja opiera się na prawości i wewnętrznym wiedzeniu, a nie na opiniach innych osób, które mogą czuć zazdrość lub nie być pewne samych siebie. Krocząca Z Podniesioną Głową uczy, że to dzięki połączeniu z Wielką Tajemnicą i z życiem możemy poznać i szanować siebie oraz swojego ducha.

Jedenasta Klanowa Matka jest Strażniczką Przywództwa i Opiekunką Nowych Dróg. Ukazuje na swoim przykładzie wartość przewodzenia, bycia najlepszą, jak tylko się potrafi, badania wszystkich swoich możliwości. Pokazuje też, jak ważne są nowatorstwo i usprawnienia. Jeżeli istnieje odpowiedniejszy lub bardziej skuteczny sposób zrobienia czegoś, Krocząca Z Podniesioną Głową zastosuje ten nowy pomysł w swojej Ziemskiej Wędrówce, aby zobaczyć, czy pomoże jej Żyć Własną Prawdą. Dzięki tego rodzaju Uzdrawiającej Mocy zasłużyła sobie na prawo bycia Matką Nowatorstwa. Jest to taki sposób wprowadzania czegoś nowego, który nie niszczy dawnych Tradycji, lecz dodaje do nich nowe prawdy, wzbogacając w ten sposób starożytne drogi Przodków o nowe możliwości rozwoju.

Jedenasta Matka Klanowa jest także Matką Wytrwałości oraz Sił Życiowych i uczy o wartości zdrowia. Część jej nauk dotyczy potrzeb naszego fizycznego ciała oraz ćwiczeń, dzięki którym staje się ono mocne. Gdy umiemy być pełne wdzięku i odnajdywać w swojej ludzkiej formie środek ciężkości, stanowimy przykład kroczenia z podniesioną głową i życia w zgodzie z własną prawdą. Aby tego dokonać, musimy korzystać z naturalnej elastyczności ludzkiego ciała. Krocząca Z Podniesioną Głową ukazuje, że musimy być dość elastyczne, aby pozwolić innym podążać ich ścieżkami. Zdrowy umysł będzie wspierał zdrowie ciała. Umysł zasypany półprawdami i negatywnością będzie przeszkadzać ciału, aż doprowadzi je do stanu, w którym powstaje choroba. Krocząca Z Podniesioną Głową pokazuje, jak szanować potrzeby ciała poprzez równoważenie aktywności fizycznej, właściwego nastawienia umysłu, dobrego jedzenia, higieny oraz przyzwyczajeń związanych ze snem.

Krocząca Z Podniesioną Głową uczy także, że gdy nasze ciało jest zdrowe, możemy wytrwać i osiągnąć cele. Siły życiowe uzyskujemy, traktując ciało z troską. Aby właściwie korzystać z wytrwałości, mamy nieustępliwie używać wszystkich swoich darów, takich jak nastawienie umysłu, dobre zdrowie, autorefleksja i siła ducha, żeby spotykać się twarzą w twarz z wyzwaniami. Krocząca Z Podniesioną Głową pokazuje, jak zawsze utrzymywać wzrok skierowany na cel, stopy na ścieżce i prawdę w sercu, nigdy nie oczekując, że inni zrobią coś za nas. Uzdrawiającą Moc zasady życiowej Żyję, Jak Mówię odnajdujemy wtedy, gdy przewodzimy, dając przykład, jak być odpowiedzialną za swoje myśli, słowa i czyny. Wyzwaniami na tej drodze są gotowość do porzucenia lęku przed podjęciem działania oraz zrównoważenie aktywności z odpoczynkiem, odprężeniem i odosobnieniem.

Na tropie śladów prawdy

Krocząca Z Podniesioną Głową słyszała dźwięk wpadającego do uszu wiatru i czuła w całym ciele łomotanie serca. Gdy biegła przez łąkę ku lasowi, przed jej oczami przesuwała się zamazana plama zieleni. Między pierwszymi drzewami zwolniła odrobinę, zwinnie przeskoczyła krzaki jeżyn, nie łamiąc ani jednej gałązki ani nie naruszając poszycia. Szybko i cicho biegła zakosami przez gęsty las do celu.

Nagle zamarło ćwierkanie Skrzydlatych i Krocząca Z Podniesioną Głową w mgnieniu oka i bezszelestnie zatrzymała się. Kiedy jej serce zwolniło swój werblowy rytm, usłyszała w pobliżu ciche odgłosy skradającego się wielkiego Zwierzęcia. Ostrożnie obróciła się i podniosła głowę, by spojrzeć w korony drzew. Jej wzrok napotkał przeszywające spojrzenie dwojga złotych oczu. Na grubym konarze Sykomory przysiadł wielki kot, nieporuszony, ale gotów do skoku. Krocząca Z Podniesioną Głową zebrała odwagę, by popatrzeć w stanowcze oczy Pumy, nawet w obliczu jej dzikości okazując wrodzoną śmiałość. Z nieznanych Klanowej Matce powodów Puma nie okazała zainteresowania stojącą na ziemi kobietą i po prostu zaczęła sobie wylizywać łapy.

Krocząca Z Podniesioną Głową nie miała zamiaru czekać na to, co się dalej wydarzy. Umknęła w górską dolinę i śpiesznie pobiegła dalej. Wkrótce znowu odzyskała rytm kroków, a jej ciało odnalazło naturalny środek ciężkości i równowagę. Gdy tak biegła, ani razu nie potknęła się ani nie potrąciła żadnej gałązki, zaś jej stopy zdawały się frunąć ponad poszyciem dziewiczego lasu. Przedarła się przez pasmo zarośli i skręciła ku płytkiej rzeczce, mknąc wzdłuż krawędzi lasu ścieżką usłaną rosnącymi dziko fiołkami i poziomkami. Krocząca Z Podniesioną Głową przeskoczyła rzekę trzema susami i, rozpryskując we wszystkich kierunkach kropelki wody, wylądowała na przeciwległym brzegu wśród czerwonej koniczyny o złotych pręcikach.

Wiedząc, że zbliża się do znajomych okolic, Klanowa Matka skupiła całą siłę w swoich mocnych nogach. Biegła i biegła; przecięła skraj prerii pokrytej zbożem w kolorze złota i dotarła do ostatniego wzgórza. Trudno było jej biec zakosami w górę stromego stoku, lecz Matka Wytrwałości stawiła czoła temu wyzwaniu, zmieniając krok. Pomimo bólu w klatce piersiowej zaczęła głębiej oddychać i nakłoniła ciało, by dostosowało się do nowego rytmu, który nadała mu na ostatniej prostej.

Gdy Krocząca Z Podniesioną Głową osiągnęła szczyt, przywitały ją zaskoczone twarze ludzi Wodnego Klanu, z którymi spędziła zimę. Dziadek Słońce przebył czwartą część swojej podróży przez Naród Nieba, zanim pojawił się kolejny biegacz. Te letnie zawody w biegach, zabawę kreatywnego współzawodnictwa i koleżeństwa, Klanowa Matka wykorzystała, by przekazać Wodnemu Klanowi liczne nauki o wytrwałości i wytrzymałości.

Tego wieczoru, gdy na Niebie migotały gwiazdy i brzuchy pełne były po uczcie, Krocząca Z Podniesioną Głową skorzystała z okazji, by przemówić. Ponieważ znana była jako kobieta oszczędna w słowach, zebrani wokół ogniska członkowie Wodnego Klanu słuchali jej z uwagą. Krocząca Z Podniesioną Głową opowiedziała o wartości wyszukiwania innych dróg przez las, znajdowania nowego podejścia do codziennych zadań. Opowiedziała też o tym, że mogła wygrać bieg, ponieważ wcześniej przetarła szlak, wytyczając nową, krótszą trasę. Teraz, skoro minęły Miesiące Ocieplenia i Miesiące Sadzenia, proponuje, że nauczy ludzi z Wodnego Klanu, jak przemierzać dowolny teren, nie poruszając choćby jednego listka.

Myśliwi i tropiciele nie byli pewni, czy chcą pozwolić, aby kobieta uczyła ich umiejętności, które zazwyczaj przekazywali im mężczyźni. Ale Klanowa Matka wygrała biegi, a tym samym zakład, że pokona wszystkich, którzy staną do zawodów. Mężczyźni byli zaskoczeni i zaczęli patrzeć na Kroczącą Z Podniesioną Głową w nowy sposób. Niektórzy byli nawet zadowoleni, że nauczy ich nowych umiejętności, jakie z pewnością dadzą im dobre miejsce na Święcie Zbiorów, na którym zbierają się wszystkie Klany ich Plemienia, aby dziękować za obfite plony.

Krocząca Z Podniesioną Głową pracowała z mężczyznami Wodnego Klanu przez wszystkie miesiące lata. Każdego dnia przyglądali się jej i uczyli się nowych umiejętności, a ona pokazywała, w jaki sposób mają wykonać krok, który właśnie zamierzają zrobić. Klanowa Matka pokazała mężczyznom, jak polująca na równinach Antylopa wykorzystuje swoją grację i poczucie równowagi, aby skakać przez wysokie trawy. Jej uczniowie wybijali się z wypukłości śródstopia, aby uzyskać bardziej sprężysty skok i zmienić sposób biegania. Razem, używając Uzdrawiającej Mocy Antylopy – *gracji, pomysłowości i podejmowania działania* – ćwiczyli się w chodzeniu po turlających się zwalonych kłodach. Nauczyło ich to utrzymywania równowagi przy stawianiu każdego kroku. Mężczyźni z Wodnego Klanu odnaleźli środek ciężkości swoich ciał, który znajduje się na wysokości bioder. Nauczyli się też dzięki wewnętrznej wizji sprawiać, by ich ciała były lżejsze – wyobrażali sobie, że są jak Antylopa, która w biegu skacze, jakby frunęła w powietrzu, a ląduje lekko i bezszelestnie.

Krocząca Z Podniesioną Głową nauczała ich dalej, pokazując sztukę zmiany kroku, używania intencji do wprawiania w ruch ciała, rozumienia rytmu poruszającego się ciała oraz przecierania nowych szlaków. Ani razu Klanowa Matka nie próbowała pokazać, że jest lepsza od mężczyzn. W roli nauczycielki zawsze dodawała otuchy i wspierała, dbając o to, by mężczyźni dość śmiali, by jako pierwsi próbować nowych umiejętności, nie byli wykpiwani przez innych.

Krocząca Z Podniesioną Głową nauczyła wszystkich w Klanie, że działanie liczy się podwójnie, kiedy ktoś doskonali nowe umiejętności. Nawet najmniejsze dzieci naśladowały swoich Starszych, znajdując nowe sposoby pomagania w wypełnianiu uciążliwych obowiązków, dzięki którym życie obozu toczyło się płynnie. Matka Nowatorstwa była zadowolona, że młodzi wyszukują nowe sposoby na zwiększenie swojej wydajności, a także nowe gry i zabawy, w których brały udział wszystkie dzieci. Kobiety były uszczęśliwione, że ich mężczyźni o każdym zachodzie słońca wracają do szałasu uśmiechnięci i pewni siebie, ciesząc się z sukcesów mijającego Dnia. Krocząca Z Podniesioną Głową zauważyła, że gdy wszyscy członkowie Klanu przygotowywali się do zgromadzenia i zawodów, ustały zwyczajowe plotki i drobne spory. Kiedy każda osoba była pożyteczna, wszystkie były szczęśliwe i nie miały czasu na jałową paplaninę ani chęci, by tracić na nią czas.

Krocząca Z Podniesioną Głową ciężko pracowała, przygotowując Wodny Klan do zawodów, które miały się odbyć podczas zgromadzenia całego Plemienia. Matka Wytrwałości otrzymała zapłatę, gdy Wodny Klan objął prowadzenie, odnosząc zwycięstwo nad wszystkimi zadziwionymi Klanami ich Ludu. W podzięce za wysiłki Klanowej Matki mężczyźni Wodnego Klanu podarowali jej konia. Krocząca Z Podniesioną Głową była głęboko poruszona tym gestem, ponieważ konie w tamtych czasach stanowiły rzadkość. Zazwyczaj w Klanach i Plemionach około tuzina koni przypadało na ponad sto ludzkich istot, a większość dobytku i pakunków dźwigały wierne psy.

Klanowa Matka zdecydowała się przyjąć dar, mówiąc kilka słów o Uzdrawiającej Mocy Konia. Wyjaśniła Wodnemu Klanowi, że siła Uzdrawiającej Mocy Konia kryje się we *właściwym użyciu darów, talentów i zdolności*. Koń uczy Istoty Dwunożne równoważenia darów świata materialnego i świata niematerialnego. Aby stać się jak Koń, Istoty Dwunożne muszą się nauczyć, jak być z Ziemi i w zgodzie z wiatrem. Gdy te dwa światy łączą się, osiągnięta równowaga pozwala ludziom widzieć piękno ducha, żyjącego w fizycznej formie i działającego poprzez nią. Zachowanie tej równowagi umożliwia sięgnięcie po fizyczną i duchową moc. Koń uczy, jak posługiwać się *wolą, wytrzymałością, autorytetem i talentami we właściwy sposób bez nadużywania i krzywdzenia.* Krocząca Z Podniesioną Głową podziękowała mężczyznom z Klanu za ich dar i złożyła podziękowania Wielkiej Tajemnicy za wspólne sukcesy i za wszystkie nowe umiejętności, które zdobyli. Szczególnie była wdzięczna za to, że uwolnili się od lęku przed podejmowaniem działań i uczeniem się nowych umiejętności, gdyż mógłby on pozbawić ich zwycięstwa w zawodach.

Nastał Miesiąc Czerwonych Liści i przyniósł Wodnemu Klanowi wiele nowych lekcji życiowych. Po żniwach i zebraniu jadalnych płodów runa leśnego wszyscy w Klanie byli przygotowani na nadchodzącą zimę. Dzięki duchowi zwycięstwa ich praca nadal była wydajna, gdyż w umysłach wciąż świeże pozostawały wspomnienia nowych i twórczych sposobów wykonywania zadań. Krocząca Z Podniesioną Głową czuła jednak zmianę. Zmiana była delikatna i niewidoczna dla Klanu, ale Strażniczka Przywództwa jasno zdawała sobie sprawę, że coś nie jest w porządku. Jednak zanim można byłoby zastosować właściwe rozwiązanie, sytuacja musiała stać się wyraźniejsza. Krocząca Z Podniesioną Głową przyglądała się więc, nie przerywając swoich czynności, i czekała, aż nadejdzie odpowiedni czas, by zabrać głos.

Matka Natura pomalowała liście lśniącymi kolorami zachodu słońca i pokryła je pierwszym szronem, który zapowiadał zbliżanie się Zimy. Krocząca Z Podniesioną Głową poszła do lasu, by w samotności zastanowić się, jak pomóc Dzieciom Ziemi, aby nie straciły właściwego nastawienia do życia. Znowu zaczęły się zwady pomiędzy kobietami, a mężczyźni stali się zrzędliwi. W miejsce koleżeństwa między dziećmi, które panowało podczas Żółtych Miesięcy lata, pojawiły się sprzeczki. Krocząca Z Podniesioną Głową położyła swoje ciało na łożu z jasnych opadłych liści i pozwoliła, aby światło Dziadka Słońce ogrzewało jej skórę. Ten rzadki moment bezczynności i refleksji sprawił, że przeniosła się w stan podwyższonej świadomości, w którym jechała na Koniu przez otwarte równiny Czasu Śnienia.

Kiedy tak galopowali coraz prędzej i prędzej, jej ciało stało się żywym przedłużeniem wierzchowca. Krocząca Z Podniesioną Głową pochyliła się, jej włosy zmieszały się z grzywą Czworonożnego towarzysza o imieniu Biegnący Z Wiatrem. Razem pędzili przez złociste stepy, wśród poruszanych wiatrem traw, a ona tylko ponaglała ogiera delikatnym naciskiem kolan. Lasy porastające wzgórza były coraz bliżej, gdy tak pędziła, stopiwszy ducha z rytmem i mocnymi krokami ogiera. Jej postrzeganie zmieniło się: patrzyła teraz oczami Biegnącego Z Wiatrem. Krocząca Z Podniesioną Głową całkowicie zmieniła postać, stapiając się ze swoim galopującym towarzyszem, czuła moc czterech nóg, których uderzenia o ziemię przetaczały się grzmiącym echem po całej dolinie. Fala energii przepływała przez jej ciało, gdy razem zbliżali się do łańcucha zalesionych wzgórz.

Biegnący Z Wiatrem zatrzymał się pomiędzy drzewami. Magiczna chwila została przerwana, gdy postrzeganie Kroczącej Z Podniesioną Głową powróciło do jej ludzkiej formy. Zsiadła z konia, ale radosne podniecenie i przemożne uczucie intensywnej mocy wciąż jeszcze krążyły w jej żyłach. Przywiązując ogiera, by się pasł, odniosła wrażenie, że jest obserwowana. Wiedziona swoimi odczuciami, spojrzała w górę, między gałęzie potężnego dębu, akurat w chwili, gdy Puma zeskakiwała z drzewa, lądując z wdziękiem na łapach. Klanowa Matka szybko zerknęła w kierunku ogiera i przekonała się, że w ogóle nie obchodzi go obecność wielkiego kota. Przestraszyło ją zachowanie konia, ale w Czasie Śnienia stworzenia nie były dla siebie zagrożeniem, więc uspokoiła się i odprężyła.

Puma zaskoczyła ją, mówiąc:

— Matko, żyjesz ze mną od początku swojego fizycznego życia, ale dopiero teraz zwolniłaś dostatecznie, abym mogła do ciebie przemówić. Czyżbyś zapomniała o mojej Uzdrawiającej Mocy *przewodzenia poprzez własny przykład*?

Krocząca Z Podniesioną Głową, oszołomiona, na chwilę straciła mowę.

— Co masz na myśli, Pumo? Kroczę w równowadze i zawsze pozwalam działaniom mówić o moich intencjach. Czyżbym zapomniała wywiązać się z jakiegoś obowiązku lub podjąć jakieś działanie pokazujące innym prawość mojego życia?

— Nie, Matko, jesteś wspaniałym przykładem dla swoich dzieci. Podejmujesz potrzebne działania. Zawsze jesteś współczująca, troskliwa i szczera. Pokazujesz im nowe ścieżki i odkrywcze sposoby poprawy złego nastawienia oraz to, jak podążać za pragnieniami serca. Nie zrównoważyłaś jednak działania z siłą niedziałania. Byłaś tak zajęta działaniem, że zapominałaś dawać sobie czas, którego potrzebowałaś na refleksję, uporządkowanie myśli, marzeń i energii. Pierwszy raz podczas swojej Ziemskiej Wędrówki odpoczęłaś i uwolniłaś się od potrzeby bycia idealnym przykładem na tyle, by porzucić bariery, które nie pozwalają ci być ludzką.

Krocząca Z Podniesioną Głową usiadła na ziemi w ogłuszającej ciszy. Zdawała sobie sprawę, że Puma ma rację. Łzy, które wstrzymywała przez wszystkie zimy swojego ludzkiego życia, zaczęły płynąć i szloch wstrząsał jej ciałem. Szlochała tak, aż straciła oddech. Niezliczone smutki, które czuła w chwilach frustracji lub gdy została zraniona przez działania innych, leżały zagrzebane w śniegach jej zamarzniętego serca. Krocząca Z Podniesioną Głową była gotowa uwolnić się od iluzji, że potrzebuje być nadczłowiekiem. Starając się stanowić wzorowy przykład dla swoich dzieci, własne ludzkie potrzeby maskowała działaniem. Ambicja, by być najlepszą, jak to możliwe, oraz dążenie w tym kierunku zawiodły ją na samotny szlak; wędrując nim, nie mogła nigdy pokazać swoich uczuć. Wszystkie duchowe doświadczenia umieściła poza sobą, na zewnątrz, nigdy nie pozwalając sobie na krótką przerwę, w której mogłaby odczuć i zintegrować przeżyte życiowe lekcje, uznając je za część swojego człowieczeństwa. Kiedy Matka Klanowa wyczerpała łzy i wreszcie złapała oddech, Puma odezwała się znowu.

– Matko, prowadzenie na własnym przykładzie jest Szlakiem Piękna. Jeżeli masz być przykładem dla istot ludzkich, trzeba, byś im pokazała, że człowieka nie należy oceniać na podstawie jego ludzkich słabości. Pozwolenie na to, by popłynęły łzy, to pierwszy krok ku przemianie. Popełnianie błędów pozwala doprowadzić umiejętności do perfekcji. Jesteś mistrzynią wytrzymałości, jesteś mistrzynią nowatorstwa, jesteś mistrzynią w podejmowaniu działania; teraz nadszedł czas, abyś podjęła zobowiązanie, że pozwolisz sobie stać się kobiecą, czującą, ludzką istotą. Podatność na zranienie to siła, a nie słabość. Głęboko pogrzebana w tobie leży prawda, że się boisz. Poczułabyś to, gdybyś zwolniła i pobyła w samotności wtedy, gdy tego potrzebowałaś. Prawda zdołałaby cię dogonić. A prawdą jest to, że jesteś człowiekiem.

Puma czekała chwilę, żeby jej słowa dotarły do Klanowej Matki, następnie mówiła dalej:

– Rozwinęłaś swoją wytrzymałość, doskonałość i umiejętność pocieszania innych, ale jesteś śmiertelnie przestraszona, gdy ktoś pociesza ciebie. Kiedy pokażesz swoją podatność na zranienie w ufności wobec innych, ostatecznie nauczysz się ufać sobie. Gdy zmuszasz siebie do działania, które przekracza twoją wytrzymałość, uciekając jednocześnie od prawdy o swoim człowieczeństwie, wysyłasz do świata zupełnie inny sygnał, niż ci się wydaje. Kiedy pozostajesz w ruchu od wczesnego ranka do późnej nocy, mówisz innym, że jesteś nieuchwytna. Lękasz się Tiyoweh, Bezruchu, ponieważ boisz się konfrontacji z lękami i krytycyzmem swojego Cienia. Cień uwielbia mówić ci, że nie zasługujesz na odpoczynek, przyjemność, prawdziwych przyjaciół szanujących twoje człowieczeństwo ani na partnera, który będzie cię kochać za to, kim jesteś, a nie za twoje czyny.

Krocząca Z Podniesioną Głową czuła, że łzy przemiany spływają po jej policzkach jak powolne, leniwe rzeki. Prawda zakorzeniła się w jej sercu i zapłodnione nasiono zmiany zostało zasadzone w jej łonie. Ciąża będzie trwała tak długo, aż w przyszłości nadejdzie dla Klanowej Matki czas, by urodziła swoje nowe, bardziej podatne na zranienie ja. Usiadła w ciszy i zastanawiała się nad słowami Pumy, po czym zadała pytanie.

– Pumo, jak mogę być przykładem dla innych kobiet, skoro sama uczę się tych lekcji?

– Krocząca Z Podniesioną Głową, jesteś Matką Nowatorstwa. W obecnych czasach to kobietom przypada rola troszczenia się o innych. Trzeba znaleźć równowagę.

Matka Ziemia jest gotowa i chętna, aby opiekować się swoimi córkami, ale to jej córki muszą zadbać o to, by zapewnić sobie czas na otrzymanie takiej opieki.

Uczysz swoje ludzkie dzieci, że środek ciężkości ludzkiej formy znajduje się w pępku. Dla mężczyzn jest to miejsce, w którym ich jądra mieściły się przed okresem dojrzewania. Dla kobiet tym miejscem jest macica. Kobiety, jako Matki Twórczej Siły, muszą zrozumieć swoje życiowe role – zarówno rolę karmienia nasion wszystkich marzeń o przyszłości Planetarnej Rodziny, jak i rolę powoływania nowych generacji dzieci. Aby wypełnić to zadanie, każda kobieta musi zobowiązać się przed samą sobą, że uda się na odosobnienie, którego potrzebuje podczas menstruacyjnego przypływu – wtedy, gdy jej macica otwarta jest na światło.

Czas Księżycowy to szczególny okres, w którym Matka Ziemia odżywia każdą kobietę, jeśli tylko chce ona spędzić trzy Dni i Noce swojego przypływu w całkowitej ciszy. Kobieta staje się wtedy zbiornikiem otwartym na przyjęcie miłości stworzonej przez Wielką Tajemnicę. Podczas innych dni swojego przypływu może przebywać ze swoimi siostrami, dzieląc się doświadczeniami, wytworami swych rąk i wewnętrznymi rozważaniami. W Dniach Księżycowych kobieta posiada moc pomieszczenia w swoim wnętrzu każdej dostępnej energii, ponieważ jej macica jest otwarta na otrzymywanie. W ten sposób powołasz nową Tradycję dla Ludzkiego Plemienia, która posłuży także tobie w odkrywaniu własnego człowieczeństwa.

Krocząca Z Podniesioną Głową ujrzała możliwość stworzenia nowej Kobiecej Tradycji, która pozwoli kobietom odnaleźć równowagę. Zrozumiała, że niektóre kłótnie prawdopodobnie były spowodowane zmęczeniem. Zrozumiała też, że ponieważ kobiety nie przeznaczały czasu na to, by ponownie napełniła je energia miłości Matki Ziemi, często pozostawały przywiązane do starych, chorych i małostkowych nawyków, tkwiących korzeniami w chwilach ich nadmiernego zmęczenia. We śnie przed Klanową Matką rozwinęła się szeroka perspektywa możliwości. Czas Śnienia zawsze dostarcza najrozmaitszych sposobów na zmianę starych i ograniczających nawyków, a Krocząca Z Podniesioną Głową wyciszyła się na tyle, by zyskać do nich dostęp. Gdy Matka Wytrwałości powróciła ze swoich rozmyślań, które przyniosły jej wiele wglądów, Puma znowu się do niej odezwała.

– Krocząca Z Podniesioną Głową, nigdy nie zdarzyło ci się okazać litości w stosunku do siebie samej. Cieszyłaś się, że jesteś czynna, i dobrze maskowałaś swój Cień. Cień nie okazał ci litości i doprowadził cię poza granice tego, co leży w ludzkiej mocy. Złożyłaś obietnice, które w rzeczywistości oddały cię w ręce Cienia. Nie nadużyłaś swoich zdolności przywódczych, raniąc innych, ale nadużyłaś zaufania, jakie inne kobiety pokładały w tobie jako wzorze życiowej roli. Ustanowiłaś przykład, który mógłby złamać kręgosłup każdego zwierzęcia pociągowego. Osioł dzieli się swoją Uzdrawiającą Mocą *dźwigania na swoich barkach ciężaru odpowiedzialności*, ale umie także uparcie odmawiać, kiedy ciężar jest zbyt duży. Wielką wewnętrzną siłę można odnaleźć w okazaniu sobie zmiłowania i w pozwoleniu sobie, aby być przykładem dla innych kobiet, pokazując im, że każda istota ludzka zasługuje na odpoczynek i przyjemność. Przykład, jaki dasz, przeznaczając czas na swoje potrzeby, uwolni ciebie oraz każdą kobietę, która będzie w tobie szukała przewodnictwa. Wymawianie się brakiem czasu lub przestrzeni, gdy potrzeba ci opieki, zrani innych, nie tylko ciebie, i ułatwi zwycięstwo Cieniowi.

Puma czekała, aż Krocząca Z Podniesioną Głową przyjmie jej słowa, po czym mówiła dalej.

– Czy pamiętasz dzień, kiedy minęłaś mnie w lesie, pędząc jak palące się trawy przez prerię?

Klanowa Matka potwierdzająco skinęła głową, a Puma znowu powiedziała.

– Leżałam na gałęzi, obserwując cię, kiedy przedzierałaś się przez paprocie i leśne poszycie. Nie byłam zdziwiona, ponieważ widziałam cię wcześniej, gdy przecierałaś ten szlak. Ciekawa byłam, czy uciekniesz od Totemu, który cię ochrania, i rzeczywiście to zrobiłaś. Inni biegacze potrzebowaliby wiele czasu, aby cię dogonić. Ty jednak wciąż musiałaś biec dalej, aby mieć pewność, że przyćmisz innych w sposób, który ich przytłoczy i zawstydzi. Nie okazałaś zmiłowania w stosunku do siebie ani w stosunku do godności twoich męskich towarzyszy. Lizałam łapy i pokazywałam ci, żebyś zwolniła, ale miałaś tylko jedno w głowie i mój przykład poszedł na marne.

Krocząca Z Podniesioną Głową, Skunks może udzielić ci nauk, jeśli dasz sobie czas, aby słuchać. Uzdrawiająca Moc Skunksa dotyczy *reputacji oraz zdolności przyciągania tego, czego potrzebujesz w życiu, i odpychania tego, czego nie potrzebujesz*. Tak martwiłaś się o swoją opinię jako osoby podejmującej działania, że przyciągnęłaś bezlitosny Cień i odepchnęłaś wewnętrzny głos, który domagał się, abyś dała sobie odpoczynek, jakiego potrzebujesz. Podobnie jak Skunks, Matko, cała ta sytuacja śmierdzi.

Krocząca Z Podniesioną Głową przełamała swoją powagę i zaśmiała się z tego opisu śmierdzącej sytuacji. Napięcie zniknęło i Matka Klanowa zapomniała zbesztać się i obwinić za dążenie do nadmiernych osiągnięć. Krocząca Z Podniesioną Głową, chcąc pozbyć się wstydu, złożyła sobie solenne postanowienie, że odtąd będzie miała dla siebie zmiłowanie. W ten sposób swoim przykładem da siostrom pozwolenie, aby były dobre dla siebie. Zadała Pumie ostatnie pytanie, przekonana, że odpowiedź uwolni ją od ciężaru w piersi, który od wielu miesięcy nie pozwalał jej głęboko odetchnąć.

– Jestem zmęczona tym, że tylko ja jedna jestem dla siebie wsparciem, a także tym, że boję się zaufać i być podatna na zranienie. Pumo, czy kiedy znajdę litościwą część siebie i będę przestrzegała swoich odosobnień i czasu milczenia, ty będziesz moją towarzyszką i Sprzymierzeńczynią?

Puma przeciągnęła się i ziewnęła, po czym odpowiedziała:

– Matko, towarzyszę ci od zawsze. Ty po prostu byłaś zbyt zajęta, by to zauważyć. Bałaś się być w ciszy sama ze sobą, więc nie mogłaś usłyszeć mojego głosu. Nic się nie zmieni w moim poświęceniu dla ciebie i twojego duchowego rozwoju. Jesteśmy Siostrami i jesteśmy związane więzami, dzięki którym wszystkie istoty płci żeńskiej są spokrewnione. Babcia Księżyc pokazuje swoją pełną twarz, aby oświecić zarówno nasze ukryte lęki, jak i nasze mocne strony. Podczas Księżycowego Czasu odnajdujemy równowagę, konfrontujemy się z Cieniem, dzielimy się radościami i smutkami, a następnie stajemy twarzą w twarz ze światem jako siostry serca.

Krocząca Z Podniesioną Głową była głęboko poruszona i z jej oczu znów popłynęły łzy. W tym momencie z wizji Czasu Śnienia ściągnął ją z powrotem do namacalnego świata dotyk języka, którym ktoś zlizywał z jej policzków prawdziwe łzy. Otworzyła oczy i zobaczyła Pumę w fizycznej postaci, która, liżąc jej twarz, potwierdzała, że wizja była prawdziwa. Strażniczka Przywództwa delikatnie położyła rękę na karku Pumy i pieściła jej futro. Spojrzenie zielonozłotych oczu Pumy wnikało do serca Kroczącej Z Podniesioną Głową. Ostatnia bariera runęła, kiedy Klanowa Matka w oczach Pumy ujrzała odbicie swojej twarzy, a w niej miękkość i podatność na zranienie. Była to twarz miłosiernego Ja, które zostało pocieszone przez żyjące dziko Stworzenie-nauczycielkę.

Puma położyła łapę na piersi Kroczącej Z Podniesioną Głową, aby wydobyć z jej płuc oddech, który wstrzymywała tak długo pod wpływem lęku. Puma nie zwolniła nacisku, dopóki Krocząca Z Podniesioną Głową nie zaczęła gwałtownie łapać powietrza; po czym olbrzymia kocica położyła się obok Klanowej Matki. Krocząca Z Podniesioną Głową zaczerpnęła powietrza w najgłębszym od wielu zim wdechu i poczuła, jak w jej wnętrzu wybucha siła życiowa, przynosząca jej zmęczonemu, emocjonalnie wyczerpanemu ciału poczucie ulgi i ukojenia.

Klanowa Matka i Puma leżały obok siebie, dopóki okrągła twarz Babci Księżyc nie ukazała się wysoko na purpurowym kobiercu Ludu Nieba. W przecudownym świetle pełni księżyca chmura zmieniła kształt, aby ukazać Kroczącej Z Podniesioną Głową nasiona przemiany, które jej łzy zasiały w namacalnym świecie. Matka Klanowa powróciła z Czasu Śnienia, aby zapoczątkować nową kobiecą Tradycję, która będzie służyła wszystkim Siostrom aż po kres czasu. Istota Chmura zmieniła kształt i przybrała formę ptaka quetzala, przypominając Matce Nowatorstwa o właściwej Quetzalowi Uzdrawiającej Mocy *absolutnie wolnego, nieskrępowanego ducha, gotowego wyrażać wszystkie aspekty Jaźni*. Gdy zostanie złapany i umieszczony w klatce, Quetzal umiera.

Krocząca Z Podniesioną Głową pomyślała o klatce, którą sobie stworzyła, oraz o tym, że Strona Cienia trzymała w szponach jej wolność wyrażania własnych potrzeb oraz zaufanie, że inni zrozumieją jej człowieczeństwo. Quetzal z chmury także przypomniał jej, że już czas poprowadzić inne kobiety za jego przykładem. Klanowa Matka, gdy będzie Żyła Jak Mówi, już nigdy nie spróbuje narzucać innej ludzkiej istocie swoich własnych ograniczeń lub niemożliwych do spełnienia oczekiwań. Nieskrępowana wolność, jaką można odnaleźć, przyjąwszy swoje człowieczeństwo bez osądzania, będzie oświetlać ścieżkę Kroczącej Z Podniesioną Głową. Odkryła siłę, która znajduje się w odosobnieniu, i mądrość odpuszczania.

Puma pozostała z Klanową Matką przez całą noc, pozwalając jej poczuć i zrozumieć, czym są ciepło i pociecha, płynące od prawdziwego Sprzymierzeńca. Kiedy Dziadek Słońce wstał, aby oświetlić wszystkie swoje dzieci, Krocząca Z Podniesioną Głową wróciła do obozu. Została przyjęta przez wszystkich członków Wodnego Klanu tak, jakby nigdy ich nie opuszczała. Nie lękali się o nią, ponieważ w ich obecności pokazywała jedynie swoją niezwyciężoną stronę. Ta lekcja dotknęła Klanową Matkę, ale zmusiła też do zrozumienia, że szkodziła sobie na różne sposoby. Była zbyt niezależna i oddalona.

W ciągu kilku następnych Dni Krocząca Z Podniesioną Głową zwołała Radę Kobiet i była dostatecznie otwarta i podatna na zranienie, aby opowiedzieć o sobie i uwolnić swoje dawne nieuchwytne ja. Zaskoczona była przez łzy radości i ulgi swoich Sióstr, a ich pełne wdzięczności uściski wstrząsnęły Klanową Matką, przynosząc jej dalsze zrozumienie. Wiele kobiet dziękowało za nowy przykład, jaki dawała. Inne podeszły do niej z podarunkami wykonanymi z okazji jej Rytuału Przejścia. Niektóre Siostry gorąco pragnęły podzielić się teraz swoimi lękami, czego nigdy by nie zdołałyby zrobić wobec jej poprzedniego wizerunku. A tymczasem inne mówiły o urazie, którą nosiły w sercach, gdy narzekający mężowie używali Klanowej Matki jako przykładu, by je ukarać. Tamte dni przyniosły uzdrowienie wszystkim kobietom Wodnego Klanu i stworzyły nowe trwałe więzi Siostrzeństwa.

Kobiety zebrały się, tworząc Radę Kobiet – w jednomyślności, w równości, w kręgu, każda mająca jeden głos. Dzięki jedności zdecydowały, w jaki sposób prowadzić Księżycowe Szałasy, zapewniając każdej kobiecie czas odosobnienia. Każda będzie wypełniała zobowiązania przyjaźni, kiedy inna kobieta jest na swoim Księżycu. Babcie przyjęły na siebie obowiązki opieki nad młodzieżą, a ciotki i siostry zgłosiły się do gotowania i doglądania ognia. Utworzone przed wiekami w porze zmieniających się liści Siostrzeństwo Księżycowego Szałasu przekazało wszystkim kobietom dziedzictwo, które będzie tworzyć więzi wiecznie żywego zaufania poprzez wszystkie mające nadejść światy.

Krocząca Z Podniesioną Głowa nie mogła się nadziwić zmianom, które w niej zaszły oraz sile, jaką odnalazła w Uzdrawiającej Mocy Sióstr. Poznając siebie, przypadkiem otrzymała wielką rodzinę oraz system wsparcia. Matka Nowatorstwa zrozumiała, że niektóre nowe sposoby życia mogą stwarzać Tradycje, które będą służyć całemu rodzajowi ludzkiemu. Zaśpiewała swoją pieśń wdzięczności dla Matki Ziemi i dla Babci Księżyc, być może po raz pierwszy rozumiejąc, jak to jest być zarazem silną przywódczynią i wrażliwą kobietą.

Teraz Krocząca Z Podniesioną Głową słucha głosów Sióstr, które uczą się Żyć Jak Mówią. Pełna współczucia oczekuje, aby niektóre zwolniły, a inne uwolniły się od lęków oraz podjęły działania, by wziąć odpowiedzialność za swoje życie. Jej serce pozostaje otwarte, a duch jest teraz wypełniony czułym miłosierdziem, którego się nauczyła i na które zapracowała bolesnymi życiowymi lekcjami swojego własnego przejścia. Z jej przykładu możemy się nauczyć, że jedyny podbój – to podbój swojego Cienia. Zachęca swoje Siostry, by były jak Quetzal i wyrażały wolność tego, kim są, i podążały za pragnieniami serca, odkrywając znajdujące się tam marzenia dzięki sile odnalezionej w odosobnieniu. Krocząca Z Podniesioną Głową szepcze kobietom, niezależnie od tego, gdzie się znajdują, że troska i opieka oraz wsparcie Siostrzeństwa i Matki Ziemi są dostępne dla każdej kobiety, która skłonna jest uszanować swoje prawo do bycia, podejmując w stosunku do siebie samej zobowiązanie stania przy sobie.

Dzięki Czyniąca

Dziękuję, Matko, że mnie nauczyłaś
wznosić me serce w pochwałach,
Ducha mego napełniłaś zadowoleniem
z błogosławieństw Drogi Piękna.

Nauczyłaś mnie, jak śpiewać,
jak się radować, bębnić i tańczyć,
i jak wyśpiewywać wdzięczność
za obfitość, która ma nadejść.

Pokazałaś mi, jaką magią są
zmiany dokonane w sercu i umyśle,
postawa płynąca z mądrości,
która zawiera wysławianie życia.

Wyśpiewuję prawdę wdzięczności,
gdy witam Dziadka Słońce,
następnie wysyłam miłość Matce Ziemi
za siłę życiową czyniącą nas jednym.

Matka Klanowa
Dwunastego Cyklu Księżycowego
• • • • • • • • • • • •

▼▼▼▼▼▼▼▼▼▼▼▼▼▼▼▼▼▼▼▼▼▼▼▼▼▼▼▼▼▼
• • • • • • • • • • • •

DZIĘKI CZYNIĄCA jest Klanową Matką dwunastego cyklu księżycowego, która uczy, żeby wyrażać wdzięczność za wszystko, czego w życiu doświadczamy. Pokazuje nam, że dzięki składaniu podziękowań robimy w swoim życiu przestrzeń dla przyszłej obfitości. Dzięki Czyniąca pomaga nam dostrzec, że uzdrawia nas każda życiowa lekcja, z którą się spotykamy na Dobrej Czerwonej Drodze. Ta Klanowa Matka przypomina, aby być wdzięczną lub wdzięcznym za wyzwania, które otrzymujemy, bez względu na ich trudność, ponieważ pokazują nam, w jaki sposób mamy rozwijać wewnętrzną siłę.

Dwunasty Cykl Prawdy to *dziękowanie za prawdę*. Cykl księżycowy tej Klanowej Matki przypada w grudniu. Na Uzdrawiającą Moc Dzięki Czyniącej oraz koloru purpurowego składają się uzdrawianie i wdzięczność. Dzięki tej Opiekunce Rytuału i Ceremonii ponownie odkrywamy, jak ważne jest, by przeznaczyć czas na świętowanie otrzymanych w życiu darów. Gdy pokazujemy Wielkiej Tajemnicy, że jesteśmy wdzięczne za wszystko, co daje nam życie, dopełniamy kręgu otrzymywanych błogosławieństw. Dzięki Czyniąca przypomina, że zwyczajowy rytuał, wyuczony na pamięć i odprawiany bez radości w sercu, nie wyraża wdzięczności i nie może wnieść do naszego życia uzdrowienia. Na przykład odmawianie modlitwy przed posiłkiem za każdym razem w ten sam sposób nie wyraża prawdziwej wdzięczności i traci znaczenie.

Dzięki Czyniąca uczy, że innym sposobem na to, aby nasze życie wciąż kwitło, jest dzielenie się posiadaną obfitością. Jako Matka Obfitości Dzięki Czyniąca poucza nas o wartości zarówno dawania, jak otrzymywania. Przypomina, że mamy być jednakowo wdzięczne za to, co możemy oddać, jak i za dary, które otrzymujemy od życia. W ten sposób powstaje krąg dawania i otrzymywania umożliwiający dzielenie się. Prosta radość z Ziemskiej Wędrówki jest darem, który często bierzemy za rzecz oczywistą. Ciepło Dziadka Słońce, zdolność oddychania, zdrowie, wolna wola, czysta woda, jedzenie, schronienie oraz miłość przyjaciół i rodziny – wszystko to są błogosławieństwa. Gdyby Istotom Ludzkim zabrać kilka z tych podstawowych przywilejów, szybko pojęłyby ich wartość. Dzięki Czyniąca zwraca uwagę, że ludzie, którzy zapomnieli o tych błogosławieństwach i chcą jedynie zapełnić swoją pustkę rzeczami materialnymi lub pozorną mądrością, podążają krętym szlakiem, co nie przyniesie im szczęścia ani pełni.

Dwunasta Klanowa Matka pokazuje ludzkości, że magia nie jest niczym więcej jak zmianą w świadomości. Właściwe nastawienie umysłu i przemiana serca stworzyły w ludzkim życiu więcej cudów niż wszystkie przeprowadzone kiedykolwiek magiczne obrzędy razem wzięte. Kiedy Dzięki Czyniąca uczyła się lekcji ludzkiego życia, odkryła, że świętowanie życia i bycie wdzięczną za wszystko, co nas spotyka, przynosi spełnienie. Wtedy Koło Życia może się znowu obracać, tworząc nową obfitość, nowe doświadczenia i dalszą radość. Namacalne rezultaty zawsze postępują za myślami. Negatywne myśli i lęki będą przyciągać trudne życiowe lekcje. Odkrycie, że negatywność zabiera nam radość oraz nauczenie się, jak zmieniać te negatywne wzorce może zmienić nasze doświadczenie. Ta Klanowa Matka uczy, że bycie wdzięczną za prawdę, jaką odnalazłyśmy w swoim życiu, przynosi w rezultacie pozytywne nastawienie umysłu i cudowne uzdrowienie oraz nowe ścieżki, którymi możemy podążać. Ze względu na swoje odkrycia Dzięki Czyniąca zyskała sobie prawo bycia Strażniczką Magii, która pokazuje, że zmiana w postrzeganiu, nastawieniu umysłu i świadomości stwarzają magię i czynią cuda.

Dzięki Czyniąca wspiera wszystkie Dzieci Ziemi w wyrażaniu wdzięczności za to, co jest najlepsze w ich naturze. Pokazuje, że kiedy świętujemy to, kim jesteśmy, i dziękujemy za życie, które prowadzimy, otwieramy serce, aby podtrzymywać uzdrawiający proces bycia człowiekiem. Prawda odnajdywana w każdym doświadczeniu naszej duchowej ewolucji stanowi kolejny krok na indywidualnej Ścieżce Pokoju. Gdy dziękujemy za każde osiągnięte zwycięstwo oraz wspieramy innych, chwaląc ich za zwycięstwa i dziękując im, sprawiamy, że rodzaj ludzki stale podąża ku jedności.

Świętowanie przez taniec

Dzięki Czyniąca stała przed Żółwim Domem Rady, czekając na rodzinę, która miała przybyć na Ceremonię Nadania Imienia. Klanowa Matka ucieszyła się, kiedy przed dwoma miesiącami jedna z kobiet z plemienia wydała na świat bliźnięta. W pierwszej chwili po porodzie chłopczyk i dziewczynka otrzymały imiona od matki, lecz wewnętrzne imiona, czyli imiona duchowe, powinna nadać Mądra Kobieta. Po plemiennej Ceremonii Nadania Imienia odbędzie się uczta, otwarta dla wszystkich, ale w samej ceremonii wezmą udział jedynie Klanowa Matka, bliźnięta oraz ich biologiczna matka.

Duchowych czy wewnętrznych imion nigdy nie wymawia się na głos, aby chronić podatną na zranienie Świętą Przestrzeń dziecka przed oszukańczymi, szkodzącymi duchami. Jedynie matce dziecka wolno usłyszeć to imię w chwili nadawania go przez Klanową Matkę lub Mądrą Kobietę. Wewnętrzne imię umożliwia rozpoznanie ludzkiej istoty w Świecie Duchowym. Żadnemu duchowi, który zawoła Istotę Dwunożną imieniem innym niż jej święte duchowe imię, nie należy wierzyć. Duchy Przodków oraz duchy Totemów, sprzymierzeńcy ludzi, którzy chętnie im pomagają, do nawiązania kontaktu z daną osobą zawsze używają jej świętego imienia.

Tego świątecznego Dnia zostanie ustanowione połączenie bliźniąt ze Światem Duchowym. Dzięki Czyniąca spędziła wiele czasu w Tiyoweh, Ciszy, przyglądając się Orendom obu dzieci. Każde z bliźniąt posiada zarówno odmienny zbiór talentów i umiejętności, jak i indywidualną i unikalną Esencję Duchową. Duch Jaguara, którego Uzdrawiająca Moc to *potencjał przywódcy świeckiego i duchowego*, strzeże chłopczyka. Chłopiec ma potencjał, aby stać się wielkim Wodzem oraz dodatkową zdolność, aby rozwinąć talenty Uzdrowiciela. Dziewczynka strzeżona jest przez Kruka, *Opiekuna Magii, który szuka Pustki Nieznanego, aby dokonać zmiany*. Razem te wyjątkowe bliźnięta mogą dokonać wielkich rzeczy dla Plemienia, które z otwartymi ramionami i najlepszymi intencjami świętowało ich przybycie.

Dzięki Czyniąca rozglądała się wokół, podziwiając bujne zielone trawy i dzikie kwiaty, które pokrywały teren wokół Żółwiego Domu Rady. Po drugiej stronie górskiej łąki widziała pofałdowane wzgórza, a bliżej strzeliste sosny oraz zbocze porośnięte łąką, która ciągnęła się aż do leżącego poniżej górskiego jeziora. Dom Rady wyglądał jak wielka żółwica, która, brodząc w głębokiej trawie, schodzi zboczem ku wodzie. Dach zrobiony był z darni i pokryty dużymi płaskimi kamieniami, sprawiając wrażenie skorupy żółwia. Głowę żółwicy tworzył ogromny głaz, w którym wyrzeźbiono oczy. Dzięki Czyniąca wzięła w siebie całe otaczające ją piękno i podziękowała za wspaniałe widoki Matki Planety.

Bliźnięta będą się dobrze bawić, badając świat natury wokół siebie, smakując go, dotykając i wąchając. Dzięki Czyniąca mogła sobie wyobrazić, jak to jest urodzić się w takim świecie, będąc pobłogosławioną i przeklętą takim bezradnym ludzkim ciałkiem. Często myślała o tym, że sama przyszła kroczyć po Ziemi w swoim już dorosłym ciele, które pozostanie na zawsze młode. *Trudne musi być doświadczania dorastania w ludzkiej formie*, dumała, *a jednak właściwe otoczenie może sprawić, że będzie to czas odkrywania i doświadczania miłości*. Postanowiła towarzyszyć bliźniętom w ich rozwoju i stawiać się na ich miejscu, aby pojąć lekcje życiowe dzieciństwa, którego nie dane jej było doświadczyć.

Dzięki Czyniąca patrzyła, jak młoda matka o jasnym obliczu, Księżyc O Zmierzchu, lekkim krokiem idzie w górę od strony jeziora, niosąc bliźnięta zawinięte w skóry i przytroczone do piersi. Księżyc O Zmierzchu bez trudu utrzymywała równowagę, a dodatkowy ciężar dzieci wydawał się raczej ją wspierać niż obciążać. Stawiała długie kroki na ścieżce do Domu Rady, co było pewnym znakiem, że jest zdrowa, pełna energii życiowej i z łatwością poradziła sobie z urodzeniem bliźniąt. Dzięki Czyniąca zauważyła, że twarz Księżyca O Zmierzchu rozjaśnia promienny uśmiech. Klanowa Matka wyczuwała jej dumę i radość, gdy ta zbliżała się do Domu Rady, aby zapewnić bliźniętom odpowiedni początek drogi do duchowej pełni. Ceremonia Nadania Imienia zapewni chłopczykowi i dziewczynce ochronę w duchowej podróży, podczas gdy nad ich fizycznym rozwojem czuwać będą kochający rodzice oraz rodzina i wszyscy krewni, którzy świata poza nimi nie widzą.

Dwie kobiety uścisnęły się delikatnie, aby nie przygnieść bliźniąt, i Dzięki Czyniąca pomogła młodej matce rozwiązać chustę, w której niosła dzieci przytroczone do piersi. Gdy Dzięki Czyniąca spojrzała w oczy chłopczyka, z radością odnalazła na poziomie swoich oczu szeroko otwarte oczka patrzące na nią uważnie. Dziecko już żyło zgodnie ze swoją Uzdrawiającą Mocą, Mocą Jaguara. Dzięki Czyniąca uśmiechnęła się i skinęła głową, a następnie sięgnęła po dziewczynkę. W blasku wczesnego poranka hebanowe oczy maleńkiej iskrzyły się ukrytą magią, która nie słabła w świetle słońca. Dzięki Czyniąca zaśmiała się, kiedy dziewczynka nieświadomie mrugnęła do niej, przymykając jedno oko.

Aby umożliwić dostęp do wnętrza Żółwiego Szałasu, w łące wycięto biegnącą w dół ścieżkę. Dach w kształcie skorupy żółwia wznosił się ponad ziemią, ale owalne pomieszczenie rady znajdowało się poniżej jej poziomu. Wewnątrz dwa ogniska, usytuowane po przeciwległych stronach, dawały przyjemne ciepło. Dzięki Czyniąca poleciła Księżycowi O Zmierzchu usiąść naprzeciwko siebie na ceremonialnej skórze pośrodku szałasu. Światło Dziadka Słońce sączyło się przez trzy otwory dymowe – dwa nad ogniskami i jeden pośrodku, oświetlając miejsce, w którym usiadła matka ze swoimi dziećmi. Dzięki Czyniąca, zanim się odezwała, zapaliła warkocz Słodkiej Trawy i okadziła całą ich czwórkę, aby sprowadzić duchy dziecięcej słodyczy.

– Tego oto Dnia przyszłyśmy wcześniej niż światło miłości Dziadka Słońce, gdyż ono dopiero wejdzie do ciała Matki Ziemi, aby oświecić nasze drogi. Obecna tu Opiekunka Ceremonii składa podziękowania za zdrowie i życie Księżyca O Zmierzchu, która będzie opiekowała się tą dwójką małych podczas ich Ziemskiej Wędrówki. Obecne tu kobiety dziękują Swennio, Wielkiej Tajemnicy, za dar życia i oddech oraz za wszelkie dobro, które można znaleźć na Dobrej Czerwonej Drodze. Obecne tu matki dziękują Yeodaze, Matce Ziemi, za obfitość, którą hojnie rozdaje, aby wspierać nasze ludzkie drogi. Składamy podziękowania Stworzeniom-nauczycielom, które trzymają pieczę nad duchami tych bliźniąt i które ofiarowały się być ich Totemami. Obecna tu, która szuka odpowiedzi, pokornie prosi, by Duchy Przodków prowadziły ją podczas poszukiwania duchowych imion dla tych dwojga maluchów, aby mogły one zostać rozpoznane w Świecie Duchowym.

W szałasie zapadło milczenie i światło Dziadka Słońce przelotnie błysnęło, jakby chmury odpłynęły, pozwalając, by oświecający promień światła spłynął do kręgu, jaki utworzyły dwie kobiety i bliźnięta. Dzięki Czyniąca uśmiechnęła się, a następnie zamknęła oczy i spojrzała w swoje serce, rozświetlone rozbłyskiem miłości, którą Dziadek Słońce przesłał przez otwór w dachu. Dzięki Czyniąca położyła dziewczynkę w wydrążonym i wysłanym miękkimi skórami pniu i mówiła dalej.

– Obecna tu Mądra Kobieta prosi, aby duch tej dziewczynki został rozpoznany przez Przodków i aby ci Pradawni pobłogosławili ją imieniem, które będzie niosło jej ducha i będzie dodawało mu otuchy podczas całej Ziemskiej Wędrówki. Obecna tu Klanowa Matka prosi, aby Duchy Natury, które będą oddanymi nauczycielami tego dziecka, przyszły do Szałasu, aby poznały jej wewnętrzne imię i szanowały je poprzez wszystkie Dni i Noce jej ludzkiego życia, przynosząc pocieszenie i dodając odwagi, aż przyjdzie czas, aby Porzuciła Swoją Szatę i powróciła do Obozu po Tamtej Stronie w Świecie Duchowym. Prosząc o to, obecna tu kobieta dziękuje wszystkim duchom, przywołanym do tego Świętego Szałasu, i wysławia Drogę Piękna, którą podążają.

Dziewczynka zagruchała i zagaworzyła tak, jakby zrozumiała, a następnie zaczęła patrzeć na coś niewidzialnego, co unosiło się w powietrzu ponad nią. Dzięki Czyniąca poczuła i zobaczyła krążące wokół zgromadzonej czwórki duchy, które przyszły, aby uhonorować życie dziecka. Opiekunka Ceremonii i Rytuału z przyjemnością ujrzała, że Księżyc O Zmierzchu wyczuwa zmianę po wejściu duchów do szałasu i próbuje ukryć zdenerwowanie, głaszcząc chłopczyka, którego trzymała w ramionach. Dzięki Czyniąca zapewniła ją, że wszystko jest tak, jak powinno być, i że zgromadzone wokół duchy są przyjazne i życzliwe.

Klanowa Matka przyglądała się, jak każdy z przybyłych duchów kolejno przechodzi obok malutkiej dziewczynki i błogosławi jej ducha, dotykając Orendy, czyli Duchowej Esencji niemowlęcia. Następnie Dzięki Czyniąca poczuła formę duchowego imienia dziecka w przestrzeni wewnętrznego wiedzenia swojego serca i imię to jak bańka podniosło się z jej serca do warg i rozlało się po wnętrzu jak dźwięk czystej wody.

– Księżycu O Zmierzchu, obecni tu Pradawni pobłogosławili twoją córkę imieniem, pod którym będzie rozpoznawana w Świecie Duchowym. Będzie się nazywała Pieśń Fajki, a jej opiekunem będzie Kruk. Pieśń Fajki jest pieśnią, która przepływa przez dym Wszystkich Naszych Krewnych, przynosząc jedność ze wszystkimi istotami. Ta jedność, odnajdywana dzięki pieśni Fajki, jest magią, która pozwala Dwunożnym zmieniać się i otwierać na cuda ludzkiego życia, pochodzące z właściwego nastawienia umysłu. Ta dziewczynka będzie przykładem dla wszystkich znajdujących się wokół niej. Dzięki umiejętności życia swoim życiem, jak pieśń jedności wychodząca z Fajki sprawi, że inni zauważą, w jaki sposób mogą dotknąć magii życia, która pojawia się, gdy obecne są pokora i wdzięczność.

Po wyrażeniu podziękowań za błogosławieństwa, które otrzymała Pieśń Fajki od Przodków, i po podziękowaniu Duchom Natury za przybycie na ceremonię Pieśni Fajki, Klanowa Matka dała wszystkim zgromadzonym duchom pozwolenie, aby poszły swoimi drogami. Po oczyszczeniu Żółwiego Szałasu Mądra Kobieta podała Pieśń Fajki matce i wzięła w ramiona chłopca. Gdy Dzięki Czyniąca napotkała śmiały, utkwiony w sobie wzrok niemowlęcia, do głębi wstrząsnęło nią jego mądre spojrzenie. Zdawało się, że chłopczyk widzi poprzez jej ciało i patrzy w głąb bezmiaru jej Orendy. To dziecko nie bało się niczego i miało okazać się świetnym przywódcą dla swojego Plemienia, a także Uzdrowicielem. Podobnie jak jego siostra, był jednym z Przodków, który powrócił, aby przejść kolejny obrót Wielkiego Koła Uzdrawiającej Mocy, żyjąc jeszcze raz w ludzkiej formie.

Kiedy Mądra Kobieta kładła chłopczyka w kołysce z pnia, chwycił ją rączką za palec i zacisnął na nim piąstkę, przytrzymując, jakby chciał zatrzymać uwagę Matki Obfitości. Mądra Kobieta spróbowała swoim umysłem połączyć się z intencją, którą wysłał ku niej Przodek w maleńkim ciałku. Kiedy ich umysły spotkały się w przenikającym się obszarze ich Świętych Przestrzeni, usłyszała jego myśli.

– Babciu, przychodzę, aby uczyć mój lud, jak ważna jest równowaga pomiędzy duchową ścieżką a rolą, jaką przyjmuje się w swoim ziemskim życiu. Zamierzam być żywym przykładem mężczyzny, który zrównoważył siły rozsądku i dobrego osądu z duchową wrażliwością kobiecej zasady. Czy będziesz towarzyszyć mi w tej podróży i czy będziesz moją nauczycielką?

Dzięki Czyniąca skinieniem głowy odpowiedziała temu Pradawnemu w dziecięcym ciałku, pozwalając, aby ciepło z jej serca popłynęło poprzez rękę do maleńkiej piąstki zaciśniętej na jej palcu. Następnie zaczęła ceremonialne podziękowania, takie same, jak przy nadawaniu imienia jego siostrze, zapraszając wszystkich Duchowych Sprzymierzeńców chłopca, by przyszli do szałasu. Kiedy się zgromadzili, Mądra Kobieta zaczęła zanosić prośby do Wielkiej Tajemnicy.

– Swennio, Wielka i Wieczna Tajemnico, obecna tu kobieta prosi, abyś pobłogosławiła ścieżkę tego Pradawnego, który właśnie powrócił. Obecna tu Mądra Kobieta uprasza, aby jej oddziaływanie na życie tego dziecka było pomocne, troskliwe i opiekuńcze, wspierające intencję jego Ziemskiej Wędrówki. Obecna tu Klanowa Matka dziękuje Matce Ziemi za dar, jakim jest ciało tego dziecka, które będzie niosło jego ducha przez wiele lat życia. Obecna tu pokorna służka prosi, aby jej serce zostało pobłogosławione przez Przodków, którzy wybrali duchowe imię dla chłopca. Niech ci Przodkowie znajdą jej serce czystym, niech prześlą imię do tego serca, aby je zrozumiało, i do warg, aby je wymówiły.

Gwałtowny podmuch wiatru wpadł przez otwory dymowe znajdujące się ponad ogniskami w dwóch końcach szałasu i spowodował wybuch płomieni, co przestraszyło Księżyc O Zmierzchu. Dzięki Czyniąca wyciągnęła rękę i pogłaskała dłoń młodej matki, aby zapewnić ją, że wszystko jest w porządku, następnie na chwilę zamknęła oczy, by spojrzeć do swojego serca. W centrum jej serca pojawiła się ognista kula, co spowodowało, że tętno Dzięki Czyniącej przyspieszyło i sprawiło, że wzięła głęboki oddech. Woń dymu z palącego się drewna unosiła się w powietrzu, które wypełniało szałas, refleksy światła wpadającego przez otwory dymowe tańczyły wokół, a ściany szałasu, wykonane z ciała Matki Ziemi, wydzielały bogaty aromat. Zapach wilgotnej gleby zmieszanej ze słomą i liśćmi, a uformowanej w cegły, otaczał niemowlęta; były to sygnały, że Planetarna Matka dała im miłość jako swoje błogosławieństwo.

Dzięki Czyniąca otworzyła oczy i powiedziała:

– Księżycu O Zmierzchu, Matka Ziemia i Przodkowie pobłogosławili twojego chłopca duchowym imieniem. Jego ścieżka będzie odzwierciedlać jego Uzdrawiającą Moc i będzie rozpoznawany w Świecie Duchowym pod imieniem Mówiąca Strzała. Strzała to symbol ścieżki prawdy, jest doskonale zrównoważona, leci prosto do celu. Ten chłopiec stanie się prawy, a na jego ustach zawsze będzie prawda. Mówiąca Strzała poprowadzi ludzi, dając im przykład, używając swojej Uzdrawiającej Mocy do uzdrawiania i swojej mądrości, aby pokazać innym, jak dziękować za prawdę w swoim życiu. Wspólnie twoje dzieci będą miały wiele sposobności, aby pokazać naszemu Plemieniu, jak podążać Drogą Piękna.

Księżyc O Zmierzchu pozostała w bezruchu tej chwili, przyjmując do siebie wszystko, co powiedziała Klanowa Matka. Jej dzieci będą potrzebować miłości oraz opieki, która będzie wspierać rozwój ich zdolności. Umysł młodej matki wypełnił się wspomnieniami jej własnego dzieciństwa i tego, jak przeżyła okres dojrzewania, kiedy nie wiedziała, kim jest. Pamiętała wszystkie przykrości tych lat dorastania i to, jak bardzo nie na miejscu czuła się pośród innych kobiet Plemienia. Wierzyła wówczas, że nigdy nie znajdzie partnera i nigdy nie będzie mieć dzieci. Teraz stała się żoną silnego, odważnego i delikatnego mężczyzny, który głęboko ją kochał, i z dumą zasiadała w Żółwim Domu Rady na Ceremonii Nadania Imienia jej dwojgu pięknych dzieci. Młoda matka czuła, że obfitość zagościła w jej życiu dzięki przewodnictwu i pełnemu miłości wsparciu Klanowej Matki, która siedziała przed nią, dzieląc jeden z najcenniejszych momentów jej życia.

Dzięki Czyniąca myślała o tym samym, przypominając sobie, jak zmieniło się życie Księżyca O Zmierzchu. Jako młoda dziewczyna Księżyc O Zmierzchu była chuda niczym skóra i kości. Mimo że bardzo starała się poruszać z wdziękiem, potykała się o własne nogi i zawadzała o wszystko na swojej drodze. Księżyc O Zmierzchu była bezlitośnie wyśmiewana przez dziewczynki w jej wieku, które przezywały ją Potykającym Się Żurawiem. Rzeczywiście, dziewczynka wyglądała jak żuraw z długimi chudymi nogami. Miała pełne wargi, zaciśnięte, jakby się dąsała, chociaż tak naprawdę powstrzymywała łzy samotności. Jedyną osobą, która kiedykolwiek widziała te łzy, była Dzięki Czyniąca.

W czternastym lecie swojego życia Księżyc O Zmierzchu, odtrącona przez dziewczęta, które nie pozwoliły jej dołączyć do zabawy, pobiegła do lasu. Dzięki Czyniąca znalazła ją pod olbrzymią topolą. Dziewczynka niepohamowanie szlochała, obejmując rękami pień drzewa. Sercu Klanowej Matki zrobiło się żal dziecka, gdyż wiedziała, że nie ma krewnych, którzy mogliby ją pocieszyć. Matka Księżyca O Zmierzchu pozostawiła ziemską formę i zrzuciła Swoją Szatę, aby kroczyć w Świecie Duchowym, kiedy dziewczynka liczyła sobie trzy lata życia. Ojciec ożenił się z wdową, matką trzech córek, plemiennych piękności, i pozostawił wychowanie córki żonie. Nowa matka Księżyca O Zmierzchu nie była kobietą podłą, ale przepełniała ją pycha. Nieustannie chełpiła się talentami swoich trzech córek, które uważano za dobre partie. Nigdy nie dawała najmniejszego słowa zachęty samotnej pasierbicy.

Dorastanie w domu wśród pozornie doskonałych przyrodnich sióstr podważyło wiarę w siebie Księżyca O Zmierzchu. Tym bardziej, że prawo plemienne stanowiło, iż dorastające dziewczęta nie powinny niczym niepokoić swoich ojców. To kobiety były w Plemieniu odpowiedzialne za tradycyjne nauczanie o kobiecości. Trzy przyrodnie siostry ignorowały Księżyc O Zmierzchu lub czasami odzywały się jak z łaski, a podczas nieobecności rodziców rzucały jej poniżające uwagi. To wszystko sprawiło, że życie Księżyca O Zmierzchu stało się nie do zniesienia.

Dzięki Czyniąca, Dawczyni Wsparcia, doszła do wniosku, że sytuacja stanowi wyzwanie. Tamtego dnia w lesie przyjęła Księżyc O Zmierzchu do swojego serca i spędziła wiele pór roku, opiekując się złamanym sercem dziewczynki i pokazując jej, jak odzyskiwać magię życia. Na początku Klanowa Matka trzymała dziewczynkę w ramionach i kołysała ją, pozwalając jej poczuć, że ktoś ją kocha i że istnieje bezpieczne miejsce, do którego może przyjść, aby pozwolić płynąć łzom. Strażniczka Magii nauczyła Księżyc O Zmierzchu, jak zauważać każde błogosławieństwo i jak być wdzięczną za każdą życiową lekcję. Czasami Dzięki Czyniąca wzdrygała się, słysząc, za jakie błogosławieństwa dziewczynka dziękuje. Klanowa Matka wyczuwała nadal tkwiące głęboko w Księżycu O Zmierzchu zranienie, gdy dziewczynka dziękowała Swennio, Wielkiej Tajemnicy, za to, że przez cały Dzień nikt celowo nie podstawił jej nogi ani okrutnymi uwagami nie pozbawił jej poczucia siebie. Za każde osiągnięcie Klanowa Matka niezmiennie dawała Księżycowi O Zmierzchu pełne miłości pochwały oraz zachętę.

Wreszcie w szesnastym lecie życia Księżyc O Zmierzchu zaczęła rozkwitać. Wdzięk, który unikał jej, gdy była młodsza, nagle zakwitł w całej pełni. Było to dla młodej kobiety nagrodą za to, że nauczyła się wierzyć w magię życia. Zaowocowały nauki Dzięki Czyniącej o dziękowaniu w celu zrobienia miejsca na obfitość, która znajduje się na Drodze Piękna. Ucząc się składać podziękowania, Księżyc O Zmierzchu uczyła się także robić przestrzeń na błogosławieństwa posyłane w jej stronę oraz uczyła się je przyjmować. To, że stała się pewną siebie młodą kobietą, było magią, która dopełniła się dzięki współczującemu i troskliwemu przewodnictwu Dzięki Czyniącej. Noce, kiedy zasypiała wyczerpana cichym płaczem, należały do przeszłości. Księżyc O Zmierzchu stała się młodą kobietą pełną delikatnego wdzięku, ukazującą wewnętrzną siłę oraz połączenie z Orendą i Wielką Tajemnicą.

Dzięki uprzednio doznanemu bólowi dziewczyna rozwinęła wrażliwość na uczucia innych, co przyniosło jej łagodność, która przyciągała każdego młodego wojownika w Plemieniu.

Dzięki Czyniąca nie poczuła się zaskoczona, kiedy syn Wodza, Tańczący Ogień, przyprowadził siedem koni i przyniósł dziesięć skór bizona ojcu Księżyca O Zmierzchu i poprosił o jej rękę. Było teraz w młodej kobiecie coś bardzo szczególnego, co sprawiało, że wszyscy odwracali się za nią, kiedy przechodziła, i patrzyli z zachwytem. Piętno starego bólu przemieniło się w coś więcej niż jej fizyczne piękno. Oczy Księżyca O Zmierzchu, jak wskazywało jej imię, lśniły wewnętrznym światłem. W Orendzie młodej kobiety brzoskwiniowe promienie zachodzącego Dziadka Słońce mieszały się ze srebrnym światłem wschodzącej Babci Księżyc.

Kiedy urodziły się bliźnięta, Księżyc O Zmierzchu przyjęła swoje dzieci jako uosobienie błogosławieństw, za które była wdzięczna. Przez wszystkie lata, które spędziła na uzdrawianiu zranień z okresu dorastania, pielęgnowała te błogosławieństwa w swoim ciele jak nasiona przyszłości. Imiona, które wybrała dla bliźniąt po ich urodzeniu, odzwierciedlały aspekty jej samej i jej męża, Tańczącego Ognia. Syna nazwała Ognistym Słońcem, a córkę Wschodzącym Księżycem W Pełni. Tych imion miało używać Plemię dla nazywania bliźniąt podczas ich Ziemskiej Wędrówki.

Obie kobiety uszanowały wszystkie wspomnienia życiowej podróży, która doprowadziła je do Ceremonii Nadania Imienia w Żółwim Domu Rady. Dzieje Księżyca O Zmierzchu ukazują potencjał ludzkiego ducha. Dwunożna osoba, która wie, jak zachować wiarę i okazywać wdzięczność za każde błogosławieństwo i każdą życiową lekcję, stwarza przestrzeń na przyjęcie obfitości Wielkiej Tajemnicy. Lata emocjonalnego bólu spowodowały stopniową zmianę postawy Księżyca O Zmierzchu, z której urodziło się marzenie o spełnieniu, niosącym nieprzerwane szczęście podczas całej Ziemskiej Wędrówki.

Dzięki Czyniąca przemówiła, sprowadzając je obie ze świata wspomnień do uroczystej atmosfery chwili obecnej.

– Obecne tu kobiety dziękują Wszystkim Naszym Krewnym za dary obfitego życia przynoszone przez Wielką Tajemnicę. Obecne tu kobiety, jako Matki Siły Twórczej, pokornie proszą o dalsze nieprzerwane błogosławieństwa życia i oddechu, tak aby nasza miłość była odczuwana w życiu każdego z bliźniąt. Obecna tu Klanowa Matka dziękuje za to, że miała sposobność dzielić tę niezwykłą chwilę, i składa podziękowania za błogosławieństwa udzielone przez wszystkie duchy, które będą przewodnikami na drodze każdego z tych dzieci. Obecna tu Mądra Kobieta dziękuje za Dobrą Uzdrawiającą Moc, którą Stwórca umieścił w sercach członków tej rodziny oraz za to, w jaki sposób te dary miłości będą poruszać każdą osobę z ich otoczenia, z którą się zetkną w czasie trwania ich Ziemskiej Wędrówki. *Da nahoe*, zostało powiedziane.

Obie kobiety zakończyły Ceremonię, siedząc w Tiyoweh, Ciszy, i własnymi słowami wyrażając w milczeniu wdzięczność. Następnie każda wzięła jedno z bliźniąt i przeszły wokół Żółwiego Szałasu zgodnie z ruchem Dziadka Słońce, zatrzymując się po kolei przy Tarczy każdej Klanowej Matki. Bliźnięta zostały rytualnie przedstawione darom każdej Klanowej Matki oraz pobłogosławione obecnością trzynastu Kryształowych Czaszek zawierających zapis duchowych lekcji Trzynastu Klanowych Matek oraz mądrość przekazywaną przez każdą z nich.

Kiedy Księżyc O Zmierzchu i Dzięki Czyniąca wyłoniły się z bliźniętami z Żółwiego Domu Rady, czekał na nie Tańczący Ogień. Rozpromieniony ojciec wziął swoją córkę od Dzięki Czyniącej i wraz z rodziną i Mądrą Kobietą poszedł ścieżką prowadzącą w dół, do jeziora. Przygotowano wspaniałą uroczystość. Każda osoba w Plemieniu przywdziała najlepsze szaty z koziej skóry, przeznaczone na specjalne okazje. W powietrzu rozchodziły się zapachy mięsa jelenia, daniela i bizona pieczonego na otwartym ogniu oraz słodka woń zupy z dyni i jagód. Kobiety w długich misach z wydrążonych pni podawały pieczoną kukurydzę oraz bulwy wraz z gotowaną na parze dynią i warzywami. Teren tańców został oczyszczony, a ustawione w kręgu bębny Pawwow czekały na niecierpliwych Członków i Członkinie Plemienia chcących tańcem okazać rodzinie swoją radość.

Gdy skończył się Dzień świętowania, ostatnie promienie Dziadka Słońce dotknęły zachodniego horyzontu Ludu Nieba, wypełniając świat całą gamą cudownych kolorów zmierzchu. Na wschodnim niebie Babcia Księżyc wzeszła już, aby napotkać Dziadka Słońce. Jak para tancerzy podająca sobie dłonie i dzieląca się sercami, słońce i księżyc pobłogosławiły to zdarzenie takim samym niebiańskim popisem, jaki pokazały Ludzkiemu Plemieniu tego wieczoru, kiedy urodziła się Księżyc O Zmierzchu. Dzięki Czyniąca nie była jedyną osobą, która zauważyła znaczenie zapowiedzi ze strony Wielkiego Gwiezdnego Ludu. Ojciec Tańczącego Ognia, wódz o imieniu Niedźwiedzia Tarcza, w milczeniu patrzył na niebieskich dziadków Ludzkiego Plemienia, których światła tańczyły razem na niebie.

Ogłaszając rozpoczęcie tańców, Niedźwiedzia Tarcza zwrócił się do Plemienia:

– Zgromadziliśmy się tutaj, aby świętować narodziny moich wnucząt oraz początki ich duchowego życia. Jak za każdym razem, gdy powiększa się nasze Plemię, teraz też dziękujemy Wielkiej Tajemnicy za nowo narodzone pokolenia, które oznaczają trwanie życia. Ufamy, że życie tych bliźniąt będzie błogosławieństwem dla wszystkich kręgów życia tworzonych i utrzymywanych przez Wszystkich Naszych Krewnych i że je wszystkie wzbogaci. Dziękujemy, że możemy świętować, że jesteśmy żywymi, oddychającymi ludzkimi istotami, które dostają wszystko, czego tylko potrzebują, dzięki obfitości Matki Ziemi. Dziadek Słońce i Babcia Księżyc pobłogosławili to zdarzenie, pokazując nam swoje twarze i tańcząc razem na wieczornym niebie. Bliźnięta będą rosły jak ci niebiescy tancerze, przynosząc Dobrą Uzdrawiającą Moc do naszego Plemienia, każde w odmienny, ale równie piękny sposób. Gdy tańczymy i świętujemy te początki, pozwólmy sobie przypomnieć o cennym darze życia i o tym, że poprzez tę uroczystość okazujemy Matce Ziemi i Ojcu Niebo naszą wdzięczność. Da Nahoe.

Okrzyki radości i rytm Tamtamów zaczęły wzywać tancerzy i tancerki do rozpoczęcia tańców. Mężczyźni weszli do kręgu pierwsi, jako opiekunowie kobiet, dzieci i starszych. Jak zwykle ruszyli naprzód, by wcześniej rozpoznać teren i zapewnić bezpieczeństwo szlaku, którym będą mogli podążać inni. Następnie w krąg wstąpiły kobiety; niektóre z nosidełkami na plecach, by ich niemowlęta mogły w dźwięku bębnów poczuć rytm bicia serca Matki Ziemi. W ślady kobiet poszły dzieci, a Starsi zajęli w kręgu miejsca szacunku. Uosabiali lata mądrości, która utrzymuje Plemienny Krąg w jedności jako jedną wielką, rozszerzoną rodzinę.

Dzięki Czyniąca stała obok Niedźwiedziej Tarczy, podziwiając tancerzy i sposób, w jaki krokami i ruchami ciała wyrażali swoją wdzięczność. Do późnej nocy ognie oświetlały szczęśliwe twarze tańczących. Wydawało się, że cały świat podziela radość tej nocy szczęśliwych serc. Klanowa Matka, Opiekunka Ceremonii i Rytuału, patrzyła na swoje plemienne dzieci i widziała dobro w każdej osobie oraz we wszystkich. Cicho wyraziła podziękuowania za błogosławieństwo powierzone jej pieczy przez Wielką Tajemnicę. Mądra Kobieta posiadała wiedzę, zgodnie z którą każdą Ceremonię i każdy Rytuał przeprowadzano dla uczczenia czegoś, a każda uroczystość była sposobem na oddanie podziękowania Stwórcy. Kiedy jej ludzkie dzieci otworzą serca, aby dziękować, otworzą także serca, aby przyciągać i otrzymywać radości znajdujące się na Dobrej Czerwonej Drodze.

Księżyc O Zmierzchu dotknęła wiszącego na szyi woreczka Uzdrawiającej Mocy zrobionego ze skóry łosia i piór indyka. Młoda matka pamiętała, w jaki sposób odzyskała swoje prawdziwe ja: dzięki zrozumieniu Uzdrawiającej Mocy Łosia, *poczucia własnej wartości*, a także przez Uzdrawiającą Moc Indyka – *uwolnienia i oddania* swojego bólu. Dzięki nieustającej wdzięczności Księżyc O Zmierzchu otrzymała życie, o jakim zawsze marzyła, znajdując partnera, który szanował ją taką, jaka jest. Widząc Dziadka Słońce i Babcię Księżyc tańczących na niebie, Dzięki Czyniąca zyskała pewność, że te silne dzieci, na których cześć odbywa się uroczystość, staną się błogosławieństwem dla Plemienia i będą dalej przekazywać dziedzictwo miłości i wzajemnego szacunku zapoczątkowane przez ich rodziców.

Klanowa Matka spojrzała na Wielki Gwiezdny Naród i zobaczyła, że w pobliżu jasnego oblicza Babci Księżyc przepływa Osoba Chmura. Żadne chmury poza nią nie ozdabiały Ludu Nieba. Samotna chmura przybrała kształt Totemu Klanowej Matki. Widok wzburzonej jak morze białej chmury w kształcie Bizona, przesuwającej się przed pełną twarzą Babci Księżyc głęboko poruszył Dzięki Czyniącą. Biały Bizon był dla Klanowej Matki znakiem, że jej dary dla Księżyca O Zmierzchu – zachęta, opieka, pochwała i miłość – utworzyły żyzny, magiczny grunt, na którym nasiona marzeń samotnej małej dziewczynki mogły wydać plony. Łzy wdzięczności popłynęły z oczu Mądrej Kobiety, pozwalając jej otworzyć się na podziękowania wysłane ku niej przez Wielką Tajemnicę. Wielki Biały Bizon obfitości pokazywał jej, że dzięki darom jej pełnego miłości serca ludzkie istoty zawsze mogą przywrócić do swojego życia utraconą magię, jeśli tylko zechcą okazywać wdzięczność za niewidzialne cuda mające dopiero nadejść.

Stająca Się Swoją Wizją

Wędrujące marzenie ożywa
i przejawia swoją wizję przeze mnie.
Wyłaniając się z poczwarki,
swoje uzdrowione serce czyni wolnym.

Matko nasion zmiany,
która pielęgnujesz je, gdy wzrastają,
zasadziłaś marzenie w moim sercu,
aby oświecić wszystko, co wiem.

Nauczyłaś mnie, jak oddawać lęk
przed staniem się swoim marzeniem,
pokazując mi, jak żyć swoją prawdą,
odzyskując miłość i szacunek do siebie.

Gdy stanę się tym wszystkim, czym jestem,
wtedy razem pofruniemy,
duch przemiany
odbity w oczach Kondora.

Matka Klanowa
Trzynastego Cyklu Księżycowego

STAJĄCA SIĘ SWOJĄ WIZJĄ to Opiekunka Wszystkich Cykli Przemiany i Klanowa Matka Trzynastego Cyklu Księżycowego. Jest Opiekunką Ducha Przyjmującego Formę i uczy Dzieci Ziemi, jak sprowadzać Duchową Esencję, czyli Orendę, do fizycznej formy, tak aby zgodnie z intencją Wielkiej Tajemnicy stać się żywym naczyniem miłości. Kiedy każda istota Ludzkiego Plemienia stanie się swoją osobistą wizją i będzie używać w pełni swoich talentów na rzecz wszystkich, wtedy będzie mogła uznać za swój Piąty Świat Pokoju i Oświecenia.

Stająca Się Swoją Wizją jako Matka Zmiany uczy, jak czerpać z każdej życiowej lekcji i przejść kolejny cykl przemiany, aby rozwijać się duchowo. Pokazuje, że ważne jest trzymanie się obranych ścieżek i niepopadanie w ograniczające iluzje, które mogą zniszczyć nasze osobiste wizje. Ten proces zmiany przekształca ludzkie ciało, serce, umysł i ducha z ograniczonego poczucia Ja w nieograniczone, powszechne, twórcze rozszerzenie miłości Wielkiej Tajemnicy. Kiedy dokona się ta przemiana, ludzka istota może w pełni rozumieć Orendę, odkrywając, że Duchowa Esencja jest ogromna i stanowi część Wielkiej Tajemnicy. Wewnątrz Orendy są ciało, serce, umysł i duch, które składają się na całą istotę ludzką. Dopóki wszystkie części nie osiągną równowagi, to – chociaż posiadamy cały ten ogrom w sobie – nie możemy w pełni zrozumieć, w jaki sposób Wieczny Płomień Miłości Wielkiej Tajemnicy może żyć wewnątrz potencjału każdego człowieka.

Stająca Się Swoją Wizją uczy, że jesteśmy wszystkim i nicością oraz że wszystkie światy istnieją zarówno wewnątrz, jak i na zewnątrz nas. Ta Matka Klanowa mówi, że za każdym razem, kiedy się przeobrażamy, stając się swoją wizją, ukazuje się nam nowa wizja oraz nowy punkt widzenia dający szerszą perspektywę. Spirala rozwijającego się ducha jest wieczna i stale przenosi nas z jednego poziomu Koła Uzdrawiającej Mocy na następny, zwiększając nasze zrozumienie doświadczeń życiowych. Z tego powodu Stająca Się Swoją Wizją jest także Opiekunką Osobistego Mitu. Historia każdego ducha składa się z osobistej legendy, w której kolejne Rytuały Przejścia wyznaczają drogę do pełni. Każda decyzja, którą podejmujemy, i każdy cel, który wybieramy, świadczy o tym, jak określamy zawartość swojego osobistego mitu. Ponieważ każda duchowa ścieżka jest Świętą Ścieżką utworzoną z pragnienia danej duszy, by BYĆ, wyjątkowość każdej jednostki ukazuje się nam w jej osobistym micie. Każda żyjąca istota ma swoje miejsce w Stworzeniu, a ponieważ wszystkie otrzymały wolną wolę, całość, będąca jednością, składa się z połączonych osobistych ścieżek ich wszystkich. Stająca Się Swoją Wizją zapisuje w pamięci każdy wybór dokonany przez każdą formę życia w Stworzeniu i zwraca uwagę na to, w jaki sposób te wybory odmieniają indywidualną drogę do pełni i w jaki sposób ją wspierają.

Stająca Się Swoją Wizją uczy Ludzkie Plemię, że ostateczną przekształcającą wizją jest decyzja, by po prostu BYĆ. Podczas naszej duchowej ewolucji mamy skłonność do nakładania etykietek na to, kim lub czym chcemy się stać. Zazwyczaj w końcu odkrywamy, że tego nie potrzebujemy; możemy stać się swoją wizją poprzez to, kim i czym jesteśmy w każdym danym nam momencie. Podjęcie decyzji, aby być wszystkim i niczym, uwalnia nas od etykietek, które ograniczają poczucie pełni. Cały Wszechświat żyje wewnątrz i na zewnątrz każdej ludzkiej istoty. Stająca Się Swoją Wizją ukazuje nam, że każda osoba jest zarówno przedłużeniem snu Wielkiej Tajemnicy, jak i namacalnym, żywym przykładem wizji, które stworzyła, aby wyrazić swoje Ja.

Stająca Się Swoją Wizją przypomina wszystkim swoim ludzkim dzieciom, że marzenia, które mają na swój temat, rozwijają się i zmieniają wraz z każdą podjętą decyzją i każdą wyniesioną nauką. Stopniowo przekształcające się marzenie jest stale obecne w naszym życiu. Jesteśmy tym, kim i czym zamierzamy być w każdej danej nam chwili. Kiedy dokonujemy wyborów, które zmieniają przebieg tego, w jaki sposób manifestujemy swoje marzenia, wyrażamy swoją indywidualność. Ta niepowtarzalność stanowi część planu Wielkiej Tajemnicy dotyczącego pełni. Kiedy każda osoba będzie kroczyć po Ziemi jako zrealizowane marzenie o swoim ludzkim i duchowym potencjale, spełni się Wirujący Tęczowy Sen o świecie pokoju i duchowego oświecenia. Stająca Się Swoją Wizją jest Opiekunką Przepowiedni o Pełni i pomaga rodzajowi ludzkiemu w przejawianiu tego Wirującego Tęczowego Snu.

Marzenie zaczyna kroczyć po Ziemi

Stająca Się Swoją Wizją przebywała w mglistych królestwach Czasu Śnienia, czekając, aż jej Dwanaście Sióstr ukończy swoją Ziemską Wędrówkę. Od czasu do czasu otrzymywała wizje lekcji, których każda z nich się nauczyła, by mogła mieć udział w ich uczuciach i doświadczeniach. Kiedy wszystkie lekcje w fizycznym świecie dobiegły końca, Stająca Się Swoją Wizją przyjęła głęboko do serca esencję mądrości płynącej z lekcji każdej z Sióstr. Smakowała każde uczucie i doświadczenie, zapamiętywała wszystkie cenne i rzadkie okazje, jakie otrzymała, aby przyswoić sobie lekcje, których nauczyła się każda z Sióstr podczas swojego pierwszego Rytuału Przejścia. Poznawała ich człowieczeństwo poprzez ich Ziemską Wędrówkę.

Kiedy do zmysłów Stającej Się Swoją Wizją przenikały rozczarowania i ból ludzkich smutków jej Sióstr, zmuszona była spojrzeć na własne lęki związane z przyjęciem ludzkiego ciała. Odważnie weszła w ludzką formę, kiedy wszystkie Trzynaście wspólnie śniły, odnajdując swoje role i tworząc więzi Życia, Jedności i Równości po Wieczność, ale do Czasu Śnienia powróciła sama. Matka Ziemia wyjaśniła Stającej Się Swoją Wizją, że będzie potrzebowała zebrać, połączyć i zrozumieć wszystkie dary, talenty i zdolności swoich Sióstr, zanim sama przyjdzie, aby kroczyć po Ziemi jako urzeczywistnione marzenie Rodu Kobiecego.

Stająca Się Swoją Wizją miała spędzić pewien czas sama w pozbawionych formy i czasu przestrzeniach Świata Myśli, Duchowego Świata i Czasu Śnienia. Musiała wcielić każde uczucie, ideę i doświadczenie zgromadzone przez każdą z pozostałych Dwunastu Klanowych Matek tak jakby sama je czuła, myślała czy przeżywała. Przed poddaniem się swoim lękom chroniła ją jedynie wiedza, że skoro jej Siostry przeszły przez lekcje bycia człowiekiem, przezwyciężyły je i wzmocniły się, ona też może tego dokonać. Stająca Się Swoją Wizją cały zasób wiadomości i uczuć, jaki jej przedstawiono, przesączyła przez wspomnienia wrażeń wyniesionych z doświadczania fizycznej formy, która została jej dana jedynie na krótki czas. Z łatwością przypominała sobie zachwyt nad Wirującym Tęczowym Snem lub więziami Siostrzeństwa stworzonymi przez wszystkie Trzynaście Sióstr. Bardzo trudno jednak było jej odczuwać ból i smutek Sióstr, nawet wtedy, gdy uczucia te przeplatały się ze wspomnieniami ich późniejszych sukcesów.

Stająca Się Swoją Wizją zrozumiała, że musi przyjmować gorycz razem ze słodyczą, skoro została wybrana, by być jednym z trzynastu aspektów uosabiających bezwarunkową miłość Matki Ziemi do ludzkości. Każda z Trzynastu Klanowych Matek, zanim przyjęła ludzkie ciało, otrzymała szczegółowe informacje o tym, co to znaczy być człowiekiem. Wszystkie zdecydowały się przeżyć swoją Ziemską Wędrówkę z szeroko otwartymi oczyma. Matka Ziemia nie oszczędziła swoim córkom żadnego szczegółu ludzkiego życia. Z wielką ostrożnością uczyła swoje trzynaście aspektów sztuki zmiany punktu widzenia, tak aby przywrócić piękno każdej trudnej sytuacji. Obserwując trudne lekcje, przez które przechodziły jej Siostry, Stająca Się Swoją Wizją mogła zauważyć, jak łatwo jest dać się pochwycić burzy ludzkich emocji i dramatów.

Teraz, gdy lekcje pierwszego Rytuału Przejścia jej Dwunastu Sióstr zostały ukończone, Stająca Się Swoją Wizją miała uwić dla siebie kokon, aby wszystkie te doświadczenia przyjąć do całej swojej istoty jako System Wiedzenia. Wewnątrz poczwarki Trzynasta Klanowa Matka w pełni doświadczy wizji przejść pozostałych Matek.

Stająca Się Swoją Wizją była katalizatorem, który umożliwi przemianę trucizn bólu i smutku w nowe zrozumienie oraz przełożenie wszystkich przekonań i iluzji na uzdrowiony System Wiedzenia. Z jej ludzkiego ciała, które ukształtuje się wewnątrz poczwarki, urodzi się Trzynaście Kryształowych Czaszek. Orendy wszystkich pozostałych Klanowych Matek scalą się z jej własną, łącząc w jedną całość Trzynaście Duchowych Esencji. Wtedy zostanie uformowanych Trzynaście Kryształowych Czaszek, by przechowywały dla całej ludzkości System Wiedzenia Matki Ziemi oraz Zasadę Kobiecości aż po kres czasu.

Stająca Się Swoją Wizją owinęła się w pajęczynowe nici światła Babci Księżyc i pozwoliła Babci Pajęczycy wpleść je w sploty kokonu, podczas gdy duchowa poczwarka była przenoszona z Czasu Śnienia do świata namacalnego. Kiedy kokon powstał w formie fizycznej, Hinoh, Wódz Grzmot, poniósł cenne zawiniątko w swoich ramionach przez Naród Nieba, ochraniając córkę Matki Ziemi przed zranieniem.

Jako Wódz Wojowników Narodu Nieba i Brat potężnego Ptaka Grzmotu podjął się zaszczytnej roli opiekuna. Setki istot ludzkich widziały go na niebie jako olbrzymią formację chmur: postać wielkiego wojownika z nosidełkiem w ramionach, sunącą przez rozległą niebieskofioletową przestrzeń w pewnej odległości od innych chmur. Forma Chmury-wojownika oświetlona przez jasnozłote promienie światła Dziadka Słońce tworzyła obraz, który ludziom umiejącym odczytywać pojawiające się na niebie omeny zwiastował doniosłe wydarzenie.

Stająca Się Swoją Wizją spała w kokonie jak w gnieździe, w nosidełku z puszystych chmur. Dla Trzynastej Klanowej Matki, Matki Osobistego Mitu, wewnętrzna podróż rozpoczęła się w chwili, gdy poczwarka znalazła się w polu magnetycznego oddziaływania planety przyciągającego, ją coraz bliżej do serca Matki Ziemi. Przez delikatnie utkane włókna kokonu Hinoh mógł wyczuć, jak niezmąconym snem śpi jego podopieczna. Bardzo ostrożnie, by nie zakłócić wewnętrznego spokoju Klanowej Matki, położył ją, by odpoczęła, na plecach Kondora, największej Skrzydlatej Istoty w świecie natury.

Z nie mniejszą uwagą Kondor rozkładał do lotu swoje potężne skrzydła. Poniósł Stającą Się Swoją Wizją wokół Matki Planety i na koniec zaniósł do wielkiej pieczary, która prowadziła do Wewnętrznej Ziemi. Kondor przyjął rolę Stworzenia-opiekuna Wirującego Tęczowego Snu. Jego Uzdrawiająca Moc *życia, jedności i równości po wieczność* jaśniała, gdy do przepastnego przestronnego serca Matki Ziemi dostarczał kokon zawierający obietnicę przyszłego świata pokoju.

Mijały miesiące. Stająca Się Swoją Wizją śniła o Ćmie krążącej wokół Wiecznego Płomienia Miłości. Uzdrawiającą Mocą Ćmy jest *przynoszenie nienamacalnego ducha do namacalnego świata*. Używając tej mocy, Matka Klanowa wprowadziła światło ducha do formującego się ludzkiego ciała zagnieżdżonego w kokonie. W jej śnie pojawił się Flaming ze swoją Uzdrawiającą Mocą *otwierania ludzkich serc*, umożliwiając Klanowej Matce przyjęcie do swojej istoty Wiecznego Płomienia rozwijającego talenty współczucia i bezwarunkowej miłości. Gdakanie kury wśpiewało gnieżdżącą się w kokonie Stającą Się Swoją Wizją głębiej do sedna swoich nauk – *pielęgnowania niewysiedzianych jaj własnej Uzdrawiającej Mocy*. Gazela przyszła, aby ją nauczyć *zwinności*, pozwalając, by przezwyciężyła ostatnie pozostałości niepewności i lęku. Lampart przemykał przez jej poczwarkowe wizje, ukazując swoją Uzdrawiającą Moc *rozumienia wzorów prowadzących do samokontroli*, która pozwoli jej uczyć się od towarzyszek, Klanowych Matek, i osiągnąć mistrzostwo we wszelkiej mądrości, jaką one uczyniły dostępną. Każde ze Stworzeń, które zostanie Totemem Stającej Się Swoją Wizją, szczodrze będzie się dzielić swoimi Uzdrawiającymi Mocami, gdy ona, krocząc po Ziemi, będzie się rozwijała, by stać się przebudzonym snem.

•••• Stająca Się Swoją Wizją

W jedenastym miesiącu procesu przejścia Stającą Się Swoją Wizją odwiedził Motyl, który zwiastował końcowe stadium Rytuału Przejścia tej Klanowej Matki. Stająca Się Swoją Wizją zrozumiała, że czas jej wyłonienia się z kokonu jest bardzo bliski. Motyl przemawiał do Matki Przemiany, ucząc ją wszystkich sekretów tego procesu, aby mogła uczyć innych sztuki przekształcania i zmieniania własnego życia.

Stająca Się Swoją Wizją i Motyl zobaczyli maskę, którą Trzynasta Klanowa Matka będzie nosić, kiedy zasiądzie w Radzie wraz z pozostałymi Dwunastoma Klanowymi Matkami. Środkowa część maski miała formę motyla z czułkami z piór. Spod czterech delikatnych skrzydeł samiczki Motyla wyrastały potężne skrzydła Kondora, które dawały wsparcie kruchemu ciału jego owadziej Siostry, gdy ta dosiadała jego ramion. Po obu stronach ciała Motyla spoczywającego na szerokich plecach Kondora wyłaniało się z piór dwoje ogromnych, gorejących oczu.

Ani Stająca Się Swoją Wizją, ani Motyl nigdy nie widzieli oczu podobnych do tych dwóch czerwonych kul. Uważali za dziwne to, że śnią tę samą rzecz, a zarazem żadne nie mogło umiejscowić tych obcych, płonących oczu, które przebijały ciemność z wszystkowiedzącą prostotą. Oboje też sądzili, że teraz, podczas końcowej fazy rozwoju, trzeba pozwolić, aby zrozumienie tej części snu pojawiło się w przestrzeni wewnętrznego wiedzenia Klanowej Matki, zanim Stająca Się Swoją Wizją wyłoni się z kokonu.

Matka Przemiany była świadoma wszystkich części, z których składa się każda drobina Wszechświata, więc wezwała Klanowych Wodzów Powietrza, Ziemi, Wody i Ognia, aby towarzyszyli jej w podróży, którą podejmie. Klanowi Wodzowie powiedzieli Stającej Się Swoją Wizją, że nie będzie to podróż na zewnątrz ani do Czasu Śnienia – ta podróż zaprowadzi ją do samego jądra jej własnej istoty. Wyjaśnili, że Cztery Żywioły rozpłyną się zgodnie z jej myślami i że cel ich połączenia będzie zależał od jej umiejętności skupienia się na wizji, która przemieni Klanową Matkę w prawdę. Teraz Stająca Się Swoją Wizją z większym zrozumieniem uświadomiła sobie, że to ona ma użyć swojej własnej Uzdrawiającej Mocy, aby stworzyć wyłaniającą się wizję swojego prawdziwego Ja, i że Wielka Tajemnica dała jej wolną wolę potrzebną do wykonania tego zadania. Ona jest Stwórczynią prawdy, jaką się stanie, a ta prawda żyje wewnątrz jej Orendy.

Stająca Się Swoją Wizją straciła poczucie spraw tak nieistotnych jak czas, podróżowała więc w niezmierzonej przestrzeni swojej Orendy przez wieczny moment, który w rzeczywistości istniał pomiędzy wdechem i wydechem jej ciała. W pewnej chwili zobaczyła w swojej wyobraźni siebie na otwartym terenie okrytym snującą się nisko mgłą. Stała wewnątrz kręgu składającego się ze Świętych Kamieni, które tworzyły olbrzymie Koło Uzdrawiającej Mocy.

Zwróciła się twarzą ku pozycji pierwszego księżycowego cyklu na Kole i zobaczyła swoją Siostrę, Rozmawiającą Z Krewnymi, która z uśmiechem patrzyła jej w oczy. Rozmawiająca Z Krewnymi przeszła przez mgłę i podeszła do centrum Koła Uzdrawiającej Mocy, aby objąć Stającą Się Swoją Wizją. Rozmawiająca Z Krewnymi w milczeniu wręczyła swojej Siostrze dar, a następnie wróciła na swoje miejsce na obwodzie Koła Uzdrawiającej Mocy.

Stająca Się Swoją Wizją spojrzała na dłonie i zobaczyła, że otrzymała piękną, pomarańczową, płaską muszlę w kształcie wachlarza, zawieszoną na skórzanym rzemieniu. Kiedy zakładała naszyjnik, głos Rozmawiającej Z Krewnymi odbił się echem w jej sercu.

– Ta muszla to symbol uczący nas słuchać głosów wszystkich, z którymi jesteśmy spokrewnione i spokrewnieni. Poprzez nich zawsze znajdziemy mądrość świata natury. Słuchając ich rytmów i rytmów swoich własnych uczuć, *uczymy się prawdy* o sobie i Wszystkich Naszych Krewnych z Planetarnej Rodziny.

Stająca Się Swoją Wizją wysłała podziękowanie gestem ręki, a następnie odwróciła się ku pozycji drugiego cyklu księżycowego.

Druga Siostra Stającej Się Swoją Wizją, Strażniczka Mądrości, podeszła i objęła ją, wręczając w całkowitym milczeniu drugi dar. Strażniczka Mądrości spojrzała na Trzynastą Siostrę z miłością, zanim odwróciła się do swojego pierwotnego miejsca na zewnętrznym skraju kręgu. Kiedy Stająca Się Swoją Wizją zobaczyła w swojej dłoni szare pióro, uśmiechnęła się do siebie, w tej samej chwili słysząc wewnątrz swojej istoty głos drugiej Siostry.

– To szare pióro jest symbolem przyjaźni. Uczy nas, jak *szanować prawdę* we wszystkich istotach, będąc obecną w życiu innych w niezagrażający sposób. Pióro zawiera Uzdrawiającą Moc wzniosłych ideałów. Jeśli uszanujemy prawdę we wszystkich istotach, ścieżka prawdy otworzy się przed nami, prosta jak dutka pióra, i ukaże kierunek. Gdy nauczymy się, jak szanować prawdę w każdym Świętym Punkcie Widzenia, możemy osiągnąć, zrozumieć i zapamiętać prawdziwą mądrość, a następnie zachować ją w świętym depozycie po wsze czasy.

Kiedy głos Strażniczki Mądrości zaniknął, Ważąca Prawdę zbliżyła się, objęła swoją Siostrę i lekko złożyła dar w jej dłoniach. Promienny uśmiech Ważącej Prawdę spłynął na trzynastą Siostrę, przynosząc jej jeszcze większą radość. Matka Sprawiedliwości w milczeniu powróciła na swoje miejsce na Kole, a jej głos wypełnił zmysły Stającej Się Swoją Wizją.

– Siostro, ten dar to brązowy kamień, który ma ci przypominać o glebie Matki Ziemi i twoim z nią połączeniu. Poprzez nasze połączenie z Matką Ziemią stajemy się samookreślone i możemy odnaleźć akceptację, której potrzebujemy, by ważyć prawdy ludzkiego życia. Kiedy umieścisz Osobę Kamień w jednej ręce, a drugą pozostawisz pustą, możesz porównać mądrość świata materialnego z ciężarem lekcji pochodzących ze Świata Duchowego. Dzięki zrównoważeniu obu będziesz w stanie *przyjąć prawdę*.

Stająca Się Swoją Wizją zatrzymała się, przyjmując do siebie pełne zrozumienie słów swojej Siostry, Ważącej Prawdę, a następnie zwróciła się ku Czwartej Klanowej Matce, Widzącej Daleko. Kiedy ta Siostra podeszła, tak samo milcząca jak pozostałe, iskry w jej oczach zauroczyły Stającą Się Swoją Wizją. To światło sprawiło, że Stająca Się Swoją Wizją zrozumiała istotę jaśniejącej zdolności widzenia posiadanej przez Widzącą Daleko. Objęły się i Stająca Się Swoją Wizją otrzymała dar. Widząca Daleko powróciła na swoje miejsce w kręgu.

— Ten pastelowoniebieski minerał symbolizuje dar przepowiedni, który pochodzi z jasnego widzenia. Podobnie jak kolor wody, która zawiera nasze uczucia, ten minerał może towarzyszyć ci w odczuwaniu prawdy w tym, co widzisz. Przez *widzenie prawdy*, Siostro, możesz odkryć swój wewnętrzny potencjał, zrozumieć swoje sny i zaufać prawdzie swoich uczuć i wrażeń.

Głos Widzącej Daleko zanikł i Kobieta Słuchająca pojawiła się z uściskiem i darem. Stająca Się Swoją Wizją orientowała się lepiej w darach i Uzdrawiającej Mocy piątej Siostry, ponieważ sama potrafiła słyszeć wewnątrz siebie głosy Sióstr. Ta nowo odkryta zdolność dała początek procesowi urzeczywistniania jej osobistej pełni. Gdy Kobieta Słuchająca mówiła, jej głos rozbrzmiewał wewnątrz umysłu Stającej Się Swoją Wizją tonem czystym jak dźwięk dzwonu.

— Dobrze słuchasz, Siostro. Moim darem dla ciebie jest ta rzadka czarna muszla, która pochodzi z mórz naszej Matki. Swoją czernią przypomina, że nie ma potrzeby bać się Pustki Nieznanego, lecz można mieć do niej dostęp i rozumieć ją, słuchając głosu swojej Orendy. Dzięki głosom Przodków i Wszystkich Naszych Krewnych *słyszysz prawdę* i odnajdujesz pełnię.

Kiedy Kobieta Słuchająca powróciła na piątą pozycję w Kole Uzdrawiającej Mocy, Stająca Się Swoją Wizją uśmiechnęła się w podziękowaniu. Wtedy z mgły przyszła Bajarka, Siostra szóstego cyklu księżycowego, niosąc następny Dar dla Stającej Się Swoją Wizją. Objęły się i Stająca Się Swoją Wizją spojrzała na podarunek. Gdy Bajarka powróciła na miejsce, jej donośny, wyraźny głos zadzwonił wewnątrz istoty Stającej Się Swoją Wizją, objaśniając Uzdrawiającą Moc Daru.

— Mówi się, że czerwony kolor tych nasion kwiatów powstał, kiedy krew porodowa i łożyska pierwszego pokolenia Ludzkiego Plemienia powróciły do gleby Matki Ziemi. Te nasiona są moim Podarunkiem dla ciebie, Siostro, abyś zawsze pamiętała o nasionach wiary, która utrzymuje nas w jedności z Wielką Tajemnicą.

Poprzez lekcje o człowieczeństwie, wierze i niewinności otrzymujemy siłę, aby *mówić prawdę*.

Stająca Się Swoją Wizją posłała promienie wdzięczności do swojej Siostry, Bajarki. Następnie odwróciła się w stronę Kochającej Wszystkie Istoty, która nadchodziła z pozycji siódmego cyklu księżycowego, by stanąć w centrum i przedstawić swój dar. Objęły się i Stająca Się Swoją Wizją mogła poczuć bezwarunkową miłość, która wylewała się z serca Kochającej Wszystkie Istoty. Stająca Się Swoją Wizją była poruszona, a jej serce wypełniło się tą miłością aż po brzegi. Dziękując swojej kochającej wersji za uścisk, spojrzała na dar, a w tym czasie Kochająca Wszystkie Istoty wycofała się na miejsce.

– Ten żółty metal przyniósł wiele zmartwień Dwunożnym, lecz ich kręte szlaki to wynik niezrozumienia. Uznali złoto za miłość Dziadka Słońce, która stała się namacalna, i uwierzyli, że ten, kto posiada więcej tego metalu, jest kochany czy kochana bardziej niż inni. Daję ci go jako przypomnienie bezwarunkowej miłości, jaką musimy mieć dla zbłąkanych i zranionych, którzy i które ranią innych. Łatwo kochać formy życia, które także nas kochają, ale trudno kochać siebie samą. Niech ten złoty minerał symbolizuje miłość do własnego człowieczeństwa, którą potrzebujemy odnaleźć. Aby *kochać prawdę*, musimy spostrzegać każdą formę życia jako odbicie samej siebie, kochając wszystkie prawdy, jakie ona przedstawia.

W oczach Stającej Się Swoją Wizją zakręciły się łzy, kiedy przypomniała sobie, co Kochająca Wszystkie Istoty musiała przeżyć oraz w jaki sposób odkryła mądrość bezwarunkowej miłości. Zaczerpnęła powietrza i odwróciła się, aby zobaczyć zbliżającą się z Podarunkiem Tę Która Uzdrawia. Przywitały się ciepłym uściskiem i Stająca Się Swoją Wizją przyjęła Dar z rąk Siostry. Kiedy Ta Która Uzdrawia znalazła się z powrotem na swoim miejscu, jej głos przeniknął przestrzeń wewnętrznego wiedzenia Stającej Się Swoją Wizją. Opalizujący niebieski pancerzyk chrząszcza promieniował barwami nawet poprzez snujące się wokół mgły.

– Mój dar przypomina, że wszystkie istoty powracają, cykle się zmieniają i że tak też jest z nami. Zdolność ludzkiego ducha do odradzania się z pozornego unicestwienia spowodowanego okrutnymi okolicznościami uczy nas, że uzdrowienie zawsze będzie możliwe. Uczymy się *służyć prawdzie*, kiedy pamiętamy o tej mądrości, uzdrawiając siebie, a następnie służąc innym przez ukazanie im narzędzi, których potrzebują, by zrobić to samo. Każda forma życia ma potencjał, aby się uzdrowić i aby się odrodzić. Rozwijanie intuicji wskaże wszystkim żyjącym istotom, jak uzyskać dostęp do zdolności wewnętrznego wiedzenia i intuicyjnego uzdrawiania, które znajdują się wewnątrz każdej z nich.

Kobieta Zachodzącego Słońca przyszła ze swojej dziewiątej pozycji na Kole Uzdrawiającej Mocy i stanęła przed Stającą Się Swoją Wizją, ofiarowując trzynastej

Siostrze Podarunek. Stająca Się Swoją Wizją wzięła dar, objęła Siostrę i wysłała do niej podziękowania, pozwalając jej powrócić na miejsce na Kole Uzdrawiającej Mocy.

— To zielone zawiniątko z Szałwią przypomina, żeby właściwie używać swojej woli. Naród Roślin rozumie, że jest zależny od Matki Ziemi, i właśnie tę mądrość nam przekazuje. Musimy się nauczyć, jak okazać się godnymi zaufania, zaspokajając potrzeby przyszłych pokoleń dzięki naszym ludzkim działaniom oraz rozwadze. Ta umiejętność okazywania troski uczy nas, jak *żyć prawdą* dzisiaj i dbać o przyszłość.

Stająca Się Swoją Wizją zrozumiała słowa Siostry, wysłała podziękowania i odwróciła się, by stanąć twarzą do Tkającej Wątki, która zbliżała się do centrum kręgu. Tkająca Wątki wręczyła swojej Siostrze różowy kwiat. Uśmiechając się, objęła ją i odwróciła się, aby pójść z powrotem na dziesiątą pozycję na Kole.

— Ten kwiat był kiedyś nasionkiem, które odpoczywało w ciele Matki Ziemi, zanurzone w ciepłej ciemności, czekając na wody Stworzenia i pełne miłości słoneczne światło, aby uwolnić swój twórczy potencjał. Kolor różowy symbolizuje twórczość, a kwiat przypomina, że używając rąk do kształtowania przedmiotów piękna, w rzeczywistości pokazujemy sobie, jak używać własnej siły twórczej, aby zamanifestować swoje marzenia i pozwolić rozkwitnąć pączkom wewnętrznych wizji. Poprzez pracę stajemy się budowniczymi nadającymi marzeniom materialną formę i możemy stworzyć wiele piękna w świecie. Używanie pełni swojej siły twórczej uczy, jak *pracować z prawdą*.

Krocząca Z Podniesioną Głową zbliżyła się, gdy zanikł głos Tkającej Wątki. Objęła Stającą Się Swoją Wizją i uśmiechnęła się, po czym wręczyła Siostrze jedenasty dar i otrzymała podziękowanie w pełnym wyrazu spojrzeniu. Krocząca Z Podniesioną Głową powróciła na swoje miejsce w kręgu, a Stająca Się Swoją Wizją zerknęła na trzymany w dłoniach Podarunek. Biały kawałek kości pokryty był licznymi schematami i wzorami wyrzeźbionymi przez Kroczącą Z Podniesioną Głową.

— To są wzory magnetyzmu, które mogą nas nauczyć, co zatrzymywać, a co oddawać. Uczymy się, jak *żyć prawdą*, poprzez rozpoznanie, jakiego rodzaju wzory doświadczeń przyciągamy do siebie. Kiedy mamy trudności na Czerwonej Drodze, jesteśmy proszone i proszeni, byśmy zobaczyły i zobaczyli, w jaki sposób wzory naszej mowy mogły przyciągać trudne sytuacje. Ta kość daje nam Uzdrawiającą Moc struktury. Zawsze możemy zmienić niszczące wzorce, jeżeli uwolnimy swoje ograniczenia, zachowując strukturę potrzebną, by przejawiać swoim życiem zasadę Żyję, Jak Mówię.

Stająca Się Swoją Wizją skinęła głową. Pamiętała, że Krocząca Z Podniesioną Głową odkryła te prawdy, przechodząc przez ciężkie życiowe lekcje, i posłała swojej Siostrze drugie skinienie jako podziękowanie za to, że podzieliła się tymi doświadczeniami. Dzięki Czyniąca w milczeniu czekała, aż Stająca Się Swoją Wizją skończy bezsłowną

13 Pierwotnych Matek Klanowych ••••

rozmowę z Kroczącą Z Podniesioną Głową. Stająca Się Swoją Wizją odwróciła się do Dzięki Czyniącej, której mądry uśmiech i uroczysty uścisk wzruszyły ją głęboko. Dzięki Czyniąca podniosła oczy do Ludu Nieba i wzniosła ręce do niebios, składając podziękowania, po czym umieściła w dłoniach Siostry trzymany przez siebie dar. Następnie Dwunasta Klanowa Matka odwróciła się, by powrócić na swoje miejsce na Kole Życia. Stająca Się Swoją Wizją podziwiała podarunek, kiedy głos Dzięki Czyniącej przeniknął do jej pola świadomości.

— Ten dar przypomina o świętowaniu życia, które ty reprezentujesz, i jest moim osobistym podziękowaniem, które ci przesyłam, Siostro. Ciężko pracowałaś, aby stać się tym wszystkim, czym możesz być, a ten wysiłek to rzadki dar. Purpurowy kolor skrzydeł tego motyla niesie moją i twoją Uzdrawiającą Moc. Kolor purpurowy przypomina o przemianie, którą przechodzisz i symbolizuje wdzięczność za twój Rytuał Przejścia. Uzdrowienie, którego mogą oczekiwać wszystkie ludzkie istoty na Czerwonej Drodze fizycznego życia, stanie się dostępne, jeśli będą świętować życie, *dziękując za prawdę.*

Każda z twoich Sióstr na tym Kole Uzdrawiającej Mocy jest wdzięczna za wszystkie zebrane nauki, którymi dzielimy się z tobą. W swoim czasie każda kobieta stanie na każdej ze szprych tego Koła Siostrzeństwa. Każdy mężczyzna, który zdecyduje się uzdrowić kobiecą stronę swojej natury, także podąży tą drogą. Każda istota ludzka ma zdolność stania się swoją wizją poprzez uzdrawiające życiowe lekcje, jakie niesie Trzynaście Aspektów Matki Ziemi. Za tę Uzdrawiającą Moc jesteśmy prawdziwie wdzięczne.

Gdy głos Dzięki Czyniącej zanikł, Stająca Się Swoją Wizją zobaczyła, że mgła staje się przejrzysta. A za tym, co wydawało się być mgłą, znajdowało się Wielkie Zadymione Lustro. Ogniste oczy, które Trzynasta Klanowa Matka ujrzała w wizji o masce, jaką miała któregoś dnia nosić, wyłoniły się z lustra niczym płonące gałki oczne jakiejś olbrzymiej bestii. Z Wielkiego Zadymionego Lustra dobiegł grzmiący głos. Dym znowu się podniósł, a następnie zniknął, otulając Stającą Się Swoją Wizją poczuciem podwyższonej świadomości. Wielkie Zadymione Lustro przemówiło.

— Spójrz w oczy Pierzastego Węża![57] To Stworzenie jest Opiekunem Wirującego Tęczowego Snu o Pełni. W ognistych oczach smoka zobaczysz prawdę o wszystkim, co było i o wszystkim, co kiedykolwiek będzie.

---

[57] Pierzasty Wąż, *Quetzalcoatl* (wym. kwecalkoatl), wąż o piórach ptaka quetzala (kwezal herbowy, Pharomachrus mocinno) to jeden z najważniejszych bogów rdzennych plemion Ameryki Środkowej. Uważany był za współtwórcę świata oraz Słońce Wiatru w drugiej epoce świata. Według rdzennych wierzeń był bogiem wiatru, nieba (symbolizują to pióra) i ziemi (czego oznaką jest wąż). Uznawany był także za bóstwo wody i płodności.

Stającą Się Swoją Wizją zaskoczył widok zwierzęcia, które w tej chwili pojawiło się przed jej oczami. Olbrzymia Tęczowa Jaszczurka o oczach pełnych ognia i skrzydłach Kondora wyszła z Wielkiego Zadymionego Lustra, roztrzaskując je i rozbijając powierzchnię, jakby była zestalonym dymem. W ognistych oczach dobro i zło świata rozdzieliły się i wszystkie iluzje zostały rozbite, odsłaniając czystość Wiecznego Płomienia Miłości. Stająca Się Swoją Wizją została wciągnięta do ognia, aż sama stała się lśniącym ogniem wewnątrz wszystkich istot. Odwróciła się i zobaczyła olbrzymią Jaszczurkę, która wzbiła się do lotu i zaczęła krążyć wokół Koła Uzdrawiającej Mocy, aż stała się wirującą tęczą otaczającą cały świat natury.

Kiedy Stająca Się Swoją Wizją odzyskała przytomność umysłu na tyle, aby się rozejrzeć, wokół nie było żadnej z Sióstr. Zagubiona, zaczęła ich szukać, idąc w kierunku leżących na ziemi kawałków roztrzaskanego Wielkiego Zadymionego Lustra. Kiedy zaglądała w rozsypane skorupy, chwytała własne odbicie w setkach kawałków zwierciadła. Obraz jej twarzy zmieniał się raz za razem, gdy w każdym kolejnym kawałku widziała uśmiechającą się do niej następną Siostrę. Coś zaczęło się wyłaniać wewnątrz jej świadomości, podczas gdy głos szeptał do niej z daleka. Kiedy tylko Strażniczka Osobistego Mitu zebrała siłę, głos własnej Orendy przebił się przez jej zmieszanie i przemówił do serca.

— Moje Ja, teraz jesteś gotowa, aby *stać się prawdą*. Wszystkie twoje Siostry są innymi odbiciami ciebie samej. Wypełnione dymem złudzenie, że jesteś oddzielona, teraz zostało rozbite. Spójrz do wnętrza swojej istoty i podziel się ze mną tym, co widzisz, uznając fakt, że wszystkie jesteśmy jednym.

Stająca Się Swoją Wizją zobaczyła, że kokon, w który była zawinięta, zaczyna się otwierać wewnątrz przepastnej Wewnętrznej Ziemi. To wszystko działo się wewnątrz niej. Z oszołomieniem patrzyła, jak z kokonu wyłania się motyl o ciele z przejrzystych jak kryształ świetlanych nici babiego lata. W każdej pozycji, którą przyjmował motyl, Stająca Się Swoją Wizją widziała wszelkie kolory, czuła obecność wszystkich form życia, słyszała, jak harmonizują się wszystkie rytmy życia. Motyl stulił skrzydła, a następnie rozpostarł je, odsłaniając Kryształową Czaszkę. Trzynaście razy Motyl otwierał i zamykał skrzydła, rodząc Kryształowe Czaszki Trzynastu Klanowych Matek.

Wizja zmieniła się i Stająca Się Swoją Wizją zobaczyła, jak Motyl przeobraża się w postać pięknej, lśniącej kobiety. Powoli promieniejąca forma wciągnęła ją do swojego wnętrza i z następnym uderzeniem serca Klanowa Matka znalazła się wewnątrz połyskującego ciała zrobionego ze światła, patrząc na swoje ręce, które zaczęły zmieniać się w ludzkie ciało. Wrażenia fizyczności były upojne, kiedy jej ciało stało się kompletne, mieszcząc w sobie całą wiedzę, uczucia i serce — bijące bezwarunkową miłością. Dawny kokon rozszerzył się w bezmierną przestrzeń, obejmując ziemię i niebo. Otwierający się kokon był utkany z Orendy Stającej Się Swoją Wizją. Jej Duchowa Esencja nadal rosła poza przestrzeń jej ludzkiej wizji, łącząc ją ze wszystkimi światami, które istnieją wewnątrz Wielkiej Tajemnicy.

Stająca Się Swoją Wizją stała się prawdą przebudzonego snu. Szła po Ziemi i odnalazła pozostałe Dwanaście Klanowych Matek, które cierpliwie czekały na jej pojawienie się. Otworzyła na nie swoją wizję i podzieliła się wydarzeniami swojego Rytuału Przejścia. Wszystkie Siostry podróżowały do miejsca, do którego skierowała je Matka Ziemia. Znalazły Koło Uzdrawiającej Mocy, w którym dwanaście Kryształowych Czaszek leżało na dwunastu kamieniach tworzących zewnętrzny krąg, a trzynasta spoczywała na kamieniu w centrum. To w tym miejscu, w samym środku Żółwiej Wyspy, Klanowe Matki zbudowały Żółwi Dom Rady.

Stająca Się Swoją Wizją żyła na Ziemi jako zrealizowane marzenie przez okres trwania dwóch światów. W tym czasie ona i jej Siostry dzieliły się swoją Uzdrawiającą Mocą ze wszystkimi ludźmi. Matka Zmiany nauczyła się, że życiowe lekcje jej Ziemskiej Wędrówki będą trwały dalej, lecz ona już otrzymała podstawę, na której zbuduje swoje doświadczenie. Jej sen o poczwarce pokazał, że Wielkie Zadymione Lustro mówiło prawdę – była tylko jedna kobieta i był tylko jeden mężczyzna na Planecie Matce, ale każde z nich miało miliony twarzy.

Stająca Się Swoją Wizją śpiewa do serc wszystkich Dzieci Ziemi, przypomina im o obietnicy Wirującego Tęczowego Snu oraz o roli każdego i każdej z nich w manifestowaniu tej wizji. Każde Dziecko Ziemi, które szuka światła Wiecznego Płomienia Miłości, by być prawdą i stać się swoją wizją, może ją wezwać, aby mu lub jej towarzyszyła w tym procesie. Jako Opiekunka Ducha Wstępującego w Formę uczy nas, jak sprowadzić prawdę o naszej nieograniczonej Duchowej Esencji, czyli Orendzie, do naszego ludzkiego ciała – mając dostęp do swoich nieograniczonych możliwości urzeczywistniania marzenia, które może być udziałem wszystkich żyjących istot.

Pieśń o pełni Stającej Się Swoją Wizją przypomina:

Jesteś – w momencie, w którym zdecydujesz się BYĆ.

Zakończenie
Gromadzenie kobiecych darów

Aby nadal tkać sieć Siostrzeństwa i wzmacniać ją, musimy najpierw uszanować dwie główne Tradycje Rdzennych – ochraniać kobiety i nigdy nie robić niczego, co mogłoby zranić dzieci. Są to dwa niepisane prawa, które przez setki lat dawały siłę Plemionom obu Ameryk. We współczesnych czasach możemy nadać im taką formę: Planetarna Rodzina będzie zdrowa, jeżeli w każdym momencie i w każdym miejscu na Ziemi kobiety będą się czuły bezpiecznie. Kiedy to nastąpi, opiekę nad marzeniami dzieci przejmą kobiety, które stały się przedłużeniem Matki Ziemi, przeto stały się Matkami Twórczej Siły. Dzięki temu, że opieką zajmą się uzdrowione kobiety, zapewnione zostanie duchowe zdrowie i dobre samopoczucie następnych siedmiu pokoleń.

Siostrzeństwo staje się mocne, kiedy kobiety postrzegają się wzajemnie jako równe części całości. W kręgu kobiet nie ma miejsca na hierarchiczny porządek. Zasada

„Życie, Jedność i Równość po Wieczność" stanowi podstawę harmonijnego kręgu Siostrzeństwa. Każdą kobietę prosi się, by rozwijała swoje dary, talenty i zdolności jako osobisty wkład na rzecz całości, i wyraża się uznanie za tę pracę wobec każdej z nich. Każda kobieta jest dla siebie sędzią; prawda jej działań i prawość jej słów to wzorzec, którego używa, swoim przykładem wskazując drogę innym. Od każdej wymaga się, aby stanęła twarzą w twarz ze swoimi wewnętrznymi ograniczeniami, lękami i wyzwaniami oraz uzdrowiła te części siebie, by stać się żywym uosobieniem osobistej wizji.

Kiedy każda kobieta szanuje swoje Ja, staje się dla wszystkich dostępna większa ilość pierwotnej, twórczej energii, która umożliwia dokonanie się zmian w sposobie reagowania ludzkości na to, co niesie życie. Kiedy kobiety przestaną czuć się zagubione, przestaną pytać innych, co powinny robić lub jak powinny żyć, wtedy w świecie nastąpią wielkie zmiany. To nie znaczy, że nie mogą istnieć między kobietami przyjaźnie lub więzi; wręcz przeciwnie, fundamentalne znaczenie ma wsparcie od kobiet idących tą samą drogą. Ten rodzaj wsparcia wznosi się na prawdzie i jest udzielany z troską – bez projektowania na innych i bez osądzania ich. Takie zdrowe i owocne wsparcie ma miejsce w stworzonej przez kobiety bezpiecznej przestrzeni, w której w sposób pełen szacunku dzielą się własnymi myślami i prezentują alternatywne podejścia lub rozwiązania. Siostrzeństwo zawsze wspiera każdą kobietę, która gotowa jest przezwyciężyć własne wyzwania, by się rozwijać.

Każda kobieta prowadząca jakąkolwiek działalność gospodarczą przez samo to, że staje się silna i daje z siebie wszystko, co najlepsze, przyłącza się do Żółwiego Domu Rady, stając obok Trzynastu Pierwotnych Klanowych Matek. To, jak nadal rozwija swoje talenty, zależy od tego, czy zapragnie spojrzeć poza wypełnioną dymem iluzję Wielkiego Zadymionego Lustra. Majowie mówią: „Ja jestem inną tobą", „Ja jestem innym tobą". Przez Wielkie Zadymione Lustro możemy spojrzeć na każdą formę życia w fizycznym świecie jako reprezentującą pewne dary, cechy lub talenty, które także są częścią naszej własnej natury. Kiedy patrzymy poza dymne iluzje, możemy przekroczyć nasze wątpliwości i ograniczenia, odkrywając, że każda z Trzynastu Klanowych Matek jest częścią nas samych. Niektóre z tych umiejętności nie są w pełni rozwinięte, ale możemy mieć do nich dostęp, jeżeli zdecydujemy się użyć ich do dalszego rozwoju.

Sposobem na równoważenie męskiej i kobiecej strony naszej natury jest rozwijanie własnych umiejętności – zaistnienie w świecie w taki sposób, by odmieniać życie tych, z którymi się spotykamy. Na swoim przykładzie możemy pokazać innym, jak kochać bezwarunkowo, dawać z siebie wszystko, co najlepsze, porzucić potrzebę kontrolowania czy umniejszania i okazywać współczucie. Kobiece Dziedzictwo nie musi zawierać dawnych zranień, które sprawiły, że kobiety stanęły przeciw kobietom i mężczyznom lub spowodowały, że kobiety sabotują i niszczą same siebie. Trzynaście Pierwotnych Klanowych Matek umożliwia nam opuszczenie tych krętych szlaków. Kiedy uznamy, że cechy Pierwotnej Trzynastki są darami, które możemy odnaleźć i rozwinąć wewnątrz siebie, mamy wiele celów do osiągnięcia i mnóstwo pracy do wykonania. Jeśli jesteśmy zajęte lub zajęci stawaniem się swoją osobistą wizją, nie trzeba nam wielkich dramatów ani małostkowych uczuć, które przeszkadzają w osiągnięciu harmonii właściwej istocie ludzkiej.

Aby zgromadzić dary Trzynastu Pierwotnych Matek Klanowych i rozwinąć je jako własne, musimy widzieć inne kobiety jako wzory ról. Nie chodzi o to, by postawić na piedestale kobietę, która rozwinęła pewien dar, ponieważ ona także jest człowiekiem i może spaść. Każda istota ludzka, idealna w swojej niedoskonałości, ma prawo uczyć się metodą prób i błędów. Podziwiając inną kobietę za to, że potrafi używać darów, które w sobie rozwinęła, obserwujemy, w jaki sposób radzi sobie z sytuacjami w swoim życiu. Może to nie jest sposób, w jaki my postąpiłybyśmy, lecz daje nam możliwość przyjrzenia się jakiemuś rozwiązaniu bez osądzania, czy jest ono dobre czy złe. Obserwowanie kilku kobiet posiadających dary, które chcemy rozwinąć w sobie, może nam dostarczyć mnóstwa nowych rozwiązań oraz pomysłów na podejście do życia.

Uczenie się przez obserwowanie to sposób na rozwijanie swoich umiejętności, którego przez wieki w Rdzennych Plemionach nauczano osoby z Klanów czy rodzin. Jesteśmy jedynie na tyle doskonałe i doskonali, na ile doskonałe są osoby, które wybieramy dla siebie jako wzorce lub jako nauczycieli i nauczycielki. Kiedy dziecko ujawniało jakąś umiejętność lub pewien talent, rodzina szła do Osoby z Plemienia, która najlepiej rozwinęła tę konkretną umiejętność, i pytała, czy może się ono u niej czy u niego uczyć. To dawało pewność, że dziecko będzie się uczyło u najlepszej nauczycielki lub nauczyciela. Natomiast jej lub jego obowiązkiem, o którym się nie mówiło, było zapewnienie, by osoba ucząca się dorównała jej czy jego umiejętnościom, a nawet je przewyższyła. Gdy to zostało osiągnięte, nagroda za dobrze wykonaną pracę należała do obu stron; nauczycielki lub nauczyciela i uczennicy lub ucznia. Nie było zazdrości, zawiści ani zatajania wiedzy lub techniki, które mogłyby dać przewagę osobie uczącej, bowiem selektywne nauczanie zaczęto stosować dopiero wtedy, gdy – po wydarzeniach zwanych Szlakiem Łez – Rdzenne Narody uległy podzieleniu.

Dzisiaj istnieje wiele sposobów odnajdywania wzorców. Wszelkie potrzebne nam informacje i pomoce naukowe możemy uzyskać dzięki książkom, kursom, szkołom lub bibliotekom. Możemy uznać, że najważniejsze jest dla nas rozwijanie nowych sposobów patrzenia na własny styl życia i swoje otoczenie. Możemy zdecydować, aby żyć w sposób, który pokazuje szacunek do Matki Ziemi i Wszystkich Naszych Krewnych. Możemy uczyć się przez obserwowanie swoich sąsiadów lub rozwijać umiejętności przez dzielenie się czy pomaganie innym w wypełnianiu ich zadań. Możemy poprosić, aby właściwa osoba lub sytuacja pojawiła się na naszej drodze, abyśmy mogły zauważyć różne możliwości. Wszystko w naszym życiu jest nauczycielką lub nauczycielem i wszystko jest żywe. Odkrywanie tych przejawów życia to przygoda, którą życie oferuje nam z chwili na chwilę. Nasze główne zadanie polega na byciu świadomą lub świadomym w każdym momencie, aby wynieść korzyści z możliwości, jakie niesie życie.

Aby zgromadzić kobiece dary, musimy być świadomi i świadome wszystkiego w widzialnym i niewidzialnym świecie. Potrzebne nam wzorce reprezentowane są we wszystkich formach życia, nie tylko w kobietach. Żeńska zasada obecna jest we wszystkich istotach, a w świecie natury zrównoważona jest z pozytywnym męskim wzorcem, dając nam mieszankę, którą potrzebujemy odnaleźć w sobie. Obserwatorka otwarta na otrzymywanie to żeńska zasada gromadzenia informacji na temat tego, jak rozwijać umiejętności. Gotowość podjęcia działań koniecznych do wykonania tego zadania należy do racjonalnej męskiej zasady. Obserwowanie i słuchanie, upewnianie się, że rozumiemy, a następnie podejmowanie działania to zrównoważony sposób rozwijania każdego talentu lub osiągania każdego celu.

Jedną z form podejmowania działania jest mówienie „nie" wszystkiemu co jest nieodpowiednie dla nas, rani nas i inne osoby. Odmowa bycia stroną w utarczkach to inny sposób podejmowania działania – przez niedziałanie. Kiedy mamy siebie na względzie na tyle, by szanować swoją Świętą Przestrzeń i swoje ciało, wybieramy czynności, które wspierają właściwe działanie. Kiedy mamy o sobie niskie mniemanie, łatwo dajemy się wciągać w sytuacje, które ostatecznie ranią fizycznie, mentalnie lub emocjonalnie jakąś część naszej istoty. To niewłaściwe działanie pochodzi ze zranienia. Wtedy konieczne staje się uzdrowienie tej części siebie, która ma tendencję do przyjmowania każdego współdziałania z innymi jako substytutu poczucia własnej wartości. W naszym pragnieniu, by inni nas podziwiali lub lubili, często odsuwamy na bok te wzorce, które uważamy, że mogłyby wspierać nasz rozwój. Trudne lekcje tych krętych szlaków zwalają się jak lawina niespełnionych marzeń jeszcze bardziej raniących nasze Ja. Męska, dynamiczna strona naszej natury jest chętna podjąć ryzyko w obronie tożsamości Ja, mówiąc „nie". Opiekuńcza żeńska strona jest gotowa uzyskać *każdą* uprzejmość czy uwagę, nawet jeżeli trudno jest nam przyjąć konsekwencje.

Zraniona męska strona naszej natury może wymagać od nas ciągłego bronienia się, walki lub porównywania się z innymi, by pokazać swoją wartość, zamiast pracować razem we wspierający się sposób. Te przejawy poczucia własnej ważności odbijają się w Wielkim Zadymionym Lustrze, uświadamiając nam ból, jaki sprawiają w obecnym Czwartym Świecie Oddzielenia. Jeżeli nieustannie bronimy swojego prawa do bycia, bronimy tym samym głębokiego zranienia swojego poczucia swojego Ja.

Jeśli żeńskiego pierwiastka, przejawiającego się w otaczaniu opieką innych, używamy w stosunku do swojego Ja, nie oczekując, że poczucie pełni uzyskamy dzięki relacji z inną osobą, odzyskujemy poczucie własnej wartości. Kiedy dostatecznie dbamy o siebie, dając swojemu Ja tyle czasu, ile potrzebujemy, osiągniemy spełnienie. Gdy czujemy miłość do swojego Ja, przyciągniemy inną osobę, która może dodać swoje poczucie pełni do wzajemnej relacji. Dwoje ludzi, którzy rozwinęli osobistą niezależność i poczucie własnej wartości, stworzy związek, który przetrwa życiowe doświadczenia.

Ten rodzaj uzdrawiania, uzyskiwany dzięki Wielkiemu Zadymionemu Lustru, stosuje się do każdej ludzkiej relacji. Kiedy dwoje zranionych ludzi staje się przyjaciółmi, ten związek nieodmiennie stanowi grunt, na którym pojawia się wiele życiowych lekcji. Mogą odbijać sobie nawzajem swoje wspólne słabości, brak zrozumienia lub nieelastyczność. Mogą utworzyć system wzajemnego wspierania się lub pokazywać, że jedno się rozwija, a drugie boi się zmiany. W każdym przypadku, niezależnie od tego, jak przedstawia się sama sytuacja, każda osoba jest odpowiedzialna za to, by zobaczyć własne rany i znaleźć sposoby ich uzdrowienia, nie czyniąc drugiej odpowiedzialną za ten ból. To jest właśnie droga kobiecego troskliwego pierwiastka: wchodzenie do wewnątrz, znajdowanie problemu i uzdrawianie go przez zaopiekowanie się sobą.

Następnie męska zasada zostaje użyta, by wpłynąć na wzory zachowania, które powodują, że dana osoba przyciąga do swojego Ja takie życiowe lekcje, lub je zmienić. Działania stwarzające problemy to nawyki, które można przezwyciężyć. Jeżeli ktoś zawsze postępuje zgodnie z decyzją innych osób, a później się na to złości, ta złość odnosi się do własnego Ja. Jeżeli ktoś boi się mówić na głos, kiedy coś wydaje się nie w porządku, niewyrażone uczucia zdławią relację.

Te i inne ograniczające przyzwyczajenia możemy zmienić, jeżeli użyjemy kobiecego pierwiastka obserwowania tego, co jest oczywiste w nas samych. Dużo łatwiej jest widzieć złe zachowania w kimś innym niż zobaczyć, że to my nie chcemy podjąć właściwego działania. Nie potrzebujemy upierać się, aby inne osoby robiły coś w taki sposób jak my, ale potrzebujemy utrzymywać szczerość wewnątrz swojego Ja, aby wspierać własne dobre samopoczucie. Osobista spójność zmienia się, w miarę jak dana osoba wzrasta i się rozwija. Byłoby nie w porządku wymagać, aby wszystkie osoby stosowały się do jednego zbioru zasad.

Jedną z podstawowych przyczyn tego, że Czwarty Świat Oddzielenia okazuje się tak niszczący, jest sztywność wewnętrznych systemów przekonań, zgodnie z którymi

13 Pierwotnych Matek Klanowych • • • •

uważamy jedną wiarę za prawdziwą, a wszystkie inne za fałszywe. Zgodnie z Rdzenną Drogą Przodków nikt nigdy nie kwestionował, gdy jakaś osoba otrzymała sen lub wizję na temat szczególnego sposobu przeprowadzenia zadania, ceremonii lub uzdrawiania, ponieważ ta sprawa pozostawała pomiędzy nią a Wielką Tajemnicą. Jeżeli ludzie decydowali, aby ubierać się odmiennie lub trzymali się jakiejkolwiek metody postępowania, która nie raniła innych, przyjmowano to jako ich sposób robienia rzeczy i nie osądzano. Zazwyczaj żadna osoba żyjąca w plemieniu nie wtrącała się w sprawy innych, chyba że została o to poproszona. Szacunek do Świętej Przestrzeni drugiej osoby był najważniejszy, nawet jeśli ktoś nie działał właściwie. Sprawę przedstawiano przed Radą Starszych jedynie wówczas, gdy ktoś złamał Prawo plemienne, co mogło wpłynąć na przeżycie całego Plemienia.

Gromadzimy kobiece dary, gdy wszystkim pozwalamy dokonywać własnych wyborów co do tego, kim i czym chcą być, a następnie pozwalamy im znaleźć drogę, która pasuje do ich osobowości oraz ich unikalnego sposobu uczenia się i rozwijania umiejętności. To są dary dobrej matki, która nie chce tłamsić swoich dzieci, ale w zamian nakłada na nie odpowiedzialność odpowiednią do możliwości każdego z nich. Pozwalanie dziecku, by rozwijało umiejętność świadomego reagowania na sytuacje ze swojego poczucia prawości, daje pewność, że będzie ono polegało na sobie. Pełen miłości, czysty żeński pierwiastek opiera się na nieprzymuszającym przewodnictwie, które daje granice i jednocześnie zapewnia żyzną glebę dla rozwoju nasion wewnętrznego potencjału. W ten sam sposób Trzynaście Pierwotnych Klanowych Matek daje każdemu Dziecku Ziemi możliwość stania się swoim własnym potencjałem.

Nie możemy dłużej oddzielać żeńskiego i męskiego pierwiastka wewnątrz siebie, ponieważ bez któregokolwiek z nich odnajdziemy się wyrzucone i wyrzuceni na wybrzeża przyszłości bez środków, by stać się swoją osobistą wizją. Gromadzenie kobiecych darów i sprowadzenie ich do domu, do swojego serca, oznacza uznanie obu stron własnej natury i otoczenie ich obu dobrocią. Negatywne osądzanie może rozdzielić naturalne małżeństwo *myśli* (żeńskich) i *działań* (męskich), które przynosi nam zdolności potrzebne do osiągnięcia naszych celów.

Siostrzeństwo otrzymało zadanie, by być mostem z Czwartego Świata Podzielenia do Piątego Świata Pokoju i Oświecenia. Prosi się nas o przekroczenie istniejącej między nimi przepaści, a możemy ją przebyć jedynie po moście wybaczenia. Wszystkie i wszyscy pragniemy obfitości Piątego Świata, ale, aby ją otrzymać, musimy coś podarować. Mamy dać coś z siebie, darować sobie i innym, oraz pozwolić, by mądrość płynęła w obfitości. Nasz największy potencjał leży wewnątrz i możemy go odnaleźć dzięki darowaniu (wybaczeniu), które pozwoli nam stworzyć most ponad otchłanią swoich zranień. W tym właśnie momencie znajdujemy się teraz.

Każda ludzka istota, która wypełniła zadanie polegające na staniu się swoją osobistą wizją, niezależnie, czy jest tego świadoma czy nie, zostanie wzorem dla innych. Im więcej darów zgromadzimy i im więcej umiejętności rozwiniemy, tym większym oświeceniem jesteśmy w stanie dzielić się z innymi. Oto droga do Piątego Świata Pokoju, a Trzynaście Pierwotnych Klanowych Matek to Strażniczki tej ścieżki do pełni. Jeszcze nigdy czas nie był tak płodny. Marzenia rodzaju ludzkiego zagnieździły się w sercach, które są gotowe uzdrowić stary ból i stać się żywą wizją Życia, Jedności i Równości po Wieczność.

Historia Żółwiego
Domu Rady

Wiele tysięcy księżycowych cykli temu, kiedy Żółwia Wyspa była jednym masywem lądowym i kiedy Dzieci Ziemi żyły razem w jedności, z głębi Matki Ziemi wydobyło się wołanie skierowane do wszystkich ludzkich kobiet. Ten apel przez wieki odbijał się echem w sercach kobiet na całym świecie i nadal odzwierciedla skierowane do nich najczystsze pragnienie Matki Ziemi, aby przyjęły one role Strażniczek piękna, harmonii, równości i pokoju.

W tych pradawnych czasach kobiety nie były pewne swoich ról, a jednak starały się dawać coś z siebie, aby na Planetarnej Matce zachować Kobiece Dziedzictwo. Działo się to jeszcze zanim nastały czasy Matriarchatu, w których czczono Wielką Matkę. Opowieść ta zaczyna się w dniach, kiedy Ziemia była młoda i para z jej stygnącego ciała tworzyła tropikalne środowisko, w którym Dzieci Ziemi wędrowały nagie bez wstydu. Wielkie gady i ssaki przemierzały

Ziemię i ucztowały na bujnej roślinności. Ludzkie Dzieci Ziemi nie znały braku, ponieważ pokarm rósł w obfitości i wszystkie Dzieci Ziemi żyły w harmonii. W tym czasie Babcie przywołały Pierwszy Świat Miłości, a światło Dziadka Słońce było symbolem stałej miłości, która prowadziła Pierwotnych Ludzi. W Ludzkim Plemieniu zwanym Istoty Ludzkie nie znano oddzielenia, ponieważ mężczyzna i kobieta byli równi sobie i na równi ich szanowano. Nie było walk pomiędzy płciami, gdyż każda miała równie ważne role w Stworzeniu i obie radośnie spełniały swoje zadania w dobry i pełen miłości sposób, wspierając wszystkich innych ludzi, stworzenia i rośliny.

Zgodnie z postępującym ruchem obrotowym Ziemi wokół Słońca każdy pełny roczny obieg po orbicie wyznaczało trzynaście cykli Babci Księżyc. Gdy narodziły się nowe pokolenia, miłość, swobodnie dawana wszystkim formom życia przez Dziadka Słońce, stała się źródłem wygody, gdyż oddzielała Dzień od Nocy. Złote światło miłości Dziadka przynosiło ciepło, ponieważ w tamtych czasach ludzkość nie rozumiała tajemnicy rozpalania ognia ani nie wiedziała, jak go utrzymywać. Dziadek Słońce swoim Świętym Ogniem ogrzewał serca wszystkich Dzieci Ziemi, podobnie jak robiły to ludzkie matki swoim ciepłem i zdolnościami opiekuńczymi oraz ojcowie, podejmując role polegające na obronie i zaspokajaniu potrzeb.

Dwunożne Istoty pięciu ludzkich ras – żółtej, czerwonej, brązowej, białej i czarnej – przez wiele setek pokoleń żyły w harmonii i szanowały różnice między sobą, postrzegając je jako unikalne aspekty piękna. Żaden rodzaj Dwunożnych nie bał się niedostatku, bo go nie znano. Wszystkie potrzeby były obficie zaspokajane, dopóki chciwość nie zmieniła orbity planety. Coś było nie w porządku, bardzo nie w porządku… Matka Ziemia nie mogła dłużej utrzymać równowagi, krążąc wokół Dziadka Słońce podczas wędrówki przez Naród Nieba. Powoli tracąc równowagę, ześlizgiwała się ze swojej drogi, a każde zachwianie martwiło ją coraz bardziej. Ludzkie dzieci przemieściły złoża złota, które dawniej utrzymywały jej wewnętrzny system informacyjny oraz obrotowy związek ze Słońcem.

To właśnie w czasie tych subtelnych zmian klimatycznych zazdrość zaczęła wystawiać swoją upiorną głowę i strach ścisnął serca Dwunożnych. Obfitość pokarmu zmniejszyła się, ponieważ powstały pory roku, powodując zmiany w cyklach wegetacyjnych Ludzi Roślin rodzących owoce. W Plemieniu zwanym Istotami Ludzkimi pojawiło się pierwsze oddzielenie – ludzie różnych ras zaczęli szukać innych o podobnym wyglądzie. Ci Dwunożni zaczęli wierzyć, że należy utworzyć rodziny lub Klany, które zabezpieczą zapasy żywności dla istot o tym samym kolorze skóry. Dziadek Słońce kochał wszystkie swoje dzieci jednakowo, bez wyjątku, więc wejście ludzkich dzieci na Kręte Szlaki zasmuciło jego serce.

Dalsze oddzielenie postępowało w miarę jak wyłupywano z ciała Matki Ziemi złoto i gromadzono je. Zdezorientowane ludzkie dzieci wierzyły, że złoto jest manifestacją i skupionym światłem miłości Dziadka Słońce. Sądzili, że Dwunożni, którzy posiadają najwięcej tego cennego metalu, powinni rządzić innymi należącymi do Ludzkiego Plemienia. Dwunożni żółtej rasy zaczęli czynić niewolników z innych ras, aż chciwość ostatecznie zniszczyła ideę równości, która obdarzała Pierwszy Świat bezwarunkową miłością. Silni fizycznie mężczyźni zaczęli polować i gromadzić pokarm, aby władać kobietami, powodując dalsze zranienia i oddzielenia.

Niezrozumienie Świętego Ognia Dziadka Słońce i koloru żółtego, który reprezentował Wieczny Płomień Miłości i Światła, spowodowało niewłaściwe użycie złota i zniszczenie pierwotnego celu Pierwszego Świata. Matka Ziemia nie mogła dłużej znieść płaczu swoich dzieci, które stały się Dziećmi Smutku, gdyż miłość zaginęła. Pierwszy Świat musiał zostać zniszczony przez Święty Ogień bezwarunkowej miłości Dziadka Słońce, aby Planeta Matka mogła się oczyścić i odrodzić. Miejsce Świętego Ognia Miłości zajął złoty metal, pożerający wszystko niczym ogień chciwości, chęci posiadania i kontroli.

W głębi serca Babci Księżyc zrodził się pomysł, zwróciła się więc do swojej córki, Matki Ziemi:

– Ach, moja córko, nie bolej nad tym, czego nie można zmienić. W twoim wnętrzu jest wiele miłości i współczucia, których można użyć do uzdrowienia złamanych serc tych Dzieci Smutku.

Matka Ziemia pełnym głosem zadała pytanie mądrej Babci, która splatała przypływy oceanów z uczuciami ludzkich istot:

– Powiedz mi o uzdrowieniu, którego potrzebują moje ludzkie dzieci, Matko Księżyc, ponieważ czuję w sercu ciężar, a ich ból przyprawia mnie o zawrót głowy.

– Córko, opowiem ci o tobie. W tobie zawiera się wszystko, co jest dobre w kobiecości. Nosisz w swoim sercu wzór pełni dla wszystkich kobiet. Nadszedł czas, abyśmy stworzyły te części ciebie, które będą wyrażały ukryty ludzki potencjał. Za każdym razem, gdy moja twarz stanie się pełna, odsłonięty zostanie jeden aspekt kobiecego uzdrawiającego potencjału – trzynaście części marzenia o pełni. Każda z nich zostanie uprzędziona z pajęczej nici mojego srebrnego światła, po czym z Czasu Śnienia przejdzie do zamanifestowanego świata, aby kroczyć po Ziemi. Wszystkie staną się Trzynastoma Pierwotnymi Klanowymi Matkami i będą fundamentem Kobiecego Dziedzictwa. Przez wszystkie nadchodzące światy będą chronić nietykalność Świętego Koła. Każda będzie Strażniczką sekretów jednego cyklu księżycowego oraz Opiekunką Kobiecych Tajemnic. Każda Klanowa Matka będzie symbolizować inną część twojego ducha i harmonijnie współpracować z pozostałymi. Razem przedstawiają twoją Uzdrawiającą Moc i twoją prawdę. To dzięki tej Uzdrawiającej Mocy ród kobiecy jeszcze raz odnajdzie siłę, która leży w równości. Przekaż to dziedzictwo swoim ludzkim córkom, aby wszelkie życie mogło powrócić do równowagi.

Serce Matki Ziemi napełniło się radością, gdy razem z Babcią Księżyc postanowiły uprząść wątki kobiet. Błyszcząca tkanina kobiet była delikatna, a jednak wiecznotrwała, jasna i wolna od formy. Indywidualne wzory Trzynastu Klanowych Matek miały wyłaniać się po jednym z tego utkanego światła, w miarę jak będą się pojawiać i przemijać kolejne z trzynastu księżycowych miesięcy. Duch każdej z Trzynastu Klanowych Matek zostanie wezwany z serca *Yeodaze*, Matki Ziemi, gdy pełne światło Babci Księżyc przywoła ukryte uczucia, pragnienia i właściwości każdego Cyklu Prawdy. Wszystkie kobiety będą nazwane *Yeo* – od *Yeodaze*, Matki Ziemi – i odnajdą swoje role dzięki dostępowi do nauk Trzynastu Pierwotnych Klanowych Matek. Te Matki Klanowe ludzkości będą kroczyć w Duchowym Świecie, a następnie, kiedy zakończy się proces wyłaniania każdej z tych cudownych istot rodu kobiecego, wszystkie razem przyjmą formę istot ludzkich.

Podczas procesu tworzenia Klanowych Matek Swennio, Wielka Tajemnica, uśmiechała się do Matki Ziemi i Babci Księżyc, ponieważ ich serca były czyste. Wielka Tajemnica widziała mądrość w tym nowym początku. Ziemia została zgwałcona i zhańbiona przez tych, którzy ograbiali jej ciało z pierwiastka złota. Żyły złotego kruszcu kierowały życiowymi siłami Matki Ziemi i zapewniały połączenie jej ciała z Dziadkiem Słońce. Dwunożni wybrali krętą drogę, gdyż rabując złoty kruszec, zmienili drogi przepływu życia wewnątrz ich Matki Planety. Ciało Matki Ziemi nie podążało już tą samą drogą przez Naród Nieba i niebezpiecznie chwiało się i przechylało. Zmiana jej drogi spowodowała zmiany atmosferyczne, co powołało do życia Cztery Pory Roku. Wraz ze zmianami pór roku niespodziewanie pojawił się brak żywności. Wszystkie Dzieci Ziemi musiały przystosować się do zmian klimatu. Te fundamentalne zmiany jakości życia jeszcze bardziej rozniecały ogień chciwości, która urodziła się ze strachu przed niedostatkiem. Gdy ciężkie zimy przyniosły lód, zimno i głód, ci, którzy zrabowali żółty metal, mogli kupić pożywienie od tych, którzy mieli zapasy. Zgromadzonych owoców i bulw, które Ludzie Rośliny dawniej rozdawali chętnie i szczodrze, używano teraz do stworzenia nierówności i kontroli. Chciwość doprowadziła wielu do śmierci głodowej, a innych zepchnęła na kręty szlak – kopania w poszukiwaniu złota, którym mogliby płacić za pożywienie, niezbędne do przetrwania.

Matka Ziemia wysłała do wszystkich części Stworzenia polecenie, które usłyszały te istoty, które potrafią słuchać sercem.

– Daję życie dziedzictwu, dzięki któremu we wszystkich ludziach zrodzi się to, co jest najlepsze – krzyknęła. – Nigdy więcej piękno kobiecego pierwiastka nie będzie schowane przed tymi, które i którzy poszukują na swojej drodze przewodnictwa światła Babci Księżyc lub moich darów troskliwości i fizycznej siły. Dam wszystkim kobietom tej Ziemi Uzdrawiającą Moc, której potrzebują, aby rodzić dzieci oraz wspólne marzenia. Następnie wspólnie z tymi córkami przemienię wzorzec strachu, który rani serca wszystkich moich dzieci. Oto moja obietnica dla Ludu Roślin, Narodu Kamieni, Istot Skrzydlatych, Istot Płetwiastych, Czworonożnych i Robali: moje współczucie i moja miłość będą obecne w Istotach Dwunożnych zwanych Yeo, kobieta. Może to trwać jakiś czas i wymagać pomocy od innych naszych Krewnych z Planetarnej Rodziny, ale kobieta znajdzie sposób, by odzyskać miłość dla każdej żyjącej istoty; miłość, która została zagubiona, gdy Pierwszy Świat utracił równowagę.

I tak wizje Trzynastu Pierwotnych Klanowych Matek stały się ciałem i zagnieździły się w sercu Matki Ziemi, głęboko w środku Wewnętrznej Ziemi. Ogień strawił Górny Świat, a po oczyszczających płomieniach przyszedł lód. Oczyszczenia te przedstawiają ogień chciwości i znieczulenie serc, które zlodowaciały na skutek braku pełnego miłości współczucia. Klanowe Matki, aspekty Matki Ziemi, które przyjęły ludzkie ciała, zebrały się razem, aby śnić wizje nadchodzących światów, kiedy wszystko zostanie stworzone na nowo. Sen, który pojawił się w Kręgu Śniących, został później nazwany Wirującym Tęczowym Snem. Przyniósł obietnicę przyszłej pełni, która zamanifestuje się w Piątym Świecie Oświecenia i Pokoju.

Klanowe Matki położyły swoje nowe ludzkie ciała na Ziemi, w kręgu, ze stopami skierowanymi do ognia, i stały się szprychami w ludzkim Kole Uzdrawiającej Mocy. Śniły przez cztery Dni i cztery Noce. W pierwszym Dniu śniły o oświeceniu, które przychodzi ze Wschodu, i o tym, jak lepiej zrozumieć to, czym są Złote Wierzeje prowadzące do wszystkich innych poziomów wyobraźni i świadomości. Śniły o lekcjach życiowych i naukach, które przyniosą nadchodzące światy i o tym, w jaki sposób każda kobieta będzie mogła wnieść swoje talenty, aby sprawić, by te przyszłe światy wypełniała harmonia, prawda, równość i pokój. Wizja każdej Klanowej Matki była inna, ponieważ każda obdarzona została unikalnym sposobem pojmowania swojej osobistej Uzdrawiającej Mocy. Zrozumienie, czym jest życie oraz jakie znaczenie ma oddech życia, wspierający wszystkie ludzkie istoty podczas ich Ziemskiej Wędrówki, przeniknęło zmysły śniących kobiet, dając im mądrość zawartą w Systemie Wiedzenia, której będą używać w fizycznym królestwie.

Śnienie trwało do następnego Dnia, w którym wizje zmieniły się w nauki Południa. Każda kobieta zobaczyła, w jaki sposób może użyć swojej osobistej wiary,

Historia Żółwiego Domu Rady

aby towarzyszyć w przełamywaniu wzorów zachowań, które utrzymują Ludzkie Plemię w zniewoleniu. Gdy ukazywały im się przyjemności fizycznego życia, magia niewinności i dziecięcego zachwytu, świętowania i wesołości wypełniła ich sny radością. Do każdej z Klanowych Matek przyszło głębokie zrozumienie tego, jakie proste rzeczy sprawiają, że Ziemia jest miejscem piękna. Następnie w nieprzerwanym śnieniu pojawiły się obrazy życiowych lekcji o pokorze i skutkach poczucia własnej ważności. Każda Klanowa Matka zobaczyła obfitość, jaką grupa może stworzyć dzięki *jedności*, oraz to, jak mogą pracować razem, aby przekazać ludzkości wspólne dziedzictwo pełni.

Kiedy Dziadek Słońce podniósł się po raz trzeci, sen Matek Klanowych skupił się na lekcjach Zachodu. Zachód lub Kierunek Księżyca, miejsce wszystkich przyszłych dni, przyniósł wizje *równości*, która jest konieczna, aby przyszły świat był światem pełni. Gdy każda z kobiet, stanowiąca część całości, ukazywała się w swoim pięknie, szacunek, jaki okazywały wobec talentów i Świętych Przestrzeni wszystkich form życia oraz w stosunku do każdej z pozostałych sióstr sprawił, że krąg spowiło uczucie jedności. Gdy każda zrozumiała, że jej rolą jest bycie Opiekunką płodności i prawdy, na pierwszy plan wysunęły się obfitość Matki Ziemi i zachowywanie Tradycji. Umiejętność wejścia do własnego serca i poznania swojej prawdy, by móc podejmować zrównoważone decyzje, stała się częścią Wirującego Tęczowego Snu. Przed oczami każdej Klanowej Matki wirowały Wizje tego, w jaki sposób działają cykle Babci Księżyc i jak każda kobieta może odnaleźć te rytmy wewnątrz siebie. Gdy Wirujący Tęczowy Sen przyniósł wizje o połączeniu Ludzkich Plemion w dalekiej przyszłości, Klanowym Matkom ukazały się wydarzenia mające dopiero nadejść w dziejach ludzkości. Pokój i oświecenie, obecne w Pierwszym Świecie Miłości, powrócą, kiedy Plemię Ziemi zakończy uczenie się na drodze prób i błędów.

Wraz ze świtem następnego Dnia ujawniło się ostateczne zakończenie, gdy wszystko zostanie uzdrowione. Światło Dziadka jeszcze raz okryło Górny Świat różową wspaniałością. Następnie sen zwrócił się ku Północy i ukazał Klanowym Matkom, *że życie, jedność i równość* będą trwać po *wieczność*, aż każda z nich w pełni przerobi wszystkie lekcje i przyswoi sobie płynące z nich nauki. Mądrość wszystkiego, co im się ukazało i tego, w jaki sposób każdy Rytuał Przejścia przybliża wszystkie istoty do pełni, została wszczepiona do łona każdej z Trzynastu Klanowych Matek. Ten sen będzie rozwijał się i rozkwitał w ciepłej ciemności ich łon – miejsc równowagi i wizji, wewnętrznych Mis Uzdrawiającej Mocy tych Wirujących Tęczowych Bab. Następnie wizja Północy przyniosła naukę o wdzięczności, która każdej kobiecie dała możliwość, by z głębi serca podziękowała za otrzymaną wizję pełni.

13 Pierwotnych Matek Klanowych ••••

Nasiona przyszłości zostały posiane w tu i teraz. Marzenia każdego człowieka zostały uszanowane jako niezbędne części całości. Te Babcie ludzkości stały się na zawsze brzemienne życiowymi lekcjami, wyzwaniami i aspiracjami Dzieci Ziemi. Marzenia Wszystkich Naszych Krewnych utworzyły Święte Koło Śnienia o Pełni, która pewnego dnia się urzeczywistni. Przyszłe marzenia i lekcje zostaną urodzone, kiedy dla Dzieci Ziemi nadejdzie właściwy czas na uczenie się i gromadzenie mądrości. Wszystkie Rytuały Przejścia lub zmiany, które zaznaczą narodziny każdej wizji, zakorzeniły się w teraźniejszości. Każdy zestaw życiowych lekcji ukaże się, gdy zostanie przywołany przez pragnienie Istot Ludzkiego Plemienia, aby odmieniać swoje drogi; zmieniać się i rozwijać w jedności.

Każda Klanowa Matka uzyskaną wizję i wewnętrzne wiedzenie zachowała i złożyła w swoim sercu. Sen o tym, kim jest i jakie są jej talenty, zagnieździł się w łonie każdej z nich. Wizje te zostaną otwarte, gdy zakończy się oczyszczanie Górnego Świata. Podczas nadchodzących Dni i Nocy konieczne będzie, by narodziła się obietnica, zawarta w Wirującym Tęczowym Śnie, aby zapowiedziane światła pełni stały się widoczne na całym świecie. Ogień, który ogrzewał stopy Klanowych Matek podczas czterech Dni i Nocy śnienia, zaczął pulsować i zmieniać kształt. Głęboko w Wewnętrznej Ziemi serce Matki Ziemi zaczęło wyłaniać się jako żywe, nowo płonące słońce. To ogniste serce poczęło bić w odmiennym rytmie, który pozwoli Wszystkim Naszym Krewnym poczuć niezmienną miłość i głębokie połączenie z prawdziwą Matką.

Klanowe Matki stanęły wokół tego pulsującego serca i jeszcze raz stały się jego częścią. Ogień miłości każdej z nich wzbijał się w górę i wydobywał z Wewnętrznej Ziemi, tworząc Zorze Polarne. Te tęczowe światła wysyłały obietnicę, że Wirujący Tęczowy Sen właśnie trwa i że Ziemia nigdy więcej nie zostanie zniszczona przez ogień. Kolory Zorzy dotknęły Narodu Nieba i dały znak rozpoczęcia procesu uzdrawiania świata. Ludzkie Plemię będzie musiało przerobić każdą lekcję na Kole Uzdrawiającej Mocy, aby ziścić swoją duchową pełnię. Miłość Matki Ziemi była obecna w każdym kolorowym promieniu, który tańczył na błękitnym, usianym gwiazdami kobiercu Narodu Nieba. Tańczące kolory niosły wiadomość, że Dziedzictwo Matki Ziemi, Dziedzictwo Życia, Jedności i Równości po Wieczność przekazane zostało Trzynastu Klanowym Matkom. Siostrzeństwo zostało ustanowione. Teraz mogły się rozpocząć wszystkie nauki o pełni dla Dzieci Ziemi oraz misja przekazywania Kobiecego Dziedzictwa.

Gdy zakończyło się oczyszczanie Górnego Świata, dwanaście spośród Trzynastu Klanowych Matek wyłoniło się z Wewnętrznej Ziemi razem z tymi wiernymi istotami ludzkimi, które zdecydowały się ponownie zaludnić Górny Świat. Stająca Się

Swoją Wizją pozostanie w Czasie Śnienia, czekając, aż każda siostra zakończy swój pierwszy Rytuał Przejścia, i będzie gromadzić ich doświadczenia i życiowe lekcje, by dojść do własnego zrozumienia. Następnie Stająca Się Swoją Wizją przebędzie swój Rytuał Przejścia i dołączy do pozostałych, kiedy stanie się urzeczywistnionym snem, przyjmując ludzką formę.

Później ponownie połączone Klanowe Matki zbudują pierwszy Żółwi Dom Rady, który będzie domem Siostrzeństwa. Połowa tego domu na planie owalu ma być zagłębiona w ziemi, aby ciemne łono Matki Ziemi mogła przenikać woń jej oddechu. Kopulasty dach powinien zostać pokryty gliną, liśćmi i kamieniami i sklepiony na kształt skorupy Babci Żółwicy. Ramiona, nogi, głowę i ogon Babci Żółwicy należy usypać z ziemi i pokryć Kamykami z Ludu Skał. Przyszły Dom Rady będzie wybudowany w miejscu wybranym przez Matkę Ziemię.

Wiele było do nauczenia się o byciu istotą ludzką. Rytuały Przejścia, które każda z Klanowych Matek przebędzie, pozwolą Matce Ziemi w pełni, w dobry sposób, zrozumieć jej ludzkie dzieci dzięki odczuwaniu ludzkich doświadczeń jej trzynastu aspektów. Ziemska Wędrówka zajęła każdej Klanowej Matce wiele zim mądrości i przyniosła ostatecznie sukces, gdy Stająca Się Swoją Wizją ucieleśniła sen o Kobiecym Dziedzictwie, pozwalając Trzynastu Siostrom stać się jednością.

Żółwi Dom Rady trwał przez okres wielu światów, gdy Klanowe Matki uczyły swoje ludzkie dzieci o miłości Matki Ziemi. Każda Klanowa Matka miała ciało, które nie starzało się jak ciała kobiet Ludzkiego Plemienia. Gdy dla Trzynastu Matek nastał czas powrotu bez ludzkich ciał do środka Wewnętrznej Ziemi, Żółwi Dom Rady zniknął z powierzchni Ziemi. Wtedy Istoty Ludzkie musiały używać narzędzi i sposobów, których nauczyły je Klanowe Matki, by stać się żywymi przykładami prawdy o tym, że to Wielka Tajemnica powołała je do bytu.

Nie ma potrzeby, aby archeolodzy szukali pozostałości Żółwiego Domu Rady na obszarze Północnej Ameryki zwanym Czterema Kątami lub Rogami[58]. Teraz do Żółwiego Domu Rady możemy uzyskać dostęp poprzez nasze serca. Mądrość Trzynastu Pierwotnych Klanowych Matek została zawarta, jak w bibliotekach, w Trzynastu Kryształowych Czaszkach, a duch każdej z Matek pozostaje zawsze dla nas dostępny, gdy wchodzimy do Tiyoweh, Ciszy. Dzisiaj symbol Żółwicy jest przypomnieniem obfitości i prośbą, byśmy odzyskały i odzyskali to dziedzictwo dla Wszystkich Naszych Krewnych.

---

[58] Cztery Kąty, ang. *Four Corners*, to jedyne miejsce w USA, w którym granice stanów (Utah, Kolorado, Nowy Meksyk, Arizona) krzyżują się pod kątem prostym. Leży w zachodniej części Stanów, na terenie rezerwatu narodu Nawaho.

Wejście do Domu Rady Trzynastu Pierwotnych Matek Klanowych

● ● ● ● ● ● ● ●

▼▼▼▼▼▼▼▼▼▼▼▼▼▼▼▼▼▼▼▼▼▼▼▼▼
● ● ● ● ● ● ● ● ● ● ● ● ● ● ● ● ●

Przekazując mi opowieści o Trzynastu Pierwotnych Matkach Klanowych, Babcie Cisi i Berta powiedziały, że dary Klanowych Matek pozostaną na zawsze częścią Ziemi. Nauczono mnie, że każda Istota Dwunożna może uzyskać dostęp do mądrości, którą posiadają Babcie z Żółwiego Domu Rady, jeśli będzie miała otwarte serce oraz pragnienie połączenia się z kobiecą energią. Aspekty Matki Ziemi i Babci Księżyc, które przyjęły formę Trzynastu Klanowych Matek, można znaleźć w każdej żyjącej istocie, o każdej porze roku i w każdym miejscu na naszej planecie.

Cisi i Berta powiedziały, że zanim nadszedł czas, by Klanowe Matki Zrzuciły Swoje Szaty i powróciły do serca Matki Ziemi bez fizycznych ciał, sporządzono Trzynaście Kryształowych Czaszek. Te Kryształowe Czaszki reprezentowały mądrość zgromadzoną przez Matki Klanowe i zawierały wszystkie talenty i całą miłość, stanowiące Kobiece Dziedzictwo.

Wejście do Domu Rady Trzynastu Pierwotnych Matek Klanowych

Nauczono mnie, że zanim Żółwia Wyspa uległa podzieleniu na kontynenty i zanim różne kultury w swoim złotym wieku utworzyły Czwarty Świat Podzielenia, każdą z Kryształowych Czaszek umieszczono w miejscu, w którym zbierały się kobiety, by dzielić się Uzdrawiającą Mocą. Nauczono mnie też, że większość tych świętych miejsc znajdowała się w środkowej części wielkiego masywu lądowego Żółwiej Wyspy. Centralny obszar Żółwiej Wyspy obecnie jest zwany Północną i Południową Ameryką, a w przeszłości obejmował część Oceanu Atlantyckiego i Pacyfiku.

Cisi powiedziała mi, że wiele wieków temu ludzie wykonali kopie niektórych Kryształowych Czaszek, aby pewne kultury i duchowe sekty zyskały pozorną moc. Skutek był katastrofalny, ponieważ tamte społeczności dążyły do kontrolowania innych, stosując nieuczciwe środki i dając pozorną duchowość. Przywódcy kultów religijnych różnych cywilizacji, którzy dążyli do zniewolenia ludności przy użyciu władzy, patriarchatu czy matriarchatu, zapomnieli o pierwotnych intencjach Trzynastu Klanowych Matek. Życie, Jedność i Równość po Wieczność są Dziedzictwem Siostrzeństwa, które dotyczy wszystkich ludzi i wszystkich form życia.

Berta powiedziała mi, że Kryształowe Czaszki zostały wykonane w formie ludzkich czaszek, by reprezentować zgromadzoną mądrość ludzkiego potencjału. Matka Ziemia, która jest żywą istotą, posiada tę mądrość dzięki temu, że Klanowe Matki, które są jej Trzynastoma Aspektami, odbyły swoje życiowe podróże w ludzkich formach.

Berta wyjaśniła, że z powodu nastawienia umysłu Matki Ziemi żaden zewnętrzny wpływ nie może zaszkodzić kryształowym bibliotekom, którymi są czaszki. Świadomość zawarta w Kryształowych Czaszkach nie obejmuje ludzkich lęków, które mogą przyciągnąć negatywne wpływy. Berta powiedziała, że na przestrzeni wieków każda osoba, która starała się użyć Kryształowych Czaszek do czynienia zła, popadała w szaleństwo. Wnętrze każdej czaszki przypomina Wielkie Zadymione Lustro. Wypełnioną dymem iluzją snującą się przed lustrem jest przekonanie, że można wysłać dowolną intencję, dobrą czy złą, do innej osoby i że *nie powróci ona jak bumerang*. Czystość i przejrzystość tych jasnych, zrobionych z kwarcu czaszek po prostu odbija każdą intencję, odsyła ją z powrotem do miejsca pochodzenia. W każdym wypadku to nadawca zostaje wykpiony, ponieważ jedynym odbiciem w skrystalizowanej formie czaszki jest jego lub jej własna twarz. Tak jak mówią Majowie: „Ja jestem innym tobą", „Ja jestem inną tobą".

Cisi i Berta były zgodne co do tego, że nawet jeśli jedna z Trzynastu Kryształowych Czaszek zostanie zniszczona ludzką ręką, pełna informacja pozostanie zachowana w każdej z trzynastu. W tych żywych bibliotekach jest przechowywana mądrość na temat wzajemnej zależności wszystkich istot. Zapisy te zawierają także informacje

13 Pierwotnych Matek Klanowych • • • •

o sposobie powiązania Matki Ziemi ze wszystkimi innymi ciałami niebieskimi w naszym systemie słonecznym, galaktyce i wszechświecie. Nic więc dziwnego, że ludzie mający telepatyczne połączenie z jedną z pierwotnych czaszek czuli, że musi ona pochodzić z innej planety lub gwiezdnej cywilizacji. Mowa o czaszce nazywanej przez współczesnych odkrywców czaszką Mitchella-Hedgesa.

Naród Kamieni to biblioteki Ziemi zawierające wszystkie zapiski o prawdziwych dziejach Ziemi. Czaszki zostały wykonane z kryształu kwarcu z dwóch powodów. Po pierwsze, ciało Matki Ziemi zawiera olbrzymią ilość kwarcu, którego używa ona do utrzymania przejrzystości i skupienia. Cały znajdujący się na Ziemi kwarc mieści skrystalizowane wspomnienia, uczucia i cykle procesu rozwojowego Planety Matki. Ze względu na połączenia kwarcu z żywiołem wody można powiedzieć, że przez te kryształowe gniazda przekazywane są wewnętrzne odczucia Matki Ziemi oraz jej myśli. Kryształy kwarcu przekazują jej rytm i poczucie upływu czasu niemal w ten sam sposób, w jaki kryształy w zegarach i zegarkach regulują ich dokładność.

Drugi powód jest taki, że pierwotnie w Żółwim Domu Rady światło odbijało się u podstaw czaszek i wychodziło przez ich wierzchołki, tworząc tęczę. Zorze Polarne, które wydobywają się z wierzchołka głowy Matki Ziemi, czyli Bieguna Północnego, reprezentują Wirującą Tęczową obietnicę świata pokoju. Wirujący Tęczowy Sen jest przepowiednią dla wszystkich ras, wszystkich narodów łączących się w Piątym Świecie Pokoju, który teraz się zaczyna.

Dla ludzkich Dzieci Ziemi czaszki są przypomnieniem, że Pierwotne Klanowe Matki wyśniły Wirujący Tęczowy Pokój pod koniec Pierwszego Świata Miłości, podczas swojego pobytu wewnątrz podziemnych jaskiń Ziemi. Wybudowany później Żółwi Dom Rady był w połowie pod ziemią, a w połowie nad ziemią, symbolizując małżeństwo Świata Natury i Świata Ducha, Matki Ziemi i Ojca Niebo, elementów męskich i żeńskich. Wewnątrz Żółwiego Domu Rady, w którym pierwotnie zostały złożone czaszki, światło słoneczne przechodziło przez otwory w ścianach i oświetlało każdą Kryształową Czaszkę, wysyłając połączoną świadomość Klanowych Matek do wnętrza budowli.

Dzisiaj jedna z pierwotnych Kryształowych Czaszek, tzw. czaszka Mitchella-Hedgesa, odkryta na początku XX wieku, jest wystawiana w muzeach i podróżuje do wielu państw. W środkowej części Meksyku spotkałam jeszcze dwie oryginalne czaszki: jedną strzeżoną przez pradawne Stowarzyszenie Mocy Tolteków i Azteków oraz drugą, która znajduje się w kompetentnych rękach w rodzinie uzdrowicieli. To nie są te same czaszki, które niegdyś pokazywano w muzeach. Mój nauczyciel Joaquin Muriel Espinosa powiedział, że Kryształowe Czaszki, które były w muzeach (tak jak ta, którą później skradziono w mieście Meksyk), to nie oryginały, lecz kopie, które nie zawierają żadnych zapisów o sposobie myślenia Klanowych Matek.

Wszyscy troje – Joaquin, Cisi i Berta – opowiedzieli mi historie o tym, że niektóre z oryginalnych Kryształowych Czaszek były przechowywane w ośrodkach plemiennych Majów, Tolteków, Azteków i Inków oraz rdzennych plemion Północnej Ameryki. Z ich opowieści wynikało, że kilka Kryształowych Czaszek zaginęło pod koniec istnienia Trzeciego Świata, kiedy oceany zabrały części lądu na wschodnich i zachodnich wybrzeżach Północnej, Środkowej i Południowej Ameryki. Moi nauczyciele twierdzili, że Matka Ziemia zdecydowała zadbać o to, by niektóre z Kryształowych Czaszek na zawsze pozostały w jej posiadaniu, z dala od niszczycielskich rąk jej ludzkich dzieci. Starsi powiedzieli mi, że wiele istot ludzkich będzie śniło o Kryształowych Czaszkach, że staną się częścią Wirującego Tęczowego Snu o Pokoju, ale Opiekunkami i Opiekunkami prawdziwych Kryształowych Czaszek będą mogły zostać tylko te osoby, które uzyskają do tego prawo przez połączenie z Trzynastoma Pierwotnymi Klanowymi Matkami.

Wiele osób na naszej planecie wierzy, że poprzez wizje lub duchowe przekazy mają połączenie z Kryształowymi Czaszkami. Niektóre uważają, że udało im się ponownie odkryć autentyczne czaszki. Gdyby w istocie tak było, te osoby zostałyby poprowadzone do właściwych miejsc, w których istniejące Pierwotne Czaszki są przechowywane przez istoty ludzkie pełniące zaszczytną rolę Opiekunek i Opiekunów. Moi Starsi powiedzieli, że każda istota ludzka jest połączona z Trzynastoma Pierwotnymi Klanowymi Matkami i gdy jakaś osoba staje się gotowa na ten poziom duchowego doświadczenia, przychodzą do niej sny o Kryształowych Czaszkach, Wirującej Tęczy lub Klanowych Matkach. Ta forma inicjacji jest zaledwie punktem wejścia do Koła Uzdrawiającej Mocy Klanowych Matek, dającym tej osobie prawo rozpoczęcia nauki dostępnych dla niej lub niego lekcji. Ścieżki do pełni, które wiodą przez każdą ze szprych na Kole Uzdrawiającej Mocy, utworzonych przez każdą z Klanowych Matek, wypełnione są lekcjami o rozwijaniu osobistych zdolności, a ukończenie ich może zająć wiele lat.

Cisi, Berta i Joaquin nauczyli mnie, jak skupiać się na tych naukach i jak wytrwać w swoim osobistym rozwoju. Nauczyli mnie siedmiu zasad mądrości, którymi chcę się z wami podzielić.

1. Nie ma żadnych zasad, jak się rozwijać i zmieniać.
2. Wszystkie przyjęte role i osądy są ograniczającymi iluzjami.
3. Wielkiej Tajemnicy nie można wyjaśnić, więc nie próbuj tego robić.
4. Wszystko, czego szukasz, możesz znaleźć wewnątrz siebie.

5. Śmiech i beztroska rozwiewają iluzje i lęk.
6. Niewidzialne światy istnieją wewnątrz świata namacalnego i nie można ich rozdzielić.
7. JESTEŚ w momencie, w którym decydujesz się BYĆ.

Czuję, że mogłabym napisać odrębną książkę na temat tych siedmiu nauk, tak więc pozostawię każdej osobie znalezienie własnego zrozumienia.

Każda i każdy nawiązuje kontakt z Trzynastoma Pierwotnymi Klanowymi Matkami na swój własny sposób. Jeśli chcesz zrobić to tak, jak przedstawiłam, możesz skorzystać z poniższego ćwiczenia. Aby podjąć tę podróż, musisz najpierw zrozumieć niektóre podstawowe zasady.

Jak się kontaktować z Trzynastoma Pierwotnymi Matkami Klanowymi

Aby wkroczyć do królestwa, w którym żyją Klanowe Matki, musimy najpierw poszukiwać pełnych miłości darów, które są ich przejawem w naszym wnętrzu. Orenda (Duchowa Esencja) utrzymuje te dary w ciągłej gotowości w Świętej Przestrzeni każdej istoty ludzkiej. Odpowiedź na pytanie, jak określić Świętą Przestrzeń, odnajdziemy w swojej wyobraźni.

Gdy wyobrazisz sobie wokół siebie kulę, w której centrum znajduje się twoje ciało, odkryjesz swoją Świętą Przestrzeń. Równik tej bańki jest okręgiem, a rozciąga się ona ponad twoim ciałem do nieba i poniżej ciała do Matki Ziemi, tworząc zjednoczenie fizyczności i ducha. Święta Przestrzeń zawiera wszystkie twoje myśli i uczucia, ciało i ducha, sny i wizje oraz poczucie Ja. Wewnątrz Świętej Przestrzeni posiadasz swój Święty Punkt Widzenia określony przez wszystko, czym jesteś i wszystko, czego doświadczasz.

Święty Punkt Widzenia podobnie jak płód jest odżywiany przez duchową lub nienamacalną pępowinę. Tysiące duchowych włókien rozciągają się od pępka każdej osoby do świata. U osoby otwartej i gotowej odczuwać życie te czuciowe nici rozchodzą się jak promienie słońca. Kiedy czuje się zmęczona, skrzywdzona, podatna na zranienie lub niespokojna, te same włókna splątują się w grubą zasupłaną pępowinę światła. Kiedy osłabiona osoba odpuści sobie na tyle, aby otrzymać uzdrowienie lub energię od Matki Ziemi, pępowina się rozluźnia i może połączyć się z Matką Ziemią. Jeśli nie wiesz, jak używać duchowej pępowiny, może się ona splątać, co powstrzymuje siłę życiową przed wejściem do ciała, a czasem powoduje rozwolnienie lub nudności.

Z tego miejsca w pobliżu pępka, które nazywamy centrum energetycznym[59], ludzie odczuwają wszystkie istoty poprzez wzory, rytmy i wibracje. Wewnątrz ciała nasze myśli, uczucia, wrażenia i spostrzeżenia łączą się, aby utworzyć nasz indywidualny Święty Punkt Widzenia. Święty Punkt Widzenia każdej formy życia składa się z osobistych upodobań, niechęci, opinii, myśli i doświadczeń. Niestety Ludzkie Plemię przyjęło do swoich Świętych Punktów Widzenia także plotki, pogłoski, lęki, opinie innych i uprzedzenia. To jeden z powodów, dla których istotom ludzkim tak trudno odnaleźć osobistą prawdę. Święty Punkt Widzenia człowieka często leży pogrzebany pod opiniami przyjętymi od innych w sytuacjach, w których nie szukał lub nie znajdował tego, co jest dla niego prawdą. Te przyjęte nieprawdy wypełniają nasze umysły nieustającą paplaniną wewnętrznego dialogu, co uniemożliwia nam szanowanie własnej Świętej Przestrzeni i Świętego Punktu Widzenia. Niektórzy ludzie tylko z tego powodu mają trudności z wyciszeniem umysłu i wejściem do Ciszy lub Bezruchu wewnątrz własnej Świętej Przestrzeni.

Babcia Twylah nauczyła mnie, że Świętą Przestrzeń można znaleźć między *wdechem* i *wydechem*. Wstrzymując oddech i licząc do dziesięciu, zatrzymujemy zewnętrzny świat i otwieramy drzwi do wewnętrznego świata Jaźni. Rozwinęłam umiejętność docierania do tego miejsca wewnątrz siebie, tak więc mogę połączyć się z moją Orendą (Esencją Duchową). Kiedy biorę wdech, wstrzymuję na moment oddech, a potem wydycham powietrze, mogę się uspokoić i wejść w Ciszę. Następnie słucham uważnie, aby odnaleźć cichy głos miłości w sercu. Głos Orendy, który zawsze mówi z miłością, nie pozwala chaosowi zewnętrznego świata dotrzeć do moich zmysłów. W tym miejscu spokoju w moim wnętrzu jestem w stanie znaleźć Wieczny Płomień Miłości pochodzący od Wielkiej Tajemnicy, który karmi głos mojej Esencji Duchowej. W moim ciele znajduje się on w sercu, ale u innych osób może być gdzie indziej.

Orenda jest rozszerzeniem Twórczego Źródła Wielkiej Tajemnicy. Zawsze obecne są w niej poczucie połączenia i pełne miłości współczucie. Nie ma lęku ani bólu, tylko odczuwanie spokoju. Docieranie do tego miejsca to umiejętność jak każda inna i jak każda wymaga praktyki. Przez jakiś czas osoba rozwijająca tę umiejętność

---

[59] Według Rdzennych podczas stwarzania świata Wielka Tajemnica wdmuchnęła Wieczny Płomień Miłości do centrum każdej formy życia i powiedziała, że ta wewnętrzna przestrzeń będzie się nazywać Centrum Energetycznym (*Vibral Core*). To szczególne miejsce wewnątrz naszej istoty jest domem naszej mądrości, poczucia równowagi i rozumienia wiecznego momentu (Jamie Sams, Twylah Nitsch, *The Other Council Fires...*, op. cit., s. 15–16).

może po prostu czuć, że znalazła bezpieczną przestrzeń i Ciszę. Później, w miarę rozwijania Uzdrawiającej Mocy Łabędzia, którą jest *poddanie się*, może zacząć słyszeć wewnętrzny głos, który zawsze mówi prawdę z bezwarunkową miłością. W tym miejscu wewnątrz Jaźni żyje Trzynaście Pierwotnych Klanowych Matek. Żółwi Dom Rady to miejsce podwyższonej świadomości w naszym duchowym Ja, miejsce nieograniczonego przyjmowania i siedziba kobiecego pierwiastka.

Niektórzy ludzie potrzebują pewnej praktyki, aby nauczyć się odpuszczać, pozbywając się chaosu paplaniny, którą przez lata zbierały lub zbierali od innych. To mentalne odkurzanie i sprzątanie domu jest konieczne dla oczyszczenia Świętej Przestrzeni z ograniczających nas cudzych punktów widzenia. Gdy zostanie ono ukończone, możemy odnaleźć zasłużone poczucie całkowitego połączenia i wewnętrznego pokoju. Następny krok to znalezienie uczuć, idei i zapatrywań, które należą do prawdziwej Jaźni. Wszystkie odnalezione prawdziwe części Orendy wywrą bardzo pozytywny wpływ na życie każdej osoby.

Orenda, czyli Esencja Duchowa tego, kim jesteśmy, słyszy wezwanie do pełni i wtedy wysyła zaproszenie do tych, których serca są otwarte. Musimy zatrzymać nasze światowe działania i wycofać się, aby usłyszeć głos Orendy. Zaproszenie jest zawsze otwarte i ani Wielka Tajemnica, ani Klanowe Matki nie osądzają Dziecka Ziemi, które okaże się niegotowe. Wszystkie i wszyscy należący do Ziemskiego Plemienia ostatecznie znajdą swoje drogi do domu, w pełne miłości ramiona Matki Ziemi, nawet jeśli powrót do domu oznacza wtulenie się w jej głębię po śmierci. Dla osób, które chcą doznawać radości po drugiej stronie fizycznego bólu i smutku, Żółwi Dom Rady otwarty jest już teraz.

Wkraczamy do Żółwiego Domu Rady za każdym razem, gdy siedzimy w ciszy i słuchamy, aby przyjmować. Na ścianach wewnątrz Domu Rady widzimy zawieszone Tarcze Uzdrawiającej Mocy Trzynastu Klanowych Matek, a przy każdej z nich Kryształową Czaszkę oświetloną światłem słonecznym, które wpada przez otwory w ziemnych ścianach. Na wklęsłym jak wnętrze skorupy Matki Żółwicy sklepieniu Domu Rady tańczą tęczowe błyski, które rozchodzą się z czubka każdej Kryształowej Czaszki.

W dwóch krańcach szałasu palą się dwa małe ceremonialne ogniska. Nad tymi ogniskami, które przedstawiają światła świata natury i świata duchowego, znajdują się otwory dymowe. Symbolizują one drzwi otwarte w obu światach, przez które iluzje i chaos mogą ujść, kiedy odnajdziemy jasność dzięki Wiecznemu Płomieniowi Orendy, Esencji Duchowej. W środkowym, najwyższym punkcie dachu w kształcie skorupy żółwia znajduje się, przykryty strzechą, okrągły otwór, który można odsłonić i otworzyć na światło słoneczne lub na Misę Uzdrawiającej Mocy nocnego nieba. Pod tym otworem właśnie stanie osoba poszukująca nowych początków, tworząc

•••• **Wejście do Domu Rady Trzynastu Pierwotnych Matek Klanowych**

trzecie ognisko. Tego ognia nie widać, ponieważ żyje on w sercu poszukującej osoby i płonie jasno jedynie wtedy, gdy połączy się ona ponownie z Wiecznym Płomieniem Miłości. Ponowne odkrycie tego ognia osiągane jest przez męską, ekspansywną stronę naszej natury. Następnie rolą zasady kobiecej jest przyjęcie go i danie mu miejsca w domu swojego serca.

Mędrczynie, które niosą wiedzę i wiekową mądrość, siedzą na zewnątrz, na gruncie porośniętym trawą, otaczając Dom Rady ogromnym kołem. Cicho śpiewają i składają podziękowania za kolejne Dziecko Ziemi, które wybrało powrót do domu. Ich zjednoczone głosy dają siłę i wsparcie potrzebne, by móc stanąć w świetle całkowitej prawdy i doświadczyć uzdrowienia z bólu, który znajduje się w ludzkich iluzjach.

Największe pragnienie Trzynastu Pierwotnych Klanowych Matek to ujrzeć, jak każde Dziecko Ziemi odzyskuje miłość i wewnętrzny pokój, posyłają więc swoje wezwanie do całego Ludzkiego Plemienia. Siła, jakiej każde Dziecko Ziemi potrzebuje, aby powrócić do domu, znajduje się w Orendzie, w której Święte Koło połączenia z Wielką Tajemnicą i wszelkim życiem nigdy nie jest przerwane. Siostrzeństwo dostarcza wsparcia, którego potrzebujemy, aby znaleźć to połączenie oraz ścieżkę do domu, do prawdziwej Jaźni. Srebrzyste sieci Wirującego Tęczowego Snu nigdy nie były silniejsze. Ratunkowa sieć pełnego miłości współczucia czeka na te osoby, które mają odwagę stanąć twarzą w twarz ze zranieniem i odzyskać miłość. Nasze serce zostanie ukołysane we łzach radości, jaką daje powrót do domu, nasz duch stanie się jednym z ciałem i posiądziemy mądrość, którą zawiera nasze serce. Wzywa się nas do stania się swoimi własnymi wizjami i używania naszych zdolności tak, aby razem stworzyć żywy sen światowego pokoju.

Łagodne wiatry przemian wieją w Czterech Kierunkach, aby ludziom wszystkich narodów, ras i wyznań przynieść pieśni Mędrczyń o powrocie do domu. Tęczowy Sen jest żywy i roztańczony. Stworzenia pokazują nam drogę ponownego odkrycia świętości bycia istotą ludzką. Naród Kamieni może nauczyć nas, jak odzyskać zapisy wszystkiego, co było i proroctwo wszystkiego, co będzie. Naród Istot Stojących i Naród Roślin ofiarowują nam schronienie i pokarm dla ciała i ducha. Ceremonialne ogniska Przodków, prześwitując przez Wielką Misię Uzdrawiającej Mocy nocnego nieba, oświetlają naszą drogę do gwiazd. Srebrny róg Babci Księżyc przypomina nam, że nasza Orenda miłością wypełnia Misę Uzdrawiającej Mocy naszego serca; a jednak dla niektórych wszystko to jest za mało, by dostrzec dary, które Wielka Tajemnica daje wszystkim Dzieciom Matki Ziemi, ponieważ są oślepieni i oślepione fałszywymi potrzebami i starym bólem.

Klanowe Matki cierpliwie obserwują obraz Ziemskiego Plemienia, tak jakby Dziadek Słońce namalował go na wieczornym niebie. Czekają, trzymając drzwi otwarte jeszcze chwilę dłużej. Wiedzą, że niektóre z ich dzieci Zrzucą Swoje Szaty, inne będą zwlekać, aż drzwi się zamkną, ale niektóre będą dość śmiałe, aby sięgnąć poza swoje ograniczenia i poprosić, by powitano je w domu. Oto ostatnie dni Czwartego Świata Podzielenia. Prawda odzyskanej miłości leży poza iluzją ludzkiego lęku. Drzwi do Żółwiego Domu Rady są otwarte dla osób, które pamiętają i pragną stanąć na każdej z trzynastu szprych przemiany, które podtrzymują Koło Uzdrawiającej Mocy Siostrzeństwa. Wtedy zostanie całkowicie odzyskane Kobiece Dziedzictwo – Życie, Jedność i Równość po Wieczność.

Stająca się Swoją Wizją, Trzynasta Klanowa Matka przemawia do każdego Dziecka Ziemi i cicho szepcze słowa, które Wielka Tajemnica umieściła w Wiecznym Płomieniu Miłości:

JESTEŚ w momencie, w którym zdecydujesz się BYĆ.

Podziękowania

CHCIAŁABYM WYRAZIĆ moje najgłębsze uznanie ludziom, którzy wspierali przeprowadzenie tego projektu, pomagając mi zbierać materiały potrzebne do wykonania Tarcz: Sue Woolery, Kobiecie od Ptaków, która wyleczyła wielu pięknych Skrzydlatych i łaskawie użyczała mi ich piór; Rickowi Woolery, który dostarczył mi wiele pierzastych skór i skrzydeł. Zawsze przy tym oddawał szacunek duchom Plemienia Ptaków w dobry sposób, wykorzystując ich mięso dla swojej rodziny oraz każdą część każdego zwierzęcia dla Dobrej Uzdrawiającej Mocy. Dziękuję także za ich głęboką, trwającą przez lata przyjaźń oraz pełne miłości współczucie, które okazywali mi w trudnych chwilach.

Chciałabym podziękować Sharon (Białej Strzale) i Ralphowi Awersom za wykonanie małych bębnów-tarcz, których użyłam do zrobienia Tarcz Uzdrawiającej Mocy Trzynastu Klanowych Matek. Jestem wdzięczna za ich stałe wsparcie i przyjaźń, jak również za to, w jaki sposób podążają swoimi osobistymi Ścieżkami Mocy.

Wobec zespołu HarperSanFrancisco mam dług głębokiej wdzięczności za stałe wspieranie mojej pracy. Za wrażliwość i zachętę do przedstawiania poglądów wywodzących się z Rdzennego Sposobu Życia, z Kobiecej Uzdrawiającej Mocy i zgodnych z moim osobistym zrozumieniem – dziękuję wam wszystkim.

Specjalne podziękowania składam mojej redaktorce, Barbarze Moulton, która dała mi przestrzeń, bym ukończyła swój końcowy Rytuał Przejścia, pisząc tę książkę, co pozwoliło mi stać się swoją wizją. Zostałaś siostrą, przyjaciółką i położną, która pomogła mi przy narodzinach Kobiecego Dziedzictwa. Przez całe osiemnaście lat ciąży, podczas których szłam drogą nauk Trzynastu Klanowych Matek, często zastanawiałam się, w jaki sposób mogłabym podzielić się mądrością przekazaną mi przez Cisi i Bertę. Zasłużyłaś na swoje Imię Mocy Tkaczka Snów, ponieważ dzięki temu, że okazałaś zrozumienie dla snu Babć, zyskał on teraz formę umożliwiającą dzielenie się nim z siostrami i braćmi idącymi ścieżkami do stania się całością. Moje serce jest pełne.

Lista terminów
objaśnionych w przypisach

Ameryka – 21, s. 39
Biała Bizonica – 40, s. 81
Biały Bizon – 3, s. 16
Błazen – 48, s. 121
bycie – 55, s. 173
być na Księżycu – 18, s. 34
centrum energetyczne – 59, s. 247
Ceremonia Darzenia – 24, s. 44
Cisza – 13, s. 31
Czarny Szałas – 9, s. 26
Czas Księżyca – 18, s. 34
Czas Śnienia – 32, s. 56

Cztery Kąty – 58, s. 241
Dobra Czerwona Droga – 10, s. 27
Droga Łez – 4, s. 23
Droga Mleczna – 47, s. 94
dusza – 52, s. 147
Fajka – 34, s. 60; 39, s. 80; 40, s. 81
Gromoptak – 50, s. 125
gwiezdne ogniska – 47, s. 94
Heyokah – 48, s. 121
Jasnośniący – 32, s. 56
jasnowidzenie – 32, s. 56
Jeleń kanadyjski – 54, s. 156

Kachina – 19, s. 36
Koło Uzdrawiającej Mocy – 10, s. 27
konstelacja Wielkiego Bizona – 49, s. 123
Kosz na Ciężary – 38, s. 80
Krocionóżka – 30, s. 52
kroczyć po Ziemi – 15, s. 32
kroczyć w Pięknie – 44, s. 89
Księżycowy Szałas – 9, s. 26
Mali Ludzie – 26, s. 48
mądrość – 59, s. 247
miesiączka – 9, s. 26; 18, s. 34
Niebiańska Kobieta – 21, s. 39
odymić sytuację – 39, s. 80
Owca Wielkoroga – 12, s. 28
Pamiętanie – 11, s. 28
Piaskowy Dziadek – 51, s. 126
Pierzasty Wąż – 57, s. 224
piękno – 44, s. 89
porzucić Szatę – 52, s. 147
potlacz – 24, s. 44
Powwow – 41, s. 82
przekazać Fajkę – 34, s. 60
Psia Gwiazda – 37, s. 74
Ptak Grzmotu – 50, s. 125
Quetzalcoatl – 57, s. 224
rasa – 8, s. 25
Rdzenni – 1, s.7
robal – 56, s. 177
robić coś w dobry sposób – 29, s. 52
Rytuał Przejścia – 22, s. 40
Społeczność Białej Bizonicy – 17, s. 33
Starszyzna – 7, s. 24
Strażnik domu – 38, s. 80
Stworzenia-nauczyciele – 27, s. 49
Swennio – 2, s. 14
Szczelina we Wszechświecie – 45, s. 92
Szlak Łez – 4, s. 23
Ścieżka Piękna – 43, s. 89
światy Ziemi – 20, s. 38
Święta Fajka – 3, s. 16
Święta Przestrzeń – 14, s. 31
Święta Ścieżka – 43, s. 89
Święte Koło – 10, s. 27
Święty Punkt Widzenia – 31, s. 56
Tiyoweh – 13, s. 31
Trikster – 48, s. 121
uwaga – 46, s. 93
Uzdrawiająca Moc – 6, s. 24
wapiti – 54, s. 156
Wejść w Ciszę – 13, s. 31
wewnętrzne wiedzenie – 36, s. 69
Wieczny Płomień Miłości – 59, s. 247
wiedzenie – 36, s. 69
Wielka Szczelina – 45, s. 92
Wielka Tajemnica – 2, s. 14
Wierni – 35, s. 64
Wirująca Tęcza – 23, s. 43
Wirujący Tęczowy Sen – 23, s. 43
Wszyscy Nasi Krewni – 25, s. 46; 40, s. 81
Zadymione Lustro – 42, s. 85
Żartowniś – 48, s. 121
Żółwia Wyspa – 21, s. 39